The Canterbury and York Society
GENERAL EDITOR: ROSALIND M. T. HILL
M.A., B.Litt., F.S.A.

DIOCESE OF SALISBURY

The Registers of

Roger Martival

BISHOP OF SALISBURY

1315–1330

VOLUME II

The Register of Divers Letters
(first half)

EDITED BY

C. R. ELRINGTON, M.A.

Editor, Victoria History of Gloucestershire

PRINTED IN GREAT BRITAIN
AT THE UNIVERSITY PRESS, OXFORD
MCMLXIII

PRINTED IN GREAT BRITAIN
AT THE UNIVERSITY PRESS, OXFORD
BY VIVIAN RIDLER
PRINTER TO THE UNIVERSITY

PREFACE

THE CONTENTS of the registers of Roger Martival are briefly described in the preface to volume i. The present volume contains the first half of the Register of Divers Letters. The words at the beginning of the list of contents imply that the register is of outgoing letters only, but the fact that incoming letters are also given is recognized at the beginning of the register proper and again on the verso of folio 5.

A full description of the manuscripts and discussion of their contents is reserved for the introduction to the final volume. Here it is necessary only to mention the great variety of subject-matter in order to explain the method of editing the present volume. The general principles are the same as those followed in volume i, to the preface of which the reader is referred. That volume, however, is comparatively restricted in the range of its subject-matter and the variety of forms used in its entries, and whereas it was possible to calendar large parts of it, with the present volume there was not the same opportunity for a systematic calendar.

In spite of its bulk the Register of Divers Letters seldom gives two letters of similar subject-matter. The chief exceptions to this are the letters to the Bishop from the King and the Archbishop, and letters repeating matter similar to that of an earlier letter but written in what was clearly thought a preferable form, an example of which is the last entry on the verso of folio 42. To a considerable extent the register was kept to serve as a formulary: schedules are nearly always omitted, names are sometimes replaced by letters used simply as symbols (as in the first entry on folio 45), and some entries (like the third on the verso of folio 46) were altered to suit later circumstances. The captions and dates of some entries were subsequent additions, suggesting that the entry in the register served as a draft for the letter as well as a form for future use; the way in which the register was compiled and used is also illustrated in the marginalia to the second entry on folio 55.

The character of the register was against its publication as a systematic calendar, but its length has been reduced to about two-thirds of a full transcript in three ways: first, by omitting letters already in print, reference being made to the works where those letters are to be found; secondly, by omitting repetitive matter (which for the reasons given above is not extensive); and thirdly,

by omitting lengthy verbiage which appears to have no historical
or diplomatic interest.

The help of the following people is gratefully acknowledged:
the Bishop of Salisbury and his Registrar, who allowed the register
to be deposited for the purpose of transcription at the Institute of
Historical Research, University of London; the Librarian of that
Institute; Dr. Rose Graham, Miss Rosalind Hill, and Professor
E. F. Jacob, respectively former General Editor, General Editor,
and Chairman of the Council of the Canterbury and York Society;
Miss Susan Reynolds, who is editing a later volume of Martival's
registers; and above all, Dr. Kathleen Edwards, who first suggested
to me that I should undertake the work and has given unfailing
help and encouragement.

CHRISTOPHER ELRINGTON

Stardens,
Newent.

THE REGISTERS OF ROGER MARTIVAL
BISHOP OF SALISBURY

[*List of Contents.*][1]
[Fo. v]

RUBRICA LITTERARUM EMANANCIUM TEMPORE DOMINI ROGERI
SAR' EPISCOPI.

In primo quaterno [2]xij folia.[2]

1. Commissio ad instituendum et presentatos recipiendum.
  Commissio ad recipiendum probaciones testamentorum.
  Licencia dedicandi altaria.
  Commissio ad tenendum consistorium.
  Commissio ad recipiendum canonicam obedienciam.
  Item alia.
  Commissio penitenciarie, sed melius in registro Lincoln'.
  Commissio ad exigendum incarceratos.

2. Prefeccio senescalli.
  Commissio ad recipiendum fidelitates et recogniciones.
  Procuratorium ad recipiendum implementum.
  Custodia sequestri.

3. Littera directa . . abbati de Schirbourn' pro decima
    levanda.
  Alia . . abbati et conventui Abyndon' pro eadem.
  Tercia capitulo pro recepcione dicte decime.
  Littera capituli Linc' de citando dominum ad convoca-
    cionem canonicorum.
  Littera proclamacionis ante confirmacionem electi.
  Commissio pro confirmacione electi.

4. Confirmacio eleccionis de Abyndon'.
  Littera directa domino regi testans confirmacionem.
  Littera priori et conventui ut obediant confirmato.
  Littera pro decimis asportatis et spoliatis.
  Littera de subtrahendo fructus rectori excommunicato.
  Execucio super eadem.

5. Commissio pro G. de Brithmerston' ad inquirendum de
    clericatu.

---

[1] *Written in a ?15th-century hand. The list is arranged in two columns; the folios
within each quire are numbered, and on the first page only the folios are numbered con-
secutively up to 20. The numbers printed here in round brackets indicate the folio numbers as printed in the text.*
[2] *Added later.*

B 6701   B

Item articuli in hac parte.

6. Littera missa episcopo Bajon' ad inquirendum an rector de Schapwick' sit superstes vel non.

Commissio officialitatis Sar'.

Littera pensionis concessa Ricardo de Potesgrave.

Certificatorium episcopi Linc' super mutuo decime.

Commissio pro intronizacione domini episcopi supradicti.

7. Commissio pro obvencionibus debitis archiepiscopo levandis.

Commissio pro brevi de recto.

Commissio in causa matrimonii a sede apostolica delegata.

8. Composicio super probacionibus testamentorum inter episcopum et archidiaconos.

Commissio in negocio inter presentatum et incumbentem.

Littera archiepiscopi pro vocacione ad parliamentum Linc'.

9. Execucio super eadem.

Commissio pro brevi de recto.

Littera pro vocacione capituli ad parliamentum.

Execucio super eadem.

10. Littera directa domino per . . abbatem Abyndon' pro decima.

Collacio prebende et induccio in eadem.

Littera abbati Abyndon' pro decima sexannali.

11. Littera abbati Schirbourn' pro decima annali.

Commissio ad inquirendum de fama clerici incarcerati.[1]

Littera archiepiscopi pro mutuo de decima sexannali.

Littera domini directa capitulo pro dicto mutuo.

12. Responsio domini ad litteram archiepiscopi supradictam.

Certificatorium domini super vocacionem ad congregacionem Linc'.

Secundus quaternus.

1(13). Littera citacionis contra rectorem non ordinatum.

Commissio in hac causa ad privandum vel absolvendum.

Acta super testamento comitis Warewick'.

2(14). Littera ad exigendum incarceratos.

Alia faciens mencionem de decretalibus.

Littera pro defectibus in ecclesia et in manso rectoris.

---

[1] *In margin*, Brithmanston'.

Licencia capiendi assisam tempore quadragesimali.
Sentencia generalis pro parco de Remmesbur'.

3(15). Littera directa archidiacono pro fructibus de Lamborn'.
Alia pro administracione supra commissa eisdem.
Procuratorium ad petendum debita de decanatu Linc'.
Commissio super consolidacionem rectorie et vicarie.
Littera missa capitulo pro decima annali supra incepta.
Littera pro levacione arreragium decime annalis.

4(16). Commissio in negocio presentacionum de Yatyngden'.
Suspensio presbiteri quoad certum locum.
Caucio pro fructibus de Lamborn' ¹residentibus penes
dominum.⁴
Commissio pro ecclesia reconcilianda.
Certificatorium de pecunia levata de decima annali.
Commissio ad cognoscendum an scribendum sit **pro**
capcione.

5(17). Commissio pro absolucione monachorum qui injecerunt
manus violentes in clericum.
Deputacio curatoris.
Commissio pro lana et agnis de Lamborn' colligendis.
Mandatum archiepiscopi pro congregacione London'.

6(18). Execucio super eadem.
Littera missa capitulo pro quingentis libris de decima
sexannali.

7(19). Citacio contra Johannem Waren [et certi]ficatorium.²
Item alia.
Littera ad orandum pro comit[issa Herford'].²

8(20). Processus habitus contra [Henricum Stormy de fractura
parci de Remmesbur'].²

[Fo. vᵛ]

9(21). Sentencia generalis pro juribus et libertatibus ecclesie.

10(22). Contra rectorem ad ostendendum juris titulum.
Commissio spiritualitatis sede episcopali vacante.
Obligacio domini regis pro quingentis libris.

11(23). Bulla missa regi Anglie ad consulendum eidem in bono.
Induccio abbatisse et conventus de Lacock in loci eccle-
siam.
Littera pro consecracione ecclesiarum.

¹ *Added later.*   ² *Corner of folio torn.*

12(24). Certificatorium ad mandatum archiepiscopi de veniendo Lond'.

Licencia dimittendi ecclesiam ad firmam.

Procuratorium in tuitorio appellacionis negocio de Langwrth'.

Littera pro carecteribus faciendis in ecclesiis dedicandis.

Acquietancia facta abbati Abynd' [1]de L libris[1] de decima sexannali.

iij quaternus.

1(25). Contra illos qui alios trahunt ad vetitum examen.

Littera testimonialis super statu et condicionibus.

Contra excercentes confederaciones illicitas.

Commissio pro eodem.

2(26). Revocacio commissionis Brithmerstone.

Littera inquisicionis[2] super porcionibus ecclesie de Thacham.

Littera contra sortilegos et eorum sequaces.

3(27). Littera ad preparandum omnia contra dedicacionem.

Indulgencia pro dedicacione altarium.

Acquietancia de C libris de decima sexannali facta abbati Abyndon'.

Pensio xl s. concessa Johanni de Villeriaco.

Proclamacio pro Waltero de Bilnei clerico incarcerato.

Commissio pro eodem.

Littera[3] ballivo.

4(28). Breve pro servicio domini ad Novum Castrum.

Littera archiepiscopi de veniendo Lincoln'.

Item alia.

Excusacio domini de non veniendo Linc'.

5(29). Contra occupantes bona domini Johannis Bluet defuncti.

Deputacio custodis in bonis ejusdem.

Littera capituli Lond' pro sequestro de Lamborn' relaxando.

Littera directa archidiacono Wilt' pro eodem.

Alia Johanni dicto Belamy pro eodem.

Alia vicario de Aldeborn' et Lamborn' pro eodem.

6(30). Littera prioris hospitalis pro custodia de Bistlesham.

Custodia commissa rectori de Walingford'.

---

[1] *Inserted above line.*   [2] *MS.* inquisicionibus.
[3] *MS.* Litera.

[7(31). Littera of]ficiali¹ pro eodem.
[Littera pro consolidacio]ne¹ ecclesiarum.
[Licencia audiendi]¹ confessionem abbatis.

[8(32). Custodia in bonis]¹ Johannis Bluet' defuncti.
Littera missa capitulo pro manso vicarii de Helton'.²
Contra extrahentes confugas ab ecclesia.
Licencia concessa episcopo Meneven' ad celebrandum
    ordines.
Licencia eligendi confessorem.

9(33). Consensus regius pro appropriacione de Brodsydeling'.
Submissio abbatis et conventus de Midelton'.
Inquisicio super porcionibus.

[10(34).] Appropriacio ecclesie de Brodsydeling'.³

Quartus quaternus.

1(37). Ordinacio vicarie de Thacham.⁴

2(38). Mandatum archiepiscopi ad orandum pro pace.

3(39). Execucio super eodem.
Mandatum archiepiscopi de veniendo ad consilium Elien'.
Excusacio super eodem; alia patens.

4(40). Dispensacio super defectu natalium.
Commissio pro levacione procuracionum de ecclesiis
    dedicatis.
Mandatum archiepiscopi de veniendo ad consecracionem
    Wynt'.
Littera patens excusatoria.
Item dimissoria pro altaribus consecrandis.

5(41). Mandatum archiepiscopi pro convocacione London'.
Execucio super eodem.

6(42). Contra detentores bonorum defunctorum.
Deputacio curatoris apud Clyvepipard.

7(43). Littera abbatis Abynd' pro arreragiis decime annalis.
Execucio super eadem.

---

¹ *Corner of folio torn.*
² *Above, in later hand,* mansio vicarie.
³ *In margin,* ordinacio et cetera. *At top of page, linked with this entry by an arrow,*
Item appropriacio ecclesie de Tidolfsid infra in v quaterno; item appropriacio ecclesie
de Westhidesley in xv quaterno; item ecclesie de Preschut in xviij quaterno.
⁴ *In margin,* Item alia in xvij quaterno; item ordinacionem ij vicariarum, vide **infra** in
xiiij quaterno; item in xv quaterno ad quem eciam appropriacio; item declaracio super
ordinacionem vicarie, vide in xvj quaterno.

8(44). Littera pro rectore non ordinato probante impedimentum.
Procuratorium domini ad contradicendum transmissum ad
curiam Romanam.
Citacio pro caucione prestanda pro exitibus.

9(45). Commissio in negocio presentacionis inter presentatorem
et incumbentem.
Citacio procuratorium et aliorum ante confirmacionem
sentencie.[1]
Littera missa decano Sar' pro penitencia Henrici Stormy.
[2]Licencia episcopi Linc' pro monialibus sue diocesis bene-
dicendis.[2]

10(46). Citacio contra rectorem suam ecclesiam deserentem.
Commissio ad cognoscendum et pronunciandum de clericatu Georgii de Brightmerstone.

11(47). Contra inicientes manus violentes in clericos.
Commissio pro dissencione inter moniales Schafton'.
Ad inquirendum super natalibus.

12(48). Licencia benedicendi abbatissam infra alienam diocesim.
Licencia celebrandi ordines infra diocesim alienam.
Licencia benedicendi abbatem de Thame.
Custodia terrarum et tenementorum minoris etate.
Pro religiosis habentibus ecclesias in proprios usus, quod
non darent panem benedictum.[3]

[Fo. vi]

Licencia audiendi divina in oratorio.

Quintus quaternus.

1(49). Deputacio collectorum decime annalis.
Littera directa capitulo pro hujusmodi decima recipienda.

2(50). Privata littera domini regis pro dicta decima.
Mandatum regis collectoribus decime.

3(51). Mandatum ad solvendum mercatoribus et cetera.

4(52). Condiciones super quibus decima cleri erat regi concessa.

5(53). Commissio pro quadam pensione in Westbur'.[4]
Pro defectibus in ecclesia de Fromebelet'.
Littera capituli London' pro Lamborn'.
Execucio super eadem.

---

[1] *In margin, Lodr'.*   [2] *Added between the columns.*
[3] *At bottom of page, a hand with pointing finger.*
[4] *There is a gap before this entry.*

6(54). Commissio pro confuga in ecclesiam de Wyndesou'.
Littera contra prohibentes victum.
Tercia pro eodem.

7(55). Commissio generalis pro negocio de Turneworth.
Littera directa priori de Farle pro templario.
Commissio in negocio provisionis a sede apostolica.
Littera ad publicandum excommunicatum per xl dies.
Mandatum Guillelmi de Balaeto pro denariis beati Petri.

8(56). Instrumentum super notificacione prebendarum vacancium.
Procuratorium ad notificandum, provocandum, et appellandum.
Mandatum Guillelmi de Balaeto pro solucione denariorum
beati Petri.
Responsio ad dictum mandatum.

9(57). Acquietancia super solucione denariorum beati Petri.
Procuratorium ad solvendum dictos denarios.
Littera inquirenda de inpotencia vicarii.
Commissio super penitencie injunccione.
Proclamacio pro Georgio de Brighmerston'.

10(58). Pro purgacione ipsius recipienda commissio.
Littera[1] ballivo pro eodem.
Commissio secunda pro eodem.
Bulla ad orandum pro papa.

11(59). Execucio super ea archidiaconis episcopatus.
Littera pensionis quinque marcarum concessa Simoni de
Monte Acuto.
Procuratorium generale missum ad curiam Romanam.

12(60). Appropriacio ecclesie de Tidolfside et induccio.
Mandatum archiepiscopi pro consecracione electi London'.

Sextus quaternus.[2]

1. Littera testimonialis super morte Alicie Prebendar'.
Custodia bonorum Johannis de Berewico defuncti.
Littera testimonialis super collacione prebende.
Commissio ad recipiendum brevia regia.
Licencia de vovendo continenciam.
Certificatorium ad mandatum archiepiscopi de veniendo
Lond' coram cardinalibus.

[1] *MS.* Litera.
[2] *Marked* deficit *in a 19th-century hand. Quires 6 and 7 are missing.*

2. Littera vacacionis ecclesie cathedralis Lincoln' per regem.
   Mandatum archiepiscopi de veniendo coram cardinalibus.
   Execucio super eodem.
3. Mandatum archiepiscopi ad rogandum [1]pro rege[1] et statu
   regni Anglie.
   Execucio super eodem.
   Mandatum archiepiscopi ad orandum pro pace.
   Execucio super eodem.
4. Bulla ad excommunicandum omnes portantes arma contra
   regem.
   Execucio super eodem.
   Bulla pro decima sexannali levata et solvenda domino regi
   saltem de primo anno.
5. Execucio abbatibus de Abyndon' et Schirborn' et eorum
   conventibus collectoribus dicte decime.
6. Littera archiepiscopi ad inquirendum de statu et conversacione Juliane de Lamehuth.
   Certificatorium cum inquisicione super eadem littera.
7. Acquietancia super solucione decime sexannalis.
   Commissio pro Georgio de Brighmerstone.
   Commissio generalis in causis.
   Mandatum ad orandum pro pace et serenitate aeris.
8. Mandatum ad publicandum sentencias contra non solventes decimas.
   Ne quis ferociter ecclesiasticos extra solum ecclesiasticum
   deponat.
   Littera cardinalium pro iiij[or] d' de marca solvenda.
9. De eadem littera.
10. Execucio dicte littere.
    Commissio ad recipiendum dictas procuraciones.
    Procuratorium Thome de Ocham pro eadem recepcione.
11. Certificatorium ad mandatum cardinalium.
    Acquietancia super solucione facta cardinalibus.
    Item alia acquietancia super eodem.
    Mandatum de solvendo post terminum assignatum.
    Commissio de absolvendo soluciones post terminum.
12. Mandatum de solvendo Thome de Okham.
    Forma absolucionis cardinalium.
    Forma acquietancie de solucione post terminum.
    Item quattuor acquietancie sequuntur.

   [1] *Inserted above line.*

[Fo. vi^v]

Septimus quaternus.[1]

1. Mandatum cardinalium de reddendo raciocinia de re-
   c[eptis ?].
   Execucio ejusdem mandati.
   Ne quid exigatur de beneficiis cardinalium.
2. Mandatum cardinalis ad compellendum non solventes.
   Execucio super eodem.
   Certificatorium super execucione.
3. Nichil habet scriptum.
4. Mandatum cardinalium de procuracione eorum solvenda.
   Certificatorium super eodem.
   Forma acquietancie super solucione.
5. Mandatum directum officiali pro residuo levando.
   Mandatum Rigaudi de eodem.
   Execucio super hoc.
6. Citacio detinentis fructus vacancie post annunciacionem.
7. Bulla ad colligendum denarios terre sancte et beati Petri.
8. Certificatorium beneficiorum reservatorum per papam.
9. De eodem.
10. Supplicatoria pro corrigendis erroribus in certificatorio.

Octavus quaternus habet iiij^{or} folia.
(61). Processus cardinalium contra Robertum de Bruy.

Nonus quaternus habet iiij^{or} folia.
(65). Alius processus dictorum cardinalium.

Decimus quaternus habet iiij^{or} folia.
(69). Tercius processus cardinalium.
(72). Item in eodem quaterno provocacio pro juribus ecclesie
   Sar'.

Undecimus quaternus.
1(73). Carta regis ne capiantur bona clericorum.
   Carta regis super responsionibus ad gravamina ecclesie.
2(74). De eodem.
3(75). Mandatum Rigaudi pro denariis beati Petri.
   Littera archiepiscopi continens bullam de reservacione
   beneficiorum.
4(76). De eodem.

[1] *Marked* deficit *in a 19th-century hand. Quires 6 and 7 are missing.*

5(77). Littera mittenda archidiaconis ante visitacionem diocesanam.

6(78). Littera mittenda religiosis ante visitacionem.
Mandatum Rigaudi collectoris primorum fructuum.
Execucio super eodem, et certificatorium.

7(79). Commissio ad instituendum rectorem minus litteratum.
Licencia Wynton' episcopi ad dispensandum cum clericis sue diocesis ad primam tonsuram.
Sentencia contra illos qui irrogabant dampna cardinalibus.
Littera testimonialis super divisione cujusdam ecclesie.
Littera publicacionis prebendarum vacancium.

8(80). Mandatum subdelegato ad procedendum in negocio provisionis.
Commissio ad citandum non solventes decimam.
Littera mittenda decanis ante visitacionem.

9(81). Quoddam certificatorium beneficiorum.
Mandatum Rigaudi collectoris primorum fructuum.
Certificatorium ad idem.

10(82). Item mandatum Rigaudi predicti.
Et certificatorium ad idem cum tenore ipsius.

11(83). Tercium mandatum Rigaudi predicti.
Tenor certificatorii ad idem.

12(84). Mandatum Rigaudi pro denariis beati Petri.

Duodecimus quaternus.[1]

1. Mandatum ad monendum quemdam ad peragendum penitenciam.
Littera testimonialis super restoracione fame post penitenciam injunctam.
Littera testimonialis super purgacione legitima.
Revocacio cause appellacionis ad examen domini.
Citacio parcium post causam appellacionis revocatam.
Commissio in causa appellacionis.
Consolidacio ecclesie et vicarie de P.[2]
Inquisicio super consolidacione ecclesie et vicarie.
Bulla directa ad dirigendum regem in bonum.

2. Bulla pro treuga inter regem Anglie et R. de Braiose.
Bulla quod vendicantes fructus vacantes et cetera.

---

[1] *In margin, in a ?15th-century hand*, Credo quod isti duo quaterni deficiunt, scilicet xij et xiij. U. *This quire is missing.*
[2] *In margin*, Nota, *and a drawing of a hand.*

3. Inhibicio quedam.
   Constitucio J. pape contra plurales.
4. Certificatorium beneficiorum vacancium.
   Supplicatoria domino pape pro ecclesia Anglicana.
5. Mandatum subcollectoribus pro decima levanda.
   Brevis regis pro eadem decima.
   Brevis regis de faciendo venire subcollectores.
6. Mandatum ad cohercendum non solventes decimam.
   Mandatum directum . . abbatibus subcollectoribus decime.
7. Mandatum archiepiscopi pro congregacione cleri London'
   Commissio penitenciarie specialis et plena.

[Fo. vii]

8. Supplicatoria archiepiscopi Ebor' ad intronizacionem
   suam.
   Mandatum pro nunciis hospitalis sancti Spiritus admit-
   tendis.
   Declaracio quod ecclesia de Suth Neweton' est prebendalis.
9. Commissio pro deliberacione gaole tempore quadragesimali.
   Quedam commissio facta uni . . episcopo per alium
   episcopum.
10. Declaracio quod ecclesia de Edyndon' est prebendalis.
11. Admissio ad ecclesiam de Edyndon'.
    Item alia admissio ad eamdem.
12. Institucio in eadem.
    Forma presentacionis in eadem.
    Responsio domini episcopi ad provisorium quare non est
    de forma communi.
    Monicio quod detentores librorum eos restituant.
    Forma dispensacionis cum illegitimo auctoritate ordina-
    ria, qui sine dispensacione primam tonsuram admisit.

    Terciusdecimus quaternus.[1]

1. Commissio ad recipiendum presentaciones beneficiorum
   et cetera.
   Mandatum officiali . . archidiaconi ad publicandum hanc
   commissionem.
   Quedam littera institucionis que non est de forma communi.

   [1] *This quire is missing.*

Ut vir transeat ad religionem uxore in seculo remanente.
Exhortacio religiosis pro quadam decima detenta.
Licencia celebrandi in oratorio.

2. Commissio ad concedendum fratribus licenciam audire confessiones.
Item commissio super eodem aliis fratribus.
Mandatum ad inquirendum de pollucione ecclesie.
Pro proclamacione facienda ante liberacionem cujusdam incarcerati.

3. Commissio ad inquirendum de fama incarceratorum.
Ad compellendum quemdam ut tractet uxorem suam rite.
Deputacio custodie in prioratu de Kington'.
Commissio ad audiendum compotum de proventibus et cetera.

4. Mandatum archiepiscopi pro congregacione cleri.
Excusatoria episcopi de non veniendo.
Littera mutue vicissitudinis optentu.
Obligacio facta cuidam pro servicio domini regis.

5. Commissio ad recipiendum purgacionem cujusdam diffamati.
Mandatum ad interdicendum mercata diebus dominicis.
Mandatum ad properandum moniales benedicendas.[1]
Inquisicio super capella de novo constructa.

6. Mandatum archiepiscopi ad orandum pro pace regni.
Citacio ad consecracionem Lond' electi.

7. Notificacio sentencie late in quemdam.
Commissio super permutacione quadam.

8. Mandatum archiepiscopi pro convocacione cleri.

9. Littera ad inquirendum de morte cujusdam absentis.
Commissio ad absolvendum excommunicatos pro scotallis.
Forma absolucionis pro scotallis.
Commissio ad visitandum quoddam hospitale.
Licencia absentandi ab ecclesia pro obsequio alicujus.
Littera revocatoria visitacionis faciende.

10. Littera pro distribucione pecunie de scotallis pauperibus facienda.
Commissio ad interdicendum oratoria privata.
Littera pro canonicorum congregacione facienda.
Mandatum pro nunciis hospitalis sancti Antonii.

[1] *In margin, a face with the word* monialis.

11. Littera ad orandum pro rege in guerra.
    Sentencia generalis contra male decimantes.

12. Bulla ad monendum Templarios quod transferant se ad aliquam religionem approbatam.
    Testimonialis de quodam Templario.

Quartusdecimus quaternus.

1(85). Commissio ad absolvendum impedientes graciam apostolicam.
       Commissio generalis ad causas.
       Mandatum archiepiscopi ad levandum obolum de marca et cetera.

2(86). Sentencia generalis contra venientes contra cartam libertatis ecclesie.

3(87). Littera monitoria cuidam abbati pro vicario de Osmynton'.
       Littera . . abbatis et conventus subcollectorum decime et cetera.

4(88). Nichil quia continuatur precedentibus.

5(89). Confirmacio cantarie in capella R. le Boor.

6(90). Copia procuratorii procuratoris universitatis Oxon'.
       Ordinacio vicarie de Gillyngham.

7(91). Ordinacio vicarie de Tydolveshide.

8(92). Ratificacio manumissionis facte per predecessorem.
       Procuratorium pro parliamento continens excusacionem.
       Ad publicandum indulgencia benefactoribus ecclesie Sar'.

[Fo. vii^v]

9(93). Processus contra fratres Carmelitas pro oratorio in Marleb'.

10(94). Mandatum ad notificandum nominaf ratrum admissorum et cetera.

11(95). Mandatum ad denunciandum quod fratres Carmelitas non recipiuntur.
        Mandatum ad publicandum constituciones de scotallis.
        Mandatum ad certificandum de nominibus non residencium.
        Littera testimonialis super omnibus ordinibus.

12(96). Littera de sequestro relaxando.
        Quedam obligacio CC librarum.
        Composicio inter rectorem Marl' et fratres Carmelitas.

Quintusdecimus[1] quaternus.

1(97). Mandatum ad publicandum composicionem predictam.

2(98). Bulla canonizacionis Thome Hereford'.

3(99). Certificatorium ad bullam *Cum olim de Middelt'*.
Appropriacio ecclesie de Westhildesle.

4(100). Ordinacio vicarie de Westhild'.

5(101). Ordinacio vicarie de Hundlavynton'.
Citacio non comparencium et non exhibencium in visitacione.
Mandatum ad visitandum unum decanatum.

6(102). Mandatum ut convicti in visitacione peragant penitencias et cetera.
Monicio ad corrigendum quemdam.
Citacio contrahencium matrimonium in gradu prohibito.
Mandatum ad publicandum statutum pro festo reliquarum.

7(103). Testimonialis de transeunte ad religionem.
Inquisicio ante permutacionem.
Indulgencia concessa audientibus predicacionem quorumdam.
Mandatum ad recipiendum juramentum presbiterorum et cetera.

8(104). Indulgencia pro visitacione beati Thome Hereford'.
Commissio ad inquirendum de miraculis quibusdam.

9(105). Procuratorium ad impetrandum et contradicendum in curia Romana.
Procuratorium in omnibus causis et negociis in eadem curia.
Acta in negocio presentacionis ad vicarium de Lambourn'.

10(106). Procuratorium super appropriacione cujusdam ecclesie.
Assensus diocesani super appropriacione.

11(107). Mandatum archiepiscopi super bonis Templariorum.

12(108). Execucio ad idem mandatum.

Sextusdecimus quaternus.

1(109). Bulla super donacione bonorum Templariorum.

2(110). Privilegium W. archiepiscopi super visitacione provincie Cant'.

---

[1] *MS*. Quintedecimus.

Acquietancia cujusdam curatoris.
Constitucio procuratorii.

3(111). Notificacio cujusdam provocacionis facta . . archiepiscopo.
Generalis provocacio.

4(112). Declaracio super ordinacione vicarie de Osmynton'.
Licencia reconciliandi cimiterium pollutum.
Littera missa pape pro canonizacione R. archiepiscopi
Cant'.

5(113). Mandatum domini super apparitoribus habentibus equos
contra constituciones.[1]
Pronunciacio quod ecclesia de Suth Neweton' est prebendalis.
Confirmacio priorisse de Kyngton'.

6(114). Commissio in negocio presentacionis de Hemelesworth'.
Littera inspeximus super bonis Templariorum.
Negocium Roberti de Cantokkesheved'.

7(115). Commissio in dicto negocio.
Certificatorium missum ad curiam Romanam.
Articuli predicto certificatorio annexi.

8(116). Deposiciones predicto certificatorio annexe.

9(117). Adhuc deposiciones.

10(118). Testimonialis de sufficiencia tituli cujusdam rectoris.
Mandatum collectorum decime et certificatorium ejusdem.

11(119). Mandatum ad levandum quadrantem pro magistro
Ebraico Oxon'.

12(120). Acquietancia cujusdam nuncii sedis apostolice.

Septimusdecimus quaternus.

1(121). Mandatum archiepiscopi pro parliamento.
Intimacio vicecomiti pro liberacione excommunicati incarcerati.

2(122). Mandatum archiepiscopi pro gravaminibus conventui
Abend' illatis reformandis.
Articuli gravaminum predictorum.

3(123). Certificatorium ad dictum mandatum.
Confirmacio super assignacione mansi pro quodam
vicario.

4(124). Ordinacio vicarie de Iwernemynstr'.[2]

---

[1] *In margin, a hand with pointing finger.*
[2] *In margin*, Nota.

5(125). Mandatum ad compellendum rectores ecclesiarum suarum defectus reparare.[1]

Citacio archidiaconi Berk' pro non residencia.

Indulgencia concessa pro ecclesia de Wyk'.

6(126). Mandatum ad orandum pro pace regni.

Mandatum pro canonicis congregandis in capitulo Sar'.

Citacio ad synodum . . decani Sar'.[1]

7(127). Mandatum ballivis pro libertate ecclesie Sar'.

Mandatum ad monendum rectores reparare defectus.

Littera directa regi pro bonis incarcerati liberati.

8(128). Mandatum episcopi Lond' pro clero congregando ad concilium.

Certificatorium ad idem mandatum.

[Fo. viii]

9(129). Mandatum archiepiscopi ad publicandum responsum prelatorum.

Mandatum regis ad publicandum dictum responsum.

10(130). Mandatum archiepiscopi ad publicandum confederacionem cum Scot'.

Transcriptum litterarum predictarum.

11(131). Execucio in hac parte facta . . decano Sar'.

Commissio ad visitandum moniales.

Constitucio penitenciariorum per totam diocesim.

12(132). Suspensio abbatis Abynd' ab administracione.

Octavusdecimus quaternus.

1(133). Commissio a sede apostolica delegata.

Mandatum de veniendo ad parliamentum.

2(134). Ordinacio cantarie pro anima R. de Tudeworth'.

3(135). Pro congregacione prelatorum apud Lond'.

4(136). Procuratorium ad dictam congregacionem.

5(137). Ordinacio cantarie pro J. Alwyne.

6(138). De eodem.

7(139). Ad amovendum vim laicam de ecclesia.

Due bulle tangentes H. Despens'.

8(140). Ad conservandum bona ecclesie de Troubrugg'.

Ne admittantur moniales donec domus relevetur.

9(141). Commissio in negocio permutacionis.

Appropriacio ecclesie de Preschut'.

[1] *In margin, a hand with pointing finger.*

10(142). Processus super eodem.

11(143). Mandatum pro congregacione cleri apud Lincol'.

12(144). Contra impedientes jurisdiccionem archidiaconi Dors'.

Decimus nonus [*sic*] quaternus.

1(145). Bulla ut inducatur rex ad conservandum libertatem ecclesie.

Pro . . archidiacono Norhampton'.

2(146). Certificatorium ad curiam Romanam et cetera.

Bulla pro magistro J. de Stratford' episcopo Wynt'.

3(147). Bulla alia pro eodem episcopo.

Commissio super permutacione quadam facienda.

4(148). Mandatum pro congregacione prelatorum.

5(149). Consensus capituli Sar' super quibusdam tangentibus scolares de Vall' Sar'.

Licencia . . episcopi ad idem.

6(150). Citacio ad parliamentum.

7(151). Licencia redeundi ad ecclesiam secundum **constitucionem** *Si beneficia*.

Mandatum ad solvendum denarios beati Petri.

Bulla pro Stratford' episcopo Wynton'.

8(152). Item pro eodem . . episcopo Wynton'.

9(153). Confirmacio cantarie R. le Boor.

10(154). De eodem.

11(155). Pro denariis beati Petri.

12(156). Bulla super moderacione provisorum [*sic*] in Anglia.

Vicesimus quaternus.

1(157). Item alia bulla super moderacione provisionum et cetera.

Relaxio interdicti capelle de Maydenhuth.

2(158). Littera missa pape pro dissencione regum Anglie et Francie.

3(159). Ne fiant scottale, ne ecclesie tradantur ad firmam, et cetera.

Institucio in ecclesiam de Bastelden' et cetera tangencia eamdem.

4(160). Ordinacio cantarie Stephani le Criour.

5(161). De eodem.

6(162). Ad colligendum medietatem fructuum de Hakeborn'.

Mandatum . . archiepiscopi ad orandum pro pace.

7(163). De eodem.

8(164). Epistola sancti Thome archiepiscopi missa H. regi Anglie.

9(165). Ad solvendum procuraciones nunciorum apostolicorum.

10(166). Quietancie solucionis predicte.
Responsio pape super discordia regum Anglie et Francie.

11(167). Ad solvendum procuracionem cujusdam nuncii apostolici.

12(168). Nichil continetur.

Vicesimus primus quaternus.[1]

1. Ordinacio porcionis ecclesie de Hakebourn'.

2. De eodem.

3. De eodem.

4. De eodem.

5(169). De eodem.

6(170). Ordinacio quarumdam decimarum ecclesie de Eysy.

7(171). De eodem.

8(172). De eodem.

9(173). Ordinacio cantarie Johannis de Mer'.

10(174). De eodem.

11(175). Ordinacio cantarie vicarii de Bolebrigg'.

12(176). De eodem.

[Fo. viii^v]
Vicesimus secundus quaternus.

1(177). Augmentacio vicarie de Remmesbur'.
Pro denariis beati Petri.

2(178). Ordinacio cantarie pro J. de Langeford'.

3(179). De eodem.

4(180). Pro capella de Maydenhuth.

5(181). De eodem.

6(182). Ad orandum pro regina in Franciam destinata.

7(183). Ad orandum pro regina et filio regis et cetera.

8(184). Ad orandum et processiones faciendas pro pace.

9(185). Nomina fratrum admissorum secundum constituciones *Super cathedram.*

10(186). Nomina fratrum minorum ad idem.

11(187). Heremite ad idem.

12(188). Carmelite ad idem.

[1] *The first four folios have been cut out.*

Vicesimus tercius quaternus.

1(189). Appropriacio ecclesie de Rodebourn'.

2(190). Augmentacio vicarie ibidem.

3(191). Ordinacio pro rectore et priore de Devys'.

4(192). De eodem.

5(193). Ordinacio cantarie pro R. de Drueys.

6(194). De eodem.

7(195). Ordinacio vicarie de Roude.

8(196). Provocacio pro insinuacione testamentorum.

9(197). De eodem.

10(198). Nichil.

Vicesimus quartus quaternus[1]

1. Ordinacio heremitagii de Blakemor'.

2. De eodem.

3. De eodem.

4. De eodem.

5. Ad solvendum procuraciones nunciis apostolicis.

6. Ad convocandum clerum.

7. Ad rehabendum prisonos escapiatos.
   Brevis regis super hoc.

8. Absolucio H. Stormy pro fraccione parci et cetera.
   Ad denunciandum banniciones regine nullas.

9. Licencia redeundi ad ecclesiam de Preschut'.

10. Ad publicandum invadentes regni excommunicatos.

11. Pro parliamento.

12. Renunciacio super jure patronatus.

Vicesimus quintus quaternus.

1(199). Mandatum ad convocandum clerum London'.

2(200). Prorogacio parliamenti.

3(201). Ad interdicendum loca ubi archiepiscopus Ebor' transiverit.
Mandatum archiepiscopi pro convocacione.

4(202). Indulgencia pro pace inter reges Anglie et Francie.

5(203). Ad inducendum pro subvencione ecclesie Romane contra
adversarios.
Ad subveniendum eidem ecclesie contra hereticos.

---

[1] *This quire is missing.*

6(204). Littera populi Romani ut papa veniret ad Romam.

Ad interessendum consecracioni Jacobi electi Exon'.

7(205). Ad pupplicandum voluntatem regine adeundi dominum suum.

8(206). Ad publicandum Bavar' excommunicatum.

9(207). De eodem.

10(208). De eodem.

11(209). De eodem.

12(210). Contra rectorem ecclesie sancti Jacobi Schefton'.

Vicesimus sextus quaternus.

1(211). Mandatum archiepiscopi de veniendo apud Lincol'.

2(212). Mandatum ejusdem pro convocacione apud Leycestr'.

3(213). Ordinacio super lampade in ecclesia de Lavynton'.[1]

4(214). De eodem.

5(215). Supplicacio pape ut provisio in ecclesia Sar' moderetur.

6(216). Ordinacio super lampade apud Poterne.

7(217). Mandatum pro parliamento apud Ebor'.

8(218). Pro denariis sancti Petri.

9(219). Ad denunciandum rifflatores Abyndon' excommunicatos.

10(220). Quod canonici Sar' utantur almuciis de gryseo.

11(221). Bulla pro subsidio ecclesie racione contra Italicos.

Alia bulla ad idem.

12(222). Supplicacio regis erga papam pro S. Cant' electo.

[Fo. ix]

Vicesimus septimus quaternus.

1(223). Inhibicio ne armati hospitentur infra clauso Sar'.

Inhibicio regis ad idem.

Execucio S. nuper episcopi super eodem.

2(224). Sentencia excommunicacionis late super tales.

Execucio R. episcopi super hujusmodi inhibicione.

3(225). Nichil.

4(226). Ordinacio cantarie beate Marie apud Dounheved.

5(227). De eodem.

6(228). De eodem.

7(229). De eodem.

8. Nichil.

9(230). Certificatorium numeri monialium Schafton'.

---

[1] *Added in a ?15th-century hand,* et ibi vide dotacionem vicarie.

10(231). Ordinacio numeri monialium ibidem.

11(232). Pro parliamento apud Sar'.
Ad denunciandum excommunicatos invadentes monasterium sancti Edmundi.

12(233). Carta . . episcopi Serloni de Thorp.

Vicesimus octavus quaternus.

1(234). Mandatum ad citandum universitatem Oxon'.

2(235). Execucio dicti mandati.
Certificatorium execucionis predicte.

3(236). Certificatorium citacionis facte.

4(237). Bulla ut oretur pro ecclesia in canone misse.

5(238). Bulla ut publicetur processus contra quosdam fratres minores.

6(239). Certificatorium[1] ad eamdem.
Certificatorium contra Ludovicum de Bavar'.

7(240). Pro denariis beati Petri.
Citacio ad concilium . . archiepiscopi.

8(241). Execucio facta archidiaconis super eodem.
Certificatorium domino . . archiepiscopo super eodem.

9(242). Statuta edita in dicto concilio Lond'.

10(243). Execucio statutorum predictorum.

11(244). Ad publicandum nomina fratrum admissorum ad confessionem.

12(245). Nichil continetur.

Vicesimus nonus quaternus.

1(246). Confirmacio cantarie R. de Bluntesd'.

2(247). Ad interdicendum ecclesias per quas archiepiscopus Ebor' transiverit.

3(248). Tangencia tumbe S. nuper episcopi.

4(249). Mandatum archiepiscopi a[d] exequendum quosdam processus.

5(250). Ad denunciandum P. de Corvar' hereticum.

6(251). De eodem.

7(252). De eodem.

8(253). Certificatorium ad mandatum prescriptum.
Procuratorium in curia Romana.

---

[1] *MS.* Certifitorium.

Tricesimus quaternus.

1(254). Ad denunciandum Ludovicum de Bavar' hereticum.

2(255). De eodem.

3(256). Certificatorium ad mandatum prescriptum.
Pro denariis beati Petri.

4(257). Mandatum pro reservacione fructuum vacancium per triennium.

5(258). Certificatorium ad dictum mandatum.
Declaracio quo die incipit annus pontificalis domini pape.

6(259). Aliud certificatorium super eodem.

7, 8 (260, 261). Nichil continetur.

9(262). Commissio super permutacione quadam.
Commissio super alia permutacione.

10(263). Declaracio super festis feriandis.

11(264). Ordinacio vicarie de Prestschut.

12(265). De eodem.

Tricesimus primus quaternus.

1(266). Adhuc super ordinacione vicarie predicte.

2(267). De eodem.

3(268). Mandatum archiepiscopi pro parliamento Wynton'.

4(269). Congratulacio domini pape super Petro de Corvar' redeunte ad unitatem ecclesie.

[Fo. ix^v *blank*]

[Fo. 1]¹

REGISTRUM VENERABILIS PATRIS DOMINI ROGERI DEI GRACIA SAR' ELECTI CONFIRMATI DE DIVERSIS LITTERIS EIDEM DIRECTIS ET AB EJUSDEM CANCELLARIA EMISSIS.

[*18 July 1315. Commission to Peter de Periton to receive presentations and to admit, institute, and order induction to vacant benefices. Sealed with the seal the Bishop had used as dean of Lincoln.*]

COMMISSIO AD INSTITUENDUM ET ALIA FACIENDA QUE IN SEQUENTIBUS LITTERIS CONTINENTUR. Rogerus permissione divina Sarr' electus confirmatus, dilecto nobis in Christo magistro Petro de Periton' canonico ecclesie Sarr' juris canonici professori salutem et graciam salvatoris. Quia certis ex causis extra diocesim Sarr' ad tempus agere nos oportet, volentes presentatorum nobis ad bene-

¹ *At top of page*, Primus quaternus.

ficia ecclesiastica laboribus parcere et expensis ne in partibus
remotis nos querere compellantur, presentaciones quascumque
factas et faciendas de quibuscumque personis ad quecumque
beneficia in dicta diocese jam vacancia et imposterum vacatura
recipiendi, et inquisicionibus de mandato vestro juxtra morem
factis presentatos hujusmodi ad beneficia ipsa prout justum fuerit
admittendi et eos in illis canonice instituendi et per illos ad quos
pertinet inducendi, ac omnia et singula faciendi et exercendi que
in hac parte requiruntur de consuetudine seu de jure vobis cum
cohercionis canonice potestate committimus vices nostras donec
eas duxerimus revocandas. In cujus rei testimonium sigillo quo in
decanatu Lincoln' uti consuevimus presentes fecimus litteras consignari eo quod tempore confeccionis earum aliud ad manus
minime habebamus. Datum London' xv kalendas Augusti anno
domini millesimo trecentesimo quintodecimo.

[*2 August 1315. Commission to the same to admit proofs of wills and grant
administrations.*]

COMMISSIO AD ADMITTENDUM PROBACIONES TESTAMENTORUM.
Rogerus permissione divina Sarr' electus confirmatus dilecto nobis
in Christo P. de P. juris canonici professori salutem et graciam
salvatoris. Ad admittendum probaciones testamentorum et com-
mittendum administracionem eorumdem et ad faciendum omnia et
singula que ulterius in hac parte fuerint excercenda, vobis vices
nostras cum cohercionis canonice potestate committimus per presentes. In cujus rei testimonium sigillum nostrum presentibus est
appensum. Datum apud Nouesle die Sabbati proxime post festum
sancti Petri ad vincula anno domini m°ccc°mo xv.

[*2 August 1315. Licence to the bishop of St. David's to dedicate altars in Aldworth church, granted at the request of Philip de la Beche and other parishioners
of Aldworth.*]

LICENCIA AD DEDICANDUM ALTARIA. Venerabili in Christo
domino dei gracia . . Meneven' episcopo Rogerus permissione
divina electus Sarr' confirmatus reverenciam et honorem debitum
tanto patri. Dilecti nobis in Christo Philippi de la Beche parochiani ecclesie de Aldeworth' Sarr' diocesis ceterorumque com-
parochianorum dicte ecclesie precibus inclinati, ut vos altaria dicte
ecclesie consecrare possitis liberam vobis in domino tenore presencium concedimus facultatem. Valeat reverenda paternitas vestra
per tempora diuturna. Datum apud Nouesle die Sabbati proxime
post festum sancti Petri ad vincula anno et cetera.

[*Undated. Commission to John de Tarent, rector of Iwerne Courtney, and William de Selton, rector of Marnhull, to try cases in the consistory court. Sealed with the seal the Bishop had used as dean of Lincoln.*]

COMMISSIO AD TENENDUM CONSISTORIUM. Rogerus permissione divina et cetera dilectis nobis in Christo magistris Johanni de Tarent' et Willelmo de Selton' ecclesiarum de Ywerne Courtenay et de Marnhull rectoribus Sarr' diocesis salutem et graciam salvatoris. Ad audiendum et terminandum causas, lites, et

Fo. 1ᵛ negocia que qualitercumque | in consistorio nostro Sarr' inter personas quascumque vertuntur seu verti sperantur, et omnia alia et singula faciendum et excercendum que ad jurisdiccionem contenciosam pertinere noscuntur, vobis duobus simul et utrique vestrum per se cum canonice cohercionis potestate committimus vices nostras donec eas duxerimus revocandas. In cujus rei testimonium sigillum quo ad presens utimur presentibus est appensum. Datum London' et cetera anno domini et cetera.

[*Undated. Commission to William de Coleshull to receive the oath of obedience to the Bishop from his men in the archdeaconries of Berks. and Wilts.*]

COMMISSIO AD RECIPIENDUM CANONICAM OBEDIENCIAM. Rogerus permissione et cetera, dilecto nobis in Christo magistro Willelmo de Coleshull canonico Sarr' salutem in omnium salvatore. Ad recipiendum canonicam obedienciam a quibuscumque nostris subditis in archidiaconatibus Berk' et Wyltes' existentibus qui nobis tenentur ad eam necnon ad faciendum et excercendum omnia et singula que in hac parte fiunt oportuna vobis committimus vices nostras cum¹ cohercionis canonice potestate. In cujus rei testimonium et cetera.

[*Undated. Commission to Ralph de Querendon to receive the oath of obedience to the Bishop from his men in the liberties of Lavington, Potterne, Devizes, and the borough of Marlborough, and to try cases in those liberties. Ralph is also appointed clerk and registrar of the consistory court, and the Bishop's sequestrator.*]

ITEM ALIA COMMISSIO. R. permissione divina et cetera dilecto in Christo magistro Radulfo de Querend' clerico salutem in virgine gloriosa. Ad recipiendum canonicam obedienciam a quibuscumque nostris subditis jurisdiccionum nostrarum de Lavynton', Poterne, Devises, et burgi de Marleberg' Sarr' diocesis qui nobis eam prestare tenentur de consuetudine vel de jure necnon ad inquirendum, corrigendum, et puniendum nostrorum subditorum excessus jurisdiccionum ipsarum et cujuslibet earumdem, ac eciam ad audiendum et fine debito terminandum causas et negocia mota et movenda in

¹ *MS.* dum.

eisdem jurisdiccionibus et qualibet earumdem ac generaliter ad
omnia et singula excercendum que nos occasione jurisdiccionis con-
tenciose hujusmodi pertinere noscuntur vobis committimus vices
nostras. Vosque clericum consistorii nostri Sarr' et registratorem
ejusdem, ac eciam sequestratorem nostrum in Sarr' diocese deputamus. Vobisque eadem officia et in premissis omnibus singula
consueta committimus cum cohercionis canonice potestate. In
cujus rei testimonium et cetera. Datum et cetera.

[*Undated. Appointment as penitentiaries of Richard de Wanetyng (in the archdeaconry of Berks.) and John de Hakeneye.*]

COMMISSIO PENITENCIARIE. R. permissione divina et cetera dilecto
nobis in Christo magistro Ricardo de Wanetyng' perpetuo vicario
ejusdem salutem et graciam salvatoris. Cunctis que ad forum peni-
tenciale nobis incumbunt[1] personaliter intendere non valentes, de
vestra prudencia plenam in domino fiduciam optinentes vobis
penitenciarie nostre curam archidiaconatus Berkes' committimus
per presentes quibus sigillum nostrum apposuimus in testimonium
premissorum. ET CONSIMILIS LITTERE TENOR EMANABAT MAGI-
STRO JOHANNI DE HAKENEYE CANONICO SARR' COMMITTENDO EI
PENITENCIARIE CURAM SIMPLICITER.

[*Undated. Commission to take clerks imprisoned by royal and other officials into
ecclesiastical custody.*]

COMMISSIO AD EXIGENDUM INCARCERATOS.[2] Rogerus permissione
divina et cetera dilectis nobis in Christo A. A. B. et cetera salutem
in domino. Ad petendum et recipiendum nomine nostro a quibuscumque justiciariis, vicecomitibus, et ballivis domini nostri regis et
aliorum quorumcumque necnon a quibuslibet aliis quocumque
nomine censeantur omnes clericos de quibuscumque feloniis,
criminibus, culpis, seu excessibus, indictatos et indictandos,
captos ac capiendos, et ea occasione incarceratos et incarcerandos
seu alias in custodia vel vinculis detentos seu detinendos [3]qui de
jure exigi poterunt et debebunt[3] ad judicandum coram nobis in
foro ecclesiastico secundum canonicas sancciones vobis conjunctim
et divisim in comitatu de B. committimus vices nostras cum
cohercionis canonice potestate mandantes ut ipsos clericos per
ballivum nostrum Sarr' auctoritate nostra faciatis prout convenit
custodiri. In cujus rei testimonium et cetera. Datum London' et
cetera anno domini et cetera.

　　　　[1] *After* incumbunt, pertinere noscuntur *deleted.*
　　　　[2] *In margin,* defectiva est: quere aliam in xiij° folio subsequenti.
　　　　[3] *Added in margin.*

[*20 July 1315. Appointment of John de Dorsete as steward.*]

[Fo. 2]

PREFECCIO SENESCALLI. Noverint universi quod nos Rogerus permissione divina electus Sarr' confirmatus fecimus dilectum et fidelem nostrum Johannem de Dorsete senescallum terrarum nostrarum et eum assignavimus ad tenendum curias nostras et ad faciendum omnia et singula que senescalli terrarum electorum Sarr' per illustres principes reges Anglie admissorum et temporalitatem ad episcopum Sarr' spectantem habencium consueverant excercere et facere de consuetudine vel de jure. Et ideo volumus et mandamus quod omnes nostri fideles eidem Johanni sicut senescallo nostro hujusmodi intendant et obediant in omnibus sicut decet. In cujus rei testimonium et cetera. Datum London' xiij kalendas Augusti anno domini millesimo cccᵐᵒ quintodecimo.

[*19 July 1315. Commission to Alexander de Hemyngby to receive fealties and recognizances from the Bishop's free and unfree tenants.*]

COMMISSIO AD RECIPIENDUM FIDELITATES ET RECOGNICIONES TENENCIUM EPISCOPATUS SARR'. Rogerus permissione divina et cetera dilecto nobis in Christo domino Alexandro de Hemyngby canonico Sarr' salutem in domino. Ad recipiendum fidelitates et recogniciones nobis debitas a libere tenentibus, villanis, et aliis qui de nobis tenent, necnon ad substituendum seu attornandum alium vel alios loco vestri in premissis prout videretis expedire ac ad faciendum et excercendum omnia et singula que in hac parte fuerint oportuna, vobis committimus vices nostras vosque ponimus loco nostri. In cujus rei testimonium et cetera. Datum London' xiiij kalendas Augusti anno domini millesimo cccᵐᵒ quintodecimo.

[*19 July 1315. Appointment of Thomas de Gaythull as proctor to receive the stock of the episcopal manors from the executors of Bishop Simon of Ghent. Sealed with the seal the Bishop had used as dean of Lincoln.*]

PROCURATORIUM AD RECIPIENDUM IMPLEMENTUM MANERIORUM EPISCOPATUS SARESBIR'. Pateat universis quod nos Rogerus permissione et cetera dilectum nobis in Christo dominum Thomam de Gaythull' clericum nostrum verum et legitimum procuratorem ordinamus, facimus, et constituimus per presentes ad petendum et recipiendum nomine nostro ab . . executoribus venerabilis patris domini Simonis dei gracia nuper Sarr' episcopi jam defuncti implementum maneriorum episcopatus Sarr' nos contingens de consuetudine vel de jure necnon ad contrahendum cum eisdem executoribus super quibuscumque rebus prout viderit expedire et ad faciendum cum eisdem quemcumque contractum licitum et honestum. Ratum habituri et firmum quicquid per eumdem dominum Thomam nomine nostro factum fuerit in premissis et quolibet premissorum. In cujus rei testimonium sigillum . . decani Lincoln' quo adhuc utimur presentibus est appensum. Datum apud Watford' xiiij kalendas Augusti anno domini millesimo cccᵐᵒ xvᵐᵒ.

[*19 August 1315. Letter to Ralph de Querendon, the sequestrator, instructing him to allow William Pachet, rector of Buttermere, to collect the sequestrated profits of the church of Buttermere.*]

CUSTODIA SEQUESTRI COMMISSA DOMINO WILLELMO PACHET RECTORI DE BOTERMERE. R. et cetera dilecto in Christo magistro Radulpho de Querendon' sequestratori nostro salutem et graciam salvatoris. Quia custodiam sequestri in fructibus ecclesie de Botermere quatenus ad nos dinoscitur pertinere domino Willelmo Pachet rectori ejusdem commisimus, volumus et mandamus quatinus eumdem rectorem fructus hujusmodi percipere permittatis quousque vobis per nos super hoc aliud demandetur. Valete. Datum London' xiiij kalendas Augusti anno et cetera.

[*22 August 1315. Mandate to the abbot and convent of Sherborne, collectors of the clerical tenth in the archdeaconries of Dorset and Salisbury, to collect the part payable on 14 September, to deliver the money so collected to Salisbury chapter within three days of that date, and to inform the Bishop of the sum collected and of the names of those who had paid and of those who had not, within six days of that date.*]

LITTERA . . ABBATI ET CONVENTUI DE SHIRBORN' DIRECTA PRO DECIMA REGI CONCESSA. Rogerus permissione divina et cetera dilectis nobis in Christo . . abbati et conventui monasterii Shirborn' salutem et graciam salvatoris. Constat nobis recolende memorie dominum Simonem dei gracia nuper Sarr' episcopum vos nuperrime suis litteris deputasse in archidiaconatibus Dors' et Sar' collectores decime domino nostro regi de bonis et beneficiis ecclesiasticis a prelatis et clero Cantuar' provincie novissime London' congregatis sub certa forma duobus anni terminis festorum videlicet Invencionis sancte crucis preteriti et Exaltacionis sancte crucis proxime jam venturi solvende, prout in directis vobis in hac parte dicti patris defuncti litteris plenius continetur. Quamobrem vestre devocioni firmiter injungendo committimus et mandamus quatinus decimam supradictam quatenus pro secundo termino suprascripto in predictis archidiaconatibus levanda fuerit levare curetis et colligere secundum directarum vobis dicti patris defuncti super hiis exigencia litterarum. Collectam autem de predicto secundo ter-

mino pecuniam et eciam colligendam dilectis nobis in
Fo. 2ᵛ   Christo . . capitulo ecclesie Sarr', | alii seu aliis in hac
parte deputando vel deputandis ab eis in capitulo Sarr' predicto, infra tres dies post festum Exaltacionis predictum persolvi,
et sic per vos solutam per idem capitulum in ecclesia reponi volumus et mandamus; ipsi quidem capitulo per alias litteras nostras
mandamus quod dictam decimam de dicto secundo termino levatam
et levandam a vobis recipiant ut premittitur et deponant, vobisque
litteras aquietancie faciant de soluto. Quid autem feceritis et per
vos collectum fuerit, ac predicto capitulo liberatum, nobis infra sex
dies a festo Exaltacionis predicto continue numerandos una cum
nominibus solvencium et non solvencium rescribatis per litteras
vestras patentes et clausas harum seriem continentes. Valete.
Datum apud Nouesle xj kalendas Septembris anno domini et
cetera.

[*23 August 1315. Similar mandate to the convent of Abingdon, collectors in the
archdeaconries of Berks. and Wilts., the abbacy being vacant.*]

ITEM ALIA PRO DICTA DECIMA DIRECTA . . CONVENTUI ABENDON'
MONASTERIO VACANTE. R. et cetera dilectis nobis in Christo . .
conventui monasterii Abendon' salutem et graciam salvatoris. Constat nobis recolende memorie Simonem dei gracia nuper Sarr'
episcopum . . abbatem vestrum et vos suis litteris deputasse in
archidiaconatibus Berkes' et Wyltes' collectores decime domino
nostro regi de bonis et beneficiis ecclesiasticis a prelatis et clero
Cantuar' provincie novissime London' congregatis sub certa forma
concesse duobus anni terminis festorum videlicet Invencionis sancte
crucis preteriti et Exaltacionis¹ sancte crucis proximo jam venturi solvende prout in directis vobis in hac parte dicti patris defuncti
litteris plenius continetur. Verum si vestrum monasterium supradictum per mortem ultimi ejusdem abbatis jam vacare dicatur, nolumus quod levacio et collectio dicte decime retardetur. Quamobrem
devocioni firmiter injungendo committimus et mandamus quatinus
decimam supradictam quatenus pro secundo termino suprascripto
in predictis archidiaconatibus levanda fuerit, levare curetis et colligere secundum directarum vobis patris defuncti super hiis exigencia
litterarum. Collectam autem de predicto secundo termino pecuniam
et eciam colligendam dilectis nobis in Christo capitulo ecclesie Sarr'
alii seu aliis in hac parte deputando vel deputandis ab eis in capitulo Sarr' predicto infra tres dies post festum Exaltacionis predictum persolvi, et sic per vos solutam per idem capitulum in ecclesia

¹ *MS*. Exaltacionem.

nostra cathedrali Sarr' reponi volumus et mandamus quod decimam de dicto secundo termino levatam et levandam a vobis recipiant ut premittitur et deponant, vobisque litteris aquietancie faciant
de soluto. Commissionem vero . . abbati vestro per dictum patrem
defunctum ad colligendum una vobiscum dictam decimam nuper
factam non intendimus per presens mandatum nostrum aliqualiter
revocare quinpocius quoad futurum vestrum abbatem in suo robore
permanere. Quid autem feceritis et per vos collectum fuerit ac predicto capitulo liberatum nobis infra sex dies a festo Exaltacionis
predicto continue numerandos una cum nominibus solvencium et
non solvencium rescribatis per litteras vestras patentes et clausas
harum seriem continentes. Valete. Datum apud Nouesle x^{mo} kalendas Septembris anno domini millesimo ccc^{mo} xv.

[*23 August 1315. Mandate to Salisbury chapter to receive the money collected for
the clerical tenth, retaining part as repayment of a loan to the King out of the
proceeds of a papal subsidy, and keeping any in excess of the loan in the
cathedral until it should be delivered to the King.*]

ITEM TERCIA PRO DICTA DECIMA CAPITULO ECCLESIE CATHEDRA-
LIS SARR' DIRECTA. R. et cetera dilectis nobis in Christo capitulo
ecclesie cathedralis Sarr' salutem et graciam salvatoris. Cum recolende memorie dominus Simon dei gracia nuper Sarr' episcopus
defunctus decimam omnium bonorum et beneficiorum ecclesiasticorum Cantuar' provincie a venerabili patre domino Waltero dei
gracia Cantuar' archiepiscopo tocius Anglie primate ceterisque
prelatis et clero dicte provincie novissime Lond' congregatis domino
nostro regi sub certa forma concessam et duobus anni terminis
festorum videlicet Invencionis sancte crucis preteriti et Exaltacionis
ejusdem proxime jam venturi solvendam in Sarr' diocese per religiosos viros . . abbatem et conventum de monasterio Abendon' in
archidiaconatibus Berkes' et Wyltes' ac per . . abbatem et conventum de Shirborn' in archidiaconatibus Dorset' et Sarr' sub certis
formis per suas litteras nuper mandavit colligendam, infra sex
dies post quemlibet terminorum predictorum vobis alii seu aliis
deputando seu deputandis a vobis vestro nomine persolvendam et
in ecclesia cathedrali Sarr' reponendam ibidemque fideliter conservandam, nos certis ex causis que nos et vos ac ecclesiam Sarr'
contingunt quas vestram prudenciam latere non credimus religiosis
predictis dedimus in mandatis quod decimam supradictam pro
secundo termino predicto levent et colligant eamdemque collectam
infra triduum post predictum secundum terminum vobis
Fo. 3 | solvant secundum directarum eis dicti patris defuncti
super hiis exigenciam litterarum. Volentes igitur nostre

et vestre ac ecclesie Sarr' indempnitati prospicere quatenus cum deo possumus ut tenemur vobis committimus et mandamus quatinus decimam memoratam vobis per dictos religiosos ipsius decime ut premittitur collectores post secundo termino supradicto solvendam per vos seu alium vel alios deputandum seu deputandos a vobis pro quibus respondere volueritis curetis recipere et solventibus sufficientes aquietancie litteras facere de soluto. Pecuniam autem sic receptam usque ad summam pecunie quam dominus noster rex a prefato patre jam defuncto de pecunia primi anni decime sexannalis in diocese Sarr' collecta pro suis arduis negociis vestro ad hoc preoptento consensu recepit in solutum retineatis pecunie sic recepte prout dominus noster rex suis litteris patentibus specialiter super hoc confectis et penes nos ut accepimus residentibus nobis et vobis concedit liberam facultatem. Et si que pecunia ultra dictum mutuum supersit vobis per dictos religiosos soluta ipsam in dicta Sarr' deponentes ecclesia quam pro loco tuto prelegimus faciatis eamdem inibi fideliter custodiri, domino nostro regi debitis loco et tempore persolvendam. Quid autem feceritis in premissis et de solute vobis in hac parte pecunie quantitate[1] nobis infra sex dies post festum Exaltacionis sancte crucis proxime jam venturum dilucide[2] rescribatis per litteras vestras patentes et clausas harum seriem continentes. Valete. Datum apud Nouesle ix kalendas Septembris anno domini millesimo trecentesimo quintodecimo.

[*12 August 1315. Letter from the subdean and chapter of Lincoln containing a letter from the bishop of Lincoln dated 6 August convening a chapter of all the canons of Lincoln then in England on 16 September to discuss ways of avoiding losses to the church of Lincoln during vacancies of the see.*]

VOCACIO DOMINI AD CONVOCACIONEM CANONICORUM FACIENDAM IN ECCLESIA LINCOLN'. H. subdecanus et capitulum ecclesie Lincoln' dilecto confratri et concanonico suo magistro Rogero de Martivall' prebendario ecclesie prebendalis de Castr' salutem et fraternam in domino caritatem. Mandatum reverendi patris et domini domini Johannis dei gracia episcopi Lincoln' recepimus in hec verba :

'Johannes permissione divina Lincoln' episcopus dilectis in Christo filiis . . decano vel eo absente . . subdecano et capitulo ecclesie nostre Lincoln' salutem, graciam, et benediccionem. Quanta et qualia dampnosa dispendia et jacturas ecclesia nostra Lincoln' pro tempore vacacionis sedis episcopalis ejusdem precia emolu-

---

[1] *After* quantitate *these words are marked* vacat: quantumque de ea retinueritis ut premittitur insolutum.

[2] *In margin*, iij dies post festum supradictum dilucide.

menta omnimoda que ad scaccarium regium pervenerunt sustinuit
temporibus retroactis vestram noticiam supponimus non latere.
Verum quod pro certo didicimus alias ecclesias cathedrales hujusmodi importunitates a libertate regia proinde redemisse, nos eorum
facto commendabili plurimum excitati pro futuris perpetuis temporibus vacacionis sedis pro ecclesia Lincoln' a membris ejusdem
importunitates consimiles redimere proponimus hiis diebus dum
tamen eorum quorum debeat interesse consilium affuerit et consensus. Cujusmodi tam ardua nolimus sicuti nec debemus absque
vestro et fratrum absencium deliberato tractatu, consilio, et consensu agnoscere vel subire, et ob hoc tam super premissis quam
super nonnullis aliis arduis negociis iminentibus nos et ecclesiam
nostram predictam contingentibus cum omnibus et singulis confra-
tribus in regno presentibus habere volentes colloquium et tractatum vobis in virtute obediencie firmiter injungendo mandamus
quatinus omnes canonicos ecclesie nostre predicte in regno presentes
juxta morem preteriti temporis convocando citare peremptorie non
tardetis quod die Martis proxima post festum Exaltacionis sancte
crucis in virtute obediencie et sub debito ab eisdem ecclesie Lincoln'
prestiti juramenti per se cessante impedimento legitimo personaliter
alioquin per alium concanonicum et confratrem in ecclesia nostra
predicta procuratorem suum sufficientem potestatem habentem et
fidem de impedimento predicto si iminuerit littere facientem compareant in ejusdem ecclesie capitulo coram nobis vel locum nostrum
tenentibus vel tenente super premissis et aliis iminentibus articulis
arduis eisdem ad tunc plenius exponendis suum consilium prout
inspirabit altissimus impensuri et hiis que tunc ibidem pro honore
et utilitate dicte ecclesie perpetuo ordinari contingerint, suum
expressum absque dissimulacione qualibet adhibituri consensum,
facturique ulterius quod negociorum qualitas exegerit pre-
Fo. 3ᵛ   dictorum. | Quid autem in premissis duxeritis faciendum
nos tempore congrue certificetis per vestras patentes litteras harum seriem et confratrum vestrorum absencium hac occasione citatorum nomina continentes. Valete. Datum apud parcum
Stowe viij idus Augusti anno domini millesimo cccᵐᵒ quintodecimo.'

Quocirca tenore presencium peremptorie vos citamus quod die et
loco in dicto mandato contentis juxta formam, vim, et effectum
ejusdem compareatis¹ coram dicto patre vel locum suum tenentibus
aut tenente facturus in omnibus et singulis quod tenor proprius
exigit et requirit. Super citacione vero vobis facta in prebenda
vestra latori presencium nuncio nostro super hoc specialiter jurato

adhibere intendimus plenam fidem. Bene et diu in domino valeat vestra fraternitas reverenda. Datum Linc' ij idus Augusti anno supradicto.

[*23 August 1315. Mandate to the archdeacon of Berks. to cite any who wished to oppose the election of John de Sutton as abbot of Abingdon to appear before the Bishop or his representatives in the conventual church of Reading on the first juridical day after 14 September.*]

PROCLAMACIO FACTA ANTE CONFIRMACIONEM . . ELECTI DE ABENDON'. Rogerus permissione divina electus et cetera dilecto nobis in Christo . . archidiacono Berkes' vel ejus officiali salutem et graciam salvatoris. Constitutus in presencia nostra frater Rogerus de Halught' procurator . . prioris et conventus monasterii Abendon' dicte diocesis nobis fratrem Johannem de Sutton dicti monasterii monachum electum ut asseruit in loci abbatem nomine procuratoris presentavit humiliter supplicando ut tam eumdem electum quam hujus eleccionis negocium curaremus expedire. Volentes igitur statuta canonica in hac parte sicut convenit observare tam procuratori quam electo predictis assignavimus diem proximum juridicum post festum Exaltacionis sancte crucis jam futurum in ecclesia conventuali de Radyngg' coram nobis vel in hac parte gerentibus vices nostras ad introducendum vocatis vocandis negocium antedictum ac ad faciendum et recipiendum ulterius in eodem quod canonicis convenit institutis. Ideoque devocioni vestre committimus tenore presencium et mandamus quatinus coelectum in hac parte oppositoresque si qui apparuerint nominatim alias generaliter in monasterio in quo eleccio ipsa dicitur esse facta per vos, alium, vel alios vocetis, et citetis peremptorie omnes et singulos qui se opponere voluerint electo sive eleccioni predictis quod compareant coram nobis vel ut permissum est gerentibus vices nostras in conventuali ecclesia Radingg' predicto die superius annotato, quem terminum propter diutine vacacionis incomodum et presertim animarum periculum quod in hac parte vertitur sic duximus moderandum et sufficientem eciam reputamus precise et peremptorie, proposituri sive opposituri ac eciam ostensuri quatenus in hac parte jus exigit quicquid opponere, proponere,[1] vel ostendere voluerint in premissis, facturi eciam et recepturi ulterius quod est justum. Denunciantes eisdem coelecto seu oppositoribus si appareant alioquin pupplice et solempniter in monasterio antedicto omnibus quorum interest et quos negocium contingit predictum quod sive venerint sive non dicto die et loco in prefato negocio cum continuacione et

---

[1] et obicere *deleted*.

prorogacione dierum in premissis procedetur quatenus de jure juxta ipsius qualitatem et naturam fuerit procedendum. Et quicquid per vos vel per alios super hiis inventum fuerit sive factum ac de coelecti et oppositorum nominibus et cognominibus si qui fortassis appareant nobis citra diem predictum litteris vestris patentibus harum seriem continentibus debite rescribatis. Valete. Datum apud Nouesle x° kalendis Septembris anno domini millesimo ccc^mo quintodecimo.

[*5 September 1315. Commission to Peter de Periton and Robert de Worth to hear those who wished to oppose the same election, and thereafter to confirm or invalidate the election.*]

COMMISSIO AD CONFIRMANDUM . . ELECTUM DE ABENDON' APUD RADYNGG'. Rogerus permissione divina electus Sarr' confirmatus dilectis nobis in Christo magistris Petro de Peritone et Roberto de Worth' ecclesie Sarr' canonicis salutem et graciam salvatoris. Presentato nobis per procuratorem religiosorum virorum . . prioris et conventus monasterii Abendon' Sarr' diocesis fratre Johanne de Suttone ejusdem monasterii monacho in loci ut dicitur abbatem electo, idem procurator nobis humiliter supplicavit ut eumdem electum et dicte eleccionis negocium expedire prout ad nos pertinet curaremus, quamobrem statuta canonica in hac parte ut convenit observare volentes, . . archidiacono Berkes' nostris dedimus litteris in mandatis quatinus si quis fuit coelectus vel oppositor appareat
Fo. 4   in hac parte ipsos nominatim alias generaliter in | monasterio predicto in quo eleccio ipsa dicitur esse facta, idem . . archidiaconus suusve . . officialis per se vel alios vocent et citent peremptorie quod si qui se velint opponere eleccioni vel electo predictis compareant coram nobis nostrisve commissariis in hac parte proximo die juridico post festum Exaltacionis sancte crucis proximo jam venturum in ecclesia conventuali Radyngg' dicte diocesis precise et peremptorie proposituri seu opposituri et quatenus jus exigit ostensuri quicquid opponere, proponere, vel ostendere voluerint in hac parte, quos diem et locum procuratori et electo predictis assignavimus ad faciendum et recipiendum in dicto eleccionis negocio quod sacris convenit institutis. [1]Hujus igitur negocii expedicioni certis causis et legitimis personaliter intendere non valentes,[1] ad audiendum coelectum et oppositores hujusmodi si qui fortassis appareant ac ad recipiendum et examinandum in forma juris testes, instructores, et instrumenta qui et que coram vobis legitime producuntur totumque ipsum eleccionis negocium dis-

---

[1-1] *Added in margin; trimming has made the reading slightly uncertain.*

cuciendum et eleccionem ipsam confirmandum prout juris fuerit vel eciam infirmandum ac omnia alia faciendum que in premissis et ea tangentibus necessaria vel opportuna fuerint eciam si mandatum exigant speciale vobis et utrique vestrum per se et insolidum committimus vices nostras donec eas duxerimus revocandas. Quid autem factum fuerit in premissis nos oportunis loco et tempore cum tenore presencium debite rescribatis seu rescribat alter vestrum qui premissa fuerit executus. In quorum testimonium sigillum nostrum fecimus hiis apponi. Datum apud Nouesle nonis Septembris.

[*Undated. Confirmation of the same election by Peter de Periton and Robert de Worth.*]

CONFIRMACIO ELECCIONIS DE ABENDON'. In dei nomine amen. Cum vacante monasterio de Abendon' Sarr' diocesis per mortem bone memorie R. abbatis ultimi in eodem sit venerabili patri domino Rogero dei gracia Sarr' electo confirmato ex parte prioris et conventus dicti monasterii eleccio de fratre Johanne de Sutton' monacho ejusdem in abbatem loci per eosdem electo canonice presentata, vocacio eciam que in hac parte requiritur auctoritate dicti patris ut jus exigit rite facta, nobisque Petro de P. et R. de Worth' canonicis Sarr' dicti patris specialibus commissariis in hac parte quibus constat legitime de premissis dicte eleccionis decretum exhibitum instructores producti coram nobis et jurati ac per nos examinati deposicionesque eorum ut convenit publicate, qualiter deposicionibus hujusmodi ac toto eleccionis negocio supradicto ad plenum discussis ponderatisque in premissis et ea tangentibus undique ponderandis, eamdem eleccionem rite et canonice invenimus celebratam, nos commissarii supradicti in nomine patris et filii et spiritus sancti eleccionem ipsam in hiis scriptis auctoritate dicti patris qua in hac parte fungimur confirmamus, administracionemque spiritualium predicti monasterii electo confirmato committimus supradicto.

[*Undated. Letter to the King informing him of the confirmation of John de Sutton's election as abbot of Abingdon.*]

LITTERA REGI DIRECTA UT SIBI DE ELECTI CONFIRMACIONE CONSTARET. Excellentissimo principi et suo domino reverendo domino Edwardo dei gracia regi Anglie illustri domino Hybern' et duci Aquit' Rogerus ejusdem permissione electus Sarr' confirmatus salutem in eo per quem reges regnant et principes dominantur. Cum eleccio nuper facta in ecclesia conventuali Abendon' nostre Sarr' diocesis de fratre Johanne de Sutton' monacho ejusdem in

abbatem loci ipsius electo cui regium adhibuistis assensum pariter
et favorem tanquam de persona idonea et in omnibus canonice
celebrata nostra sit auctoritate ordinaria confirmata,[1] hoc dominacioni vestre tenore presencium intimamus ut quod ad vos ulterius
pertinet in hac parte precipiatis si placet fieri cum favore. Valeat
et vigeat excellencia vestra regia per tempora feliciter diuturna. In
quorum testimonium sigillum nostrum fecimus hiis apponi. Datum.

[*Undated. Letter to the prior and convent of Abingdon enjoining obedience to
the new abbot.*]

LITTERA . . PRIORI ET CONVENTUI DE ABENDON' DIRECTA UT
ELECTO SUO OBEDIANT CONFIRMATO. R. et cetera dilectis in Christo
filiis . . priori et conventui monasterii Abendon' Sarr' diocesis
salutem et graciam salvatoris. Cum eleccio in vestra conventuali
ecclesia nuper facta de fratre Johanne de Sutton' monacho ejusdem
in abbatem loci ipsius electo tanquam de persona idonea et
Fo. 4ᵛ   in omnibus | canonice celebrata nostra sit auctoritate ordi-
naria confirmata sibique administracio spiritualium monasterii supradicti commissa, vobis injungimus et mandamus quatinus
eidem in licitis et canonicis mandatis obedire curetis humiliter et
devote. Valete. Datum.

[*10 September 1315. Commission to Peter de Periton to grant letters dimissory to
beneficed clergy of the diocese.*]

COMMISSIO FACTA MAGISTRO PETRO DE PERITON' PRO LITTERIS
DIMISSORIIS CONCEDENDIS. R. et cetera dilecto nobis in Christo
magistro Petro de Periton' ecclesie Sarr' canonico salutem et graciam
salvatoris. Quia certis ex causis extra diocesim Sarr' ad tempus
agere nos oportet appetimus et tenemur beneficiatorum in dicta
diocese et aliorum subditorum ejusdem laboribus parcere et expensis ne in partibus remotis nos querere compellantur. Ad dimitten-
dum igitur rectores, vicarios, et alios beneficiatos in dicta diocese
et eisdem litteras dimissorias concedendum ut die Sabbati iiijor
temporum proxima post festum Exaltacionis sancte crucis proxime
jam venturum a quocumque episcopo Cantuar' provincie sui officii
execucionem habente convenientes eis ordines licite valeant recipere dum tamen eisdem nichil obviet in hac parte de canonicis
institutis vobis tenore presencium committimus vices nostras.
Datum apud Nouesle iiijto idus Septembris anno domini millesimo
cccᵐᵒ quintodecimo.

---

[1] *In margin, suggesting a change in the structure of the sentence*, Cum nos eleccionem
[. . .] auctoritate nostra ordinaria confirmare justicia suadet.

[*3 September 1315. Mandate to the dean of Dorchester to admonish the rector of Winterborne Houghton and others to restore to William, rector of Frome Billet, tithes arising from Winterborne Houghton.*]

MONICIO UT DECIMAS ASPORTATAS RESTITUAT ET A SPOLIANDO DESISTAT. R. permissione divina et cetera dilecto nobis in Christo filio . . decano Dorcestr' salutem et graciam salvatoris. Ex parte dilecti nobis in Christo Willelmi rectoris ecclesie de Frome Belet dicte diocesis nobis est gravi conquestione monstratum quod licet idem rector ecclesiam suam predictam cum omnibus suis juribus et pertinenciis universis sit canonice assecutus fuerintque sui predecessores et precessores ecclesie supradicte rectores quicumque ejusdem ecclesie nomine a tempore cujus contrarii memoria non existit in canonica et pacifica possessione percipiendi quasdam decimas provenientes de dominico . . domini de Wynterborn' Houynton' in Wynterborn' dicte diocesis et de quibusdam aliis locis ibidem per feodum distinctas et ad eum notorie pertinentes, rector tamen ecclesie de Wynterborn' predicta alienis invidens et propriis non contentus ac conscius premissorum quorumdam presidio confisus et consilio rectorem ecclesie de Frome predictum et ecclesiam suam predictam decimis supradictis minus provide spoliavit et asportavit easdem seu spoliari et asportari mandavit, spoliacionemve et asportacionem hujusmodi nomine suo factas ratas habuit et acceptas, hiisque injuriis non contentus pluries comminatur se velle alias dicto rectori et ecclesie sue predicte circa jus, possessionem, et percepcionem hujusmodi injurias multiplices irrogare in ejusdem rectoris et dicte ecclesie sue prejudicium, perniciosum exemplum, et scandalum vehemens plurimorum super quibus a nobis peciit remedium oportunum. Nolentes igitur eidem nec ceteris nostris subditis juste conquerentibus in sua deesse justicia sicuti nec debemus, devocioni tue committimus et mandamus quatinus moneas modis quibus poteris efficaciter et inducas rectorem de Wynterborn' predictum et suos complices in hac parte quod ab hujusmodi si premissa veritate nitantur injuria similibusque juri dissonis deinceps omnino ut convenit desistentes, sepedicto rectori de Frome Belet absque mora et difficultate qualibet decimas de quibus premittitur asportatas si exstent integre restituere vel forsitan si non exstent pro eisdem et eciam pro hujusmodi injuriis sibi et sue predicte ecclesie taliter irrogatas satisfacere non postponant, adeo quod occasione predicta querela super hiis ad nos non redeat iterata quibus per te denunciari volumus et mandamus quod si tuis immo verius nostris non paruerint monitis in hac parte contra eos ad dicti rectoris instanciam quatenus de jure poterimus efficaciter procedemus. Quid autem feceris et dominus rector de Wynterborn' fecerit qualeque responsum ab eo receperis in premissis nobis cum parte dicti rectoris conquerentis congrue fueris requisitus cum tenore presencium distincte rescribas. Vale. Datum apud Nouesle iij nonas Septembris anno xv.

[*12 September 1315. Mandate of Walter, rector of Swerford, and Adam Breton of Chipping Norton, clerk, citing papal authority, to the Bishop to deprive Richard Inge, prebendary of Alton, of the profits of his prebend because of his excommunication (see Reg. S. de Gandavo, 485–93). Sealed with the seal of Chipping Norton deanery.*]

MANDATUM[1] DE SUBTRAHENDO FRUCTUS ECCLESIASTICOS
Fo. 5   . . PREBENDARII DE AULTON' EXCOMMUNICATI, | Receptum apud Walworth' juxta Lond' xiiii kalendas Octobris anno domini m° ccc^mo xv°. Venerabili viro domino Rogero de Martivallis dei gracia in episcopum Sarr' electo confirmato Walterus rector ecclesie de Swereford' et Adam Breton de Chepyngnorton' clericus Lincoln' diocesis subexecutores venerabilis viri magistri Nicholai de Fract' ecclesie Patracensis canonici ac litterarum domini pape correctoris executoris principalis una cum reverendo patre domino . . dei gracia episcopo Conventr' et domino Rogero de Waltham London' ecclesie canonico, cum illa clausula quod si non omnis et cetera duo aut unus vestrum per vos vel alium seu alios et cetera a sede apostolica deputati, salutem in domino et mandatis apostolicis firmiter obedire. Cum nuper magister Ricardus Inge majoris excommunicacionis sentenciam in ipsum, pro eo quod ipse canonice monitus atque jussus de fructibus expensis in quibus domino Roberto de Chishulle tunc rectori ecclesie de Chepyngnorton' fuerat auctoritate apostolica legitime condempnatus prout in apostolicis litteris, processibus, et mandatis in hac parte factis et habitis plenius continetur satisfacere non curavit a diu est per prefatum magistrum Nicholaum nostrum in hac parte collegam canonice latam, dampnabiliter incurrisset ac excommunicatus occasione hujusmodi solempniter et publice denunciatus et habitus extitisset et existat in presenti, eidemque sic excommunicato perseveranti communio fidelium merito juxta juris exigenciam sit inhibita prout in litteris autenticis ac certificatoriis bone memorie Simonis predecessoris vestri nobis in hac parte transmissis liquido continetur, unde cum fructus ecclesiastici juxta juris exigenciam ab ipso sint merito subtrahendi cui ecclesie communio denegatur, volentes dictum mandatum apostolicum sicut tenemur effectui debito mancipare vobis cum ea qua decet reverencia

---

[1] *In margin*, Aulton' n[l] *or* v[l].

firmiter injungendo comittimus et mandamus in virtute obediencie
qua tenemini dicte sedi quatinus hujusmodi fructus quoscumque
prefatus magister Ricardus in vestra diocese seu jurisdiccione
optinet ipso sic excommunicato durante realiter absque more dispendio subtrahatis et eidem subtrahi faciatis, ita quod ipse vel aliquis alius suo nomine manus ad eas aliqualiter non apponat, ipsos
eciam fructus exacta diligencia coligi faciatis et salvo custodiri per
aliquas fideles personas unam vel plures in usus debitos et solucionem dicti debiti convertendos, contradictores et rebelles auctoritate
nostra seu pocius apostolica per censuram ecclesiasticam compescendo. De die vero recepcionis presencium ac de nominibus
contradictorum et rebellium quorumcumque et quid inde feceritis
nos infra mensem a tempore recepcionis presencium continue numerandum distincte et aperte certificetis per litteras vestras patentes
harum seriem continentes. Litteras autem, processus, et mandata
de quibus superius fit mencio vobis per latorem presencium mittimus inspicienda nobisque illico per eumdem fideliter transmittenda.
In cujus rei testimonium sigilla nostra presentibus sunt appensa, et
quia sigilla nostra pluribus sunt incognita sigillum decanatus de
Chepyngnorton' fecimus hiis apponi. Datum apud Chepyngnorton'
xij die mensis Septembris anno domini millesimo cccᵐᵒ xv°.

[*24 September 1315. Mandate in pursuance thereof to John de Tarent, official of
the dean of Salisbury.*]

ET MANDABATUR EXECUCIONI MAGISTRO JOHANNI DE TARENT'
OFFICIALI . . DECANI SARR' IN HUNC MODUM. Rogerus permissione
divina et cetera dilecto nobis in Christo magistro Johanni de Tarent'
. . officiali . . decani ecclesie Sarr' salutem et graciam salvatoris.
Litteras recepimus infrascriptas: Venerabili viro domino Rogero
de Martivall' dei gracia in episcopum Sarr' electo confirmato, et
cetera ut supra. IN FINE VERO SIC: Ad predicti siquidem execucionem mandati ex eo multum procedimus inviti quod dilecti con-
fratris nostri magistri Ricardi supradicti ecclesie Sarr' canonici
prejudicium cui vellemus occurrere si possemus in hac parte versatur
verum quia mandatis apostolicis velut obediencie filii parere tenemur vobis auctoritate apostolica qua fungimur in hac parte firmiter
injungendo committimus et mandamus quatinus fructus ecclesiasticos ejusdem magistri Ricardi quos in nostra jurisdiccione optinet
       sue videlicet prebende de Aulton in dicta ecclesia Sarr'
Fo. 5ᵛ   prebendali quos eidem | auctoritate et occasione predictis
       valde ut premisimus inviti verbaliter subtrahimus realiter
subtrahatis et salvo custodire curetis in usus de quibus premittitur

secundum predicti mandati exigenciam convertendos, inhibentes publice locis et temporibus oportunis sub pena excommunicacionis majoris ne quis alienacionis manus aliqualiter apponat ad ea ipso sic excommunicato durante. Et quid feceritis in premissis ac de contradictorum et rebellium nominibus et cognominibus si qui appareant forsitan in hac parte et de bonis hujusmodi subtractis eorumque valore nobis per biduum citra festum translacionis sancti Edwardi regis proxime jam venturum cum tenore presencium taliter rescribatis quod in hac parte cerciorare possimus debite mandatores. Litteras autem et processus de quibus in dictis litteris fit mencio inspeximus quorum copie penes nostrum demorantur registrum illis quorum interest quatenus ad nos attinet debitis loco et tempore si oporteat exhibendas. Valete. Datum apud Stoureye viij kalendas Octobris anno domini millesimo ccc^{mo} quintodecimo.

REGISTRUM VENERABILIS PATRIS DOMINI ROGERI PREDICTI DEI GRACIA IN EPISCOPUM CONSECRATI[1] DE DIVERSIS LITTERIS EIDEM DIRECTIS ET AB EJUSDEM CANCELLARIA EMISSIS ET PRIMO DE ANNO DOMINI MILLESIMO CCC^{mo} QUINTODECIMO ET CONSECRACIONIS EJUSDEM PATRIS ANNO PRIMO INCIPIENTE.

[*16 October 1315. Commission to Peter de Periton and John de Hakeneye to examine evidence in the case of George de Brithmanstone, imprisoned at Salisbury and claiming clerical privilege.*]

LITTERA DIRECTA PRO GEORGIO DE BRITHMANSTONE PRO SUIS EXCESSIBUS INCARCERATO. Rogerus permissione divina Sarr' episcopus dilectis in Christo filiis magistris Petro de Periton' et Johanni de Hakeneie canonicis ecclesie nostre Sarr' salutem, graciam, et benediccionem. Cum nuper Georgius de Brithmanstone nostre diocesis pro certis sibi impositis criminibus captus apud Sar' et incarceratus fuisset, idem quia coram certis justiciariis domini nostri regis eum clericum esse inficiantibus personaliter constitutum se clericum pretendisset, ac ad examen ecclesiasticum petivisset ad probandum inibi suum titulum clericalem remitti ex parte ejusdem cum nobis de dicto titulo nullo modo constitutus est cum instancia supplicatum et eidem curaremus ad recipiendum prohibiciones hujusmodi certos in hac parte commissarios deputare, volentes igitur immunitatem ecclesiasticam quatenus cum deo possumus illibatam servari dictoque Georgio et aliis ut tenemur impendere pro viribus justicie conplementum de vestra circumspeccionis prudencia pleniter confidentes ad recipiendum in forma juris et examinandum super articulis quos vobis sub nostro destinamus

[1] *In margin,* xxviij die mensis Septembris.

sigillo testes legitimos et alia documenta canonica quos et que coram vobis ex parte dicti Georgii produci contigerit quorum interest adhuc prout sacri dictant canones evocati vobis cum cohercionis canonice potestate committimus vices nostras donec eas duxerimus revocandas, mandantes quod hujusmodi testium attestaciones et scripta sub sigillis vestris oportunis loco et tempore nobis destinare curetis inclusa. Quid autem in premissis feceritis nos per litteras vestras patentes harum seriem continentes reddatis debite cerciores. Valete. Datum apud Sonning' xvij kalendas Novembris anno domini millesimo ccc^{mo} xv^o et consecracionis nostre primo.

[Articles in the above case.]

ARTICULI DE QUIBUS PREMITTITUR. In primis an dictus Georgius clericus fuerit. Et si sic a quo et a quo tempore ordinatus. Item an idem conjugatus existat et si sic an unicam et virginem et quando duxerit in uxorem. Item si clericaliter vixerit tonsuramque et habitum clericalem gestaverit et quando et precipue tempore capcionis ejusdem. Item pro quali se gesserit et qualis fuerit habitus et publice reputatus necnon de conversacione, fama, et opinione ejusdem. De die et loco et causis dictorum ac aliis circumstanciis premissorum prout examinantis circumspeccio eis dabit, et cetera.

[5 November 1315. Letter to the bishop of Bayonne asking him to confirm or refute the report that Peter de Vallibus, rector of Shapwick, has died in his diocese.]

[Fo. 6]

LITTERA DIRECTA DOMINO . . EPISCOPO BAJON' PRO ECCLESIA DE SCHAPPEWICK' RECTORE DESTITUTA. Venerabili in Christo patri et domino reverendo domino . . dei gracia Bajonen' episcopo Rogerus ejusdem permissione Sarr' episcopus sincere dileccionis affectum cum omni reverencia et honore. Cura pastoralis cujus licet immeriti noviter proficimur nos solicitat et perurget subjectis nobis ecclesiis et personis quatenus cum deo possumus utiliter providere. Sane pater reverende, cum dudum quidam magister Petrus de Vallibus diceretur in ecclesia de Schapewick' nostre diocesis institutus idem ab eadem ecclesia se absentavit per decennium et amplius illicenter adeo quod ipsius ecclesie dum debito caret et caruit regimine, proventus dissipantur omnino, ipsaque velud deserta inobsequiata relinquitur et animarum cura de quo dolemus vehemencius deseritur in eadem ob dicti rectoris absenciam supradictam qui jam in vestra civitate Bajon' viam est universe carnis ingressus sicut in partibus Dors' in quibus ecclesia situata predicta super hiis laborare dicitur publica vox et fama, cujus pretextu ejusdem ecclesie patronus ad eandem ecclesiam utpote sic vacantem nobis personam idoneam presentavit et cum de jure presentantis et meritis presentati ad eam vacacione hujusmodi dumtaxat excepta videatur liquere presentatus predictus nobis attencius supplicavit quatinus dicti negocii qualitatem et circumstancias ponderantes vobis pro certitudine mortis vel vite predicti Petri habenda scribere curaremus. Considerantes igitur pium esse veritati testimonium perhibere presertim ad vitandum discrimina supradicta quibus pro viribus obviare tenemur, vestrum paternitatem reverendam mutue vicissitudinis optentu requirimus et rogamus quatenus in juris subsidium per viros fidedignos juratos inquirendorum noticiam verisimiliter optinentes inquiri facere dignemini an Petrus predictus qui in vestra Bajonensi ecclesia vel diocese beneficiatus esse dicitur fati munus impleverit vel forsitan sit superstes, et per hujusmodi inquisicionem inventa per latorem presencium destinare sub vestro sigillo si placet inclusa. Parati quidem sumus et erimus in similibus et aliis libentibus animis vestris parere beneplacitis et preceptis. Et quid in hac parte facere duxerit vestra paternitas reverenda nobis celerius quo commode poteritis rescribere dignemini per litteras vestras patentes harum seriem continentes. Ad ecclesie sue sancte regimen et munimen vos in prosperitate votiva conservet qui suo sanguine precioso redemit eandem. Datum apud Remmesbur' nonis Novembris anno domini m°ccc^mo xv^mo et consecracionis nostre primo.

[*29 October 1315. Appointment of Peter de Periton as the Bishop's official.*]

COMMISSIO FACTA MAGISTRO PETRO DE PERITON' PRO OFFICIO OFFICIALITATIS. Rogerus permissione divina Sarr' episcopus dilecto in Christo filio magistro Petro de Periton' nostre Sarr' ecclesie canonico necnon juris canonici professori salutem, graciam, et benediccionem. Cuncta nobis incumbencia expedire personaliter non valentes, illis quorum mores et sciencia[m] diuturna rerum experiencia manifestat nonnulla committere nos oportet. De vestris igitur fidelitate et prudencia multipliciter approbatis plenam in domino reportantes fiduciam, vos ¹cum potestate inquirendi, corrigendi, et puniendi quorumcumque subditorum nostrorum excessus¹ in nostrum officialem proficimus per presentes ac vobis in omnibus que ad nostram ordinariam et spiritualem jurisdiccionem spectare noscuntur cum cohercionis canonice potestate committimus vices nostras mandantes quatinus equitate pensata justiciam prout vobis

¹⁻¹ *Added in margin.*

dominus inspiraverit exhibere curetis. Valete. Datum apud Remmesbi' iiij kalendas Novembris anno domini millesimo trecentesimo quintodecimo et consecracionis nostre primo.

[*4 November 1315. Grant of a pension of 100 shillings a year to Richard de Potesgrave, the King's chaplain.*]

LITTERA PENSIONIS CONCESSA DOMINO RICARDO DE POTESGRAVE AD INSTANCIAM REGIS.[1] Noverint universi quod nos Rogerus permissione divina Sarr' episcopus ad instanciam excellentissimi principis et domini nostri domini Edwardi dei gracia regis Anglie illustris concessimus dilecto nobis in Christo domino Ricardo de Potesgrave ejusdem domini capellano annualem centum solidorum argenti percipiendam de nostra camera pensionem, eidem
Fo. 6ᵛ   in festis Nativitatum domini | et sancti Johannis Baptiste annuatim pro equalibus porcionibus in manerio juxta ecclesiam sancte Brigide London' persolvendam. Ita tamen quod si per nos de beneficio ecclesiastico competenti provideri contingat eidem, extunc ad solucionem pensionis predicte nullatenus teneamur. In quorum testimonium sigillum nostrum presentibus est appensum. Datum apud Remmesbur' ij nonas Novembris anno domini mᵒ cccᵐᵒ xvᵐᵒ et consecracionis nostre primo.

[*Undated. Certificate of the bishop of Lincoln about a loan to the King.*]

CERTIFICATORIUM . . EPISCOPI LINC' SUPER MUTUO DECIME REGI FACTO. In fine ejusdem: Injunximus collectoribus decime infrascripte in Linc' diocese deputatis quod sint coram vobis die in hoc breve contento ad faciendum quod tenor hujus brevis exigit et requirit. Quoad prorogacionem vero mutui quod per hoc breve usque ad parliamentum proximum requiritur prolongari non possumus quicquam facere per nos ipsos absque deliberacione et consensu communi venerabilis patris domini W. dei gracia Cantuar' archiepiscopi tocius Anglie primatis suffraganeorumque suorum provincie Cantuar' de quorum consilio et assensu communi dictum mutuum ab inicio factum extitit domino nostro regi.

[*9 October 1315. Notarial instrument citing the appointment on 7 July by Gytard de la Breto, archdeacon of Canterbury, of Peter Arnaldi de Taler as his vicar, and witnessing Peter's appointment of Henry de la Wyle, chancellor of Salisbury, Louis de Beaumont, treasurer of Salisbury, and Walter Hervy, archdeacon of Salisbury, as his proctors to enthrone and install the Bishop.*]

COMMISSIO . . VICARII DOMINI . . ARCHIDIACONI CANTUAR' PRO INTRONIZACIONE ROGERI EPISCOPI SAR'. In dei nomine amen.

---

[1] *In margin*, pensio centum solidorum concessa clerico regis.

Anno ab incarnacione ejusdem millesimo ccc^mo quintodecimo, nono die mensis Octobris, interdiccione quartadecima, sede apostolica ut dicitur tunc vacante. Cunctis appareat evidenter per presens publicum instrumentum quod ego Ricardus de Barsham Norwycen' diocesis clericus publicus imperiali auctoritate notarius vidi et diligenter inspexi quoddam instrumentum publicum prout apparebat per manum Guillelmi de Piris clerici Bajonens' diocesis sacrosancte Romane ecclesie auctoritate notarii publici scriptum et suo signo signatum, sigillo discreti viri Gytardi de la Breto archidiaconi Cantuar' cera viridi in pendenti signatum. Cujus tenor de verbo ad verbum sequitur in hunc modum: In nomine domini amen. Anno ab incarnacione ejusdem millesimo ccc^mo undecimo, indiccione nonadecima, septima die mensis Julii pontificatus sanctissimi patris ac domini domini Clementis divina providencia pape quinti anno sexto. Cunctis presens publicum instrumentum inspecturis pateat evidenter quod in mei notarii infrascripti et testium subscriptorum presencia personaliter constitutus vir venerabilis et discretus dominus Gytardus de la Breto archidiaconus Cantuar' venerabilem et discretum virum magistrum Petrum Arnaldi de Taler' clericum Aquens' diocesis vicarium suum constituit ac eciam ordinavit in modum inferius annotatum.

Gytardus de la Breto archidiaconus Cantuar' discreto viro magistro Petro Arnaldi clerico de Taler' Aquens' diocesis cum sincera dileccione salutem. Suscepta archidiaconatus nostri cura propencius nos invitat, ex quadam urgentis consciencie neccessitate nos compellit, ut ad ea excercenda que circa debite ministracionis nobis execucionem incumbunt cum nequeamus ad presens ea per nos ipsos presenciali ministerio exercere talem evocemus personam, cujus presencia defectus quos nostra prebere posset absencia suppleantur, et [que] juris observanciam prebeat in subjectos, ne nobis agentibus presencialiter in remotis clerus et populus archidiaconatus ejusdem in spiritualibus et temporalibus nostre absencie sustineant detrimenta. Attendentes igitur quod persona vestra, de quacumque fide ac virtute plenam in domino fiduciam gerimus hujusmodi, sciet et poterit juvante domino supportare, vos in dicto archidiaconatu vicarium nostrum in spiritualibus et temporalibus duximus ordinandum, vobis tenore presencium committentes ut causas tam spirituales quam temporales ad ipsum archidiaconatum et ejus forum spectantes sive per | appellacionem sive querelam simplicem ad nostrum delatas seu inposterum deferendas examen audire, cognoscere, examinare, diffinire, ac per vos vel alium execucionem demandare, personas visitare, corrigere, refor-

Fo. 7

mare ac punire, positis, deposicione, et privacione perpetua nobis totaliter reservatis. Presentaciones quorum rectorum et aliorum clericorum ad ecclesias archidiaconatus ejusdem quorum confirmacio sive institucio ad nos spectant de consuetudine vel de jure faciendas per eorum veros patronos recipere et admittere seu infirmare et repellere prout exegerit ordo juris, ac ecclesias[1] et beneficia cum cura vel sine cura ad nostram collacionem, presentacionem, vel aliam disposicionem spectancia personis conferre idoneis seu alias disponere prout de jure viderit expedire, ac . . episcopos canonice electos Cantuar' provincie intronizare nostra auctoritate possitis, petendi[2] pro nobis et nomine nostro recipiendi et exigendi procuraciones nostras, jura, fructus, obvenciones, proventus, et redditus universos in quibuscumque consistant et a quibuscumque nobis debeantur et de receptis finem et quitacionem perpetuam ac pactum de non petendo ulterius faciendi, ac in contradictores et rebelles censuram ecclesiasticam excercendi que verus et legitimus vicarius facere et excercere posset et que nos ipsi possemus facere si presentes essemus. Ratum firmum et gratum perpetuo habituri sub nostrorum et dicti archidiaconatus omni obligacione bonorum quicquid per vos actum vel procuratum fuerit in premissis. Insuper non intendimus vos per presentem commissionem seu alios discretos viros procuratores nostros revocare seu mandato per nos vobis et eisdem dato in aliquo derogare. In cujus rei testimonium presens publicum instrumentum scribi per notarium publicum infrascriptum et fieri fecimus et sigilli nostri appensione muniri. Acta sunt hec Andegaven' in domo dicti domini Gytard sub anno die mense indiccione et pontificatu predictis. Presentibus discretis viris domino Benedicto de Villa archidiacono Bajon', ac Amato de Jungetis clerico Aquen' diocesis testibus quoad hoc specialiter vocatis et rogatis. Et ego Guillelmus de Piris clericus Bajon' diocesis sacrosancte Romane ecclesie auctoritate notarius publicus omnibus premissis et singulis una cum dictis testibus presens interfui et ea manu propria scripsi et in formam publicam redegi meoque signo solito signavi rogatus.

Virtute cujus instrumenti predictus magister Petrus Arnaldi de Taler fecit et eciam constituit magistrum Henricum de la Wile cancellarium ecclesie Sarr', dominum Lodowycum de Bello Monte thesaurarium ejusdem ecclesie, et magistrum Walterum Hervy archidiaconum Sarr' absentes tanquam presentes conjunctim et divisim suos veros procuratores et substitutos ad intronizandum et

---

[1] *MS.* ecclesiasticis.
[2] *The construction of the sentence changes from the infinitive to the gerund.*

installandum dominum Rogerum episcopum Sarr' in ecclesia sua
cathedrali Sarr', et ad omnia alia et singula hujusmodi installa-
cionem et intronizacionem tangencia faciendum que ipse dominus
Petrus Arnaldi vel dictus dominus suus dominus Gytardus de la
Breto faciet seu facere posset si personaliter interesset. Ratum
habens et firmum quicquid per dictos procuratores suos seu substi-
tutos vel unum eorum factum fuerit in premissis sub omnium
bonorum suorum et dicti domini sui ubicumque existencium
ypotheca. Presentibus discretis viris magistro Gilberto Lovel
canonico Sarr', Adam de Dallingg', Johanne de Stauntone Warri,
Roberto de Lemington',[1] Roberto de Barsham clerico, testibus ad
premissa vocatis specialiter et rogatis. Datum London' anno, die,
et indiccione supradictis.

Et ego Ricardus de Barsham Norwyc' diocesis clericus publicus
imperiali auctoritate notarius una cum testibus infra nominatis
         omnibus et singulis predictis per predictum magistrum
Fo. 7ᵛ   Petrum de Taler' modo supradicto factis interfui | et ea
         manu propria scripsi, et in hanc publicam formam redegi
meoque signo solito una cum sigillo dicti vicarii signavi rogatus.
Constat michi notario de illa rasura que est in quarta linea que
dicitur [*sic*] viridi ante consignacionem presentis instrumenti.

[*17 November 1315. Commission to John de Tarent and Ralph de Querendon,
the sequestrator, to levy obventions due to the Archbishop as the result of the
vacancy of the bishopric of Salisbury.*]

COMMISSIO AD LEVANDUM OBVENCIONES ARCHIEPISCOPO PER-
TINENTES IN EPISCOPATU SARR' SEDIS EJUSDEM OCCASIONE
VACANTIS. Rogerus permissione divina Sarr' episcopus dilectis in
Christo filiis magistris Johanni de Tarent' rectori ecclesie de Ber-
wyck' nostre diocesis et Radulpho de Querendon' sequestratori
nostro salutem, graciam, et benediccionem. Per dilectum nobis in
Christum magistrum Ricardum de Bello nostre Sarr' ecclesie
canonicum et spiritualitatis dicte diocesis in novissima ipsius sedis
vacacione custodem accepimus quod quedam obvenciones in dicta
diocese predicte vacacionis tempore provenientes et ad venerabilem
patrem dominum Walterum dei gracia Cantuar' archiepiscopum
tocius Anglie primatem spectantes citra diem Jovis in festo sancti
Kenelmi regis proximo jam effluxum, quo die eleccio de nobis in
episcopum Sarr' electis nuperrime celebrata confirmata fuerat,
levari[2] non poterant nec eciam subsequenter hucusque eo quod dum

---

[1] *MS*. Lemington' London'; *the* London' *apparently intruded from the next line.*
[2] *MS*. levare.

sua predicta potestas exspiraverit dicto die non solventes in hac parte cohercere nequivit, quamobrem supplicavit ut vobis cohercionem hujusmodi committere curaremus. Ad levandum igitur obvenciones predictas quatenus occasione vacacionis predicte ad venerabilem patrem archiepiscopum pertinent supradictum magistro Ricardo predicto solvendas vobis conjunctim et divisim cum cohercionis canonice potestate committimus vices nostras donec eas duxerimus revocandas, proviso quod nostra et ecclesie nostre Sarr' jura undique serventur illesa. Datum apud Wodeford' xv kalendas Decembris anno domini millesimo ccc^mo quintodecimo, et consecracionis nostre primo.

[*28 October 1315. Publication of commission to John de Dorset, steward, Nicholas Saddock, and Geoffrey de Werminster, bailiff of Sonning, to hear a suit in the court of Sonning by royal writ of right between John and Margaret de Lenham and Robert de Syndlesham about two-thirds of the manor of Syndlesham. (The entry is repeated on folio 9 (see page 50), where* Saddock *is spelt* Saddouk, *and* manerii nostri de Sonningg' *is followed by the additional words* conjunctim et divisim.)]

COMMISSIO FACTA JOHANNI DE DORS' SENESCALLO ET BALLIVO DE SONNINGG'. Universis pateat per presentes quod nos Rogerus permissione divina Sar' episcopus assignavimus dilectos nobis in Christo Johannem de Dorset' senescallum nostrum, Gilbertum Saddock', et Galfridum de Werminstr' ballivum manerii nostri de Sonningg' ad curiam nostram de Sonningg' in comitatu Bark' tenendam, et loquelam que est in eadem curia nostra per brevem domini regis de recto inter Johannem de Lenham et Margaretam uxorem ejus petentes et Robertum de Syndlesham deforciatorem de duabus partibus manerii de Syndlesham cum pertinenciis audiendam, et hinc inde partibus predictis secundum legem et consuetudinem regni Anglie plenam justiciam in omnibus et singulis exhibendam. In cujus rei restimonium litteras nostras fieri fecimus has patentes. Datum apud Sonningg' xxviij die mensis Octobris anno regni regis Edwardi filii regis Edwardi nono.

[*28 November 1315. Commission from the Bishop as papal judge-delegate to Peter de Periton, his official, and John de Hakeneye to hear an appeal by Matilda Waifer from a decision in a matrimonial suit between her and William Leye.*]

COMMISSIO IN CAUSA MATRIMONIALI DELEGATA A SEDE APOSTOLICA. Rogerus permissione divina Sarr' episcopus judex unicus ad infrascripta per sedem apostolicam delegatus discretis viris magistro Petro de Periton' officiali nostro et Johanni de Hakeneye nostre Sarr' ecclesie canonicis salutem et mandatis apostolicis

firmiter obedire. In causa appellacionis et ejus principali in eventu
que vertitur seu verti speratur inter Matildam Waifer Bathon'
diocesis partem ut dicitur appellantem a quadam sentencia diffini-
tiva tamquam ab iniqua in causa matrimoniali, que inter eamdem
mulierem actricem et Willelmum Leye nostre diocesis reum verte-
batur per . . officialem . . precentoris ecclesie nostre predicte, contra
predictam mulierem lata, et predictum Willelmum partem appella-
tam bone memorie domino Simoni dei gracia nuper Sarr' episcopo
predecessori nostro sub nomine dignitatis commissa et coram eo et
vobis officiali predicto optentu commissionis in hac parte ab
Fo. 8¹   eodem predecessore | nostro vobis facte aliqualiter agitata,
vobis et utrique vestrum insolidum ita quod sit melior
condicio occupantis tenore presencium cum canonice cohercionis
potestate committimus vices nostras donec eas duxerimus revocandas, mandantes quatinus secundum formam retroactorum in
hac parte habitorum vel alias prout justum fuerit procedatis.
Datum apud Wodeford' iiij kalendas Decembris.

[8 January 1294. Agreement between Nicholas de Longespée, bishop of Salisbury,
and the archdeacons of the diocese that the wills of rectors should be proved
in the bishop's court and the wills of vicars in the archdeacons' courts.]

COMPOSICIO INTER NICHOLAUM EPISCOPUM SARR' ET . . ARCHI-
DIACONOS SUPER PROBACIONIBUS TESTAMENTORUM.² In dei
nomine amen. Cum nuper orta fuisset dissencio inter venerabilem
patrem dominum Nicholaum dei gracia Saresbir' episcopum ex
parte una et . . archidiaconos in ecclesia sua Sarr' predicta super
probacionibus testamentorum tam rectorum quam vicariorum³
decedencium in eadem diocese ex altera, demum communibus
amicis et pacem zelantibus inter eos intervenientibus tam pars predicti venerabilis patris quam eciam pars predictorum . . archidiaconorum ordinacioni, laudo, et dicto . . decani et capituli Sarr'
super predictis pure, sponte, et absolute post multa se unanimiter
submiserunt. Secedentibus igitur in partem predicto patre et
ipsius diocesis utilitate pensata in forma que sequitur inter partes
predictas duxerunt ordinandum, statuendum, et perpetuo obser-
vandum, videlicet quod probaciones testamentorum rectorum
decedencium in ipsa diocese Sarr' ad dictum venerabilem patrem
et suos successores, et probaciones testamentorum vicariorum decedencium in dicta diocese ad predictos archidiaconos suos et suos

---

¹ *Sewn to this folio is an 18th- or 19th-century list of entries relating to benefices*
(ordinations, appropriations, etc.) and chantries.
² *In margin,* Nota, *followed by some illegible words.*
³ *In margin,* Nota.

successores, omni impedimento cessante imperpetuum pertineant inconcusse, proviso quod . . decano et dignitatibus necnon et canonicis ecclesie predicte ac commune nullum per hoc paretur prejudicium, sed suo jure sicut hactenus usi sunt utantur libere in futurum. In cujus rei testimonium huic instrumento ad modum cyrographi confecto tam venerabilis patris predicti quam eciam archidiaconorum predictorum sigilla una cum sigillo capituli Sarr' alternatim sunt appensa. Datum in capitulo Sarr' vj idus Januarii anno domini millesimo ducentesimo nonagesimo tercio et pontificatus predicti venerabilis patris anno secundo.

[*1 December 1315. Commission to Peter de Periton to hear, on 9 December, a suit between William de Cokham, who had been presented to the church of South Moreton by the King, and Richard Hertingg, who claimed to be the incumbent. The hearing had been adjourned from 7 November.*]

COMMISSIO FACTA MAGISTRO PETRO DE PERITON' IN CAUSA PRESENTACIONIS AD ECCLESIAM DE SUTHMORTON'. Rogerus permissione divina Sar' episcopus dilecto in Christo filio magistro Petro de Periton' nostre Sarr' ecclesie canonico et juris canonici professori salutem, graciam, et benediccionem. Presentato nobis per excellentissimum principem et dominum nostrum dominum Edwardum dei gracia regem Anglie illustrem Willelmo de Cokham clerico ad ecclesiam de Suthmorton' nostre diocesis ut dicebat vacantem et ad suam presentacionem spectantem ac inquisicione super consuetis articulis in hac parte auctoritate nostra facta et nobis per . . officialem Berk' imprime destinata, quia per eandem inquisicionem de vacacione predicte ecclesie non liquebat, immo quod Ricardus Hertingg' possessioni incumbebat ejusdem quem citari fecimus quod coram nobis nostrisve commissariis compareret proximo die juridico post festum sancti Leonardi proximo jam effluxo ubicumque in nostra civitate vel diocese tunc essemus propositurus canonice si quod haberet quare Willelmum presentatum predictum ad dictam ecclesiam admittere si negocii merita hoc exigerent minime deberemus. Quo die juridico supradicto in manerio nostro de Remmesbury presentato predicto per suum procuratorem litteratorie constitutum ac Ricardo incumbente predicto personaliter dicte citacionis optentu comparentibus coram nobis, idem Ricardus libellum in hac parte peciit sibi edi quem procurator predictus promtis in scriptis non habuit ut dicebat. Unde de parcium utriusque consensu prefiximus procuratori predicto et domino suo in persona ejusdem diem Martis post festum sancti Nicholai proxime jam venturum in ecclesia nostra Sar' coram nobis nostrisve commissariis ad edendum in scriptis parti incumbentis predicti in hac parte libellum et utrique parti ad faciendum et recipiendum in dicto presentacionis negocio quod est justum.

Fo. 8ᵛ   Verum quia ejusdem negocii decisioni certis ex causis ad presens intendere non valemus, ad | audiendum et diffiniendum hujusmodi negocium necnon ad instituendum presentatum predictum si eventus negocii hoc requirat et ad omnia alia facienda que in hac parte necessaria vel oportuna fuerint eciam si mandatum exigant speciale, vobis cum cohercionis canonice potestate committimus vices nostras donec eas duxerimus revocandas. Quid autem in premissis feceritis nos oportunis loco et tempore per litteras vestras patentes et clausas harum seriem continentes reddatis debite cerciores. Datum apud Wodeford' kalendis Decembris anno domini millesimo cccᵐᵒ xvᵐᵒ et consecracionis nostre primo.

[*24 November 1315. Letter from the bishop of London containing the Archbishop's mandate, dated 22 November, for a parliament at Lincoln on the quindene of St. Hilary; the Bishop is to attend, and to cite others to attend, on the morrow (26 January) of the feast of the conversion of St. Paul to consider measures against the threatened invasion by the Scots. Printed,* mutatis mutandis, *in Reg. Woodlock (Cant. & York Soc. xliii), 652–4.*]

LITTERA . . EPISCOPI LONDON' CONTINENS MANDATUM ARCHIEPISCOPI DIRECTA DOMINO PRO PARLIAMENTO LINCOLNIE TENENDO.¹ Venerabili *etc.*

[*13 December 1315. The Bishop's mandate to the archdeacon of Dorset in pursuance of the above letter (received 12 December), similar mandates being sent to the other three archdeacons.*]

[Fo. 9]

ET MANDABATUR EXECUCIONI IIIIᵒʳ ARCHIDIACONIS IN HUNC MODUM. Rogerus permissione divina Sarr' episcopus dilecto in Christo filio . . archidiacono Dors' vel ejus . . officiali salutem, graciam, et benediccionem. Litteras infrascriptas ij idus Decembris recepimus tenorem qui sequitur continentes: Venerabili in Christo patri domino . . dei gracia Sarr' episcopo, Gilbertus ejusdem permissione London' episcopus salutem, ET CETERA UT SUPRA. IN FINE VERO SIC: Hujus igitur auctoritate mandati vos citamus et per vos citari mandamus . . abbates et priores tam exemptos quam non exemptos necnon conventus et collegia singularum domorum religiosarum dicti archidiaconatus quod secundum formam mandati predicti compareatis et compareant die et loco in eodem contentis acturi omnia et singula que tenor ipsius mandati requirit. Clerum

¹ *Added in a later hand,* Receptum fuit apud Pottern' ij idus Decembris.

eciam archidiaconatus predicti faciatis ad aliquos certos diem et
locum ad hoc congruos evocari ac unum procuratorem ab eodem ad
contenta in mandato predicto constitui qui substituendi habeat
potestatem, de sic constituto procuratore taliter disponentes quod
in nostra cathedrali ecclesia Sarr' compareat die Lune proxima
ante festum Nativitatis domini proximo venturum sic cum procuratoribus cleri aliorum archidiaconatuum nostre diocesis tracturus
quod secundum formam predicti mandati idem sufficienter compareat et faciat quod ipsius effectus exigit in hac parte. Vosque
prout ad personam vestram pertinet in hiis consimiliter faciatis.
Quid autem in premissis actum fuerit et duxeritis faciendum nobis
citra festum Epiphanie domini proximo jam futurum per litteras
vestras patentes harum seriem continentes taliter rescribatis quod
dominum . . archiepiscopum supradictum certificare possimus in
omnibus ut mandatur. Valete. Datum apud Potern' idibus Decembris anno ut supra.

[*14 December 1315. The Bishop's mandate to the dean of Salisbury's deputy,
to the same purpose.*]

ET MANDABATUR TENENTI LOCUM DECANI SAR' SIC. Rogerus permissione divina Sar' episcopus dilecto nobis in Christo . . decano
ecclesie nostre Sar' vel ejus locum tenenti. IN FINE: Hujus igitur
auctoritate mandati vos citamus quatinus secundum formam mandati predicti compareatis die et loco in eodem contentis facturi
omnia et singula quod tenor ipsius mandari requirit, idem mandatum ulterius in hac parte quatenus ad vos attinet vice nostra
pleniter exequentes. Quid autem in premissis actum fuerit et
duxeritis faciendum nobis citra festum Epiphanie domini proximo
jam futurum per litteras vestras patentes harum seriem continentes
taliter rescribatis quod dominum . . archiepiscopum supradictum
certificare possimus in omnibus ut mandatur. Valete. Datum apud
Potern' xix kalendas Januarii anno ut supra.

[*28 October 1315. See above, p. 46.*]

COMMISSIO FACTA JOHANNI DE DORS' SENESCALLO ET ALIIS UT
SEQUITUR. Universis [*etc.*]

[*24 December 1315. Mandate of the bishop of London to the Bishop to cite Salisbury chapter to send a proctor to the parliament at Lincoln. Received 2
January.*]

[Fo. 9ᵛ]

QUARTO NONAS DECEMBRIS [*recte* Januarii] RECEPIT DOMINUS
LITTERAM INFRASCRIPTAM PER LONDON'.¹ Venerabili in Christo

¹ *In margin*, Vocacio capitulorum ad parliamentum.

patri domino Rogero dei gracia Sarr' episcopo Gilbertus permissione ejusdem episcopus London' salutem et fraternam in domino caritatem. Pridie reverendus in Christo pater et dominus dominus W. dei gracia Cantuar' archiepiscopus tocius Anglie primas nobis suas litteras destinavit continentes ad suam noticiam pervenisse quod capitula ecclesiarum cathedralium per suam Cant' provinciam constituta ad instanciam congregacionis prelatorum et cleri dicte provincie in crastino conversionis sancti Pauli Linc' faciende inter ceteros citari minime demandantur, nobis per easdem litteras posteriores quas propter acceleracionem negocii presentis inscr[ib]imus vobis cum ostendendis in congregacione predicta injungens et pariter demandans quatinus eadem capitula singula ydonee citari faciamus quod per singulares procuratores ipsis die et loco una cum prelatis et clero predictis coram eodem patre compareant et intersint factura cum ipso et ceteris prescriptis quod tenor sui primi mandati alias per nos vobis directi set tantum ad alios extendentis exigit et requirit. Vobis igitur auctoritate dicti patris firmiter injungimus et mandamus quatinus capitulum ecclesie vestre cathedralis cum debita celeritate faciatis citari quod prelibatis die et loco per procuratorem unum coram dicto patre sufficienter compareat et intersit ad effectum quem alios vestre diocesis per vos citari non est diu nos meminimus demandasse. Cujus tenorem effectus litteris vestris eidem capitulo transmittendis exprimi auctoritate predicta mandamus, ne utilitas rei pupplice de qua agitur et honor ecclesie impediri quod absit valeat vel differi. Dictis die et loco patrem certificantes eundem sub certificatorii serie quod super alio nostro mandato eidem transmittetis de eo quod feceritis in premissis. Datum apud Wikham ix kalendas Januarii anno domini millesimo ccc^{mo} xv.

[*3 January 1316. Mandate to the dean of Salisbury in pursuance of the above.*]

ET DEMANDABATUR EXECUCIONI . . DECANO ECCLESIE CATHEDRALIS SAR' VEL EJUS LOCUM TENENTI. Rogerus . . decano ecclesie nostre Sarr' vel ejus locum tenenti salutem, graciam, et benediccionem. Litteras infrascriptas in crepusculo diei Veneris in crastino festi Circumcisionis domini proxime jam preteriti recepimus sub hac forma: Venerabili et cetera. IN FINE: Vobis igitur auctoritate qua fungimur in hac parte committimus et mandamus quatinus capitulum ecclesie nostre Sarr' predicte citetis seu citari faciatis quod per procuratorem suum coram venerabili patre domino . . archiepiscopo supradicto sufficienter compareat et intersit die et loco predictis ad effectum ad quem vos citavimus non est diu per nostras litteras mandatum domini archiepiscopi supradicti seriose continentes et ad alia facienda que in eisdem directis vobis nostris litteris plenius conscribuntur. Quid autem in premissis duxeritis facienda nobis infra biduum post festum Epiphanie domini proximo jam futurum per litteras vestras patentes harum seriem continentes taliter rescribatis quod dictum dominum archiepiscopum certificare possumus [*sic*] in omnibus ut mandatur. Valete. Datum apud Potern' iij nonas Decembris [*recte* Januarii].

[*23 December 1315. Letter from the abbot of Abingdon, to the effect that he is under distraint for delivery of part of the clerical tenth; that half has already been paid to Richard de Bello, guardian of the spirituality of the bishopric of Salisbury,* sede vacante. *The remainder of what has been collected was offered to Salisbury chapter but refused, and the abbot requests from the Bishop his advice and further sanctions against those who have not paid the tenth.*]

LITTERA MISSA PER . . ABBATEM ABINDON' QUI DISTRINGITUR AD REDDENDUM COMPOTUM DE DECIMA. Venerabili in Christo patri et domino reverendo domino Rogero dei gracia Sarr' episcopo frater Johannes ejusdem [permissione] et ejusdem paciencia monasterii Abendon' minister obedienciam debitam et devotam cum omni reverencia et honore. Mandatum inspexi infrascriptum: R. de Polhamton' vicecomes[1] Barkes' ballivo de Hornemer' salutem. Mandatum domini regis in hec verba recepi: Edwardus dei gracia rex Anglie dominus Hibern' et dux Aquitan' vicecomiti de Berks' salutem. Precepimus tibi quod distringas abbatem de Abendon' collectorem decime nobis a clero regni nostri in ulterio parliamento nostro apud | Westimon' concesse in parte episcopatus Sar' per omnes terras et catalla sua in balliva tua ita quod nec ipse nec aliquis per ipsum ad ea manum apponat donec aliud inde tibi precepimus; et quod de exitibus earumdem terrarum nobis respondas; et quod habeas corpus ejus coram justiciariis baronibus de scaccario nostro apud Westm' in crastino sancti Hillarii cum rotulis, talliis, brevibus, et omnibus aliis compotum suum tangentibus ad reddendum nobis compotum nondum redditum de decima predicta; et habeas ibi tunc hoc breve. Teste J. de Foxle apud Westm' xv die mensis Decembris anno regni nostri nono.

Fo. 10

Quare et cetera.

Cum igitur solummodo ad colligendum dictam decimam et collectam capitulo ecclesie vestre Sarr' sim deputatus, et medietas ejusdem de mandato discreti viri magistri Ricardi de Bello tunc custodis spiritualitatis episcopatus vestri Sar' sede vacante sit soluta,

---

[1] *MS.* vicecomiti.

quid de residuo facere debeam mihi dignetur consulere pariter et precipue vestra paternitas reverenda, cujus quidem residui partem non modicam apud Sarr' delatam et capitulo predicto oblatam hii qui ex parte ejusdem capituli deputabantur ad recipiendum nisi ut depositam recipere recusarunt propter quod nuncii monasterii predicti eam domi reportarunt. Sunt preterea nonnulli qui licet legitime moneantur decimam tamen prout eisdem attinet solvere non curant quamvis contra eosdem ad censuras ecclesiasticas processerim quatenus potui virtute mandati michi directi, contra quos novum remedium si placet ordinetur oportunum. Valete. Scriptum Abyndon' x kalendas Januarii.

[*Incomplete entry, marked* deficit *and crossed through, of the mandate which is given on Fo.* 10ᵛ (*below*). *This entry omits the text of the royal writ, and breaks off after the words* regi concesse per vos collectas.]

RESPONSIO AD DICTAM LITTERAM UT SEQUITUR MISSA DICTO . . ABBATI. Rogerus et cetera dilectis [*etc.*]

[*31 January 1316. Collation of the church of Compton Chamberlayne to John de Hakeneye, and his institution as rector. Printed in Reg. Martival (Cant. &ᵃ York Soc.), i. 15–16.*]

COLLACIO ECCLESIE DE COMPTON' CHAUMBERLAYN.[1] Rogerus [*etc.*]

[*31 January 1316. Mandate to the archdeacon of Salisbury to induct John de Hakeneye to the same. Printed in Reg. Martival (Cant. &ᵃ York Soc.), i. 16.*]

INDUCCIO IN EADEM. Rogerus [*etc.*]

[*30 October 1315. Mandate to the abbot and convent of Abingdon, collectors of the clerical tenth in the archdeaconries of Berks. and Wilts., quoting a royal writ of 1 September 1314 which acknowledges the loan to the King by the Bishop and chapter of 750 marks out of the proceeds of a papal subsidy. The abbot and convent are to deliver £300 to Salisbury chapter by 6 December as partial repayment of this out of the part of the clerical tenth payable on 14 September, and to deliver any money over to the King's treasurer and chamberlain, informing the Bishop of the amount collected, of the names of those who had and had not paid, and of the sanctions enforced against non-payers.*]

[Fo. 10ᵛ]

LITTERA EMANANS . . ABBATI ABEND' COLLECTORI DECIME UT FACIAT DE EADEM SICUTI DEMANDATUR. Rogerus permissione divina Sarr' episcopus dilectis in Christo filiis . . abbati et conventui Abendon' nostre diocesis salutem, graciam, et benediccionem. Litteras regias que penes nos et capitulum nostrum Sarr' resident inspeximus hanc verborum seriem continentes:

---

[1] *This letter and part of the next marked in margin,* vacat quia alibi.

'Edwardus dei gracia rex Anglie, dominus Hybernie, et dux Aquit' omnibus ad quos presentes littere pervenerint salutem. Sciatis quod cum Robertus de Brus et sue malicie complices inimici et rebelles nostri Angliam subito et hostiliter sint ingressi et in eadem castra, villas, necnon ecclesias et alia loca sacra indifferenter incendunt prodicionaliter et devastent, ac homicidia, depredaciones, sacrilegia, et alia innumera facinora inhumaniter et notorie perpetrantes ad pejora mala pro suis viribus properanda cum magna multitudine armatorum instanter accedere jam festinent nisi eorum protervia et intollerabilis malicia celeriter absque more diffugio divina mediante clemencia reprimantur. Nos ut tanto et tam precipue repentino periculo nobis, statui nostro, ecclesie sacre, corone nostre, ac regno nostro nostrisque regnicolis imminenti dei adjutorio viriliter occurramus ad dictorum inimicorum nostrorum pertinaciam et maliciam hujusmodi tam instantem auxiliante domino repellamus, recepimus Romana sede vacante die Mercurii proxima ante festum sancte Margarete virginis videlicet decimo septimo die Julii proximo preterito a venerabili patre Simone dei gracia Sarr' episcopo et ejusdem loco capitulo per manus dilecti nostri Antonini de Fasu ad hoc per nos specialiter deputati septingentas et quinquaginta marcas sterlingas de decima sexennali primi anni per dominum Clementem nuper papam quintum clero Anglie imposita et a clero diocesis Sarr' collecta, volentes et tenore presencium concedentes quod predictus episcopus et sui successores et capitulum supradictum pecuniam antedictam de proximo subsidio nobis a clero Cantuar' provincie quomodolibet concedendo vel dando in Sarr' diocese levari faciant, retineant, et in solutum assumant eamdem. Promittimus eciam per presentes quod ecclesiam cathedralem Sarr', dictum episcopum et suos successores, ac capitulum memoratum conservabimus indempnes erga summum pontificem et Romanam ecclesiam et alias undecumque pro recepta pecunia supradicta et ad hec presentibus nos teneri fatemur. In cujus rei testimonium has litteras nostras fieri fecimus patentes. Teste meipso apud Ebor' die Septembris anno regni nostri octavo.'

Cum igitur recolende memorie Simon predecessor noster inmediatus decime domino nostro regi predicto de bonis et beneficiis ecclesiasticis Cant' provincie a venerabili patre domino Waltero dei gracia Cant' archiepiscopo tocius Anglie primate ceterisque prelatis et clero ejusdem dicte provincie novissime Lond' congregatis sub certa forma concesse duobus anni terminis in festis videlicet Invencionis et Exaltacionis sancte crucis proximo jam preteritis persolvende vos prout nobis constat legitime in archidiaconatibus

Berk' et Wiltes' sub certa forma deputaverit collectores, vobis in virtute obediencie firmiter injungendo committimus et mandamus quatinus trecentas libras de secundo termino decime supradicte domino nostro regi concesse per vos collectas faciatis dilectis in Christo filiis capitulo ecclesie nostre Sarr' alii seu aliis in hac parte deputando vel deputandis ab eis in capitulo Sarr' predicto citra festum sancti Nicholai proximo nunc venturum persolvi in partem solucionis pecunie quam dominus noster rex predictus a predecessore et capitulo nostro predictis de pecunia primi anni decime sexannalis in nostra predicta diocese collecta recepit prout in suis litteris suprascriptis plenius continetur. Capitulo siquidem supradicto per alias nostras litteras mandamus quod trecentas libras predictas a vobis recipiant et aquietancie litteras vobis facient de soluto. Et si que pecunia ultra trecentas libras predictas de predicta decima domino nostro regi concessa post vestrum in hac parte redditum raciocinium appareat superesse collecta, ipsam thesaurario et camerario domini nostri regis predicti apud suum scaccarium London' debite persolvatis, pecuniam eciam si que forsitan de eadem decima fuerit colligenda per censuras ecclesiasticas alias vobis in hac parte commissas et per non solvencium bonorum sequestracionem et eamdem violancium canonicam punicionem diligenter levantes eamdem modo simili faciatis persolvi. Quid autem feceritis in premissis necnon quantum per vos collectum fuerit ac thesaurario, camerario, et capitulo supradictis solutum nobis celerius quo poteritis comode rescribatis distincte per litteras vestras patentes et clausas nomina non solvencium et censuras quas contra eos exercueritis seriosius continentes. Datum apud Remmesbiri iij kalendas Novembris anno domini millesimo trecentesimo quintodecimo et consecracionis nostre primo.

[*Note that a similar mandate was sent to the abbot and convent of Sherborne, collectors in the archdeaconries of Dorset and Salisbury, who are to deliver £200 as partial repayment of the loan to the King.*]

[Fo. 11]

CONSIMILIS LITTERA EMANABAT ABBATI ET CONVENTUI SCHIREBURN' COLLECTORIBUS DECIME ANNALIS IN ARCHIDIACONATIBUS DORS' ET SARR' PRO CC LIBRIS CAPITULO SARR' SOLVENDIS.

[*31 October 1315. Mandate to Salisbury chapter to receive the above sums and not more, and to deposit the money in the cathedral until it should be demanded by the Holy See.*]

LITTERA EMANANS CAPITULO UT EANDEM RECIPIANT ET IN LOCO TUTO DEPONANT. Rogerus permissione divina Sarr' episcopus dilectis in Christo filiis capitulo ecclesie nostre Sarr' salutem, graciam, et benediccionem. Ejusdem ecclesie ac nostre et vestre indempnitati quatenus cum deo possumus ut tenemur prospicere cupientes, religiosis viris . . abbati et conventui Abendon' in archidiaconatibus Berk' et Wiltes' ac abbati et conventui de Shirborn' in archidiaconatibus Dorset' et Sarr' per recolende memorie Simonem predecessorem nostrum inmediatum decime domino nostro regi de bonis et beneficiis ecclesiasticis Cant' provincie a venerabili patri domino Waltero dei gracia Cant' archiepiscopo tocius Anglie primate ceterisque prelatis et clero ejusdem provincie novissime sub certa forma concesse duobus anni terminis festorum videlicet Invencionis et Exaltacionis sancte crucis proximo jam preteritorum solvende collectoribus deputatis, nostris dedimus litteris in mandatis eisdem in virtute obediencie injungentes quatinus iidem abbas videlicet et conventus Abendon' trecentas libras ac abbas et conventus Schirborn' ducentas libras de secundo termino decime supradicte per eos eollecte faciant vobis seu alii vel aliis in hac parte deputando vel deputandis a vobis in capitulo Sarr' predicto citra festum sancte Nicholai proximo nunc venturum persolvi in partem solucionis pecunie quam dominus noster rex predictus a predecessore nostro predicto et vobis de pecunia primi anni decime sexannalis in nostra predicta diocese collecta mutuo vestro consensu recepit, prout in suis litteris patentibus specialiter super hoc confectis et penes vos ut accepimus residentibus plenius continetur. Quodque si quevis pecunia ultra quingentas libras predictas de decima supradicta domino nostro regi concessa post eorum in hac parte redditum raciocinium appareat superesse collecta ipsam thesaurario et camerario domini nostri regis predicti apud suum scaccarium Lond' plene solvant ac pecuniam si que forsitan de eadem decima fuerit colligenda per censuras ecclesiasticas alias eisdem in hac parte commissas diligenter levent et colligant eamdemque faciant simili modo solvi. Vobis igitur committimus et mandamus quatinus quingentas libras predictas vobis per religiosos collectores predictos ut premittitur persolvendas per vos seu alium vel alios deputandum seu deputandos a vobis pro quibus respondere volueritis curetis recipere et solventibus sufficientes acquietancie litteras facere de soluto, eamdemque pecuniam sic receptam in nostra Sarr' ecclesia quam pro loco tuto quatenus in nobis est elegimus faciatis deponi, et salvo fideliter custodiri ut de ea fieri valeat in eventu quod apostolice littere nobis et vobis in hac parte directe exigunt et requirunt. Quid autem feceritis in premissis ac de solute vobis hujusmodi pecunie quantitate nobis celerius quo poteritis comode rescribatis per litteras vestras patentes et clausas harum seriem continentes. Valete. Datum apud Remmesbiri ij kalendas Novembris anno domini millesimo trecentesimo quinto-decimo et consecracionis nostre primo.

[*23 May ?1316. Commission to Peter de Periton and John de Hakeneye, who have reported on their examination of the evidence, to hear the claim of George de Brithmanstone to clerical privilege. An earlier commission, to Robert Fromond, rector of St.Thomas's, and Richard, provost of St. Edmund's church, Salisbury, for the delivery of criminous clerks, is also mentioned.*]

COMMISSIO AD INQUIRENDUM ET COGNOSCENDUM DE FAMA CLERICI INDICTATI.[1] Rogerus permissione divina Sarr' episcopus dilectis in Christo filiis magistris Petro de Puriton' et Johanni de Hakeneie' nostre Sarr' ecclesie canonicis salutem, graciam, et benediccionem. Litteras vestras certificatorias, commissionem ad recipiendum et examinandum testes et probaciones quos et loco et tempore rescribatis per litteras vestras patentes et clausas quas Georgius de Brithmanston' nostre diocesis ad probandum suum titulum clericalem si quem forsan coram vobis duxerit producen-dos per nos nuperrime vobis factam necnon et examinatorum per vos hujusmodi testium attestaciones inter cetera continentes, recepi-mus patentes et clausas. Verum quia sicut dicunt jura vos qui testes hujusmodi examinastis magis scire potestis quanta fides eisdem fuerit adhibenda et de aliis que negocium predictum circum-stant litteras certificatorias et attestaciones predictas sub eisdem sigillis vestris quibus nobis misistis easdem vobis duximus remittendas. Ad audiendum igitur vocatis super hoc de jure vocan-dis et diffiniendum negocium supradictum et ad pronunciandum si dictus Georgius ponderatis undique ponderandis gaudere debeat privilegio clericali ac ad omnia alia facienda que neccessaria vel oportuna fuerint in hac parte eciam si mandatum exigant speciale vobis cum cohercionis canonice potestate committimus vices nostras donec eas duxerimus revocandas. Ad exigendum autem clericos secundum sancciones canonicas exigendos coram justiciariis domini nostri regis et aliis ad liberandum eos potestatem habentibus com-misimus magistro Roberto Fromond rectori ecclesie sancti Thome et Ricardo preposito sancti Edmundi Sarr' per nostras alias litteras specialiter potestatem. Quid autem feceritis in premissis una cum toto vestro in hac parte processu nobis oportunis loco et tempore rescribatis per litteras vestras patentes et clausas harum seriem continentes. Valete. Datum apud Remm' x kalendas Junii anno . . .

---

[1] *In margin*, Brigtmanston'.

[6 *December 1315. The Archbishop's appeal to the Bishop to continue the loan to the King out of the proceeds of the papal subsidy, as the Archbishop and other bishops, together with their chapters, had done. Printed,* mutatis mutandis *and with only minor variations, in Reg. Woodlock (Cant. & York Soc. xliii), 981–2.*]

[Fo. 11ᵛ]

LITTERA . . ARCHIEPISCOPI DEPUTATORIA DOMINO DEMANDATA AD MUTUUM DECIME SEXENNALIS PER CLERUM CANT' PROVINCIE DOMINO REGI CONCESSUM DE DECIMA NUNC CURRENTE LEVATUM SUB QUADAM SECURITATE REGIA PROROGANDUM. Walterus [*etc.*]

[1 *January 1316. Letter in pursuance of the above (received 27 December) to the chapter, to the effect that the loan should not be continued except after general deliberation with the other bishops and their chapters. The chapter is to consider what should be done and to inform the Bishop of its decision.*]

LITTERA . . CAPITULO SARR' EMANANS UT SUPER LITTERA ARCHIEPISCOPI SUPRASCRIPTA CUJUS SENTENCIAM CONTINEBAT REGIS SECURITATE DOMINO PRO MUTUUM PROROGANDO PRESCRIPTUM TRANSMISSA ET BREVI REGIO DEPUTATORIO PRO EODEM, QUORUM TENORES INTERCLUSE FUERANT IN EADEM, DELIBERENT IN COMMUNI QUODQUE CERTIFICENT QUID IN HIIS SIT AGENDUM ET QUID DUXERINT FACIENDUM. Rogerus permissione divina Sarr' episcopus dilectis in Christo filiis capitulo ecclesie nostre Sarr' salutem, graciam, et benediccionem. Breve domini regis et ejusdem litteras pro securitate nostra et vestra in eisdem conscripta die Sabbati proximo jam preterito post prandium sub tenoribus presentibus interclusis una cum litteris clausis venerabilis patris domini . . Cant' archiepiscopi recepimus quibus instancius nos rogavit quatinus sub securitate predicta quam idem et dominus . . London' et quidam alii coepiscopi cum suis capitulis sufficientem et idoneam reputarunt ut dicit quique sub eadem securitatis forma peticioni regie consenserunt, vellemus domino regi gratis ad presens affectibus subvenire nostrumque capitulum in hoc allicere ne hujusmodi deviant a consensu, et super hiis eidem rescribere velle nostrum. Unde nostre et vestre indempnitati prospicere corditer affectantes ejusdem domini archiepiscopi litteris responsum nostrum rescripsimus hoc summaliter continens in effectum quod cum decima sexennalis de qua dominus rex predictus quingentas libras a bone memorie Simone predecessore nostro immediato et vobis pro arduis negociis suis recepit nobis et vobis communiter conservanda per sedem apostolicam commitatur summo pontifici prout et quando eidem placuerit destinanda, ac vos quos directa nobis peticio regia supradicta sicut et nos concernit citra nostri arrepcionem itineris

versus Linc' propter aquarum inundaciones et alia viarum discrimina cicius faciendam consulere nequeamus dictas quingentas
libras domino regi ad suum scaccarium in crastino sancti Hillarii
destinare nec securitatem regiam supradictam absque pre-
Fo. 12   dicti archiepiscopi et suffraganorum | et capitulorum suorum
deliberacione habita[1] in communi aliqualiter approbare
non possumus ut rogatur, de quorum voluntate unanimi prima de
qua agitur solute pecunie securitas fuerat communiter ordinata,
adicientes quod ad congregacionem prelatorum, capitulorum, et
cleri Cant' provincie ad [mandatum] ejusdem . . archiepiscopi Linc'
quasi in januis faciendam et ad parliamentum regium inmediate
subsequens accedere proponentes ab eorumdem deliberacione super
hujusmodi peticione regia in communi habenda nequaquam efficiemur domino concedente difformes quodque vobis scriberemus ut
vestram in hac parte deliberacionem nobis quantocius possetis
comode scriberetis. Considerantes igitur quod res nostra communis
et commune periculum in hac parte versatur vobis firmiter injungendo mandamus quatinus hiis que in brevi et securitatis litteris
regiis continentur predictis ac omnibus suprascriptis et eorum
circumstanciis universis undique diligencius ponderatis, deliberare
curetis quid pro nostre ecclesie ac nostra et vestra indempnitate
servanda super dicta peticione regia consulcius et securius sit
agendum et quid in premissis quatenus vos contingunt duxeritis
faciendum una cum deliberacione vestra nobis citra congregacionem predictam taliter rescribatis, quod vestra deliberacione
super hiis optenta respondere possimus et facere quod communis
prelatorum et capitulorum in dicta congregacione conveniencium
deliberacio sana dabit. Semper in Christo feliciter valeatis. Datum
apud Pottern' kalendis Januarii anno ut supra.

[*13 January 1316. The Bishop's reply to the Archbishop, that he cannot send the
loan to the Exchequer without the approval of the chapter and the unanimous
consent of the coming convocation. The chapter's proctor is to bring its decision
to the convocation, for which the Bishop has started early because of the condition of the roads.*]

RESPONSIO DOMINI AD LITTERAM PRENOTATAM PER . . ARCHI-
EPISCOPUM DESTINATAM. Venerabili in Christo patri et domino
reverendo domino Waltero dei gracia Cantuar' archiepiscopo
tocius Anglie primati Rogerus ejusdem permissione ecclesie Sarr'
minister obediencie promptitudinem cum omni reverencia et
honore. Vestris sancte paternitatis litteris quas die Sabbati proxima ante festum Epiphanie domini jam venturum post prandium

---

[1] *MS.* habitis.

recepimus nos rogastis quatinus sub securitate quam excellentissimus princeps dominus noster rex nobis paravit et per vestrum
litterarum bajulum nobis misit quamque vos et venerabilis pater
dominus . . dei gracia Lond' episcopus et alii quidam coepiscopi
cum suis capitulis sufficientem et idoneam reputantes et eciam
acceptantes sub eadem securitatis forma sue peticioni duxisti pro
salvacione status regni et ecclesie succurrendum, vellemus eidem
domino nostro regi gratis ad presens affectibus subvenire nostrumque capitulum in hoc allicere ne devient a consensu. Sane pater
reverende adverse casuum emersiones predictis regno et ecclesie
iminentes sepius nobis scripte cordiales nobis incuciunt angustias
et dolores quibus affectemus occurrere quantum cum deo possumus
et tenemur. Verum quia pecunia in directis nobis regiis litteris in
hac parte conscripta nobis et capitulo nostro communiter per sedem
apostolicam committitur conservanda summo pontifici prout et
quando eidem placuerit destinanda, ac predictum capitulum quos
directa jam nobis peticio regia sicut et nos concernit citra nostri
arrepcionem itineris versus Linc' quam propter aquarum inundaciones, poncium dirupciones, et alia multiplicia viarum discrimina
cicius aggredi perurgemur, super securitate predicta comode
nequimus consulere, quingentas libras quas dominus noster rex de
decima sexennali a recolende memorie Simone predecessore nostro
inmediate et capitulo supradicto recepit non audemus ad suum
scaccarium Lond' in crastino sancti Hillarii destinare nec missam
nobis securitatem regiam in hac parte absque vestro ac suffraganeorum vestrorum et capitulorum suorum, quos equaliter premissa contingunt, deliberacione et assensu habitis in communi
aliqualiter approbare, de quorum voluntate unanimi prima de qua
agitur solute pecunie securitas fuerat communiter ordinata, super
quo nos habere dignetur vestra sancta paternitas si libeat excusatos.
Scribemus vero statim nostro capitulo supradicto quod suam in hac
parte deliberacionem per suum procuratorem cum festinacione qua
poterunt comode nobis mittant. Ad congregacionem eciam prelatorum suorumque capitulorum et cleri vestre Cantuar' provincie
ad mandatum vestrum in crastino conversionis sancti Pauli proximo
jam venturo Linc' disponente domino que quasi se offert in januis
faciendam et ad parliamentum subsequenter inmediate ibidem
tenendum inevitabili impedimento cessante accedere proponentes,
a vestra et suffraganeorum vestrorum suorumque capitulorum
deliberacione et consensu habitis super hujusmodi peticione regia
ut premittitur in communi nequaquam sicut alias vobis scripsimus
efficiemur domino concedente difformes. Et revera pater consulcius

et securius esse tam vobis quam vestris suffraganeis estimamus
quod ipsa regia peticio per universos quorum interest in
Fo. 12ᵛ   communi pocius quam singillatim per singulos | si fieri
debeat concedatur, ut si in eventu creacionis summi pontificis eidem pecunie duntaxat penes vos et eos deposite concessio
displiceat jam petita cujus pretextu in vos et eos forsitan animad-
vertere disponat quod absit sue offensionis et animadversionis
aculeus propter consenciencium multitudinem facilius evitetur. Ad
ecclesie sue sancte regimen et munimen vos diu conservet altissimus
in honore. Scriptum apud Pottern' idibus Januarii anno domini
mᵒ cccᵐᵒ xvᵐᵒ.

[*16 January 1316. The Bishop's certificate to the Archbishop's mandate, received
12 December, convening a parliament at Lincoln on the morrow (26 January)
of the feast of the Conversion of St. Paul; see above, p. 49.*]

CERTIFICATORIUM AD MANDATUM . . ARCHIEPISCOPI DE CONGRE-
GACIONE PRELATORUM ET CLERI CANT' PROVINCIE IN QUINTO
FOLIO PRECEDENTI CONSCRIPTUM APUD LINCOLN' FACIENDA IN
CRASTINO FESTI CONVERSIONIS SANCTI PAULI ANNO DOMINI
MILLESIMO CCCᵐᵒ QUINTODECIMO. Venerabili in Christo patri et
domino reverendo domino Waltero dei gracia Cantuar' archiepiscopo tocius Anglie primati Rogerus ejusdem permissione Sarr'
episcopus obedienciam tam debitam quam devotam cum omni
reverencia et honore debitis tanto patri. Litteras vestras venerabili
patri domino Gilberto dei gracia episcopo London' per vos et per
eumdem nobis directas recepimus ij idus Decembris hanc verborum seriem continentes: Venerabili in Christo patri domino . .
dei gracia Sarr' episcopo Gilbertus permissione ejusdem episcopus
London' salutem et fraterne dileccionis continuum incrementum.
Mandatum venerabilis patris domini Walteri dei gracia Cant' et
cetera ut in dicto folio prenotatur. IN FINE VERO SIC: Hujus igitur
auctoritate mandati reverendo patre domino Reymundo de Farges
sancte Romane ecclesie cardinali et ecclesie nostre decano in partibus transmarinis agente et Tidone de Varesio qui se dicit archidiaconum Berkes' in nostra diocese personaliter non invento eosdem
hujusmodi citacionis edicto in nostra predicta ecclesia publicato
necnon Dorset', Wiltes', et Sarr' archidiaconos ac . . abbates et
priores exemptos et non exemptos et singularum domorum religiosarum conventus et collegia et clerum nostre diocesis capitulum
eciam ecclesie nostre predicte auctoritate cujusdam vestri posterioris
mandati super hoc directi venerabili patri domino episcopo Lond'
predicto, qui non ipsius mandati originalis tenorem set ejus dumtaxat sentenciam nobis scripsit, citari fecimus quod secundum pre-

dicti mandati vestri exigenciam compareant et faciant quod ipsius effectus et tenor exigunt et requirunt. Et nos ad diem et locum in eodem mandato contentos festinamus venire ad faciendum volente domino quod mandatur. Si tamen ad eumdem diem propter viarum inmensa discrimina nimis nota accedere forsitan nequeamus nos habere dignetur vestra paternitas quesumus excusatos. Accelerabimus siquidem ad veniendum quatenus possumus comode gressus nostros. Ad ecclesie sue sancte regimen et munimen vos diu conservet et dirigat gracia salvatoris. Datum apud Dadyngton' xvij kalendas Februarii anno domini millesimo trecentesimo quintodecimo.

[*Memorandum, incomplete and marked* vacat *in the margin; the memorandum is given in full on fo. 13ᵛ (see below, p. 64).*]

Memorandum quod vij idus Martis [*etc.* . . . .] predicti . . .

[*5 March 1316. Mandate to the archdeacon of Berks. to cite Hugh de Sapy, rector of Longworth, to appear before the Bishop or his commissaries in Salisbury cathedral on 1 April because he had not been ordained within a year of his institution.*]

[Fo. 13][1]

LIT[T]ERA CITACIONIS RECTORIS NON ORDINATI INFRA ANNUM.[2] Rogerus et cetera dilecto in Christo filio . . archidiaconi[3] Berk' officiali et cetera. Cura commissi regiminis mentem nostram solicitat et nos urget ut subjectis nobis ecclesiis et personis quatenus cum deo possumus providere curemus, presertim ut animarum cura non per illegitimos regatur sed per veros et canonicos curatores, quod eo amplius incidet cordi nostro quod summus pastor qui animam suam posuit pro eisdem exacturus est a desidiosis pastoribus in die novissimo racionem, quamobrem nostrum et recolende memorie Simonis immediatis predecessoris nostri registrum super institucionibus beneficia ecclesiastica in nostra diocese optinencium et eorum ordinibus diligenter fecimus perscrutari ut de non ordinatis statutis a jure temporibus exequi possumus et facere quod dictant canonice sancciones. Et licet Hugo de Sapi clericus ecclesiam de Langeworth nostre diocesis notorie curam animarum habentem institucionis titulo post artacionem ultimi Lugd' concilii effluxo jam triennio pacifice fuerit assecutus et percepit interim ejus fructus, in dicto tamen registro non comperimus nec alias nobis constat quod idem Hugo se procuraverit statutis a jure temporibus ad sacerdocium promoveri nec eciam adhuc ordinatur in presbyte-

---

[1] *At top of page*, Secundus quaternus.
[2] *In margin*, littera contra Hugonem Sapy quia non ordinatum.
[3] *MS.* archidiacono.

rum quod sciamus, in tantum quod ipsius ecclesie sollacio ut tenemus ad nos est hac vice canonice devoluta, et nichilominus fructus ejusdem ecclesie occasione predicta de jure vacantis percepit ut premittitur et percipit illicite quos de jure facere nequit[1] suos, in anime sue periculum, dicte ecclesie prejudicium ac perniciosum exemplum, et scandalum vehemens plurimorum, super quibus in partibus de Langeworth' laborat pudica vox, et fama, adeo quod ea absque nostri status discrimine ulterius dissimulare nequimus conniventibus oculis incorrecta. Vestre igitur devocioni committimus et mandamus quatenus prefatum Hugonem citetis seu citari faciatis modis quibus poteritis quod compareat coram nobis nostrisve commissariis in nostra ecclesia cathedrali Sarr' die Jovis ante Dominicam in ramis palmarum proxime jam ventura pro termino peremptorio propositurus, exhibiturus, et prout juris fuerit probaturus canonice si quod habeat qualiter ecclesia de Lang' predicta ex causis premissis et aliis legitimis, tunc ex officii nostri debito si oporteat opponendis eidem, minime debeat declarari vacare, idemque Hugo ejusdem illicitus pronunciari detentor et ab ea quatenus ejusdem possessioni de facto incumbit, totaliter ammoveri, necnon faciendis sibi in hac parte interrogatoribus responsurus, et de veritate dicenda super eis personaliter juraturus, facturus, et recepturus ulterius in premissis et ea tangentibus quod sacris convenit institutis. Et si forte dictus Hugo personali citatione nequeat apprehendi nec procuratorem in ecclesia dimiserit, antedictam hujus citacionis edictam in eadem ecclesia coram loci parochianis publice proponatis seu faciatis proponi, adeo quod ignorancia probabiliter pretendi nequeat in premissis, denunciantes modo quo supra quod die et loco predictis in dicto negocio procedetur, quatenus de jure secundum ipsius qualitatem et naturam fuerit procedi. Premissum autem terminum duximus taliter moderandum et peremptorie statuendum propter periculum, quod in hac parte vertitur, quo movemur pre ceteris, evidens animarum. Qualiter vero mandatum predictum fueritis executi nos seu nostros in hac parte commissarios dictis die et loco cum tenore presencium distincte reddatis et debite cercioretis. Valete. Datum apud Nouesle iij nonas Marcii anno domini m° ccc^{mo} xv°.

[*5 March 1316. Commission to Peter de Periton, John de Hakeneye, and John de Tarent to hear the above case and to take the necessary action.*]

COMMISSIO[2] FACTA IN HAC PARTE MAGISTRIS PETRO DE PERITON', JOHANNI DE HAK', ET JOHANNI DE TARENT'. Rogerus et cetera

---

[1] *MS.* nequid.   [2] *In margin,* Commissio.

dilecto in Christo filiis magistris Petro de Periton', Johanni de Hak'
nostre Sar' ecclesie canonicis, et Johanni de Tarent' domini archidiaconi Sarr' . . officiali salutem, graciam, et benediccionem. In
causis et negociis quibuscumque Hugoni de Sapy qui se gerit pro
rectore ecclesie de Langeworth nostre diocesis ex officio nostro mero
vel promoto motis seu movendis ac ad audiendum hujusmodi
causas et negocia et fine debito terminandum dictamque ecclesiam
de jure vacare vel forsitan plenam esse prout negocii merita hoc
exigant pronunciandi et summaliter declarandi, et eundem
Hugonem ab ecclesia de Lang' predicta canonice amovendi seu
prout juris fuerit dimittendi, ac omnia alia et singula faciendi[1] que in
premissis et ea tangentibus neccessaria vel oportuna fuerint, eciam
si mandatum exigant speciale, cum cohercionis canonice potestate
committimus vices nostras donec eas duxerimus revocandas, mandantes quatinus id quod feceritis in premissis una cum vestro
habendo in hac parte processu oportunis loco et tempore cum
tenore presencium debite rescribatis ut nos ulterius facere possimus
et exequi quod incumbit. Valete. Datum apud Nouesle iij nonas
Marcii anno domini m° ccc^mo xv^mo.

[*Memorandum that on 9 March 1316 the administration of the will of Guy,
late earl of Warwick, touching his goods in Salisbury diocese, was committed
by Robert de Worth, the Bishop's commissary in this matter, to Peter le Blunt,
one of the executors of the will.*]

[Fo. 13^v]

Memorandum[2] quod die, loco, et anno domini infrascriptis
venerabilis pater dominus Rogerus dei gracia Sarr' episcopus
commisit vices suas magistro Roberto de Worth' canonico ecclesie
Sarr' [ad recipiendum] insinuacionem testamenti clare memorie
Gwydonis quondam comitis Warewyk' et ad faciendum in ea parte
que de jure vel consuetudine fuerint facienda, presentibus magistris
Roberto predicto, Thoma de Neubold notario publico, et Galfrido
dicto le Noble. Et eisdem die et loco Petrus le Blunt executor testamenti predicti defuncti vice sua et coexecutorum suorum quorum
extitit procurator comparuit coram commissario supradicto petens
ab eo administracionem dicti defuncti sibi et coexecutoribus suis
quorum fuerat procurator in forma juris committi. Et quia certis
ex causis predicto commissario videbatur dictum testamentum
legitime non fuisse probatum, executor predictus de eodem testamento et ipsius testatoris ultima voluntate dispositiva coram eo

---

[1] *In margin*, excomm'.
[2] *In margin*, Actum de testamento comitis Warewyki.

canonice fecit fidem. Quamobrem idem commissarius recepto ab executore predicto pro seipso et nomine procuratorio pro suis coexecutoribus quorum erat procurator tactis per eum ewangelis juramento de fideli inventario de bonis dicti defuncti quatenus in dicta consistunt diocese condendo, fideliter administrando et alia que incumbunt ulterius faciendo administracionem bonorum dicti defuncti in diocese Sarr' consistencium quatenus ad dictum patrem attinet in forma juris commisit. Dictusque executor nomine suo et procuratorio supradicto in forma predicta hujusmodi commissam administracionem admisit. Et testamentum predictum indorsatum extitit sub hac forma:

'Memorandum quod vij idus Marcii anno domini millesimo cccᵐᵒ quintodecimo in aula manerii de Nouesle exhibitum fuit hoc testamentum per dominum Petrum le Blunt executorem interius nominatum coram nobis Roberto de Worth' canonico Sarr' et venerabilis patris domini Rogeri dei gracia Sarr' episcopi ad recipiendum in forma juris insinuacionem testamenti predicti et ad faciendum ulterius que de jure fuerunt facienda commissario in hac parte. Et quia de ultima voluntate hujusmodi legitime nobis constat, administracionem bonorum testatoris infrascripti in diocese Sarr' ubilibet existencium quatenus ad dictum patrem attinet in forma juris domino Petro executori predicto et in persona sua coexecutoribus suis pro quibus nomine procuratorio sufficienter comparuit in hac parte auctoritate commisimus supradicta. In cujus rei testimonium sigillum nostrum presentibus est appensum. Scriptum, datum, et actum die, loco, et anno domini supradictis.'

Et quia predictus Petrus et sui coexecutores predicti de quibus premittitur in diocese Sarr' beneficiati non erant nec immobilium possessores, idem executor suo et procuratorio nomine quo supra voluit et expresse concessit quod in maneriis predicti defuncti Sarr' diocesis et in locorum ecclesiis ubi ipsos contingeret bona ipsius ministrare defuncti, citari et distringi possent canonice ad reddendum raciocinium administracionis sue bonorum dicti defuncti in diocese existencium supradicta. Acta fuerunt hec ut suprascribitur die, loco, et anno domini supradictis presentibus magistris predictis ac magistro Gilberto Lovel canonico Sarr', Willelmo Everard, Willelmo de Aiston', et aliis.

[*Undated, Commission (or form of commission) to hear a case of assault by Robert, a clerk, on William, a clerk, in a church at Reading.*]

QUERELA. Rogerus et cetera. Super eo quod Robertus de .. clericus nostre diocesis in Willelmum de .. clericum ejusdem nostre diocesis

in ecclesia beate . . de Radyng' dicte nostre diocesis manus injecit
scienter et temere violentas prout idem . . nobis suggessit petens a
nobis remedium oportunum, faciatis partibus vocatis quorum
interest celeris justicie complementum, rescribentes nobis oportunis loco et tempore quid feceritis in premissis. Valete. Datum.

[*21 February 1316. Publication of a commission to take into ecclesiastical custody
clerks imprisoned by royal and other officials in Berkshire.*]

[Fo. 14]

LITTERA AD EXIGENDUM INCARCERATOS CLERICOS. Universis
sancte matris ecclesie filiis ad quorum noticiam pervenerit hec
scriptura, Rogerus permissione divina Sarr' episcopus salutem in
omnium salvatore. Universitati vestre notum facimus per presentes
quod nos ad exigendum et recipiendum vice et auctoritate nostra
secundum libertatem ecclesiasticam et regni Anglie consuetudinem
approbatam quoscumque clericos et alios viros ecclesiasticos qui
secundum sancciones canonicas gaudere debent privilegio clericali
pro quocumque crimine seu transgressione captos et incarceratos
et incarcerandos apud W. nostre diocesis vel ubicumque alibi in
comitatu Berk' ¹coram domino G. de S. et sociis suis¹ justiciariis
domini nostris regis Anglie illustris et aliis quibuscumque ipsos
liberandi habentibus potestatem ut de eis fiat in foro ecclesiastico
quod secundum canonicas sancciones fuerit faciendum dilectis in
Christo filiis nostre diocesis conjunctim et divisim vices nostras
committimus per presentes cum cohercionis canonice potestate. In
quorum testimonium sigillum nostrum presentibus est appensum.
Datum Linc' ix kalendas Marcii anno domini mᵒ cccᵐᵒ xvᵐᵒ et
consecracionis nostre primo.

[*21 February 1316. Letter in connexion with the foregoing enclosing decretals
of Boniface VIII on clerical privilege.*]

ALIA LITTERA JUXTA PRIMAM. Rogerus² et cetera salutem, graciam,
et benediccionem. Quia secundum constituciones domini Bonifacii
pape octavi clerici conjugati et clerici soluti super criminibus
diffamati sunt coram judicibus secularibus per ordinarios difformi-
ter exigendi, decretales quas dictus papa edidit de eisdem vobis sub
nostro destinamus sigillo ne forsan per ignoranciam decretales
hujusmodi seu libertates ecclesiasticas vel consuetudines laudabiles
in nostra diocese observatas in exigendis clericis offendatis. Valete.
Scriptum Linc' ix kalendas Marcii.

¹⁻¹ *Added in margin, to replace* a.
² *There is a face drawn in the left-hand margin.*

[*Undated. Mandate to the archdeacon of Salisbury, on behalf of Andrew de Grimstead, rector of West Grimstead, to have an estimate made of the losses suffered by that church during the incumbency of the late rector, William de Stoke, and to sequestrate William's goods in the archdeaconry to make good the losses.*]

LITERA PRO DEFECTIBUS REPARANDIS IN ECCLESIA ET MANSO EJUSDEM. Rogerus permissione divina Sarr' episcopus dilecto in Christo filio . . archidiacono Sarr' vel ejus . . officiali salutem, graciam, et benediccionem. Ex parte dilecti filii magistri Andree de Grimistede rectoris ecclesie de Westgrimistede nostre diocesis nobis est gravi conquescione monstratum quod Willelmus de Stoke ipsius inmediatus in dicta ecclesia predecessor in cancello, libris, ornamentis, edificiis, ac in manso rectorie predicte quamplures defectus notabiles sue mortis tempore incorrectos dimisit quorum reformacio pertinuit ad eumdem super quibus a nobis remedium peciit oportunum. Nos igitur ut tenemur indempnitati dicte ecclesie prospicere cupientes, devocioni vestre committimus et mandamus quatinus ad dictam ecclesiam personaliter accedentes et defectus predictos visui supponentes, eosdem per viros fidedignos et juratos inquirendorum noticiam visibiliter optinentes vocatis ad hoc primitus dicti defuncti executoribus si qui fuerint et aliis qui de jure fuerint in hac parte vocandi faciatis fideliter estimari bona ecclesiastica defuncti predicti in vestra jurisdiccione ubicumque consistencia usque ad estimacionem hujusmodi sequestrantes et sub arto custodientes sequestra quousque hujusmodi defectus inventi congrue fuerint ¹reformati vel alias debite rectori pro eisdem personaliter satisfiat, proviso quod quicquid pro defectibus receptum fuerit¹ sic compertis in eorum reformacionem et non in usus alios ²penitus convertantur.² Et quid super hiis feceritis quosque et quales defectus reperieritis ac ad quam summam fuerint estimati nos litteris vestris patentibus et clausis harum seriem continentibus oportunis loco et tempore reddatis cum tenore presencium debite cerciores. Valete. Datum et cetera.

[*15 March 1316. Licence to John de Foxley and others to hear during Lent an assize of novel disseisin brought by Eleanor, widow of Walter de Longford, against Alan Plukenet concerning a free tenement in Longford Castle.*]

LICENCIA CAPIENDI ASSISAM. Viris providentibus et discretis dominis Johanni de Foxle, Willelmo de Bourne, et Johanni de Westcote, ac domino Johanni de Holt et Roberto de Hungerford justiciariis domini nostri domini Edwardi dei gracia regis Anglie

¹⁻¹ *Added in margin.*
²⁻² *Inserted between the lines to replace* sicut ante hoc tempori fieri novimus fidedignorum testimonio convertatur.

illustris, Rogerus ejusdem permissione Sarr' episcopus salutem cum benediccione superna graciam [*sic*] salvatoris. Ut assissam nove disseisine quam Alienora que fuit uxor Walteri de Langeford arrainit ut pretenditur coram vobis versus Alanum Plukenet' et alios in originali brevi dicti domini regis super hiis impetrato contentos de libero tenemento in Langeford Plukenet' licite capere possitis et justiciam inde facere hoc quadragesimali tempore non obstante, liberam vobis et quantum in nobis est cuilibet vestrum tenore presencium concedimus facultatem. In Christo Jhesu feliciter valeatis. Datum apud Nouesle idibus Marcii anno domini m° ccc^mo xv° et consecracionis nostre primo.

[*10 March 1316. Mandate to the archdeacon of Dorset to publish sentence of excommunication on certain unknown persons for breaking into the Bishop's park at Ramsbury. The archdeacon is to hold an inquiry, and to inform the Bishop before Christmas of his findings and of the names of any found to be responsible.*]

[Fo. 14^v]

SENTENCIA GENERALIS PRO PARCO DE REMMESBURY FRACTO. Rogerus permissione divina Sarr' episcopus dilecto in Christo filio archidiacono Dors' vel ejus officiali salutem, graciam, et benediccionem. Destestanda [*sic*] perversorum iniquitas abhoerendis sacrilegii seviciis curam suscepti regiminis et officium excitat presidentis ad oportuni remedii subsidia contra execrabiles eorum sevicias circa dei ecclesias et personas ecclesiasticas ac eorum bona dampnabiliter perpetratas efficaciter apponenda ut hujusmodi detestabilis malignorum audacia et insolencium nephanda temeritas propulsetur et tanto contra eorumdem presumptorum excessus fervencius insurgere perurgemur quanto injuriam Sarr' ecclesie sponse nostre inmediacius novimus irrogatam. Sane plurimorum relacio fidedigna et patrati sceleris evidencia nimis nota ad nostrum produxit auditum quod nepharia quorumdam improbitas per nove pravitatis ingenium versuti hostis insidiis totaliter subjugata eosdem ipsius Sathane satellites quorum ignorant nomina et personas ad tantam sceleris immanitatem perduxit quod ecclesie nostre parcum de Remmisbir' sepibus et clausuris ejusdem per eos disruptis callidis machinacionibus previis tempore nocturno videnter intrantes et velud filii degeneres patrem suum diabolum imitantes in animalibus nostris ibidem inclusis dampna diabolica vecti furia commiserunt, et eorum interficientes quamplura ea furtive et contemptibiliter asportarunt[1] in animarum suarum grande

---

[1] asportarunt *is also written in the margin. In the text* asportarunt *is followed by these words, marked* vacat: hiisque non contempti injuriis ut suam in qua gloriantur maliciam

periculum, nostrum et ecclesie nostre prejudicium non modicum et gravamen, ac perniciosum exemplum et scandalum vehemenes plurimorum. Nos igitur contra tanti sceleris patratores, non ut de laico judicemus feodo sed ut malediccionem Jhesus Christi et gloriosissime matris sue patrone nostre cujus jura leserunt notorie se dampnabiliter incurrisse noscentes, eo cicius ab hujusmodi suo mortali peccato quo dormiunt adiciant ut resurgant quatenus ad forum ecclesiasticum pertinet salubre juris remedium adhibere volentes ut sic ipsorum temeritatis audacia divina mediante clemencia successorem nequaquam inveniat, set debite correccionis exempla alios simili subtrahant ab offensa. Devocioni vestre in virtute obediencie firmiter injungendo mandamus quatinus premissa omnia et singula in ecclesia parochiali predicta, in singulis ecclesiis archidiaconatus predicti, et locis aliis ad id pocius oportunis sex diebus dominicis et festivis proximis jam venturis coram clero et populo intra missarum solempnia faciatis solempniter pupplicari et in lingua wlgari patenter exponi omnesque malefactores predictos et alios in hujusmodi crimine tam nephando comitantes eisdem et auxilium vel consilium [e]is scienter prebentes[1] erecta cruce, pulsatis campanis, candelis accensis, et ut moris extinctis[2] sic excommunicatos esse[3] pupplicare curetis donec absolucionis beneficium in forma juris meruerint optinere.[4] Qualiter autem mandatum nostrum predictum fueritis executi nos oportunis loco et tempore reddatis debite cerciores. Valete. Datum apud Nouisle vj idus Marcii anno domini et cetera, et consecracionis nostre primo.

apercius indicarent cetera queque animalia que ibidem capere vel interficere non poterant vesano vecti spiritu totaliter abigerunt unica in ipso parco bestia non dimissa. *In this letter there are many minor corrections.*

[1] prebentes *is followed by these words, marked* vacat: canonica et generali pro tanti contemptus et dampni satisfaccione prestanda monicione premissa in ecclesia parochiali predicta in singulis ecclesiis diebus temporibus supradictis.

[2] extinctis *is followed by these words, marked* vacat: majoris excommunicacionis sentencia in generale per vos vel per alios fulminare ipsosque.

[3] esse *is followed by these words, marked* vacat: per sex dies dominicos et festivos excommunicacionem hujusmodi inmediate sequentes et plures prout expedire videritis solempnitate qua supra.

[4] optinere *is followed by a complete sentence marked* vacat: Inhibentes in generale et monentes diebus et locis predictis ne quis vel qui subditorum nostrorum ecclesie nostre parcum quemcumque sic ut premisimus maliciose et furtive deinceps presumat ingredi vel presumant sub pena excommunicacionis quam in hujusmodi ingredientes cum suis complicibus et scienter in crimine particibus eo quod culpam inmo dolum, scandale, et offensam in hac parte novimus nostrorum temporibus predecessorum committi per vos ut premittitur vel alios volumus fulminari cum solempnitate predicta et eciam pupplicari adeo quod suarum animarum saluti ne de cetero ipsam incurrat sentenciam prospicere valeant caucius in futurum.

[*Notes at foot of page:*]

asportarunt: tripplicem majoris excommunicacionis sentenciam, unam videlicet generaliter in omnes jura et libertates ecclesie temere infringentes, secundam in eos qui loca ad episcopos seu viros ecclesiasticos spectancia intrantes bona ipsorum ipsis vel eorum ministris invitis illicenter asportant, et terciam specialiter in ipsos qui jura et libertates ecclesie nostre Sar' maliciose presumunt infringere proinde fulminati dampnabiliter incurrendo,

in animarum et cetera: id est, denuncians generaliter et solempniter sicut supra quod a nullo penitenciariorum nostrorum vel alio inferiore absolvi poterunt quam a nobis quoniam [e]orum absolucionem nobis specialiter reservamus. Et si quos per inquisicionem canonicam quam per te fieri volumus et mandamus in hac parte inveneris esse reos de eorum nominibus et cognominibus et inventis, quidque feceritis in premissis nos citra Natale domini venturum reddas cerciores distincte personaliter.

[*13 January 1316. Mandate to William de Chadeleshunt, archdeacon of Wilts., to pay out of the profits of Lambourn church the papal subsidy and other dues, for the non-payment of which the church is under an interdict, and to hold the rest of the profits in custody, as during the vacancy of the benefice their custody pertains to the Bishop.*]

[Fo. 15]

LITTERA DEMANDATA . . ARCHIDIACONO WILT' PRO ECCLESIA DE LAMBORN' INTERDICTA.[1] Rogerus permissione et cetera dilecto in Christo filio magistro Willelmo de Chadeleshunt' archidiacono Wiltes' salutem, graciam, et benediccionem. Per partes de Lamborne transitum facientes accepimus quod loci ecclesia pro sexennali jam currente decima et aliis incumbentibus oneribus non solutis ecclesiastico supponitur interdicto. Cum igitur predicte ecclesie fructuum et proventuum ad eandem spectancium in ipsius vacacionis tempore proveniencium vobis quatenus ad nos pertinent custodiam duxerimus committendam, mandamus quatinus onera quecumque dicte ecclesie incumbencia quatenus fructus predictos concernunt et juris fuerit faciatis de bonis predictis persolvi, bona residua fideliter custodientes donec a nobis aliud receperitis in mandatis, rescribentes nobis oportunis loco et tempore quid feceritis in premissis per litteras vestras patentes harum seriem continentes. Valete. Datum apud Lamborn' idibus Januarii anno domini millesimo ccc^mo xv^mo, et consecracionis nostre primo.

[*23 February 1316. Letter to the same, to the effect that the Bishop has granted to the chapter of St. Paul's, London, the above-mentioned profits for the year 1315–16, his predecessor having granted them to the chapter during the*

---

[1] *At top of page*, Lamborn'.

vacancy of the benefice. The archdeacon is to hold in custody the sum reserved for the fabric of the church, out of which the unpaid dues are to be paid.]

ITEM ALIA LITTERA EIDEM ARCHIDIACONO DIRECTA PRO EADEM. Rogerus et cetera dilecto in Christo filio magistro W. de Chadeleshunt archidiacono Wilt' salutem, graciam, et benediccionem. Ex parte venerabilium virorum capituli ecclesie cathedralis London' nobis extitit supplicatum quod cum recolende memorie S. predecessor noster inmediatus fructus et proventus ecclesie parochialis de Lamborn' nostre diocesis vacantis ejusdem vacacionis tempore provenientes quatenus ad eundem predecessorem ipsius vacacionis optentu spectarunt graciose dum vixit concessisset eisdem in certos usus per eundem predecessorem limitatos per dictum capitulum convertendos, nos ipsis graciam similem inpendere curaremus, eorumdem igitur precibus in hac parte favorabiliter annuentes fructus et proventus ecclesie supradicte instantis anni domini millesimi ccc quintodecimi quatenus ad nos pertinent eisdem concedimus de nostra gracia speciali sicut predecessor noster predictus eisdem suo tempore concedebat eisdem reservata tamen quantitate certa usque ad summam quam idem predecessor ad fabricam ecclesie de Lamborn' predicte suo tempore assignavit quam solutis ejusdem ecclesie incumbentibus oneribus per vos fideliter volumus custodiri donec de eisdem aliter duxerimus ordinandum. Proviso quod ante liberacionem pecunie superscripte vel cujuslibet partis ejus per dictum capitulum nobis idonee caveatur quod iidem nos et ecclesiam nostram Sarr' pro fructibus hujusmodi quos dicti predecessoris nostri tempore perceperunt ab eo et a nobis percipere contigerit in futurum undique conservabunt indempnes. Valete. Datum Lincoln' vij kalendas Marcii anno domini m° ccc^{mo} xv^{mo}.

[*Undated. Appointment of Miles, vicar of Wirksworth, as the Bishop's proctor for all business and debts outstanding from his tenure of the deanery of Lincoln.*]

PROCURATORIUM AD PETENDUM DEBITA DE DECANATU LINCOLN'. Universis pateat per presentes quod nos Rogerus permissione divina Sarr' episcopus quondam ecclesie Linc' decanus dilectum nobis in Christo Milonem vicarium ecclesie de Wirkeswrth Conventr' et Lich' diocesis nostrum procuratorem et attornatum legitimum per presentes dantes eidem potestatem specialem et mandatum generale nomine nostro agendi, defendendi, ac omnia debita que nobis occasione decanatus predicti qualitercumque debentur, ac dampnorum estimacionem interesse et expensus a quibuscumque nostris debitoribus tam in foro seculari quam ecclesiastico effectualiter exigendi, petendi, et recipiendi, et solventibus acquietancie litteras faciendi in animam nostram de calumpnia et de veritate dicenda, ac quodlibet aliud licitum juramentum prestandi, et omnia alia faciendi que in premissis et ea tangentibus neccessaria vel oportuna fuerint eciam si mandatum exigant speciale. Pro eodem vero procuratore nostro rem ratam haberi et judicatam solvi sub ipotheca rerum nostrarum promittimus et omnibus quorum interest tenore presencium exponimus cauciones. In quorum testimonium sigillum nostrum fecimus hiis apponi. Datum apud Woll'.

[*Undated. Commission to examine the merits of the case for the union of the rectory and vicarage of Frome St. Quintin, for which the rector, Robert Prouet, has petitioned.*]

[Fo. 15ᵛ]

COMMISSIO FACTA SUPER CONSOLIDACIONE VICARIE DE FROME-QUINTYN. Rogerus et cetera. Exhibita nobis dilecti filii magistri R. Prouet rectoris ecclesie de Fromequintyn nostre diocesis peticio continebat quod cum rectorie ecclesie sue predicte et ejusdem loci vicarie porciones adeo sint tenues et exiles quod non sufficiant sic distincte, immo vix sufficere poterint simul juncte pro incumbentibus dicte ecclesie oneribus supportandis, porciones hujusmodi vicarie ut asserit nunc vacantis porcionibus rectorie predicte ex predictis et aliis causis legitimis quas subesse pretendit consolidare perpetuo curaremus. Verum quia hujusmodi consolidaciones fieri non debent nisi cum cause cognicione, cui ad presens personaliter intendere non valemus, ad inquirendum vocatis primitus legitime quorum interest per rectores et vicarios predicte ecclesie de . . vicinos inquirendorum noticiam verisimiliter optinentes juratos super causis predictis et aliis legitimis quas idem rector proponere voluerit coram vobis, et ad discuciendum easdem et[1] ad consolidandum canonice porciones vicarie predicte cum porcionibus rectorie ecclesie prelibate si negocii merita hoc requirant, super quo vestram conscienciam oneramus, et ad omnia alia facienda [que] neccessaria vel oportuna fuerint eciam si mandatum exigant speciale, vobis conjunctim et divisim ita quod occupantis condicio melior non existat cum cohercionis canonice potestate committimus vices nostras donec eas duxerimus revocandas. Quid autem feceritis et inveneritis in premissis nobis oportunis loco et tempore rescribatis aperte per litteras vestras patentes harum seriem continentes. Valete. Datum et cetera.

---

[1] *MS.* ad.

[*6 January 1316. Letter to Salisbury chapter about a sum outstanding from the money delivered by the abbot and convent of Abingdon in payment of the clerical tenth. The Bishop stands surety for the chapter, which is to give the abbot and convent letters of discharge.*]

LITERA MISSA CAPITULO SAR' PRO COLLECTA DE DECIMA ANNALIS. Rogerus et cetera. Etsi firmiter sperassemus . . religiosos viros abbatem[1] et conventum monasterii Abyndon' nostre diocesis de annali decima domino nostro regi novissime concessa ccc libras levasse vobis sicut jam tarde scripsimus persolvendas, desunt tamen de illa summa septemdecim libras iiij s. viij d. levandas de personis quarum nomina vobis mittimus presentibus interclusa. Volentes igitur nostre et vestre et ecclesie indempnitati prospicere quatenus cum deo possumus in hac parte septemdecim li. iiij s. viij d. predictos nobis esse reputantes solutos et insolutum predictorum nomina non solvencium admittentes vos de eisdem xvij li. iiij s. et viij d. indempnes tenore presencium promittimus conservare et eciam quietare mandantes quatinus religiosis predictis de ccc li. predictis integre vobis solutis vestras acquietancie litteras secundum nostri vobis pridem super hoc directi mandati exigenciam faciatis. In quorum testimonium litteras nostras vobis mittimus has patentes. Datum apud Potern' viij idus Januarii anno domini millesimo ccc^{mo} quintodecimo et consecracionis nostre primo.

[*6 January 1316. Mandate to the dean of Salisbury's official to collect the above oustanding sum.*]

PRO ARRERAGIIS PREFATE DECIME LEVANDIS. Rogerus et cetera, . . decani ecclesie nostre Sarr' . . officiali. Devocioni vestre firmiter committimus et mandamus quatinus omnes et singulos quorum nomina in presentibus annexa cedula plenius conscribuntur qui decimam domino nostro regi a venerabili patre domino Waltero dei gracia Cantuar' archiepiscopo tocius Anglie primato ejusdemque provincie prelatis et clero novissime concessam etsi super hoc canonice moniti fuerint non solverunt prout per deputatos in hac parte collectores legitime nobis constat per beneficiorum suorum et bonorum ecclesiasticorum sequestracionem ac hujusmodi sequestracionem violancium canonicam punicionem aliisque viis et modis legitimis quibus poteritis canonice compellatis ad solucionem decime quatenus ad eos attinet supradicte vobis et per vos nobis integre persolvendam. Volumus autem quod solventibus faciatis acquietancie litteras de soluto et nos vobis faciemus

---

[1] *MS.* abbati.

id idem. Quid autem feceritis et receperitis et de non solvencium nominibus nobis quam cicius poteritis commode rescribatis per litteras vestras patentes et clausas harum seriem continentes. Datum ut proximum ultimum.

Quere certificatorium in sequenti folio. [*See below, p. 76.*]

[*3 December 1315. Commission to Henry de la Wyle, the chancellor, and Peter de Periton to hear the case between Edmund de la Beche, clerk, and Adam son of Matthew le Brabazon, clerk, both of whom claim to have been presented to the church of Yattendon, by John de la Beche, knight, and Osbert de Clinton respectively.*]

[Fo. 16]

COMMISSIO PRO ECCLESIA DE YATINGDEN'.[1] Rogerus et cetera dilectis in Christo filiis magistris Henrico de la Wile cancellario et Petro de Periton' canonico ecclesie nostre Sarr' salutem et cetera. Ad [2]audiendum et diffiniendum[2] negocia presentacionum que vertuntur seu verti sperantur inter Edmundum de la Beche clericum per dominum Johannem de la Beche militem et Adam filium Mathei le Brabazon clericum per Osbertum de Clynton' ad ecclesiam de Yatinden' nostre diocesis vacantem in discordia presentatos ac ad instituendum in eadem ecclesia alterum de presentatis predictis qui secundum hujusmodi negociorum merita fuerit instituendus de jure, et ad omnia alia et singula faciendum que in hac parte neccessaria vel oportuna fuerint eciam si mandatum exigant speciale, vobis communiter et divisim ita quod occupantis condicio melior non existat committimus vices nostras cum cohercionis canonice potestate donec eas duxerimus revocandas, rescribentes nobis oportunis loco et tempore cum tenore presencium quid feceritis in premissis. Valete. Datum apud Potern' iij nonas Decembris anno domini m° ccc^mo xv^mo et consecracionis nostre primo.

[*23 December 1315. Conditional revocation of the sentence imposed by the Bishop's predecessor on John Frend, priest of the parochial chapel of Erlestoke.*]

GRACIA FACTA CUM CAPELLANO SUSPENSO QUANTUM AD LOCUM. Rogerus et cetera dilecto filio et cetera Sar'. Johanne dicto Frend presbitero parochialis capelle de Erlestock' nostre diocesis super incontinencie vicio cum quadam parochiana sua capelle predicte coram bone memorie S. inmediato predecessore nostro convicto, idem predecessor pro sua in hac parte penitencia inter cetera inhibuit et injunxit eidem quod post festum sancti Michelis proximo preteritum infra x leucas a predicta villa de Erlestock' circumqua-

---

[1] *At top of page*, Yatinden'.   [2–2] *Added in margin.*

que minime celebraret divina ab hujusmodi celebracione suspendens eundem prout legitime nobis constat. Certis tamen ex causis nos ad hoc racionabiliter inducentibus volumus quod idem presbiter curam in parochia dicte capelle a festo sancti Michelis predicto usque ad idem festum inmediate sequens excerceat et divina celebret in eadem, ita quod post idem tempus predicti predecessoris nostri injunxio et inhibicio supradicte suum forciantur effectum nichilominus, hoc adjecto quod si super incontinencie vicio cum aliqua parochiana sua vel alia predicto tempore durante per eum commisso legitime convincatur ex tunc eundem a celebracione divinorum in nostra diocese perpetuo volumus manere suspensum, cui suspensioni suum expressum prebebat consensum. Injunximus eciam eidem presbitero quod citra festum purificacionis Virginis proximo jam venturum si commode valeat cum alio presbitero obsequium suum permutet qui dicte capelle ex tunc deservire possit dicto tempore loco sui. Vos igitur predictum presbiterum permittatis sic ut premittitur celebrare. Valete. Datum apud Potern' **x** kalendas Januarii anno domini et cetera.

[*Memorandum of the dispatch on 29 March 1316 of a commission to the vicars of Cookham and Old Windsor to take clerks imprisoned at Windsor into ecclesiastical custody, and a letter to the same instructing them in this matter.*]

MEMORANDUM quod iiiito kalendas Aprilis anno domini mo cccmo xvjmo emanarunt de cancellaria domini episcopi Sar' due littere vicariis de Cokham et de Veteri Wyndelesor', una in forma commissionis communis ad exigendum clericos apud Wyndelesor' et alibi in comitatu Berk' et sub majori sigillo, alia sub sigillo minori continens quid in casu hujusmodi fuerit peragendum, una cum duabus constitucionibus Bonifacii de clericis conjugatis, capite *Clericum* et de sentencia excommunicacionis, capite *Si judex*, similiter consignatis.

[*2 March 1316. Warranty by the chapter of St. Paul's, London, for the profits of Lambourn church, which have been granted to it during a vacancy (see above, p. 70).*]

Pateat[1] universis per presentes quod nos capitulum ecclesie Sancti Pauli London' ejusdem vacante decanatu bona fide tenemur et promittimus venerabilem in Christo patrem dominum Rogerum dei gracia episcopum Sar' et ejus ecclesiam Sarr' erga quoscumque indempnes conservare pro illis fructibus et proventibus ecclesie

---

[1] *In margin,* Caucio pro fructibus de Lamborne, *and a drawing of a hand with pointing finger.*

parochialis de Lambourn' Sar' diocesis ad dictum decanatum London' pertinencibus quos tam temporibus bone memorie Simonis quondam Sar' episcopi quam prefati venerabilis patris domini Rogeri nunc ejusdem loci episcopi eorum graciose concessionis optentu percepimus et percipere nos contigerit durante vacacionis tempore supradicto. Ad quod obligamus nos serie presencium et tenore. Datum in capitulo nostro vj nonas Marcii anno domini m° ccc^mo quintodecimo.

[*Undated. Licence for the reconciliation of Bere church and cemetery by any Catholic bishop, after bloodshed there.*]

[Fo. 16ᵛ]

COMMISSIO PRO ECCLESIA RECONCILIANDA. Rogerus et cetera. Devocionis vestre precibus inclinati ut ecclesia de Bere predicta et ejusdem loci cimiterium que effusione sanguinis sunt polluta a quocumque episcopo catholico sedis apostolice graciam et execucionem sui officii optinente reconciliari valeant, vobis et episcopo hujusmodi ecclesiam et cimiterium reconciliare volenti ne divine laudis organa diucius suspendantur ibidem liberam in domino tenore presencium concedimus facultatem. In quorum testimonium et cetera.

[*4 April 1316. Certificate of the dean of Salisbury's official that he has received certain outstanding items of the clerical tenth (see above, p. 73).*]

CERTIFICATORIUM SUPER ARRARAGIIS DECIME ANNALIS DOMINO REGI CONCESSE. Venerabili in Christo patri et domino reverendo domino R. dei gracia Sar' episcopo devotus suus . . decani Sar' . . officialis tam debitam quam devotam obedienciam cum omni reverencia et honore. Mandatum vestrum recepi continens hunc tenorem, Rogerus et cetera. Cujus auctoritate mandati recepi de vicario de Sonnygg' xiij s. iiij d., de archidiacono Berk' in ecclesia de Northmorton' v li. viij s., de prebenda de Roscamp xx s., et de capella de Blakelonde x s.[1] Vicarius vero de Canigg' aquietanciam exhibuit abbatis et conventus Abendon' dicte pecunie collectorum de plena solucione decime supradicte. Vicarium autem de Calne quia decimam ipsum contingentem solvere non curavit canonice monitus et congrue requisitus majoris sentencia excommunicacionis innodari et nichilominus proventus vicarie sue sequestrari mandavi. Ceterum porcionem aliquam abbatis de Dorneford' in Okeburn' licet eam quesierim diligenter hactenus non inveni, sic quod mandatum predictum executus sum quatenus potui

---

[1] *In margin, a hand with pointing finger.*

reverenter. Ad ecclesie sue regimen et honorem semper altissimus vos conservet. Datum Sar' ij nonas Aprilis anno domini millesimo tricentesimo sextodecimo. De porcione tamen abbatis de Dureford de qua fit mencio in cedula memorata recepi sexdecim denarios subsequenter quos una cum suprascripta pecunia vobis mitto.

Summa pecunie levate vij libr' xiij s. iiij d.[1]

[*Note of the receipt of the above-named sum by Thomas, the registrar of the diocese, and of its payment into the Exchequer together with a further sum.*]

Quam pecuniam T. registrator recepit apud Remmesbi'. Et liberavit domino Johanni de Holt' apud London' pecuniam supra-dictam in presencia domini Alexandri de Hemyngby et Johannis de Dors' senescalli, et idem dominus Johannes solvit ipsam pe-cuniam in scaccario domini regis Lond' in augmentum quingen-tarum librarum collectarum de decima annali in episcopatum Sar' una cum ix li. xii s. quos dominus Hugo de Knossington' liberavit in supplecionem dictarum quingentarum ad instanciam et rogatum domini Alexandri de Hemyngby.

[*Note of the receipt on 6 August (? 1316) of a further sum from the church of Calne in payment of the clerical tenth.*]

Octavo idus Augusti apud Tolre Ewelme recepit dominus Hugo predictus in parte solucionis pecunie supradicte viij libras xiij s. iiij d. de decima antedicta levatas de ecclesia de Calne cum por-cionibus suis per abbatem et conventus Schirborn' et abbas habet acquietanciam sub sigillo domini.

[*Undated. Commission to Peter de Periton to hear, in the second consistory after the feast of St. George (23 April), the appeal of William the miller of Little Bedwyn against sentence of excommunication which William claims was incorrectly imposed.*]

COMMISSIO FACTA MAGISTRO P. DE P. PRO . . MOLENDINARIO DE BEDEWYNDE. Rogerus et cetera. Willelmo molendinario de Est-bedewynde nostre diocesis propter suam manifestam offensam per . . officialem jurisdiccionis prebende de Bedewynde dicte diocesis majoris excommunicacionis sentencia canonice ut dicitur involuto in qua per xl dies et amplius perseverasse pretenditur animo indurato et per dictum . . officialem nobis super hoc suas litteras dirigentem ad comparendum coram nobis vel nostris commissariis certis die et loco et ad proponendum si quid effectuale pro se habeat qualiter pro ipsius capcione regie magestati scribere non debeat in forma juris vocato prout in litteris officialis predicti de quibus super

---

[1] *The sum of the amounts given is £7. 12s. 8d.*

fit mencio, quas vobis nostro sigillatas sigillo mittimus, plenius continetur, idem Willelmus die sancti Georgii martyris anno domini millesimo ccc^{mo} xvj in ecclesia conventuali Radyng' coram nostris commissariis in hac parte per suum procuratorem litteratorie constitutum comparens proposuit viva voce quod sentencia excommunicacionis de qua agitur lata fuit per dictum . . officialem in eundem W. non monitum, non convictum, absentem, et non per contumaciam, et contra formam concilii generalis propter quod ipsa summa tanquam ipso jure ut dicebat nulla non debuit execucioni mandari, nec eciam scribi pro capcione ejusdem utpote eadem summa non ligati quod se optulit legitime probatur. Quamobrem idem commissarii eidem Willelmo in personam procuratoris sui predicti de ejusdem procuratoris expresso consensu diem prefixerunt in secundo consistorio a die sancti Georgii proximo preteriti [sic] in ecclesia nostra cathedrali Sar' de archidiaconatu Berk' celebrando ad probandum in forma juris coram nobis vel commissariis nostris proposicionem suam predictam et ad faciendum et recipiendum ultra quod est justum. Certis igitur ex causis legitime prepediti premissi expedicioni negocii intendere non valentes, ad recipiendum et examinandum in forma juris testes et alia legitima documenta quos et que pars dicti W. super pro-

Fo. 17¹　posicione sua predicta voluerit | coram vobis ac vocatis quorum interest ac ad expediendum finaliter una via vel alia hujus capcionis negocium et cetera omnia facienda que ad ipsius expedicionem neccessaria vel oportuna fuerint eciam si mandatum exigant speciale, vobis cum cohercionis canonice potestate committimus vices nostras donec eas duxerimus revocandas. Quid autem feceritis in premissis nobis oportunis loco et tempore per vestras litteras patentes et clausas harum seriem continentes taliter rescribatis quod nos ulterius facere possimus et exequi quod ad nostrum pertinet officium in hac parte. Valete. Datum.

[5 *April 1316. Commission to the abbot of Malmesbury to absolve three monks who had beaten a clerk.*]

COMMISSIO AD ABSOLVENDUM QUEMDAM MONACHUM [sic] DE MALMESBIR'. Rogerus et cetera dilecto in Christo filio . . abbati monasterii Malmesbir' nostre diocesis salutem, graciam, et benediccionem. De vestre circumspeccionis industria plenam in domino fiduciam optinentes directisque nobis vestris in hac parte precibus inclinare volentes, ad absolvendum fratres Thomam de Draicote, Ricardum de Bristoll', et Johannem de Blakemour vestri nostri

---

¹ *At top of page,* Registrum de anno domini millesimo ccc^{mo} sextodecimo.

diocesis monasterii monachos qui ex eo quod Johannem de Vairock'
de Rodbergh' clericum propter ejusdem excessus cum virga flexi-
bili verberarunt fines discipline citra tamen lesionem enormem aliquantulum excedendo se excommunicacionis sentenciam incurisse
verentur, vobis quo facti hujus et ipsius circumstanciarum noticiam
faciliter habere potestis super quibus vestram conscienciam oneramus necnon ad indicendum eisdem pro modo culpe penitenciam
salutarem leso prout jus exigit primitus satisfacto cum cohercionis
canonice potestate committimus vices nostras. Datum apud Remmesbi' quinto die mensis Aprilis anno domini m° ccc^{mo} sextodecimo
et consecracionis nostre primo.

[*16 April 1316. Appointment of William, vicar of Chitterne, as coadjutor to
William, vicar of Netheravon, who was unable through illness to serve the
cure.*]

DEPUTACIO CURATORIS . . VICARIO DE CHITTERN'.[1] Rogerus permissione divina Sar' episcopus dilecto in Christo filio domino
Willelmo perpetuo vicario ecclesie prebendalis de Netherhaven'
nostre diocesis salutem, graciam, et benediccionem. Cum Willelmus perpetuus vicarius ecclesie parochialis de Chittern' nostre
diocesis senio jam confractus ita corporis debilitate gravi et con-
tinuo furore laboret et a diu est laboravit quod ad curam dicte
ecclesie impotens nunc effectus ad sui regimen non sufficit nec
suorum, nos ex officii nostri debito tam ecclesie predicte quam
persone providere volentes de tuaque fidelitate fiduciam optinentes
te eidem ad ipsius et suorum regimen ac ad curam dicte ecclesie
fideliter peragendum coadjutorem duximus deputandum. Tue
igitur devocioni firmiter injungendo mandamus quatinus in inicio
hujus administracionis tue inventario de bonis dicti vicarii inventis
fidedignorum testimonio plene et fideliter facto in ipso officio talem
adhibeas diligenciam quod [cum] de administracione tua per nos
fueris requisitus fidele raciocinium reddere valeas in hac parte.
Valete. Datum apud Remmesbi' xvj kalendas Maii consecracionis
nostre primo.

[*Undated. Commission to the vicars of Aldbourne and Lambourn to collect and
keep in custody the tithes of lambs and wool belonging to the church of Lambourn and other profits for the year 1316–17 arising during a vacancy of the
church, as they have been sequestrated by the Bishop.*]

COMMISSIO PRO LANA [ET] AGNIS DECIMALIBUS ECCLESIE DE
LAMBORNE COLLIGENDA. Rogerus permissione divina Sarr' epi-

[1] *In margin*, Quere meliorem formam in medio secundi quaterni subsequentis ad
talem signum, *followed by a sign with a pointing hand; see below, p. 149.*

scopus dilectis in Christo filiis de Aldeborne et Lamborn' ecclesiarum . . perpetuis vicariis salutem, graciam, et benediccionem.
Devocioni vestre committimus et mandamus quatinus agnos et
lanam instantis anni domini millesimi ccc^mi sextodecimi ad
ecclesiam de Lamborne predictam qualitercumque spectantes et
ejusdem ecclesie vacacionis tempore provenientes quos certis causis
et legitimis sequestravimus fideliter colligere vice nostra et salvo
custodire curetis quousque aliud a nobis habueritis in mandatis.
Valete. Datum et cetera.

[*21 March 1316. Letter from the bishop of London, at Wickham, containing the
Archbishop's mandate, dated at Lambeth, 5 March, for a convocation at St.
Paul's, London, on 28 April. The mandate refers to the failure of the convocation at Lincoln on 24 January owing to the absence of the Archbishop, who was
ill, and of other bishops and clergy.*]

[Fo. 17ᵛ]

MANDATUM ARCHIEPISCOPI CANT' PRO CONGREGACIONE FACI-
ENDA LONDON' IN XV PASCHE. Venerabili [*etc.*].

[*23 March 1316. The Bishop's mandate, from Noseley, to the archdeacons in
pursuance of the above, giving 19 April as the day for the appointment of the
clergy's proctor.*]

[Fo. 18]

ET MANDABATUR ARCHIDIACONIS EXEQUENDIS SUB HAC FORMA.
Rogerus et cetera. Hujus igitur auctoritate mandati [*etc., as above,
p. 49, mutatis mutandis.*]

[*17 April 1316. Letter to the dean and chapter of Salisbury instructing them to
deliver to Ralph de Querendon and John de Holte the £500 which they hold,
as the Bishop proposes to take it with him to the convocation at London and
there to lend it to the King if adequate security is offered.*]

[Fo. 18ᵛ]

LITTERA TRANSMISSA . . CAPITULO PRO MISSIONE QUINGENTARUM
LIBRARUM. Rogerus permissione divina et cetera dilectis filiis . .
decano ecclesie nostre Sarr' ipsiusve locum tenenti et ejusdem loci
capitulo, salutem, graciam, et benediccionem. Dileccio vestra sciat
quod cum in novissima congregacione prelatorum et cleri Cantuar'
provincie auctoritate domini Cantuar' archiepiscopi Linc' nuper
facta inter prelatos et procuratores capitulorum convenientes
ibidem super prorogacione solucionis pecunie quam dominus rex
ab eis de decima sexannali recepit ut noscis frequens et diligens
haberetur tractatus multi eorum ante congregacionem ipsam votis
annuerant regiis sub securitate satis tenui judicio peritorum et
reliqui subsequenter similiter annuebant nobis et procuratore vestro

qui pro hujusmodi prorogacione vitanda raciones diversas proposuimus dumtaxat exceptis et demum puplica utilitate et ingenti regis
necessitate pensatis et presertim ne in hac parte singulares essemus
nos et procurator vester prorogacioni predicte duximus annuendum
dum tamen sufficiens nobis securitas inde fiat cujus pretextu litteras domini regis die Lune ultimo preterito recepimus sub forma
presentibus interclusa. Ut igitur circa vecturam hujusmodi pecunie
quatenus nos et vos concernit videlicet quingentarum librarum que
penes vos per . . ipsius collectores deponebantur jam tarde domino
regi secundum condictum predictum et vestrum adhibitum ad hoc
consensum solvende vestris parcamus laboribus et expensis et
precipue ut latronum incursibus et aliis variis periculis que plus
solito[1] hiis diebus excrescunt quatenus possumus occurramus ipsas
quingentas libras magistro Radulfo de Querondon' et domino
Johanni de Holte clericis nostris liberare curetis et nos ipsas portari
faciemus nobiscum London' ad congregacionem prelatorum et
cleri proximo jam venturam pro certa scituri quod eas domino regi
non faciemus persolvi donec idem securitatem quam primo nobis
fecit seu aliam si quam duxerit ordinandam vel saltem eandem quam
aliis fecit prelatis nobis et vobis fecerit in hac parte, sicut magister
Willelmus de Coleshull' socius noster ex parte nostra pro informacione vestra plenius vobis dicet cui in hiis et aliis que
Fo. 19   dictum | circumstant negocium fidem credulam adhibere
velitis. Copiam autem securitatis et capituli Lincoln' per
dictum magistrum Willelmum vobis destinamus ut pro securitate
nostra communi melius deliberare possitis et sicut vobis jam
scribuimus ita et nobis vestram super securitate hujusmodi
deliberacionem eundem si libeat rescribere non tardetis. In Christo
Jhesu feliciter valituri. Datum apud Remmesbur' xv^{mo} kalendas
Maii anno domini millesimo ccc^{mo} xvj^{mo} et consecracionis primo.

[*23 March 1316. The Archbishop's mandate to the Bishop to cite John de
Warenne, earl of Surrey, and Joan de Bar, allegedly his wife, to appear before
the Archbishop or his commissary in the conventual church of Southwark on
20 April in the matrimonial suit between them and Maud de Nerford. This
mandate and the Bishop's certificate thereto are followed by a similar mandate
and certificate bearing the same dates. In the second mandate and the first
certificate only Joan is named as a party to be cited: in the first mandate and
the second certificate both Joan and John are named. Thus in reality the first
certificate is to the second mandate, and the second certificate is to the first
mandate. In the second mandate Maud is not mentioned.*]

PRO CITACIONE JOHANNIS DE WARREN'. Walterus permissione
divina Cantuar' archiepiscopus tocius Anglie primas venerabili

---

[1] *MS.* soliti.

fratri nostro domino Rogero dei gracia Sar' episcopo salutem et fraternam in domino caritatem. Cum causa matrimonii et divorcii que inter Matildam de Neyford ex parte una et nobilem virum dominum Johannem de Warenn' comitem Surr' et dominam Johannam de Bares quam idem dominus Johannes tenet in uxorem ex altera verti speratur fuerit et sit ad nostram audienciam legitime devoluta, vobis firmiter injungendo committimus et mandamus quatinus dictos dominum Johannem et dominam Johannam citetis seu citari faciatis peremptorie quod compareant coram nobis seu commissariis nostris in hac parte proximo die juridico post dominicam qua cantatur officium *Misericordia domini* in ecclesia conventuali de Suwerk' dicte Matilde in dicta causa in forma juris responsuri ulteriusque facturi et recepturi juxta cause qualitatem et naturam quod justum fuerit et consonum racioni. De die vero presencium recepcionis et quid in premissis feceritis nos seu commissarios nostros dictis die et loco curetis reddere cerciores per litteras vestras patentes harum seriem continentes. Datum apud Lameheth' x kalendas Aprilis anno domini millesimo ccc^{mo} xv°.

[*20 April 1316. The Bishop's certificate to the above mandate, received 10 April. The said Joan could not be cited because she left the diocese on 14 April.*]

ET SIC ERAT CERTIFICATUM. Venerabili in Christo patri et cetera, Rogerus ejusdem permissione divina Sar' episcopus obedienciam tam debitam quam devotam cum omni reverencia et honore debito tanto patri. Vestre reverende paternitatis litteras die Sabbati in vigilia Pasche proximo jam preterita post horam diei nonam recepimus hanc verborum seriem continentes, Walterus et cetera. Huic igitur mandato reverenter parere volentes audito quod domina Johanna predicta in castro domini nostri regis de Wyndesore diocesis nostre erat certum ad hoc deputavimus commissarium eidem mandantes quod auctoritate vestra predicta in forma superius annotata citaret eandem, que ex eo quod die Mercurii in ebdomada Pasche preterita mane in comitiva domine nostre regine nostram diocesim est egressa non potuit citacione aliqua infra nostre jurisdiccionis ambitum proveniri licet exacta diligencia adhibita fuerit in hac parte, que hucusque in nostram diocesim non rediit nec domicilium vel quicquam aliud quod sciamus optinet in eadem ubi citare possemus eandem. Ad ecclesie sue regimen et munimen diu conservet vos incolumem pietas Jhesus Christi. Datum apud Remmesbur' xij° kalendas Maii anno domini millesimo ccc^{mo} xvj°.

[*23 March 1316. Similar mandate, for the citation of Joan only.*]

ALIA PRO EODEM. W. permissione divina *etc.*

[*20 April 1316. Similar certificate.*]

[Fo. 19ᵛ]

ET SIC ERAT CERTIFICATUM. Venerabili [*etc.*]. Etsi quidem mandato
vestro predicto affectemus parere in omnibus ut tenemur predictus
tamen dominus Johannes infra nostram diocesim a tempore recepcionis vestri predicti mandati vel hucusque postea non potuit
inveniri nec in eadem diocese quicquam habet ubi citari posset
quamobrem eundem citare vel citari facere nequivimus ut mandatur. Audito vero quod domina Johanna predicta [*etc.*].

[*12 May 1316. Letter to the archdeacon of Berks. enjoining him to have prayers
    said in the churches of his archdeaconry for Elizabeth, countess of Hereford,
    as requested by her brother the king, and to publish the indulgence granted to
    all making such prayers.*]

LITTERA AD ORANDUM PRO COMITISSA HERFORD'. Rogerus permissione divina Sarr' episcopus dilecto in Christo filio archidiacono Berks' vel ejus officiali salutem, graciam, et benediccionem.
Excellentissimus princeps et dominus noster dominus Edwardus
dei gracia rex Anglie illustris instancius nos rogavit quod cum clare
memorie Elizabet soror sua quondam comitissa Herfordie, Holan-
die, et Esexie viam universe carnis sicut placuit altissimo sit in-
gressa ipsius exequias devote et solempniter celebrare cum
decantacione missarum aliisque devotarum oracionum suffragiis
ab universis et singulis tam religiosis quam personis ecclesiasticis
nostre diocesis celebrari facere curaremus. Has igitur preces regias
ad exaudicionis effectum tam libencius admittentes quanto per eas
salutem procurari cernimus animarum, devocionem vestram hortamur in domino et monemus quatinus in singulis ecclesiis tam
conventualibus quam aliis vestre jurisdiccioni archidiaconali subjectis faciatis secundum dictarum precum seriem atque formam
hujusmodi obsequias solempniter celebrari. Et ut subjectum nobis
populum ad hujusmodi caritatis opera devocius excitemus omnibus
parochianis nostris qui pro anima Elizabet supradicte condigne
oraverint pia mente quadraginta dies de injuncta sibi penitencia in
domino relaxamus¹ ipsamque indulgenciam infra vestre jurisdiccionis ambitum solempniter pupplicari mandamus. Valete. Datum
apud Sonnig iiijᵗᵒ idus May anno domini mᵒ cccᵐᵒ sextodecimo.

¹ *In margin*, Indulgencia.

[*Memorandum of the penance and obligation imposed by the Bishop on 19 April 1316 on Henry Estormy for his part in the trespass on the Bishop's park at Ramsbury in the preceding April. (See above p. 68.) The style of this letter suggests that the writer spoke Anglo-Norman French easily, and paid some attention to the art of expressing himself gracefully and effectively.*]

[Fo. 20]

PROCESSUS HABITUS CORAM VENERABILI PATRE R. EPISCOPO SAR' CONTRA HENRICUM STORMY ET SUOS COMPLICES FRANGENTES PARCUM EJUSDEM PATRIS APUD REMMESBUR'. Ceo est aremenbrer qe come Henri de Estormy eust trespas feat en le park levesqe a Remmesbirs ensemblement oue les autres conues et desconus ceo est a savoir en le mois daveryl lan del Incarnacion nostre Seignur Jhesu Crist m^1 ccc xv et lan del regne le roy Edward fitz de roi Edward octissme. Et sentence descinnynge sus les dites trespasoirs fuist done par tote lavantdite eveschee. Le dit Henri pur escheure peril de sa alme meu par repentance de quer le Londy proschein devant la feste Seynt George lan del Incarnacion nostre Seignur Jhesu Crist m^1 ccc xvj et en lan de regne roy Edward fitz de roy Edward ix devant sire Rogier par la grace dieu evesqe de Salebirs e en la presence mestre Gilberd Lovel, mestre Roberd de Worth', sire Alisaundre de Hemmyngeby, chanoignes de la dite esglise de Salebirs en son manoir de Remmesbirs. Sire Nichole de Haveringg', chivaler Willame de Rameshulle conestable del chastel de Marleberg', Thomas de Polton', et moult des autres vient et regeist son trespas et fit serment sus le seynt evengel qil esterreit haut et baas al ordinance de seint esglise et levesqe avauntdist et estre ceo a trover bone et suffisaunt meynprise a ceo feare. Et qe jammes desore enavant en les parks ne en les garennes ne en chaces ne en deduist de la dite esglise ne qe al avandist evesqe apendent ou aportenent en nule manere. Ne mefra par lui ne par nul autre en son noun et si nul mefesour sache qe leins mefeare vodera a tot son poer le destorbera et si destorber ne le poet al dit evesqe ou a son consail le fra a saver a plus en haste qil seit et poit. Et pur le trespas avandit, huntage et damage et despit feat al dite esglise et a levesqe avandit est ordine qe le dit Henri se obligera al dit evesqe de restorer son dit park entre cest jour en la feste del Chandelour procheyn avenir de xij bestes cest a savoir de deyms et deymes dounc les quatre seyent madles et oit femeles. Et se oblige ausint al dit evesqe en xij toneles de bon vyn dount les vi seront paiees ou qe le dit evesqe les vodera avoir en sa dite eveschee en les termes de susescriptes ceo est a savoir en la feste de seynt Martyn prochein apres la fesance de cest escript ij tonels de vyn.

Et en la feste de seint Martyn prochein apres en lan siwant ij
tonels de vyn. Et en la feste seynt Martyn dunk prochein siwaunt
en le tierce aan ij tonels de vyn.[1] Et les autres vi tonels de vyn
demorrent en respit en la grace le dit evesqe solom le port le dit
Henri qe se bien et corteissement se porte vers le dit evesqe et les
seons, ces parks, ces garennes, ces chaces, et ses deduits seient
dunk cum avant respite et si noun seient hastivement levees de
lui et de ces meinpernours. Et pur le despit feat al dit esglise de
Nostre Dame de Salebirs est ordine par le dit evesqe qe le dit
Henri le jour del Assension prochein avenir devant la procession
qe les chanoignes et les vikeres de measme leglise frount irra en sa
cote deschevele et sanz ceynture et en ses chauces saunz sollers
homblement oue une cirge de un livre de cire en sa mayn portaunt
apres la dit procession prendra overtement une discipline del . .
tenaunt lieu del deen del esglise susdite et puis del cerge offerra par
mayn al haut autier Nostre Dame en measme leglise dardier
ileoqes des qes il deit par ars. Et measme la manere autre foich le
jour de la Pentecoste ileoqes vendra et devant la procession qe les
dit chanoignes et vikeres de measme lesglise serra feat icel
Fo. 20ᵛ   jour humblement irra oue un autre cirge de | cire en sa
mayn portaunt come de suis est dit. Et apres la procession
le mettera a la toumbe levesqe Simon ileoqes ademorer et arder
taunt qil seit par ars. Et autre trois jours solempnes devant la dite
procession irra solomp la ordenance del dit evesqe si autre grace ne
poet trover. Et qe desore enavant a tost son power serra al avantdit
esglise et evesqe certeyn amy et bien voillant en tote les choses qe
les touchent endreit de lui. Et a ceste chose plus enseurer trovera
vi hommes bons et leans et suffisantes qe a totes cestes choses
parfeare se obligerunt chescun par sei principalment et en le tot
si le dit Henri en nul poynt de susdit defalle qe dieux defeande. Et
a ceste obligacion ensemblement oue le dit Henri mettrent lur
scaus sanz nul contredit. Et sil aviegne qil ne facent en la presence
le dit evesqe ou celui ou ceus qe en son leu assignera icest Mecredi
prochein devaunt la feste seynt George lan de susedit en son dit
manoyr de Remmesbirs de adunk seit le dit Henri relie par la
sentence del escinninge qe avaunt fuist pur le trespas et le despit
avauntdits salve ceo qe le avantdit Henri puisse coure a la vermyne
de la foreste cest a savoir lou, gopil, chat, et levere, solomp le
porport de sa chartre eu et usee. Et plest a leveqe susdit qe les vj

---

[1] *In margin,* prorogatus cujus terminus solucionis usque ad festum Purificacionis
see below.

tonals avantdits seient trois caries a son manoir de Saresbir' et les
autres trois a son manoir de Remmesbirs a les custages le susdit
Henri a les termes de suz nomes.

[21 April 1316. Form of the foregoing obligation.]

COPIA OBLIGACIONIS DICTI HENRICI STORMY PRO DAMPNIS ET
INJURIIS IN PARCO SUPRADICTO VENERABILI DICTO PATRI FACTIS.
Omnibus Christi fidelibus presentes litteras visuris vel audituris
Henricus de Stormy salutem in domino. Noveritis me teneri venerabili in Christo patri domino Rogero dei gracia Sar' episcopo pro
dampnis et injuriis per me sibi factis in parco suo de Remmesbur'
mense Aprilis anno regni regis Edwardi filii regis Edwardi octavo
in duodecim feris vivis quarum quatuor erunt dami et octo dame
pro parco suo predicto melius instaurando ibidem reddendis et
ponendis citra festum purificacionis beate Marie proximo venturum
videlicet anno regni regis predicti decimo. Et eciam in duodecim
doleis vini plenis solvendis eidem episcopo vel ejus assignatis in
locis infra episcopatum suum predictum mihi per ipsum assignan-
dis terminis et modo subscriptis videlicet in festo sancti Martini
proximo venturo[1] post confeccionem presencium duo dolea vini. Et
in festo sancti Martini tunc proximo sequente duo dolea vini. Et
in festo sancti Martini proximo tunc sequente duo dolea vini ad
maneria sua de Sar' et Remmesbir' pro equali numero suis sumptibus carianda. Residua vero sex dolea vini eidem episcopo vel suis
certis assignatis solvere teneor quandocumque versus ipsum
dominum episcopum vel suos scienter delictum aliquod fecerimus
per quod dampnum habeat vel gravamen quod absit. Et ad majorem omnium supradictorum securitatem nos A. B. C. D. E. F.
manu capimus pro eodem Henrico quod omnia supradicta versus
predictum dominum episcopum faciet et implebit. Et insuper constituimus nos omnes et singulos principales debitores et unumcumque
nostrum per se principalem debitorem et insolidum si contingat
predictum Henricum in aliquo premissorum deficere quod absit.
Et ad hec omnia fideliter facienda tam ego predictus Henricus
quam nos memorati A. B. C. D. E. et F. obligamus nos, heredes,
et executores nostros et omnia bona et catalla, terras eciam et
tenementa nostra ad quorumque manus postea devenierunt distric-
cioni et cohercioni cujuscumque judicis ecclesiastici sive secularis
quem vel quos predictus venerabilis pater episcopus supradictus
duxerit eligendos. In cujus rei testimonium presentibus sigilla

---

[1] *MS.* venturum.

nostra apposuimus. Datum apud Remmesbur' die Mercurii proxima ante festum sancti Georgii martyris anno regni regis E. filii regis E. nono.

[*Undated. Mandate to the dean of Salisbury to admit Henry Estormy and others to the penances at Salisbury imposed on them, and to inform the Bishop before 13 June.*]

LITTERA MISSA PRO PENITENCIA HENRICI STORMI APUD SAR' ET ALIORUM MALEFACTORUM FACIENDA. Rogerus et cetera dilecto in Christo filio . . decano ecclesie nostre Sarr' vel ejus locum tenenti salutem et cetera. Accedentes ad nos Henricus Stormy et quidam alii quorum nomina in presentibus annexa cedula
Fo. 21   scribuntur | nobis in spiritu humilitatis et corde contrito palam in multorum presencia supplicarunt quod cum iidem auctoritate nostra propter fracturam parci nostri de Remmesbur' et aliis dampnis et excessibus enormibus in eodem commissis que certis ex causis subticemus ad presens nobis et ecclesie nostre predicte perperam irrogatis majoris essent excommunicacionis sentencia involuti eosdem mandatis ecclesiasticis sicut lacrimando dicebant parere volentes absolvere ab hujusmodi sentencia curaremus. Attendentes igitur quod alma mater ecclesia nemini claudit gremium redeunti quodque qui publice peccat publice penitere de jure debet eosdem ab excommunicacionis sentencia supradicta in forma juris absolvimus et inter cetera penitenciam prout in dicta cedula continetur eisdem injunximus salutarem. Quocirca devocioni vestre committimus et mandamus quatinus cum ipsi ad ecclesiam cathedralem Sarr' venerint pro hujusmodi penitencia peragenda eos curetis admittere in forma ut premittitur eisdem injuncta. Rescribentes nobis citra festum sancte Trinitatis proximo jam venturum cum tenore presencium quid feceritis et dicti tales fecerint in premissis. Valete. Datum et cetera.

[*12 May 1316. Similar mandate to the vicar of St. Mary's, Marlborough, to enjoin penances at Marlborough for the foregoing offence.*]

ET EMANAVIT ALIA LITTERA . . PERPETUO VICARIO ECCLESIE BEATE MARIE MARLEBERG' SUB EO TENORE QUI SEQUITUR PRO PENITENCIA EJUSDEM HENRICI ET SUORUM COMPLICUM FACIENDA. Rogerus permissione divina Sar' episcopus dilecto in Christo filio . . perpetuo vicario ecclesie beate Marie Marleberg' nostre diocesis salutem, graciam, et benediccionem. Accedentes ad nos et cetera SICUT IN LITTERA PRIORI USQUE AD absolvimus ET TUNC HIC SUBSEQUENTER et inter cetera hanc penitenciam eisdem injunximus salutarem videlicet quod quilibet eorum nudus usque ad camisiam et braccas bis mercata de Marleberg' duobus diebus mercati proximis post festum Ascensionis Domini [*20 May*] jam venturum publice circueant [*sic*] te vel alio presbitero quem ad hoc assignaveris eosdem ut moris est fustigante, et post hujusmodi circuitum recipiat a te eorum quilibet unicam disciplinam utroque die. Quocirca devocioni tue committimus et mandamus quatinus eosdem moneas modis quibus poteris et inducas quod hujusmodi penitenciam peragant humiliter et devote sub pena retrusionis in sentenciam supradictam. Rescribens nobis citra festum sancte Trinitatis quid feceris et fecerint in premissis. Valete. Datum apud Sonnyngg' iiijto die idus Maii anno domini et cetera.

[*Schedule of names to the foregoing mandate.*]

NOMINA VERO QUE IN PRESENTIBUS ANNEXA SCRIBEBANTUR CEDULA SUNT HEC. Petrus de Witteneie piscator, Walterus de Whitsande de Hineton', Thomas de Pothale, Henricus de Grete, Johannes filius Radulfi Mideltone, Adam Haiward atte Grove, Willelmus Cocus, Ricardus le Boxere, Willelmus Robard de Borbache.

[*List of penances imposed on Henry Estormy and others.*]

PENITENCIA EIS INJUNCTA PRETER CIRCUICIONEM MERCATI FACIENDA APUD SAR' DIEBUS SUBSCRIPTIS. Henricus Stormy incedet coram processione in ecclesia nostra Sar' diebus Ascensionis et Pentecostes in tunica sua sine capucio in caligis sine sotularibus deferens utroque die unum cereum ardente ponderis unius libre, et processione finita recipiet ibidem a . . tenente locum decani unam disciplinam publice et devote et subsequenter statim unum dictorum cereorum offeret die Ascensionis ad magnum altare ipsius ecclesie et alium in die Pentecostes ad tumulum bone memorie S. quondam Sar' episcopi, in eisdem locis usque ad eorumdem cereorum consumpcionem ibidem ardendos. Robertus de Botes et Rogerus serviens Rogeri de Stotescombe similem peragant penitenciam hoc excepto quod eorum cerei tantummodo pondera habeant dimidiam libram cere. Item Petrus de Witteneie piscator et alii suprascripti similem agent penitenciam hoc mutato quod nudi usque ad camisiam et braccas incedent dictis diebus et loco candelas ardentes precii cujuslibet j denarii tantummodo deferentes de eisdem candelis facturi quod Henricus predictus de suis faciet cereis supradictis et cetera.

[*3 June 1316. Mandate to the archdeacon of Salisbury or his official to exhort certain unknown persons to seek absolution from offences against the rights of the church of Warminster, and failing such absolution to pronounce them excommunicated.*]

[Fo. 21ᵛ]

SENTENCIA GENERALIS WERMENYSTR', PRO JURIBUS ET LIBERTATIBUS ECCLESIE. Rogerus et cetera . . archidiacono Sarr' vel ejus . . officiali salutem, graciam, et benediccionem. Horrenda perversorum cupiditas que omnium malorum radix esse censetur in eorum cordibus sui virus propagiens[1] sic extendit ut quicquid possint eciam Jhesu Christi patrimonium atque jura sibi per fas et nefas attrahere non absque sue salutis interitu molliuntur divinam non verentes offensam nec proximi lesionem. Sane relacio fidedigna ad nostrum quod dolentes referimus perduxit auditum quod quidam filii degeneres patrem suum adulterum diabolum imitantes quorum ignorantur nomina et persone jura et libertates ecclesie nostre Sarr' et precipue jura et libertates ecclesie de Wermenystr' . . decano et capitulo ecclesie nostre predicte canonice appropriate impedire, minuere, et infringere, [2]decimas debitas detinere ac modum debitum et solitum decimandi inmutare, liberam colleccionem et hujusmodi decimarum abduccionem impediendo, ac collectores earum perturbando et molestando,[2] callidis machinacionibus ex certa sciencia et precogitata malicia non formidant duplicem majoris excommunicacionis sentenciam, unam videlicet in illos qui jura et libertates ecclesie violare in concilio Oxon' generaliter et aliam in eos qui jura, jurisdicciones, seu libertates ecclesie Sar' ubilibet concessa minuere, infringere, seu turbare presumunt propria temeritate a nostris predecessoribus specialiter proinde fulminatas, dampnabiliter incurrendo, in animarum suarum grande periculum, nostrum et ecclesie nostre prejudicium non modicum et gravamen, ac perniciosum exemplum et scandalum vehemens plurimorum. Attendentes igitur nos contra hujusmodi presumptores insurgere ex nostri pastoralis officii debito eo arcius perurgeri quo hujusmodi injuria et gravamen predicte Sarr' ecclesie sponse nostre novimus irrogari, devocioni vestre firmiter injungendo mandamus quatinus hiis inentibus veritati premissa omnia et singula in ecclesia de Wermenistr' predicta que ut premittitur deo et gloriosissime sue matri patrone nostre ac decano et capitulo ecclesie nostre predicte appropriata esse dinoscitur cum suis juribus et pertinenciis universis ab olim ecclesiisque vicinis ac in locis aliis quibus decreveritis et expedire videritis diebus domini-

---

[1] *sic.*   [2-2] *Added at foot of page*

cis et festivis coram clero et populo intra missarum solempnia facientes solempniter publicari et in lingua vulgari patenter exponi malefactores predictos in generale moneatis et salubribus exhortacionibus et aliis modis quibus poteritis efficaciter inducatis ut infra decem dies a tempore monicionis vestre inmo verius nostre[1] in forma juris se absolvi procurent, alioquin ex tunc diebus dominicis et festivis inmediate sequentibus in ecclesiis, locis, et temporibus supradictis erecta cruce, pulsatis campanis, et candelis accensis et ut moris est extinctis denuncietur eosdem cum suis consiliariis et in crimine complicibus in predictis excommunicacionum sentenciis dampnabiliter incidisse donec absolucionis beneficium in forma juris meruerint optinere. Et si quos per inquisicionem legitimam quam super hiis per vos fieri volumus inveneritis esse reos eosdem per quamcumque censuram ecclesiasticam quatenus ad forum ecclesie pertinet debite compescatis adeo quod ipsorum temeritatis audacia divina protegente clemencia non inveniat successorem set punite transgressionis exempla simili subtrahant alios ab offensa. Ad que omnia et singula vobis cum cohercionis canonice potestate committimus vices nostras. Qualiter autem hoc mandatum nostrum fueritis executi nobis oportunis loco et tempore cum tenore presencium debite rescribatis. Valete. Datum apud Sonnyngg' iij° nonas Junii anno domini millesimo ccc^mo sextodecimo et consecracionis nostre primo.

[*27 May 1316. Mandate to cite William de Bourton, rector of Durweston, to appear before the Bishop or his commissaries on 17 June to show his title to the benefice, John de Cotes having been presented by Helen Gouiz, allegedly the patron.*]

[Fo. 22]

CONTRA RECTOREM AD OSTENDENDUM JURIS TITULUM. Rogerus et cetera. Bone memorie S. predecessor noster archidiaconatum Dors' nostre Sarr' diocesis jure ordinario visitans, Willelmum de Bourtone rectorem ecclesie parochialis de Durewymstone in eodem archidiaconatu situate loci diocesano inmediate subjecte fecit ad plures terminos peremptorios coram se ad judicium evocari ad ostendendum juris titulum si quem haberet in ecclesia supradicta necnon ad faciendum fidem de ordinibus per eum susceptis quos cura ipsius ecclesie requirebat, nichilque in eisdem terminis per partem ipsius Willelmi exhibito aut ostenso fuit idem Willelmus vicibus repetitis ad judicium evocatus ut coram eodem predecessore nostro vel suis commissariis compareret pronunciacionem in hac

---

[1] nostre *is followed by these words,* marked vacat: ab impedimento et injuriis supradictis omnino desistant et pro eisdem satisfaciant ac.

parte auditurus ulteriusque facturus quod ipsius negocii qualitas
suaderet, prout in registro ejusdem predecessoris nostri vidimus
contineri. Cumque postmodum Johannes de Cotes ad predictam
ecclesiam per Elenam Gouitz ipsius ecclesie patrona ut dicit nobis
fuisset presentatus instanterque peteret ut contra predictum W. secundum formam processus predicti ad ipsius presentati promocio-
nem seu excitacionem procedere curaremus, nos processum nostrum
habendum processui predicto continuare volentes discrecioni vestre
tenore presencium committimus et mandamus quatinus predictum
W. citetis seu citari faciatis modis quibus poteritis quod compareat coram nobis vel commissario nostro ubicumque tunc fuerit
in sua [*sic*] civitate vel diocese die Veneris proxima ante festum sancti
Albani secundum formam dicti processus legitime processurus
ulteriusque facturus quod justicia suadebit, denunciantes eidem
quod sive venerit sive non contra eum in predicto termino quem
sibi peremptorie assignamus et sufficientem reputamus propter
evidens animarum periculum moderatum procedetur quatenus de
jure procedi poterit et debebit. Quid autem in premissis feceritis
nobis ad diem per litteras vestras patentes harum seriem continentes debite rescribatis. Valete. Datum apud Sonnyng' vj kalendas Junii anno domini m° ccc^mo xvj et consecracionis nostre primo.[1]

[*28 July 1316. The Archbishop's appointment of Peter Poleyn as guardian of the
spirituality of Winchester, sede vacante.*]

COMMISSIO SPIRITUALITATIS SEDE EPISCOPALI VACANTE. Walterus permissione divina Cant' archiepiscopus tocius Anglie primas
dilecto filio Petro Poleyn clerico salutem, graciam, et benediccionem. Nos de vestra industria et fidelitate plenam fiduciam
optinentes, officialem civitatis et diocesis Wynton' sede inibi nunc
vacante ad exercendam omnimodam jurisdiccionem specialem ad
hujusmodi officium pertinentem tam in negociis quam in causis
emersis et inibi pendentibus et qualitercumque imposterum monen-
dis dicta vacacione durante vos auctoritate metropolitica constituimus et custodem spiritualitatis in eadem diocese deputamus cum
potestate inquirendi corrigendi ipsius diocesis subditorum excessus; instituciones vero, destituciones, et amociones ac in eleccioni-
bus, causis, et negociis cogniciones et diffiniciones, ac collacionibus
beneficiorum, ad nos quomodolibet pertinentes nobis specialiter
reservamus. In cujus rei testimonium sigillum nostrum presentibus
est appensum. Datum apud Sleford' v^to kalendas Augusti anno
millesimo ccc^mo sextodecimo.

---

[1] *In margin*, Nihil fuit actum propter absenciam domini.

[*21 March 1316. The king's surety for the loan to him of £500 by the Bishop and chapter of Salisbury.*]

[Fo. 22ᵛ]

OBLIGACIO DOMINI REGIS PRO QUINGENTIS LIBRIS PRO SECURITATE DOMINI ET CAPITULI. Edwardus dei gracia rex Angl' dominus Hibern' et dux Aquit' omnibus ad quos presentes littere pervenerint salutem. Sciatis quod cum decimo septimo die Julii anno regni nostri octavo dilectus clericus noster Johannes de Sandale tunc locum tenens thesaurarii nostri et dilectus et fidelis noster Robertus Baignard miles et dilecti mercatores nostri Antoninus Pessaigne, Johannes de Bureford', Willelmus Coumartyn, Willelmus Trente, Willelmus Servat, Willelmus de Donecastr', et Johannes Vaii ad requisicionem nostram per recognicionem ad scaccarium nostrum factam pro nobis se obligassent venerabili patri Simoni dei gracia quondam Sarr' episcopo et dilectis nobis in Christo ejusdem loci capitulo in quingentis libris solvendis eisdem episcopo et capitulo in festo Pasche tunc proximo futuro, et concessissemus pro nobis et heredibus nostris quod prefati episcopus et capitulum de proximo auxilio nobis a clero Cantuar' provincie tunc concedendo si ante dictum festum Pasche contingeret concedi usque ad dictam summam quingentarum librarum in diocese Sarr' colligere, recipere, et penes se retinere possent in satisfaccionem pecunie per dictos clericum, militem, et mercatores recognite ut est dictum si ad hoc sufficeret, et quod iidem clericus, miles, et mercatores de eadem pecunia sic recognita vel saltem de tanto quantum dicti episcopus et capitulum de predicto auxilio sic levassent et penes se retinuissent penitus essent quieti, et quod eadem recognicio quoad summam illam nullius penitus esset valoris, eadem recognicione quoad residuum in suo robore permanente. Et si forsitan auxilium a clero predicto nobis ante dictum festum concessum non fuisset vel usque ad summam sic recognitam in dicta diocese non attigisset et predicti clericus, miles, et mercatores terminum solucionis predicte pecunie per ipsos sic recognite non observassent tunc execucio dicte recognicionis fieret in omnibus secundum legem et consuetudinem regni nostri et secundum consuetudinem scaccarii predicti, non obstante proteccione, prohibicione, seu alia immunitate per nos vel heredes nostros prefatis clerico, militi, et mercatoribus, heredibus, executoribus, seu assignatis eorum vel alicujus eorum in contrarium tunc concedenda, prout in litteris nostris patentibus inde confectis plenius continetur, ac venerabilis pater Rogerus dei gracia nunc Sar' episcopus et capitulum supradictum racione mutui predicti quod de decima nobis postmodum a clero Cant' provincie concessa penes se retinuisse potuerunt nichil penes se retinuerunt juxta concessionem nostram supradictam ipsique in parliamento nostro apud Lyncoln' habito dictum mutuum quingentarum librarum ad nostram requisicionem concesserint prorogare, prout ceteri prelati provincie supradicte de hujusmodi mutuo nobis per ipsos facto in parliamento predicto prorogacionem facere concesserunt. Nos volentes eis inde satisfieri ut est justum concessimus eis pro nobis et heredibus nostris quod ipsi dictas quingentas libras de proximo auxilio vel subsidio nobis a prelatis et clero provincie predicte vel a summo pontifice seu alias quomodolibet concedendo vel dando si ad hoc sufficiat in diocese Sar' colligere et recipere ac penes se retinere possint, et quod dicti clericus, miles, et mercatores de dicta pecunia sic recognita vel saltem de tanto quantum dicti episcopus et capitulum de predicto auxilio sic collegerint et reciperint sint quieti, eadem recognicione quoad residuum in suo robore permanente. Et si forte prefatis episcopo et capitulo de hujusmodi auxilio in toto vel in parte satisfieri non valeat in hac parte tunc dicta recognicio in suo robore permaneat et execucio ejusdem in omnibus fiat non obstante proteccione, prohibicione, seu alia immunitate in contrarium concedenda,[1] sicut superius est expressum. Volentes et expresse tenore presencium concedentes quod quando predicte quingente libre de predicto subsidio collecte fuerint et recepte episcopo et capitulo predictis et collectoribus ejusdem subsidii in compoto suo de eodem subsidio ut premittitur concedendo coram quibuscumque et ubicumque reddendo allocentur eisdem plene visis presentibus absque quocumque alio nostro brevi pro allocacione hujusmodi facienda. Promittimus eciam per presentes quod ecclesiam cathedralem Sarr', dictum episcopum, et suos successores ac capitulum memoratum conservabimus indempnes erga summum pontificem et Romanam ecclesiam et alias undecumque pro recepta pecunia supradicta, et ad hec fatemur presentibus nos teneri. In cujus rei testimonium has litteras nostras fieri fecimus patentes. Teste meipso apud Langele xxj die Marcii anno regni nostri nono.

[*18 November 1316. Bull exhorting the king to respect the rights of the Church, and to receive favourably the papal nuncios, in particular William de Balaeto, archdeacon of Fréjus.*]

[Fo. 23]

BULLA DOMINI JOHANNIS PAPE xxij MISSA DOMINO REGI ANGL'.
Johannes episcopus servus servorum dei karissimo in Christo filio

---

[1] *MS.* concedendum.

Edwardo regi Angl' illustri salutem et apostolicam benediccionem. Paterna nos movet affeccio, zelus tue salutis inducit, tua regnique tui desiderata prosperitas interpellat ut ea tibi sinceris suggeramus affectibus que te in divinorum dirigant semitam mandatorum devocionem in te a claris tuis progenitoribus derivatam, ad deum et ad ecclesiam suam sanctam jugiter nutriant, tibique sint utilia, ac tuis regno et subditis fructuosa. Sane fili karissime si perquirere profunda perscrutacione volueris unde regnum Angl' et exacti temporis incliti reges ejus inter regna cetera ceterosque regie participes dignitatis tanta libertate ac quiete viguerint, tantaque potencia consueverint preiminere quod non solum reliqui vicinarum parcium populi eis obedirent in auditu auris quin eciam barbare naciones ex eorum formidabili nomine terrerentur profecto, patenter invenies quod hiis causam dabat regum ipsorum ad deum et ecclesiam sponsam suam laudanda devocio, eorum ad ecclesias munifica largitas libertatum privilegiis communita, fervor ad justiciam, et ad terre sancte subsidium intentus affectus. Si vero unde regnum ipsum et ejus incole, quod immense nobis dolendum occurrit, omnino a statu solito decidisse videntur unde guerrarum concussi fremitibus ab hiis quibus alias imperare consueverant immaniter opprimuntur, si unde tam gravis, tam seva in regnum ipsum et incolas pestis irrepserit, si unde hostilis rabies sic desevire potuit in eosdem attenta consideracione pensaveris, tuis proch dolor occurret optutibus quod non in eis viget nec a multo retro tempore viguit ad regem regum et eandem ecclesiam sponsam suam consueta devocio, non ad exaltacionem ecclesiarum solita regie liberalitatis pietas habundaverit, quinimmo in locum alias ecclesiis ipsis ecclesiasticisve personis impensi favoris infesta successit persecucio et multiplicacio gravaminum inundavit, propter quod deus ulcionum dominus, ut probabiliter credi potest, terram commovens et conturbans ostendit populo suo dura propter injusticias suas illum humilians ac justo suo judicio ab emulis affligi permittens. Quia igitur dilectissime fili salutem tuam desideramus appetimusque eciam tuam et regni tui tranquillitatem, optamus et pacem, et quelibet inducencia contrarium abhorremus, excellenciam tuam monemus, rogamus, et hortamur in domino Jhesu Christo in remissione peccaminum suadentes quatinus prudenter attento quod cum deo placuerint vie hominis inimicos suos convertit ad pacem, tuas in conspectu domini salubriter dirigas acciones, tuis contentus juribus ad usurpaciones tirannicas presertim cum contra ecclesias ecclesiasticasve personas neque tuas extendas neque tuorum manus faciaris extendi, set ecclesias et

personas easdem ac subditos incolas dicti regni a solitis oppressionibus relevans ac pie agens cum singulis, prelatos et ministros
alios ecclesiasticos pro dei reverencia decenter honores, libertatem
ecclesiasticam foveas et conserves circa solucionem census et
aliorum racione ecclesie debitorum, utilitati et honori tuis consulas,
et indempnitati provideas ecclesie antedicte, dilectum filium magistrum Gilbertum [recte Willelmum] de Balaeto archidiaconum
Forojulien capellanum nostrum nuncium per nos ad peragenda
nostra in ecclesie predicte negocia in illis partibus deputatum necnon et alios apostolice sedis nuncios benigne recipias, et humane
pertractans circa exequenda sibi officia non impedias nec sinas per
aliquem impediri, set te in hiis et aliis erga deum et sanctam
ecclesiam habiturus quod apud retributorem bonorum omnium
inestimabile premium retribucionis ecclesie, apud apostolicam
sedem uberioris favoris et gracie incrementum, et apud homines
digne laudis preconium assequaris. Ceterum fili tibi et regno tuo ex
rebellione presertim Scocie concussis non leviter et turbatis interne
compatimur, parati voluntarie labores assumere ac libenter apponere
consilii et auxilii nostri partes qualiter tibi et ipsi regno reparacio
grata proveniat et tranquillitas votiva succedat. Datum Avinion'
xiiij kalendas Decembris pontificatus nostri anno primo.

[*4 October 1316. Mandate to the official of the archdeacon of Wilts. to induct the
abbess and convent of Lacock to the appropriated rectory of Lacock, informing
the Bishop of his actions before 18 October.*]

[Fo. 23ᵛ]

INDUCCIO RELIGIOSARUM MULIERUM . . ABBATISSE ET CONVENTUS
DE LACOK' IN ECCLESIAM DE LACOK'. Rogerus permissione divina
Sar' episcopus dilecto in Christo filio . . archidiaconi Wyltes'
officiali salutem, graciam, et benediccionem. Legitime nobis constat
recolende memorie Simonem predecessorem nostrum inmediatum
ecclesiam parochialem de Lacok' nostre diocesis cum omnibus suis
juribus et pertinenciis universis a tempore quo proximo eandem
ecclesiam extunc in futurum vacare contigerit religiosis mulieribus
. . abbatisse et conventui monasterii de Lacok' et suo eidem
monasterio dicte diocesis suisque successoribus auctoritate pontificali rite et canonice in usus proprios ordinasse, appropriasse, et
eciam assignasse eisdem religiosis mulieribus et suis successoribus
perpetuis temporibus canonice possidendam, quodque Robertus
de Doryngton' rector ultimus ecclesie supradicte viam est universe
carnis ingressus. Quamobrem affectantes ut appropriacio supradicta tam pie quam canonice facta debitum forciatur effectum,

devocioni vestre firmiter injungendo committimus et mandamus quatinus . . abbatissam et conventum predictas et procuratorem earum in corporalem possessionem ecclesie parochialis de Lacok' predicte cum omnibus suis juribus et pertinenciis universis optentu appropriacionis inducatis seu faciatis induci quod ad vos in hac parte pertinet exequentes. Salva nobis et successoribus nostris potestate vicariam perpetuam ecclesie supradicte si ordinata non fuerit ordinandi et forsitan ordinata ipsius porciones augendi prout in litteris predicti predecessoris nostri super hujusmodi appropriacione confectis plenius continetur, salvis in omnibus episcopalibus juribus et consuetudinibus ac nostre Sarr' ecclesie dignitate. Quid autem feceritis in premissis nobis citra festum sancti Luce Evangeliste debite rescribatis per litteras vestras patentes harum seriem continentes. Datum apud Wodeford iiij^to nonas Octobri anno domini millesimo ccc^mo xv^to et consecracionis nostre primo.

[*13 March 1316. Mandate to inquire into the matter of churches in the archdeaconry of Dorset which have not been consecrated, and to make the necessary arrangements for their consecration by the Bishop.*]

PRO ECCLESIIS CONSECRANDIS. Rogerus et cetera dilecto in Christo filio et cetera. Cum unigenitus dei filius in altari pro Christi fidelibus offeratur manibus sacerdotis, ideoque sancti patres et precipue bone memorie domini in Anglia quondam Oto et Octobon' legati ut omnes ecclesie cathedrales et conventuales ac parochiales que perfectis parietibus sunt constructe infra biennium per diocesanos episcopos ad quos pertinent vel eorum auctoritate per alios consecrentur, et nisi loca hujusmodi infra biennium a tempore perfeccionis fuerint dedicata ipsa extunc decreverint usque ad consecracionem earum a missarum solempniis interdicta manere, penas insuper graves imponentes personis qui hujusmodi consecraciones neglexerint procurare, nos ex relacione didicimus fidedigna quod quamplures ecclesie parochiales in archidiaconatu Dorsi effluxo biennio jam perfecte adhuc minime consecrentur. Quocirca vobis mandamus firmiter injungentes quatinus super premissis inquiratis per omnia celerius veritatem, premunientes locorum rectores que non consecrata reperitis et alios quorum interest quod de omnibus ad consecracionem eorumdem locorum neccessariis provideant prout decet. Denunciantes eisdem insuper quod eadem loca quamcicius comode poterimus proponimus annuente domino dedicare. Et quid inveneritis et feceritis in hac parte nos per litteras vestras patentes et clausas nomina rectorum et locorum hujusmodi

continentes non tardetis tempestive reddere cerciores. Valete.
Datum apud Nouesle iij° idus Marcii anno domini millesimo ccc^{mo}
xvj° et consecracionis nostre primo.

[*Undated. Certificate to the Archbishop's mandate of 5 March 1316 (see above,*
p. 80) for a convocation at London on 28 April. It is followed by a list of those
cited to attend.]

[Fo. 24]

CERTIFICATORIUM AD MANDATUM . . ARCHIEPISCOPI DE CONGRE-
GACIONE PRELATORUM ET CLERI CANT' PROVINCIE IN vij FOLIO
PRECEDENTI CONSCRIPTUM APUD LONDON' FACIENDA DIE MER-
CURII PROXIMA POST QUINDENAM PASCHE ANNO DOMINI M° CCC^{mo}
SEXTODECIMO. Venerabili in Christo patri et domino reverendo
domino Waltero dei gracia Cantuar' archiepiscopo tocius Anglie
primati Rogerus ejusdem permissione Sarr' episcopus obedienciam
tam debitam quam devotam cum omni reverencia et honore debito
tanto patri. Litteras vestras venerabili patri domino G. dei gracia
episcopo London' per vos et per eumdem nobis directas recepimus
hanc verborum seriem continentes, Venerabili in Christo patri
domino . . dei gracia Sarr' episcopo Gilbertus permissione ejusdem
episcopus London' salutem et fraterne dileccionis continuum incrementum. Litteras venerabilis patris domini Walteri dei gracia
Cant' archiepiscopi *et cetera ut in predicto folio prenotatur. Et in*
fine sic Hujus igitur auctoritate mandati reverendo patre domino
Reymundo de Farges sancte Romane ecclesie Cardinali et ecclesie
nostre decano in partibus transmarinis agente ac Tydone de
Varesio, qui se dicit archidiaconum Berkes' in nostra diocese, personaliter non invento, eosdem hujusmodi citacionis edicto in nostra
predicta ecclesia publicato necnon . . abbates exemptos et non
exemptos . . archidiaconos nostre diocesis quod in propriis personis, priores eciam exemptos et non exemptos prioratus suos
per se regentes ejusdem diocesis quod per se vel per procuratores
sufficienter instructos, ac capitulum ecclesie nostre predicte conven-
tusque et collegia singula monasteriorum, prioratuum, et quarumcumque domorum religiosarum per singulos procuratores, necnon
et clerum nostre diocesis supradicte quod per duos procuratores
citari peremptorie fecimus ut mandatur quod secundum predicti
mandati vestri exigenciam compareant et faciant quod ipsius
effectus et tenor exigunt et requirunt. Et nos ad diem et locum in
eodem mandato contentis venire festinabimus ad faciendum volente
domino quod mandatur. Si tamen ad eumdem diem legitime[1]

---

[1] *In margin,* vel sic, adversa valitudine.

prepediti accedere forsitan nequeamus nos habere dignetur vestra
paternitas quesumus excusatos, quoniam die Jovis sequente ad
tardius inevitabili impedimento cessante veniemus personaliter
altissimo concedente vestre reverende paternitatis mandato predicto
cum debita reverencia parituri. Citatorum autem nomina quatenus
ad nostram diocesim attinet in presentibus annexa cedula seriosius
continentur. Ad ecclesie sue sancte regimen et cetera. Datum.

NOMINA CITATORUM QUE IN ANNEXA CEDULA CONSCRIBUNTUR
SUNT HEC. Dominus Reymundus de Farges decanus ecclesie Sarr';
. . capitulum ejusdem ecclesie.

fratres
- Nicholaus de Radyngg' ⎫
- Johannes de Abendon' ⎪ monasteriorum abbates
- Johannes de Schirborn' ⎬ ordinis sancti Benedicti
- Robertus de Middelton' ⎪ cum suis conventibus.
- Radulfus de Cernel' ⎭
- Willelmus de Malmesbi'—exempt'
- Johannes de Stanlegh' ⎫ ordinis Cisterciensis abbates
- Ricardus de Bynedon' ⎭ exemptos cum suis conventibus

fratres
- Johannes de Bradenestok' ⎫
- . . de Hurleye ⎪ exempti ut ⎫ priores cum suis
- . . de Walyngford' ⎬ pretendunt ⎬ conventibus
- Item . . de Farlegh' ⎭ ⎭

domini
- Henricus de Bluntesdon', Dorset' ⎫
- Tydo de Varesio, Berkes' ut dicit ⎪ archidiaconi
magistri
- Walterus Hervy, Sarr' ⎪
- Willelmus de Chadeleshunt', Wyltes' ⎭

magistri
- Johannes de Tarent' ⎫ procuratores cleri tocius
- Robertus de Ayleston' ⎭ diocesis Sarr'

[*3 May 1316. Licence to Thomas de Thorpe, rector of Binfield, to farm his benefice to Nicholas de Carleton, rector of Little Compton, so that Thomas may
proceed with his studies untroubled by financial affairs.*]

[Fo. 24ᵛ]

LICENCIA DIMITTENDI ECCLESIAM AD FIRMAM. Rogerus permissione divina et cetera dilecto in Christo filio Thome de Thorp'
rectori ecclesie de Bentfeld nostre diocesis accolito salutem, graciam,
et benediccionem. Attendentes quod eo liberius secundum factam
tibi nostram in hac parte dispensacionem studio poteris insistere
litterarum quo minus secularibus implicaris ut ecclesiam tuam
predictam domino Nicholao de Carleton' rectori ecclesie de Parva

Compton' Wygorn' diocesis de cujus circumspeccionis industria et
fidelitate plenam fiduciam optinemus a festo sancti Michelis proximo
jam venturo [per biennium] continue numerandum tradere possis ad
firmam liberam tibi ex causis premissis et aliis legitimis nos ad hoc
racionabiliter inducentibus tenore presencium concedimus facultatem, proviso quod ipsa ecclesia deserviatur interim laudabiliter
in divinis quodque procuratorem sufficientem ibidem constituas
qui ordinariis et aliis prout juris fuerit respondeat loco tui. Valete.
Datum apud Lond' vᵗᵒ nonas Maii anno domini et cetera xvj°.

[*Undated. Appointment of Thomas de Teffonte as the Bishop's proctor in the
court of Canterbury in the case about Longworth between the Bishop and Hugh
Sapi, allegedly rector of Longworth.*]

PROCURATORIUM SPECIALE IN TUITORIO APPELLACIONIS NEGOCIO
DE LANGEWORTH'. Universis pateat per presentes [*etc.*]

*Undated. Mandate to the official of the archdeacon of Berks. to warn rectors o_
unconsecrated churches in that archdeaconry to make the necessary preparations for their consecration by the Bishop, which has been delayed as a result
of the Bishop's preoccupation with urgent national affairs.*]

LITTERA MITTENDA . . OFFICIALI PRO CARECTERIBUS FACIENDIS
IN ECCLESIIS DEDICANDIS. Rogerus permissione divina Sar' episcopus dilecto in Christo filio archidiaconi Bark' . . officiali salutem,
graciam, et benediccionem. Vestras recepimus jam tarde certificatorias litteras nomina quarumdam ecclesiarum archidiaconatus
Berk' dedicacionis munus exposcencium inter cetera continentes
quas proposuimus jam pridem juxta officii nostri debitum quatenus
potuimus comode consecrasse, set nunc parliamento regio, nunc vero
congregacione prelatorum et cleri, et aliis quandoque occurrentibus
variis et arduis negociis prepediti quod voto gessimus in premissis
hucusque nequivimus operibus adimplere. Volentes igitur ex nunc
saltem dum tempus estivum habemus et presertim ut earumdem
rectorum ac aliorum quorum interest ne in locis remocioribus nos
querere forsitan compellantur parcamus laboribus et expensis,
nostram peragrando diocesim cum nobis oportunius vacaverit et
prout nostro fuerint viciniores itineri volente domino dedicare,
devocioni vestre committimus et mandamus quatinus hujusmodi
ecclesiarum rectores et alios ad quos hoc pertinet premunire curetis
quod carecteres sive dedicacionis signa in ipsarum ecclesiarum (*hoc
ponatur in mandato officiali decani et eciam consecrandarum prebendarum*) parietibus depingi faciant ut est moris ac de ceteris
omnibus ad consecracionem ipsarum neccessariis, *ecclesiis de A. B.
et C. certis ex causis ad presens dumtaxat exceptis*, adeo tempestive

provideant quod propter eorum desidia seu contemptum a nostro hujusmodi proposito desistentes, penam canonis quod nollemus incurrant. Valete. Datum.

[*16 June 1316. Note of receipt of £50 collected as payment of the papal subsidy by Abingdon abbey and delivered to the Bishop by Stephen de Preston, citizen of London.*]

AQUITANCIA DE DECIMA SEXANNALI. Universis pateat per presentes quod nos Rogerus permissione divina Sar' episcopus recepimus a dilectis filiis . . abbate et conventu Abyndon' nostre diocesis per manus Stephani de Preston' civis London' L libras sterlingas de novissima interposita per sedem apostolicam decima sexennali per eosdem religiosos in nostra diocese supradicta collectas. In cujus rei testimonium sigillum nostrum fecimus hiis apponi. Datum apud Colbrock' die Veneris in festo sancti Barnabe apostoli anno domini millesimo ccc^{mo} xvj°.

[*15 June 1316. Mandate to the official of the archdeacon of Wilts. to warn William, rector of Hazelbury, to desist from bringing a suit in a lay court against Robert, rector of Ditteridge, concerning tithes.*]

[Fo. 25]¹

CONTRA ILLOS QUI ALIOS AD VETITUM TRAHUNT EXAMEN. Rogerus et cetera dilecto in Christo filio . . archidiaconi Wyltes' . . officiali salutem, graciam, et benediccionem. Licet antiquis sanctorum patrum constitucionibus sana deliberacione prima rerum experiencia perurgente salubriter editis majoris excommunicacionis sentenciam incurrant qui libertates ecclesie infirmare presumunt, et subsequenter in constitucione domini Bonifacii pape octavi, quamobrem ut intelleximus laicis causam edicto prebentibus caveatur expresse ne quis in causis ad forum ecclesiasticum de antiqua consuetudine vel de jure spectantibus ad examen seculare clericos pertrahat quovis modo seu consilium, auxilium, vel favorem per se vel alium impendat quominus in hujusmodi causis coram judicibus ecclesiasticis litigetur, proinde statuendo quod contrarium facientes majoris excommunicacionis sentencie subjaceant ipso facto a qua nisi tam judici ecclesiastico cujus cognicio fuerit impedita vel jurisdiccio usurpata quam parti in persecucione sui juris turbate de injuria dampnis et expensis et interesse prius per eosdem sic excommunicatos integre satisfiat nullatenus absolvatur, dilecti tamen filii Roberti rectoris ecclesie de Dicherugg' nostre diocesis ac fidedignorum insinuacio fama publica attestata ad nostrum per-

¹ *At top of page,* Tercius quaternus.

duxit auditum quod Willelmus rector ecclesie de Haselbir' dicte
diocesis predictum rectorem super decimis quarum recognicio ad
judicem ecclesiasticum notorie pertinere dinoscitur ad vetitum examen traxit jam diu et in presenti trahere non veretur, contra sacrarum
constitucionum exigenciam predictarum majoris excommunicacionis sentencias in eisdem proinde fulminatas incurrendo dampnabiliter si est ita, de quo eo vehemencius perturbamur quod in
singulorum prelatorum congregacionibus et parliamentis nos et
ceteri prelati pro viribus satagimus ut judices seculares ad hujusmodi constitucionum observacionem modis quibus poterimus indi-
camus, et jam clerici sicut experiencia informamur infirmare
nituntur easdem in perniciosum laicorum exemplum, ecclesie
grande prejudicium, et scandalum vehemens plurimorum, que
conniventibus occulis incorrecta absque nostri status periculo preterire nequimus, presertim ex quo nos, officialis noster, . . archidiaconi, et . . officiales eorum parati simus et sint in hujusmodi
causis juste conquerentibus inpendere justicie complementum.
Vestre igitur devocioni firmiter injungendo committimus et mandamus quatinus rectorem ecclesie de Haselbur' supradictum modis
quibus poteritis moneatis et efficaciter inducatis quod ab hujusmodi
vocacione et persecucione vetitis que nedum in predicti rectoris de
Dicherugg' set et in universalis ecclesie cujus libertates per hoc
turbat nequiter et offendit prejudicium et injuriam notorie nimis
vergunt deinceps omnino desistat et pro suis de quibus premittitur
excessibus secundum formam predicte constitucionis satisfaciat ut
tenetur ac jus suum super dictis decimis coram suo judice ecclesiastico si expedire viderit prosequatur, alioquin denunciatis eidem
quod contra eum super premissis mediante justicia taliter procedemus quod ipsius punita transgressio eundem et alios simili
subtrahet ab offensa. Quid autem feceritis et inveneritis in hac
parte, quale responsum receperitis ab eodem, nobis citra festum
translacionis beati Thome martyris cum tenore presencium debite
rescribatis. Valete. Datum apud Kensintone xvij° kalendas Julii
anno domini m° ccc^{mo} xvj° et consecracionis nostre primo.

[*Undated. Letter, at the request of queen Isabella and on behalf of Simon le
Breton, to the prior and convent of St. Andrew, Rochester, certifying that the
late Robert de Bikenhurst was free born and the legitimate son of Robert Mill-
ward and Juliana West of Sunninghill, and that his wife Matilda was also
legitimate.*]

LITTERE TESTIMONIALES SUPER CONDICIONIBUS. Sancte religionis
viro domino Hamondo priori sancti[1] Andree Roucestr' et ejusdem

---

[1] *MS.* sancte.

loci conventui Rogerus permissione divina Sarr' episcopus sincere dileccionis affectum cum benediccione et gracia salvatoris. Ex parte Simonis le Breton litteras excellentissime domine nostre domine Isabelle dei gracia regine Anglie in hac parte deputatoris deferentis nobis extitit supplicatum quod super natalibus Roberti de Bikenhurst nostre diocesis qui diem suum clausit extremum et Matilde de Bikenhurst predicta vellemus inquirere plenius veritatem et super inventis vos nostris reddere litteris cerciores. Attendentes igitur pium esse veritati testimonium perhibere vestre unitati presentibus intimamus quod per viros fidedignos juratos et inquirendorum noticiam verisimiliter optinentes invenimus quod predictus Robertus de Bikenhurst fuit dum vixit liber et de legitimo matrimonio inter Robertum le Muleward' et Julianam West de Sonnynghull' contracto juris solempniis adhibitis procreatus, Matilda eciam supradicta de legitimo matrimonio procreata. Ad sancte religionis augmentum vos diu conservet incolumes pietas salvatoris. Datum.

[*Undated. Mandate to the rural dean of Abingdon to cite persons named and unnamed to appear before the Bishop or his commissaries at Salisbury on 1 May (? 1316) to answer a charge of swearing an unlawful oath in the church of St. Helen, Abingdon.*]

[Fo. 25ᵛ]

CITACIO QUORUMDAM JURANCIUM SUPER CORPUS DOMINICUM PRO CONFEDERACIONE ILLICITA INTER EOS INITA CONFIRMANDA. Rogerus permissione divina Sarr' episcopus dilecto in Christo filio .. decano de Abendon' nostre diocesis salutem, graciam, et benediccionem. Si olim archa federis celestem cibum continens quem dominus in solitudine filiis Israel' dederat ad edendum per quem verum panem angelorum et hominum voluit figurari qui de sinu dei patris sub specie humana novissimis temporibus ad querendum ovem deperditam nostrum prodiit in publicum in tanta reverencia habebatur quod non nisi illis qui Levitici generis existebant ministerio domini specialiter deputati ipsam tangere licuit vel deferre, multo majori prerogativa reverencie et honoris est illa materialis archa attollenda que verum deum et hominem sub panis specie continet filium videlicet unigenitum dei patris in altari sacerdotis ministerio consecratum. Hoc siquidem advertentes sancti patres in tempore gracie constituti usu longissimo laudabiliter ob reverenciam dominici corporis induxerunt quod est diutina consuetudine jam obtentum ut vasa ipsum corpus dominicum continencia solum a ministris ecclesie in sacris ordinibus constitutis et non aliis debent tangi. Sane per decanatum Abendon' nostre diocesis nuper transitum facientes ex multorum delacione recepimus fidedigna quod Ricardus Bisshop', Johannes de Colecote, et Ricardus de Shupen' parochiani ecclesie sancte Elene Abendon' et alii de quorum nobis adhuc non constat nominibus aut personis abjectis dei reverencia et timore captata hora ad componendum illicita minus apta ad predictam ecclesiam sancte Elene religiosis viris . . abbati et conventui Abendon' appropriate accedentes et ipsius ecclesie ministris inventis in eadem seclusis ad pixidem in eadem ecclesia repositam que tunc corpus dominicum continebat prophanis manibus assumpserunt illamque super majus altare ipsius ecclesie reponentes quasdam illicitas confederaciones inter eosdem initas super eodem corpore dominico et missali juxta illud per ipsos apposito et aperto juramentis illicitis confirmarunt contra ecclesiasticam ut convincitur libertatem in animarum suarum periculum et perniciosum exemplum ac scandalum plurimorum. Nolentes igitur tantum facinus sicuti nec possumus sub dissimulacione pertransire conniventibus oculis impunitum, vobis mandamus firmiter injungentes quatinus predictos Ricardum, Johannem, et Ricardum citetis seu citari faciatis quod compareant coram nobis vel commissariis nostris in ecclesia nostra Sarr' die Sabbati proxima post dominicam qua cantatur officium *Misericordia domini*, super premissis et ea tangentibus nobis ex officio nostro per dictos religiosos promovendo legitime responsuri et juri per omnia parituri. Quid autem feceritis in premissis nos vel commissarios nostros ad diem certificetis aperte litteris vestris patentibus que harum seriem representant. Valete. Datum.

[Undated. Commission to Peter de Periton to hear the above case.]

COMMISSIO AD EAMDEM. Rogerus permissione divina Sarr' episcopus dilecto in Christo filio magistro Petro de Periton' officiali nostro salutem, graciam, et benediccionem. Per decanatum Abendon' nostre diocesis nuper transitum facientes ex relacione multorum accepimus fidedigna quod Ricardus Bisshop, Johannes de Colcote, et Ricardus de Shupen' parochiani ecclesie sancte Elene Abendon' dicte diocesis et alii de quorum nobis adhuc non constat nominibus aut personis ad predictam ecclesiam accedentes et pixidem in ea repositam que tunc corpus dominicum continebat propriis ausibus temerariis et prophanis manibus assumentes illamque super majus altare ipsius ecclesie reponentes quasdam illicitas confederaciones inter eisdem initas super ipso corpore dominico et missali juxta illud per ipsos apposito et aperto juramentis illicitis confirmarunt contra ecclesiasticam cum animarum suarum periculo ut convincitur libertatem. Ad procedendum igitur super premissis excessibus contra personas predictas et earum singulas ex officio nostro mero vel promoto seu ad cujuscumque partis instanciam ac eciam ad inquirendum super eisdem et delinquentes omnes et singulos repertos in hac parte puniendum [*sic*] necnon ad faciendum omnia et singula que in premissis et eorum singulis fuerint oportuna vobis cum canonice cohercionis potestate committimus tenore presencium vices nostras. Datum.

[*19 June 1316. Commission to Peter de Periton and John de Hakeneye, canons of Salisbury, to proceed in the case of George de Brithmanstone, who claimed clerical privilege, notwithstanding that Richard, provost of St. Edmund's, Salisbury, had secured George's transference from lay to ecclesiastical custody, an action disapproved by the Bishop who herein revokes any authority for it, if indeed any authority had been given.*]

[Fo. 26]

LITTERA REVOCACIONIS COMMISSIONIS FACTE RECTORI ECCLESIE SANCTI THOME ET PREPOSITO SANCTI EDMUNDI SARR' PRO GEORGIO DE BRITHMANSTONE. Rogerus permissione divina Sar' episcopus dilectis in Christo filiis magistris Petro de Periton' et Johanni de Hakeneye nostre Sarr' ecclesie canonicis salutem, graciam, et benediccionem. Devocioni vestre committimus et mandamus quatinus in negocio Georgii[1] de Brithmanstone qui se clericum esse et privilegio clericali gaudere debere pretendit vobis alias ad requisicionem suam per nos commisso secundum ejusdem commissionis formam, ipso et aliis quorum interest primitus evocatis, legitime procedere et illud pronunciacione finali racione previa terminare curetis, eo non obstante quod idem G. per Ricardum prepositum domus sancti Edmundi Sar' nullam ad exigendum eundem specialem a nobis potestatem habentem coram justiciariis domini nostri regis exactus fuerit pronunciacione predicta pendente tamquam clericus et nostre ut accepimus carcerali custodie mancipatus, quam exaccionem, quatenus in vestre de qua premittitur pronunciacionis eventum sacris comperta fuerit obviare canonibus, non intendimus approbare tacite vel expresse quin pocius reprobare et eam in hujusmodi pronunciacionis eventu ex nunc prout ex tunc tenore presencium reprobamus et commissionem si quam ad exigendum clericos predicto fecerimus . . prepositio revocamus. Valete. Datum London' xiij° kalendas Julii anno domini m° ccc^mo xvj° et consecracionis nostre primo.

[1] *MS.* Georgium.

[*Undated. Mandate to the rural dean of Newbury to cite inhabitants of Thatcham,*
Midgham, and Greenham, and the incumbents of six churches near Thatcham
to appear before the Bishop or his commissaries in Thatcham church on
22 May 1316 (for the year see below, p. 135), to give evidence on the patronage
and property of Thatcham church; and to cite the abbot and convent of
Reading and Ralph de Derham, priest, as interested parties, to appear at the
same time and place.]

LITTERA INQUISICIONIS FACTA AD INQUIRENDUM DE PORCIONIBUS
ECCLESIE DE THACHAM. Rogerus permissione divina Sarr' episcopus dilecto in Christo filio .. decano de Neubur' salutem, graciam,
et benediccionem. Volentes super infrascriptis certis ex causis et
legitimis effici cerciores, devocioni tue firmiter injungendo committimus et mandamus quatinus cites faciasve citari de villa de
Thacham nostre diocesis sex et de villa de Migham quatuor et de
villa de Colthorp' tres et de villa de Grenham iiij^or viros fidedignos
libere condicionis, sex eciam rectores vel vicarios ecclesie de
Thacham viciniores nequaquam in hac parte suspectos inquirendorum noticiam verisimiliter optinentes quod compareant coram
nobis nostrisve commissariis die Sabbati proxima post festum
Ascensionis domini jam ventura in ecclesia de Thacham predicta
eam quam sciunt veritatem jurati dicturi, quis videlicet ecclesie
de Thacham predicte sit verus patronus ac in quibus porcionibus ejusdem ecclesie rectoria consistat, necnon si ipsa ecclesia
aliquam terram habeat in dominico, pasturam, vel pratum et si
sic a quo vel quibus teneatur quotque acras et quid ipsa terra,
pastura, et pratum estimacione communi valeant annuatim ac quot
et que ipsius rectoris animalia pasci valeant et debeant in eisdem ac
de tenentibus et redditu annuo, bosco, et silva cedua si qui pertineant ad eamdem, ac de vero communibus annis valore omnium
decimarum majorum, garbarum videlicet atque feni, necnon et
minorum, lane videlicet, agnorum, caprarum, porcellorum, vitellorum, pullanorum, piscariarum, molendinorum, aucarum, ovorum,
pomorum, lini, canabi, et aliarum quarumcumque, oblacionum
eciam et mortuariorum ac ceterorum proventuum et obvencionum
ad dictam ecclesiam qualitercumque spectancium quocumque
nomine censeantur, et si dicta ecclesia existat pensionaria vel porcionaria, et si sic in quo et quibus porcio vel pensio hujusmodi
debeatur, que eciam onera teneatur annuatim subire; dilectos
eciam filios . . abbatem et conventum Radyngg' et dominum
Radulfum de Derham presbiterum qui sua in hac parte interesse
pretendunt et alios quorum interest ad eosdem diem et
Fo. 26^v   locum volumus modis | quibus poteris evocari ut predicte
inquisicioni intersint si sua viderint expedire. Qualiter

autem hoc mandatum nostrum fueris executus nobis dictis die et loco per litteras tuas patentes et clausas harum recepcionis diem et seriem ac citatorum per te nomina et cognomina continentes distincte rescribatis. Valete et cetera.

[*10 June 1316. Mandate to the official of the archdeacon of Berks. to arrange for a solemn warning to be given in all the churches of the deanery of Reading and in other suitable churches against the magical practices of Henry de Resindone, parish priest of Sandhurst, and his associates, which have already corrupted many people in the neighbourhood of Reading and Wokingham; to announce a general sentence of excommunication on those who took part in such practices; and to punish those found guilty of this offence. This entry in the register has been amended to suit a later case, apparently in or near Devizes (see notes to text).*]

LITTERA AD DENUNCIANDUM SORTILEGOS ET EORUM SEQUACES EXCOMMUNICATOS. Rogerus et cetera dilecto in Christo filio archidiaconi Bark' . . officiali salutem, graciam, et benediccionem. Cura pastoralis nos admonet propensius et compellit ut clerum et populum sollicitudini nostre subjectum curemus in hiis presertim quibus periculum iminet animarum sollicite premunire ne divino erecti presidio per ignorancie cecitatem in erroris foveam collabantur et lapsi fortassis dum iminencia sibi pericula clarius intuentur adiciant ut resurgant. Sane in manerio nostro de Sonnyngg nuper moram per aliqua tempora facientes, insinuacione fidedignorum clamosa didicimus fama publica attestante quod dolentes referimus quod quidam Henricus de Resindone presbiter parochialis de Sandhurst' infame maligni spiritus agitatus ¹et prohibitam artem magicam se scienter confingens¹ sortilegii ²caracterum et vetitarum divinacionum² versuciam ut ab hominibus suis machinacionibus callidis pecuniam fraudulenter extorqueat et fideles a fide recta deviare faciret presumpsit in nostra diocese publice contra legis divine et sacrorum prohibicionem canonum exercere, cujus pretextu quamplures nostri subditi presertim in partibus de Rading' et Wokyngham et locis vicinis quorum nobis nomina nondum innotescunt ad dictum sortilegum pro furtis et latrociniis sortilegi exquirendis nequiter accedentes et diabolo suadente credentes quod hujusmodi dampnato predicti sortilegi ministerio veritas sciri possit a fide catholica dampnabiliter recesserunt et peccatum instinctu diabolico adicientes peccato ad ipsius maledicti sortilegi relacionem sortilegam a jure dampnatam viros bone fame et ab imposito eis per ipsum sortilegum maleficio quatenus humana fragilitas nosse sinit immunes faciunt nequiter diffamari et quod deterius est

---

¹⁻¹ *Added in margin.*   ²⁻² *Added in margin.*

diabolica vecti furia ¹in quibusdam partibus nostre diocesis taliter
indicta¹ taliter indictari quod de facili innocentes ultimo possent
quod deus avertat supplicio condempnari. Ex hujusmodi eciam
sortilegio quod ipsius sequaces in heresim cito ducit hec inter
cetera mala procedunt ex quibus dum peccatum unum suo pon-
dere aliud sibi trahit plurima et nequiora posse veretur imposterum verisimiliter generari nisi oportuno juris remedio celerius
occurratur eisdem. Malefactores utique supradicti preter divinam
quam ex hiis incurrunt offensam poterunt majoris excommunicacionis sentenciam non inmerito formidare. Cum igitur contra
perversorum tam horrendos excessus sollicitudo debeat insurgere
prelatorum quosque timor dei a malo non revocat severitate discipline ecclesiastice salubriter cohercere supradictus sortilegus
super hujusmodi sortilegio auctoritate ordinaria ad judicium extitit
evocatus et cum illud quod propter ipsius notorietatem negare
probabiliter non potuit judicialiter fateretur corporale prestitit
juramentum quod ipsum crimen detestabile in perpetuum nullatenus exercebit sub pena excommunicacionis majoris in eumdem
eo quod sua culpa precessit² notorie si contrarium faciat fulminate
pena canonis pro hujusmodi expiacione delicti quod ab altaris
ministerio per annum se abstineat eidem indicta. Quamobrem
devocioni vestre firmiter injungendo committimus et mandamus
quatinus in singulis ecclesiis decanatus Radyngg' et locis aliis
quibus expedire videbitur diebus dominicis et festivis intra missarum solempnia premissa omnia et singula in lingua materna per
vos, alium, vel alios puplice exponentes seu exponi facientes
moneatis in generale solempniter inhibendo ³pericula predicta et
alia que tam animabus quam corporibus hominum accidere
poterunt ex hujusmodi malo expresse puplicentes ac³ ne quis subditorum nostrorum hujusmodi sortilegium vel aliam qualemcumque divinacionem artemve magicam prohibitas exercere aut ad
talia exercentes occasione hujusmodi accedere vel in talibus cre-
dere ipsisve communicare in criminibus seu consilium vel auxilium
ab eis eo modo petere ipsorumve dictis sortilegis fidem adhibere
quovis modo presumat sub pena majoris excommunicacionis quam
ad extirpandam tanti pestem sceleris, que nimium pululat hiis
diebus, canonica monicione vestra presencia, in ecclesiis decanatus
predicti,⁴ cum major parochianorum affuerit multitudo, erecta
cruce, pulsatis campanis, candelis accensis et ut moris est extinctis

---

¹⁻¹ *Added in margin.*   ² ? precellit.
³⁻³ *Added in margin.*
⁴ *In margin* .sancti J. ecclesia et mercato de Devyses.

per vos vel alios volumus in generale fulminari[1] sic excommunicatos esse, quodque hujusmodi sortilegis et divinatoribus notoriis
qui una cum illis qui ad eos sortilegii causa concurrunt
Fo. 27   infames existunt est secundum canones | eukaristia dene-
ganda denuncietis seu faciatis denunciari donec absolucionis beneficium in forma juris meruerint optinere. Et si quos per
inquisicionem legitimam quam per vos in hac parte fieri volumus
et mandamus inveneritis in premissis vel eorum aliquibus esse reos
vel publice diffamatos, eosdem secundum canonicas sancciones vice
nostra taliter punire curetis quod eorum punita transgressio similibus alios subtrahi faciat ab offensis. Qualiter autem hoc mandatum
nostrum[2] fueritis executi nobis citra octabam nativitatis sancti
Johannis Baptiste proximo jam venturam debite rescribatis per
litteras vestras patentes harum seriem continentes. Valete. Datum
apud Sonnyngg' iiij[to] idus Junii anno domini millesimo ccc[mo] xvj[o]
et consecracionis nostre primo.[3]

[28 June 1316. Letter to the rectors of Enborne and Inkpen instructing them to
make the necessary preparations for the consecration of their churches by the
Bishop on 30 June and 3 July respectively.]

LITTERA DEDICACIONIS MITTENDA RECTORIBUS UT OMNIA CONTRA
DEDICACIONIS DIEM PREPARENTUR. Rogerus permissione divina
Sar' episcopus dilectis in Christo filiis . . de Enedeborn' et Inkepenne nostre diocesis ecclesiarum rectoribus et suis in eorum
absencia procuratoribus et presbiteris parochialibus salutem,
graciam, et benediccionem. . . archidiaconi Bark' officialis litteras
certificatorias recepimus non est diu inter cetera continentes quod
ecclesie vestre predicte munus dedicacionis exposcunt quas jam
pridem proposuimus juxta officii nostri debitum consecrasse, set
variis et arduis negociis prepediti quod voto gessimus in premissis
hucusque nequimus operibus adimplere. Volentes igitur dum
tempus habemus estivum ecclesias predictas que nostro jam vicine
sunt itineri consecrare, ne vos predicti rectores in locis remocioribus cum vestro dispendio nos occasione predicta querere teneamini
quod nollemus, devocionem vestram tenore presencium premuni-
mus quod die Veneris proxima post instans festum apostolorum
Petri et Pauli ecclesiam de Enedeborn' et die Sabbati inmediate
sequenti ecclesiam de Inkepenne volente domino proposuimus

---

[1] fulminari *is followed by these words,* marked vacat: ac per tres dies dominicos et
festivos ad hec magis convenientes in ecclesiis ac locis modis et temporibus supradictis
et locis aliis quibus ad animarum salutem dictique criminis detestacionem amplius
videritis proficere.   [2] *In margin,* cujus copiam . . . [*illegible*] assumat.
[3] *In margin,* et significet.

dedicare. Quamobrem vobis mandamus firmiter injungentes quatinus de omnibus et singulis que ad consecracionem hujusmodi pertinere noscuntur quatenus vos contingunt prout alias per dictum officialem auctoritate nostra sufficienter premuniti fuistis taliter providere curetis quod ecclesias supradictas sicut premisimus consecrare possimus, vosque penam canonis propter vestram in hac parte desidiam seu contemptum quod absit nullatenus incurratis. Quid autem facere duxeritis in premissis nos curetis per biduum ante diem Veneris supradictam cum tenore presencium reddere debite cerciores. Valete et cetera. Datum apud Soning' iiij kalendas Julii anno domini ut supra.

[*24 June 1316. Publication of twenty days' indulgence, to be granted on the occasion of the dedication of a church and its altars by the Bishop, to those who come to the church or its altars at the appropriate festivals.*]

INDULGENCIA PRO DEDICACIONE ALTARIUM.[1] Universis sancte matris ecclesie filiis ad quos presentes littere pervenerint, Rogerus et cetera salutem in eo per quem fit remissio peccatorum. Splendor glorie qui sua mundum illuminat ineffabili claritate pia vota fidelium de ipsius clemencie bonitate sperancium tunc precipue benigno favore prosequitur cum devota ipsorum humilitas crebris pietatis operibus adjuvatur.[2] Cum igitur viij° kalendas Julii anno domini millesimo ccc^{mo} xvj° ecclesiam parochialem de B. nostre diocesis in honore sancti Michaelis archangeli ac ejusdem ecclesie summum altare in honore sancte Marie virginis gloriose et archangeli supradicti necnon et altare in parte australi dicte ecclesie situatum in honore sanctorum Stephani et Thome martirum[3] dedicaverimus, nos de dei omnipotentis gracia ejusque immensa misericordia necnon piissime matris sue patrone nostre et omnium sanctorum meritis et precibus confidentes omnibus parochianis nostris ac aliis quorum diocesani hanc nostram indulgenciam ratam habuerint pariter et acceptam de peccatis suis vere contritis et confessis qui in festo sancti Michaelis predicti vel infra octo dies inmediate sequentes ad dictam ecclesiam causa devocionis accesserint xx dies vel in festo nativitatis gloriosissime Virginis supradicte et sancti Michaelis predicti ad predictum summum altare xx dies seu in festis sanctorum martirum predictorum ad ipsorum altare prefatum xx dies de injuncta sibi penitencia misericorditer in domino relaxamus. In cujus rei testimonium sigillum nostrum presentibus est appensum. Datum apud B. die et anno domini supradictis, consecracione vero nostre primo.

---

[1] *In margin*, indulg'.   [2] adjuvatur *is followed by a sentence marked* vacat.
[3] *In margin*, nostro ministerio personali.

[*30 June 1316. Note of receipt of £100, collected as payment of the papal subsidy by Abingdon abbey, and delivered to the Bishop by various agents.*]

[Fo. 27ᵛ]

ACQUIETANCIA DE CENTUM LIBRIS DE DECIMA SEXANNALI. Universis pateat per presentes quod nos Rogerus permissione divina Sarr' episcopus recepimus a dilectis filiis abbate et conventu Abyndon' nostre diocesis C libras sterlingorum de novissime inposita per sedem apostolicam decima sexannali per eosdem religiosos in nostra diocese supradicta collectas, videlicet per manus fratris Jordani de Sturton' monachi dicte domus x libras et Stephani de Preston' civis London' l libras et Walteri Favelore xl libras. In cujus rei testimonium sigillum nostrum fecimus hiis apponi. Datum apud Sonnyng' ij kalendas Julii anno domini mᵒ cccᵐᵒ xvjᵒ.

[*30 June 1316. Grant, at the request of queen Isabella, of an annual pension of forty shillings, payable half-yearly on 24 June and 25 December, to the queen's clerk John de Villeriaco, the pension not to be chargeable to the Bishop's successors.*]

PENSIO AD INSTANCIAM REGINE CONCESSA. Pateat universis quod nos Rogerus permissione divina Sarr' episcopus ad instanciam excellentissime domine nostre domine Isabelle dei gracia regine Anglie concessimus de nostra liberalitate mera et gracia speciali dilecto nobis in Christo Johanni de Villeriaco ejusdem domine clerico annuam quadraginta solidorum argenti percipiendam de nostra camera pensionem eidem in festis Nativitatum sancti Johannis baptiste et domini proximo sequentibus pro equalibus porcionibus in manerio nostro juxta ecclesiam sancte Brigide London' persolvendam. Ita tamen quod hujusmodi nostre liberalitas concessionis optentu successores nostri minime teneantur ad similem vel aliam quamcumque graciam quomodolibet concedendam de quo tenore presencium protestamur, cui protestacioni domina regina predicta suum expressum prebebat assensum. In cujus rei testimonium sigillum nostrum fecimus hiis apponi. Datum apud Sunningg' ij kalendas Julii anno domini millesimo tricentesimo sextodecimo et consecracionis nostre primo.

[*Undated. Mandate to announce in the parish churches of Wilton and other places that anyone who wishes to bring a charge against Walter de Bilneie, clerk, who is to be tried for the theft of twelve marks at Wilton, should appear before the Bishop or his commissaries in Salisbury cathedral.*]

PROCLAMACIO PRO PURGACIONE WALTERI DE BILNEIE. Rogerus et cetera dilecto in Christo filio et cetera. Cum Walterus de Bilneie clericus super asportacione furtiva xij marcarum cujusdam sacer-

dotis extranei in villa de Wilton' nostre diocesis notatus et pro
hujusmodi crimine coram justiciariis domini nostri regis nobis
liberatus existat in foro ecclesiastico uno modo vel alio judicandus,
vobis committimus et firmiter injungendo mandamus quatinus in
ecclesiis parochialibus de Wilton' et locis aliis in quibus fama super
dicto crimine laborare dicitur contra eum per tres dies dominicos
vel festivos inmediate sequentes recepcioni presencium cum major
parochianorum affuerit multitudo infra missarum solempnia necnon in capitulo loci si interim imineat celebrandum ex parte nostra
palam proponi et proclamari publice faciatis quod si quis sit qui
velit et valeat dictum clericum super dicto crimine accusare aut
alia[s] in forma juris prosequi contra ipsum compareat coram nobis
seu nostris commissariis in ecclesia nostra cathedrali Sarr' die . .
proximo jam ventura pro termino peremptorio quicquid sibi de jure
competat in hac parte contra dictum clericum in forma debita
propositurus et prosecuturus ulterius cum effectu.¹ Nos siquidem
habentes pre oculis solum deum parati erimus quibuscumque exhibere justicie complementum. Qualiter autem mandatum nostrum
fueritis executi nos seu commissarios nostros dictis die et loco
per litteras vestras patentes et clausas harum seriem continentes
reddatis debite cerciores. Valete. Datum.

[*7 July 1316. Commission to Peter de Periton, canon of Salisbury, to hear anyone wishing to bring a charge against Walter de Bilneie, and if no one so wishes
to proceed against him for the above-mentioned theft of twelve marks.*]

COMMISSIO PRO RECEPCIONE PURGACIONIS. Rogerus et cetera
dilecto in Christo filio magistro Petro de Periton' nostre Sarr'
ecclesie canonico salutem. Ad audiendum omnes et singulos per
proclamaciones publicas premunitos si qui sint qui Walterum de
Bilneie clericum super asportacione furtiva duodecim marcarum
cujusdam sacerdotis extranei in villa de Wilton' nostre diocesis a
quibusdam notatum, et ideo captum et incarceratum nobisque ad
judicandum in foro ecclesiastico secundum canonicas sancciones
uno modo vel alio per domini regis justiciarios liberatum super
eodem crimine, accusare voluerint seu alias in forma juris prosequi
contra eum aut si nullus apparuerit ad obiciendum dicto clerico
crimen hujusmodi ex officio sibique et ceteris quorum interest
justiciam exhibendam vobis vices nostras committimus cum cohercionis canonice potestate. Quid autem feceritis in hac parte nos

¹ *Note at foot of page, referring to this point*: quatinus clericos in carcere nostro Sar'
existentes diebus et locis quociens et quando nostri in hac parte commissarii voluerint
adducas sub salvo conductu seu adduci facias coram eis circa ipsorum liberacionem et
cetera ut supra.

litteris vestris patentibus et clausis harum seriem et processum
vestrum plenius continentibus certificetis tempore oportuno.
Datum apud Potern' nonis Julii anno domini m° ccc xvj et consecracionis nostre primo.

[*Undated. Mandate to the Bishop's bailiff of Salisbury to produce a clerk (presumably Walter de Bilneie) for trial.*]

BALLIVO. Rogerus et cetera dilecto in Christo filio . . ballivo nostro
Sarr' salutem et cetera. Tibi mandamus quatinus clericum in
carcere nostro Sarr' existentem die . . proxima post festum sancti . .
proximo jam venturum in ecclesia nostra cathedrali . . coram
magistro . . canonico ecclesie nostre predicte nostroque ibidem
commissario in hac parte adduci facias sub salvo conductu circa
ipsius liberacionem vel reduccionem ad carcerem quod idem
decreverit commissarius ulterius exequendum. Scriptum apud . .

[*26 June 1316. Privy seal letter to the Bishop asking him to attend the king with
the other prelates and magnates at Lincoln on 29 July to prepare for the cam-
paign against the Scots.*]

[Fo. 28]

PRO SERVICIO DOMINI AD NOVUM CASTRUM.[1]

[*10 July 1316. Private letter from the Archbishop, at Lambeth, appealing to the
Bishop to attend the parliament at Lincoln on 29 July. The appeal is reiterated
in a short postscript.*]

LITTERA PRIVATA ARCHIEPISCOPI RECEPTA APUD POTERNE IIJ°
IDUS JULII DE VENIENDO LYNCOLN'. Walterus [*etc.*]

[*7 July 1316. A more formal letter from the Archbishop, at Lewisham (Levesham), to the same effect.*]

LITTERA ARCHIEPISCOPI MAGNO SIGILLATA SIGILLO RECEPTA
DICTIS DIE ET LOCO DE VENIENDO LYNCOLN'. Walterus [*etc.*]

[*23 July 1316. The Bishop's reply to the above letters, excusing himself from
attending on the grounds of an illness contracted at the recent convocation at
London.*]

EXCUSACIO DOMINI MISSA DOMINO . . ARCHIEPISCOPO DE NON
VENIENDO LYNCOLN'. Venerabili in Christo patri et domino
reverendo domino Waltero dei gracia Cantuar' archiepiscopo tocius
Anglie primati Rogerus ejusdem permissione Sarr' ecclesie minister
devote obediencie promptitudinem cum omni reverencia et honore

---

[1] *The whole of this letter is marked* vacat. *In margin,* alibi scriptum in brevibus;
queratur responsum in registro de brevibus.

debitis tanto patri. Mandavit nobis vestra paternitas reverenda quod die Jovis post festum beati Jacobi apostoli proxime jam venturum apud Lincolniam interesse personaliter curaremus vobiscum et cum aliis prelatis et regni proceribus super quibusdam ecclesie et regni utilitatem concernentibus tractaturi. Verum quia ab infirmitate que in novissimo tractatu ante festum nativitatis sancti Johannis Baptiste [*24 June*] London' habito nos arripuit nondum curamur ad plenum cujus pretextu hac vice dicto tractatui nequimus absque corporis nostri periculo medicorum judicio et prout nos ipsi sentimus personaliter interesse. Paternitati vestre reverende supplicamus attente quatinus nostram hujusmodi absenciam habere dignemini si libeat excusatam necnon et penes dominum nostrum regem qui nobis de veniendo suarum apicem litterarum direxit si placet efficaciter nos juvare ut vestro mediante presidio nostra excusacio supradicta pro qua sibi scribimus benigniter acceptetur. Parati quidem sumus et erimus velut obediencie filius vestris et ejusdem parare beneplacitis pro viribus et preceptis. Ad utilitatis ecclesie regimen vos conservet redemptor ipsius qui post miliciam temporalem perducat ad consorcia triumphantis. Scriptum apud Poterne x° kalendas Augusti anno domini millesimo ccc^mo xvj°.

[*Memorandum that the will of John Bluet, knight, was proved at Chardstock on 9 August 1316 and that custody of his harvest produce was granted to the rectors of Lacock and Bromham.*]

[Fo. 28^v]

Memorandum[1] quod in vigilia sancti Laurencii anno domini millesimo ccc^mo sextodecimo apud Cherdestok' exhibitum fuit coram domino et probatum testamentum domini Johannis Bluet' militis defuncti. Et scriptum extitit ad titulum 'rectoribus ecclesiarum de Lacok' et Bromham' quod ipsi fructus autumpnales ipsius defuncti colligerent et salvo custodirent quousque apparerent alii qui de indempnitate bonorum suorum voluerint cavere et quibus administracio in bonis ejusdem posset secure committi. *Tenor littere supradicte talis est:*

[*22 July 1316. Mandate to the rectors of Lacock and Bromham to make known the sequestration of the goods of the late John Bluet, knight.*]

[Fo. 29]

LITTERA PRO TESTAMENTO DOMINI JOHANNIS BLUET MILITIS DEFUNCTI. Rogerus et cetera dilectis in Christo filiis de Lacok et Bromham ecclesiarum rectoribus salutem et cetera. Domino

---

[1] *In margin,* Bluet'.

Johanne Bluet' milite cujus anime propicietur altissimus viam universe carnis ingresso non est qui testamentum si testatus decesserit
ordinariis exhibeat, probet, vel procuret aliqualiter ut est moris,
immo sunt quamplures qui bona ipsius mobilia absque auctoritate
sufficienti occupant, sibi appropriant, alienant, dissipare nequaquam formidant in animarum suarum periculum et dicti defuncti
prejudicium manifestum, non obstante immo concepto nostro
sequestro quod in dictis bonis jam tarde die funeris predicti defuncti
interposuimus ex causis predictis publice viva voce. Volentes igitur
indempnitati predicti defuncti prout ad nostrum spectat officium
paterna sollicitudine providere, devocioni vestre committimus et
firmiter injungendo mandamus quatinus ad ecclesiam conven-
tualem et parochialem de Lacok' necnon et ad alias ecclesias atque
loca in quibus dictus defunctus bona mobilia in archidiaconatibus
Wyltes' et Sar' habebat dum vixit que ex dictis causis tenore
presencium auctoritate ordinaria sequestramus personaliter accedentes sequestrum nostrum hujusmodi in dictis locis, Lacham, et
alibi ubi videritis expedire diebus dominicis et festivis intra missarum solempnia coram locorum parochianis ac dicti defuncti
bonorum custodibus et ballivis testato solempniter publicetis et
publice inhibere curetis ne qui bona predicta occultent, amoveant,
alienent, dissipent, vel consumant donec testamenti predicti
insinuacio facta fuerit ut jus dictat, sub pena excommunicacionis
majoris quam contravenientes et[1] nostri sequestri hujusmodi violatores formidare poterunt incurrere dampnabiliter ipso facto. De
bonis eciam predictis que et ubi existent necnon de predictorum
reorum nominibus et cognominibus si qui fuerint in hac parte per
vos inquiri per viros fidedignos et juratos inquirendorum noticiam
verisimiliter optinentes volumus et mandamus ad que omnia vobis
cum cohercione canonica committimus vices nostras donec aliud a
nobis receperitis in mandatis. Quid licet feceritis et inveneritis in
premissis nobis distincte et clare oportunis loco et tempore taliter
rescribatis quod super inventis exequi possumus et facere quod
canonicis convenit institutis. Valete. Datum apud Potern' xj°
kalendas Augusti et cetera.

[*9 August 1316. Letter to the rectors of Lacock and Bromham instructing them,
together with Ralph Bluet and William Martel, to take custody of the movable
goods of the late John Bluet, knight.*]

ALIA PRO EODEM. Rogerus permissione divina Sar' episcopus
dilectis in Christo filiis de Lacok et Bromham ecclesiarum rectori-

---

[1] *MS.* a.

bus nostre diocesis salutem, graciam, et benediccionem. Testamento domini Johannis Bluet defuncti coram nobis legitime approbato ipsius[1] bonorum in nostra jurisdiccione existencium indempnitati prospicere paterna sollicitudine cupientes, dilectos nobis in Christo Radulfum Bluet et Willelmum Martel certis ex causis et legitimis nos ad hoc racionabiliter inducentibus ad colligendum, recipiendum, et conservandum bona mobilia predicti defuncti ubicumque in nostra diocese existencia auctoritate nostra predicta una vobiscum duximus deputandos[2], sumptus autem neccessarios in hac parte assumi volumus de bonis predictis. Quid autem feceritis in premissis ac de bonis predictis per vos inventis nobis citra festum sancti Michaelis proximo jam venturum debite rescribatis per litteras vestras patentes et clausas harum seriem continentes. Valete. Datum apud Cherdestoke in vigilia sancti Laurencii anno domini millesimo ccc^{mo} xvj° et consecracionis nostre primo.

[9 *July 1316. Request from the chapter of St. Paul's, London. that the Bishop should relax the sequestration of the chapter's profits from Lambourn in return for the letters of security and 25 marks sent to the Bishop by the same messenger. While the deanery of St. Paul's was vacant the profits from Lambourn belonged to the Bishop of Salisbury.*]

LITTERA CAPITULI LONDON PRO SEQUESTRO INTERPOSITO IN BONIS ECCLESIE DE LAMBORN' RELAXANDO. Venerabili in Christo patri et domino R. dei gracia Sarr' episcopo sui devoti . . capitulum ecclesie sancti Pauli London' honoris et reverencie promptitudinem cum salute. Reverende pater et domine, caucionem litteralem quam de fructibus ecclesie de Lamborn' per nos innovari voluistis vestris parentes beneplacitis ut tenemur vobis secundum formam demandatam per fidelem nostrum Johannem Belamy latorem presencium transmittimus innovatam, quique viginti quinque marcas quas de fructibus vobis mitti jussistis nomine nostro solvet. Placeat igitur paternitati vestre primas litteras nostras vobis alias inde factas et de solucione dictarum viginti quinque marcarum aliquid testimoniale dicto Johanni liberari, ac sequestrum vestrum in lanis et agnis dicte ecclesie ut didicimus interpositum precipere relaxari. Nos siquidem totaliter vestri de paternitatis vestre exuberante gracia confidentes devotis instanciis supplicamus quatinus fructus prefate ecclesie pro anno futuro juxta speratam repromisse vestre gracie continuacionem concedere dignemini nobis vestris, et cum autumpnus instet inde rescribere per presen-

---

[1] *MS*. ipsorum.   [2] *MS*. deputandum.

cium bajulum velle vestrum ac cetera beneplacita injungere ad
possibilia preparatis. In Christo et virgine gloriosa valeat et con-
tinuatis vigeat successibus vestra paternitas reverenda. Datum in
capitulo nostro septimo idus Julii anno domini millesimo ccc^{mo}
sextodecimo.

[*17 July 1316. Letter to the archdeacon of Wilts. requesting him to receive the
above-mentioned 25 marks from the chapter's messenger and to distribute it,
ten marks to the vicar of Lambourn and the rest to the poor of Lambourn.*]

[Fo. 29^v]

LITTERA . . ARCHIDIACONO WILT' PRO LAMBORN'. Rogerus permissione divina Sarr' episcopus dilecto in Christo filio . . archidiacono Wiltes' salutem, graciam, et benediccionem. Quia
venerabiles viri . . capitulum ecclesie cathedralis London' caucionem
quam pro fructibus et proventibus ecclesie parochialis de Lamborne
nostre diocesis decanatu London' vacante provenientibus et a nobis
quatenus ad nos spectant eisdem graciose concessis petivimus jam
miserunt rogantes ut viginti quinque marcas quas Johannes
Belamy eorum nomine nobis solvet de predictis levatas fructibus
admittentes sequestrum auctoritate nostra in lanis et agnis ecclesie
supradicte instantis anni domini millesimi ccc^{mi} xvj^{mi} dicto decanatu
vacante perceptis interpositum quatenus ad nos pertinent relaxare
curemus. Volentes igitur predictam pecuniam dicte ecclesie de
Lamborne pauperibus parochianis dum eorum instat hiis diebus
plus solito nimis nota neccessitas erogari, attendentes eciam quod
vos inmediati predecessoris nostri tempore quandam de dictis
fructibus pecunie summam receptam in pios usus similes conver-
tistis vel saltem converti fecistis et per consequens jam majorem rei
noticiam faciendi consimiliter optinetis, specialiter vos rogamus et
in vestrorum remissionem peccaminum vos hortamur quatinus ad
predictam ecclesiam si quovis modo poteritis personaliter accedentes predictas viginti quinque marcas de predicto Johanne
Belamy per vos vel alium de quo confiditis nostro nomine admittentes perpetuo vicario predicte ecclesie de Lamborne, qui propter
neccessariorum victualium pennuriam hiis diebus fere mendicare
compellitur, de ipsa pecunia decem marcis solutis residuum inter
pauperes supradictos et in alios infra dictam parochiam pios usus,
prout deo placabilius esse decreveritis, quod vestre consciencie
puritati relinquimus erogare velitis, vel per duos viros quos esse
noveritis fidedignos dictorum pauperum indigencie noticiam optinentes facere vestre circumspeccionis deliberacione previa erogari
fideliter et testato. Nos utique preter premium quod a deo pro

vestro hujusmodi labore meritorio atque pio poteritis procul dubio promereri vobis efficiemur obnoxii ad ampliora merita graciarum. Scribimus siquidem Johanni predicto quod predictas viginti quinque marcas vobis vel alii quem ad hoc nominaveritis fidedigno nomine nostro solvat necnon et de Lamborn' et Aldeborne ecclesiarum vicariis quod predicta pecunia sic soluta sequestrum relaxent predictum. Quid autem feceritis in hac parte nobis oportunis loco et tempore cum tenore presencium debite rescribatis. Datum apud Potern' xvj° kalendas Augusti anno domini m° ccc^mo xvj° et consecracionis nostre primo.

[*17 July 1316. Letter to John Belamy, the messenger of the chapter of St. Paul's, instructing him to deliver the above-mentioned 25 marks to the archdeacon of Wilts.*]

ALIA PRO EODEM. Rogerus permissione divina Sarr' episcopus dilecto in Christo Johanni dicto Belamy salutem, graciam, et benediccionem. Scripserunt nobis venerabiles viri . . capitulum ecclesie cathedralis London' quod de fructibus ecclesie parochialis de Lamborne vacante decanatu London' provenientibus et ad nos occasione vacacionis hujusmodi pertinentibus nobis vel alii prout decreverimus viginti quinque marcas persolves rogantes quod sequestrum in lanis et agnis dicte ecclesie de Lamborn' auctoritate nostra novissime interpositum relaxare vellemus. Tibi igitur intimamus quod placet nobis quod dictam pecuniam . . archidiacono Wiltes' vel alii fidedigno quem ad hoc deputare voluerit nomine nostro solvas. Damus siquidem . . perpetuis de Lamborne et Aldeborne ecclesiarum vicariis per nostras litteras in mandatis quod predicta pecunia sic soluta sequestrum relaxent prodictum. Valete. Datum apud Poterne xvj° kalendas Augusti anno domini m° ccc^mo xvj° et consecracionis nostre primo.

[*17 July 1316. Instruction to the vicars of Lambourn and Aldbourne that if John Belamy delivers 25 marks to the archdeacon of Wilts. they are to relax the sequestration imposed on the profits of Lambourn.*]

ALIA PRO EODEM. Rogerus permissione divina Sarr' episcopus dilectis in Christo filiis de Aldeborn' et Lamborn' ecclesiarum perpetuis vicariis salutem, graciam, et benediccionem. Si
Fo. 30   Johannes Belamy solvat dilecto filio magistro Willelmo |
de Chadeleshunte archidiacono Wiltes' vel alii quem idem archidiaconus ad hoc deputabit viginti quinque marcas de fructibus predicte ecclesie de Lamborn' nostre diocesis vacante decanatu ecclesie cathedralis London' provenientibus quatenus occasione

vacacionis hujusmodi ad nos pertinere noscuntur persolvat, tunc sequestrum in agnis et lana ad predictam ecclesiam de Lamborn' spectantibus auctoritate nostra novissime interpositum relaxare curetis. Rescribentes nobis oportunis loco et tempore cum tenore presencium quid feceritis ac predictus Johannes fecerit in hac parte. Valete. Datum apud Poterne xvj° kalendas Augusti anno domini millesimo ccc^{mo} xvj° et consecracionis nostre primo.

[*31 July 1316. Letter from Richard de Pavely, prior of the hospital of St. John of Jerusalem, agreeing to the sequestration of Bisham church, which is without an incumbent and needs protection from lay depredations. The style of this letter is rough, and the French gives the impression that it has been written at dictation, phonetically.*]

[Fo. 30ᵛ]

CONSENSUS . . PRIORIS HOSPITALIS PRO CUSTODIA DE BISTLESHAM.
Au reverende pere en Crist sire Roger par la grace de dieu evesque de Saresbirs le seon si lui plest en toutes choses frere Richard de Pavely de la seinte meisoun del hospital seint Johan de Jerusalem humble priour en Engleterre salutz oue tote manere de reverence et de honeur. Cher sire nouse avoms entendu qe avec maunde par vous graciouses lettres a frere Henri de Basingg' nostre commaundour de Grenham coment vous estes en volunte de sequestrer les fruts del esglise de Bistlesham jadis de Temple pour ceo gentz lais si mallent des choses del esglise et qe lesglise nest mie servie a son dreit ne les mesons de la vikarie sustenues me descheus et coment vos estes en volunte de bailler la garde a auqune persone benefice en vostre diocise que respoine apres le debaat a ceux a qi la chose serra ordinee salve que lesglise seit servie a son dreit et les meisons redrescetz et sustenues en lur estat et les autres charges que apendount a lesglise. Et de ceo vous plest il avoir assentement de nous et de nos freres. Sire nous vous mercioms tant come nous savoms et pooms de graunt amour et graunt affection que vous avetz a nous et a nostre religion qe vous de ceste chose nous certefiez si amiablement et nous y assentoms por nous et por nos freres et vous prioms especialment qil vous pleise les frutz sequestrer et in tiele gard bayler que lesglise seit servie a son dreit et les autres choses que al esglise apendent seint ensi ordinez come vous voirietz qe seit al honour dieu et a profit de ceaux a qi les choses devendront de temps qest avenir. Et si de cest assentement vous plest aver nostre lettre patente nous sire la vous enveieroms voluntiers, mes a nous semble qil nous convendroit point qar a vous partient de office cieu chose feare a ceo que nous semble, mes au comaundour ou a nous vostre volunte voilletz maunder si vous plest la patente et nous la vous envoieroms. Et en le men temps vous prioms que vous voilletz

sequestrer les fruts qil ne se perdent por ceo que Laugust' est si prees. Cher sire voz voluntez en totes choses nous maundetz come a vostre fitz que prest serra de obeier come a benigne pere et seigneur. A dieu cher sire que en son service longement vous menteigne. Escript a Chippenham le derrain jour de Juil'.

[*10 August 1316. Commission to Thomas [de Arpham], rector of St. Leonard's, Wallingford, to collect the profits of Bisham church and to find a priest to serve the cure.*]

POTESTAS FACTA . . RECTORI ECCLESIE [SANCTI] LEONARDI DE WALING' PRO FRUCTIBUS DE BISTLESHAM. Rogerus et cetera dilecto in Christo filio Thome rectori ecclesie sancti Leonardi Walingford' nostre diocesis salutem, graciam, et benediccionem. Inter varias commissi nobis dominici gregis solicitudines atque curas id precipue insidet cordi nostro ut ecclesiis et clero et populo nobis subjectis curemus in hiis presertim in quibus animarum versatur quatenus cum deo possumus utiliter providere. Sane in manerio nostro de Sonning' moram per aliqua tempora facientes parochianorum ecclesie de Bistlesham nostre diocesis et aliorum insinuacionem fidedignorum didicimus fama publica attestante quod cura animarum ecclesie supradicte, tam quia rectoris destituitur regimen tam propter ejusdem vicarii vacacionem diutinam, non regitur ut debet nec eciam in divinis eadem ecclesia deservitur, quodque ejusdem proventus ecclesiastici per laicos illicite distrahuntur, asportantur, et dissipantur omnino, ejusdem mansum et edificia pro magna eorum parte pro defectu custodie similiter corruerunt, que in partibus de Bistlesham adeo sunt notoria et oculis intuencium manifesta, quod ea absque nostro et dictorum parochianorum animarum periculo ac predicte ecclesie evidenti juris prejudicio, exemplo pernicioso, et ingenti scandalo nequimus conniventibus oculis absque remedio congruo preterire, de quibus eo vehemencius anxiamur quod nobis in nostri status primordiis sunt delata.

Fo. 31[1]   Volentes igitur paterna solicitudine premissis | occurrere periculis indempnitatique dicte ecclesie et juri eorum quorum in hac parte interest prospicere pro viribus ut tenemur, te ad colligendum, custodiendum, petendum, exigendum, et recipiendum fructus, pensionem, et proventus quoscumque ad dictam ecclesiam de Bistlisham et vicariam ejusdem quomodolibet pertinentes, quos ex causis predictis et aliis legitimis nos ad hoc racionabiliter inducentibus de expresso consensu religiosorum virorum prioris et fratrum sancte domus hospitalis sancti Johannis Jerusa-

---

[1] *At top of page*, Bistlesham.

lem in Anglia sequestramus,¹ tenore presencium deputamus donec
tua potestas hujusmodi per nos vel superiores nostros fuerit
revocata. Proviso quod dicte ecclesie curam per sufficientem
presbiterum facias excerceri et eandem ecclesiam in divinis
laudabiliter deserviri, cui de hujusmodi proventibus moderanda
parte stipendia congrua volumus ministrari, ac domos et mansum
vicarie predicte quatenus expedicius esse videris congrua reparari
ac omnia tam ordinaria quam extraordinaria ecclesie et vicarie
incumbencia supradictis persolvi, quodque de bonis et proventibus
supradictis que et quos recipere te continget inventarium conficias
annuatim fideleque calculum nobis reddas et de eisdem respondeas
cum super hoc per nos vel superiores nostros fueris legitime
premunitus, ut de eis in eventu disponi valeat et fieri quod justicia
suadebit. Sumptus autem et expensas necessarias quos et quas
circa colleccionem et conservacionem dictorum fructuum et proventuum predictorum vel alias facere oportebit circa custodiam
hanc tibi commissam assumere te volumus de eisdem, tibique
ipsos sumptus et expensas faciemus in tuo calculo pleniter allo-
cari ac pro tuo labore hujusmodi respici ut est justum. Quid autem
feceris in premissis ac de fructibus et proventibus hujusmodi
annuatim per te receptis necnon de sumptibus et expensis in hac
parte factis ordinariis et extraordinariis persolutis nos reddas annis
singulis tua hujusmodi durante custodia cerciores per tuas litteras
patentes et clausas harum seriem continentibus. Vale. Datum apud
Cherdestock' iiij idus Augusti anno domini millesimo cccᵐᵒ xvj et
consecracionis nostre primo.

[*10 August 1316. Mandate to the official of the archdeacon of Berks. to allow
the collection of the profits of Bisham church, to publish the sequestration and
the above commission, and to see that they are observed.*]

. . OFFICIALI . . ARCHIDIACONI BERK' PRO EODEM. Rogerus permissione divina Sarr' episcopus dilecto in Christo filio . . officiali . .
archidiaconi Berk' salutem, graciam, et benediccionem. Inter
varias commissi *ut supra in proxima littera usque ibi 'ut tenemur'*,
dilectum in Christo filium Thomam de Arpham rectorem ecclesie
sancti Leonardi Walingford' nostre diocesis ad colligendum,
custodiendum, petendum, exigendum, et recipiendum fructus,
pensionem, et proventus quoscumque ad dictam ecclesiam de
Bistlesham et ad vicariam ejusdem quomodolibet pertinentes quos
ex causis predictis et aliis legitimis nos ad hoc racionabiliter inducentibus de expresso consensu religiosorum virorum prioris et

¹ *MS.* sequamuś.

fratrum sancte domus hospitalis sancti Johannis Jerusalem in
Angl' sequestramus duximus deputandum donec ejusdem in hac
parte potestas per nos vel superiores nostros fuerit revocata, proviso
quod curam dicte ecclesie de Bistlesham per sufficientem presbiterum faciat excerceri et eandem ecclesiam in divinis laudabiliter
deserviri, cui de hujusmodi proventibus moderanda per dictum
custodem dispendia volumus ministrari, ac domos et mansum
vicarie predicte quatenus commodius fieri poterit congrue reparari
prout in confectis eidem custodi nostris super hoc litteris plenius
continetur. Vestre igitur devocioni committimus et firmiter injungendo mandamus quatinus predictum custodem predictos proventus
colligere, petere, et recipere libere permittatis presentandumque
vobis per eundem custodem presbiterum idoneum ad ea de quibus
premittitur ut convenit admittatis, sequestri eciam interposicionem
et custodis deputacionem hujusmodi in dicta ecclesia de Bistlesham
et aliis locis et temporibus oportunis solempniter publicantes inhiberi curetis intra missarum solempnia cum major parochianorum
affuerit multitudo sub pena excommunicacionis majoris ne quis
vel qui nostrum hujusmodi violare sequestrum seu custodem impedire predictum in hac parte minus provide quovismodo presumat,
contradictores et rebelles vice nostra per quamcumque censuram
ecclesiasticam canonice compescendo. Per hoc siquidem mandatum
nostrum predictum non intendimus juri presentancium vel presentatorum ad dictam ecclesiam de Bistlesham seu ad vicariam
ejusdem vel aliorum quorumcumque in aliquo derogare,
Fo. 31ᵛ   quin pocius ecclesie, vicarie, | et animarum cure
hujusmodi ac juri quorum interest prout ex suscepto
pastorali tenemur officio pro viribus prospicere et utiliter providere.
Quid autem feceritis et inveneritis in premissis ac de contradictorum et rebellium nominibus et cognominibus in hac parte nobis
oportunis loco et tempore debite rescribatis per litteras vestras
patentes harum recepcionis diem et seriem continentes. Valete.
Datum apud Cherdestock' iiij^{to} idus Augusti anno domini millesimo ccc^{mo} xvj et consecracionis nostre primo.

[*15 March 1321. Commission to the archdeacon of Dorset or his official to inquire
into the case for the union of the churches of St. John and St. Mary [Shaftes-
bury]. The union has been proposed by the abbess and convent of Shaftesbury,
claiming to be patrons of both churches, on the grounds that the profits of the
churches are insufficient.*]

LITTERA PRO CONSOLIDACIONE ECCLESIARUM.[1] Rogerus permissione divina Sarr' episcopus dilecto in Christo filio archidiacono

---

[1] *This entry has been considerably amended, and may have provided a rough draft.*

Dors' vel ejus . . officiali salutem, graciam, et benediccionem.
Instant apud nos dilecte filie . . abbatissa et conventus monasterii
Schafton' nostre diocesis que se dicunt patronas ecclesiarum sancti
Johannis et sancte Marie dicte nostre diocesis humiliter supplicando
quod cum predictarum ecclesiarum proventus adeo sunt tenues et
exiles quod ad congruam sustentacionem eciam unius presbiteri
minime sufficere dinoscantur, ac Walterus de Corscombe rector
ecclesie sancte Marie predicte hujusmodi exilitatis pretextu suam
resignaverit ecclesiam supradictam, predictas ecclesias unire et
consolidare auctoritate ordinaria curaremus. Verum quia consolidaciones hujusmodi fieri non debent nisi ex causis legitimis et
eciam approbatis, supplicacioni earum absque sufficienti deliberacione non duximus annuendum. Volentes igitur super premissis
et ea tangentibus effici cerciores, devocioni vestre committimus et
mandamus quatinus ad easdem ecclesias quam cicius poteritis
commode personaliter accedentes, religiosis mulieribus ac rectoribus antedictis ac aliis quorum interest primitus evocatis, per
rectores, vicarios, et alios viros fidedignos inquirendorum noticiam
verisimiliter optinentes diligencius inquiratis in quibus porcionibus
fructus et proventus dictarum ecclesiarum consistant distincte, et
quid communi estimacione valeant annuatim, et an ipsi fructus
et proventus pro sustentacione sufficiant presbitorum duorum
eorumdem, que eciam in eisdem sit cura, ac si unus presbiter pro
regenda cura sufficiat ecclesie utriusque, quisque verus earum sit
patronus et ultimo presentaverit ad easdem, necnon de resignacione
predicta et ipsius causa, ac si religiose et rectores predicti et alii
quorum interest hujusmodi consolidacioni consenciant, ac de aliis
premissorum circumstanciis universis adeo quod per inquisicionem
hujusmodi plenius informari possimus utrum consolidacio hujusmodi de jure concedenda fuerit vel neganda. Quid feceritis et
inveneritis in premissis ac de nominibus et cognominibus eorum
per quos inquiritur in hac parte nobis distincte et dilucide rescribatis per litteras vestras [patentes] et clausas harum seriem continentes. Valete. Datum apud la Lee idibus Marcii anno domini
millesimo ccc^mo vicesimo et consecracionis nostre anno sexto.

[*Undated. Licence to an abbot to appoint a confessor.*]

AD ELIGENDUM CONFESSOREM.[1] Rogerus et cetera dilecto in
Christo filio fratri . . dei gracia abbati . . nostre diocesis salutem et
cetera. Anime vestre saluti prospicere paterna solicitudine salubriter affectantes ut aliquem virum vestro judicio ad hoc idoneum

1 *Changed from* Ad audiendum confessiones.

in confessorem vestrum eligere valeatis, vobis eundem eligendi
sibique vestra peccamina confitendi necnon eidem confessori confessionem hujusmodi audiendi et vos a confessatis sibi peccatorum
maculis secundum formam ecclesie absolvendi eciam in articulis
nobis specialiter reservatis liberam in domino tenore presencium
concedimus potestatem, volentes ut idem confessor omnia et
singula vice nostra licite excercere valeat in hac parte que nobis
ecclesiastica tribuunt instituta. Valete. Datum.

[*4 August 1316. Letters of administration to the rectors of Lacock and Bromham,
with whom Ralph Bluet and William Martel are joined as executors, for the
movable goods of the late John Bluet, knight.*]

[Fo. 32][1]

CUSTODIA IN BONIS DEFUNCTORUM. Rogerus permissione divina
Sarr' episcopus dilectis in Christo filiis de Lacock' et Bromham
ecclesiarum rectoribus nostre diocesis salutem et cetera. Testamento domini Johannis Bluet' militis defuncti coram nobis legitime
approbato, ipsius bonorum in nostra diocese existencium indempnitati prospicere paterna solicitudine cupientes, dilectos nobis in
Christo Radulfum Bluet et Willelmum Martel certis ex causis et
legitimis nos ad hoc racionabiliter inducentibus ad colligendum,
recipiendum, et conservandum bona mobilia predicti defuncti
ubicumque in nostra diocese existencia auctoritate nostra ordinaria
una vobiscum duximus deputandos. Sumptus autem in hac parte
neccessarios assumi volumus de bonis predictis. Quid autem
feceritis in premissis ac de bonis predictis per vos inventis nobis
citra festum sancti Michaelis proximo jam venturum debite
rescribatis per litteras vestras patentes et clausas harum seriem
continentes. Valete. Datum apud Cherdestock' ij nonas Augusti
anno domini millesimo ccc^mo xvj et consecracionis nostre primo.

[*7 July 1316? Mandate to the chapter of Salisbury, appropriators of Hilton, to
provide a competent house for the vicar, as they are bound to under the terms
of the ordination of the vicarage. They are to inform the Bishop of their
actions by 1 Aug.*]

LITTERA MISSA CAPITULO PRO VICARIO DE HELTONE. Rogerus et
cetera dilectis in Christo filiis . . capitulo ecclesie nostre Sarr'
salutem et cetera. Litteras ordinacionis vicarie ecclesie parochialis
de Heltone nostre diocesis quam in usus proprios canonice possi-
detis inspeximus inter cetera continentes quod vos ejusdem ecclesie
perpetuo vicario in competenti messuagio tenemini providere, quod
tamen eo quod nostram super hoc auctoritatem nullatenus habuistis

---

[1] *At top of page*, Bluet'.

hactenus, sicut per ejusdem loci vicarium accepimus, non fecistis, in ipsius vicarium grave dampnum. Volentes igitur ut tenemur eidem impendi vicario justicie complementum, devocioni vestre mandamus quatinus de competenti messuagio secundum dicte ordinacionis exigenciam absque more diffugio taliter providere curetis quod cum ad partes illas venerimus, quod erit ut speramus in brevi, subicere possimus oculis factum vestrum et illud tunc velud equitate fulcitum prout ad nos pertinet approbare. Quid autem feceritis in hac parte nobis citra festum sancti Petri quod dicitur ad vincula rescribatis per litteras vestras patentes et clausas harum seriem continentes. Datum apud Potern nonis Julii anno.

[*Undated. Mandate to the archdeacon of Dorset or his official to pronounce sentence of excommunication against unknown persons who had broken sanctuary at Holy Trinity church, Dorchester, to inquire into the circumstances of the crime, and, if any of the offenders are found, to cite them to appear before the Bishop or his commissaries.*]

CONTRA EXTRAHENTES CONFUGAS AB ECCLESIA. Rogerus et cetera dilecto in Christo filio . . archidiacono Dors' vel ejus . . officiali salutem, graciam, et benediccionem. Licet rerum experiencia perurgente deliberacione provida per sanctos patres fuerit salubriter institutum quod pro suis facinoribus eciam rei sanguinis ad ecclesiam fugientes sub forma proteccionis libertatis ecclesiastice ab hominum incursu securi persistere et defendi debeant, ad nostrum tamen jam pervenit auditum quod quidam sancte dei ecclesie persecutores proprie salutis inmemores, de quorum non constat nominibus vel personis, per excogitatam maliciam Robertum dictum Eustaas de Welle ad ecclesiam sancte Trinitatis Dorcestr' et A. de B. ejusdem ecclesie cimiterium sub ecclesiastice tuicionis habende pretextu nuperime fugientes dei timore et ecclesie reverencia omnino contemptis cum ingenti violencia et effusione sanguinis extraxerunt, verberarunt, et vulneraverunt adeo quod predicto A. mortem ut asseritur optulerunt voluntarium homicidium dampnabiliter committendo, ecclesiam et cimiterium predicta temere polluendo, propter quod si est ita malefactores hujusmodi cum suis complicibus eisdem in hujusmodi facinore consilium, auxilium, vel consensum publice vel occulte prebentes aut factum hujusmodi suo nomine perpetratum ratum habendo majoris excommunicacionis sentenciam a sanctis patribus dudum latam ipso facto non est dubium incurrisse. Volentes igitur indempnitati ecclesie supradicte ac animarum periculis providere pro viribus ut tenemur, vobis injungimus et mandamus quatinus presumptores hujusmodi cum suis auctoribus et complicibus in

premissis in ecclesia de D.¹ predicta cum major parochianorum
affuerit multitudo et ecclesiis aliis decanatus Dorcestr'
Fo. 32ᵛ   sic excommunicatos esse | intra missarum solempnia,
erecta cruce, pulsatis campanis, candelis accensis et
extinctis, publice et in generale moneatis et per alios faciatis
solempniter nunciari, inquirentes nichilominus celerius quo potestis
de premissis et premissorum circumstanciis universis necnon de
ipsorum malefactorum nominibus et cognominibus per viros fidedignos et juratos inquirendorum noticiam verisimiliter optinentes
diligencius veritatem. Et si quos in hac² parte inveneritis esse reos
ipsos peremptorie citetis seu faciatis citari quod die et loco eisdem
pro vestro arbitrio statuendo compareant³ coram nobis seu commissariis nostris ubicumque tunc fuerimus in nostra civitate vel
diocese super premissis et ea tangentibus responsuri, facturi, et
recepturi ulterius quod sacris convenit institutis. Quid autem
feceritis et inveneritis in hac parte una cum nominibus et cognominibus hujusmodi malefactorum⁴ nobis oportunis loco et tempore
apercius rescribatis per litteras vestras patentes harum seriem
continentes. Valete. Datum et cetera.

[*27 October 1316. Licence to the bishop of St. David's to ordain clerks in the
rural deanery of Reading on 18 Dec.*]

LICENCIA CONCESSA . . EPISCOPO MENEV' PRO ORDINIBUS CELE-
BRANDIS IN DECANATU RADING'. Venerabili in Christo domino D.
dei gracia episcopo Menev' Rogerus ejusdem permissione Sarr'
ecclesie minister salutem et sincerum fraterne caritatis amplexum.
Ut in instanti Sabbato quatuor temporum post festum beate Lucie
virginis clericos vestre diocesis et aliarum diocesium suorum
diocesanorum litteras dimissorias exhibentes ad ordines convenientes in aliqua ecclesia seu capella decanatus Rading' nostre
diocesis valeatis licite promovire [*sic*] liberam tenore presencium
concedimus facultatem. Datum apud Sonnyngs sexto kalendas
Novembris anno domini m° ccc^mo sextodecimo et consecracionis
nostre secundo.

[*29 August 1316. Special licence to William de Coleshull, canon of Salisbury, to
appoint a confessor, because of his ill health.*]

AD ELIGENDUM CONFESSOREM SPECIALIS LICENCIA.⁵ Rogerus
permissione divina Sarr' episcopus dilecto in Christo filio magistro
Willelmo de Coleshull' nostre Sarr' ecclesie canonico salutem,

¹ *MS.* B.   ² in hac *written twice.*
³ *MS.* compareat.   ⁴ *MS.* malefactores.
⁵ *In margin,* Coleshull'.

graciam, et benediccionem. Inter varias nostri pastoralis officii sollicitudines que nos angunt id nos frequenti meditacione perurget ut subditorum nostrorum animarum saluti quatenus nobis ab alto permittitur consulamus. Vestris igitur nobis in hac parte fusis precibus inclinati ut aliquas personas vestro judicio ad hoc idoneas vobis possitis eligere confessores, ipsosque mutare aliosque eligere quociens et quando vobis et anime vestre saluti racione previa videbitur expedire, vobis confitendi hujusmodi que per vos electis personis confessionem vestram quociens et quando volueritis audiendi et vos a confessis vestris maculis eciam in casibus nobis specialiter reservatis a canone absolvendi et alia que ad confessionem hujusmodi pertinent excercendi necnon quod in loco minime consecrato alias tamen honesto infirmitate vestra durante cui mederi dignetur altissimus in vestra presencia possint celebrari divina vobis ea audiendi et presbitero celebrare volenti inibi celebrandi liberam in domino tenore presencium concedimus facultatem, ratificantes nichilominus confessionem vestram et impensam vobis absolucionem penitenciamque injunctam ante hujusmodi nostram licenciam si cuiquam eciam in casibus nobis reservatis a canone cuivis presbitero cujus in ea parte eligistis prudenciam confessati vel in loco non consecrato audieritis et celebrari feceritis occasione vestre infirmitatis divina. Valete. Datum apud Cherdestoke iiij^{to} kalendas Septembris anno domini millesimo trecentesimo sextodecimo et consecracionis nostre primo.

[*24 July 1314. Royal licence for the appropriation by the abbot and convent of Milton of the church of Sydling St. Nicholas, of which they are the patrons, subject to the payment of an annual pension of 20 marks to the dean and chapter of Salisbury. (Cf. Calendar of Patent Rolls, 1313–17, p. 159.)*]

[Fo. 33]

BRODESIDELYNG'. Edwardus[1] [*etc.*] [*There follows the abbot and convent's submission of the church to the Bishop's decision; given at Milton, undated.*]

[*29 December 1315. Mandate to the archdeacon of Dorset or his official to inquire into the patronage and value of the church of Sydling St. Nicholas.*]

Rogerus[2] permissione divina Sarr' episcopus dilecto in Christo filio . . archidiacono Dors' vel ejus . . officiali salutem, graciam, et benediccionem. Volentes super infrascriptis certis et legitimis causis effici cerciores, devocioni vestre firmiter injungendo committimus et mandamus quatinus tam per viros ecclesiasticos quam

---

[1] *In margin*, Consensus regii.   [2] *In margin*, Inquisicio.

laicos inquirendorum noticiam verisimiliter optinentes juratos et nequaquam suspectos . . abbate et conventu monasterii de Middleton' nostre diocesis ac rectore ecclesie infrascripte ad hoc primitus evocatis diligenter et fideliter inquiratis quis ecclesie de Brodesidelingg' nostre diocesis sit verus patronus ac in quibus porcionibus ejusdem ecclesie rectoria consistat necnon si ipsa ecclesia aliquam terram habeat in dominico, pasturam, vel pratum et si sic quot acras et [quantum] ipsa terra, pastura, et pratum valeant annuatim ac de tenentibus et redditu annuo si qui
Fo. 33ᵛ pertineant ad eamdem ac de vero communibus annis |
valore omnium decimarum tam majorum garbarum et feni quam minorum omnium et oblacionum ac ceterorum proventuum ad dictam ecclesiam qualitercumque spectancium quocumque nomine censeantur, et si dicta ecclesia existat pensionaria vel porcionaria et si sic in quo et quibus pensio vel porcio debeatur hujusmodi, que eciam onera teneatur annuatim subire, ad que omnia facienda et ut premittitur exequenda vobis cum cohercionis canonice potestate committimus vices nostras, mandantes quod super omnibus et singulis per dictam inquisicionem inventis et premissorum valore proventuum non obscure set clare, particulariter, et distincte celerius quo poteritis comode rescribatis per litteras vestras patentes et clausas harum recepcionis diem et seriem ac eorum per quos inquiritur nomina et cognomina continentes. Valete. Datum apud Poterne iiijᵗᵒ kalendas Januarii anno domini millesimo trecentesimo quintodecimo et consecracionis nostre primo.

[*15 April 1316. The certificate of the archdeacon's official to the above mandate.*]

ET CERTIFICATUM EXTITIT PER DICTUM OFFICIALEM DORSETIE SUB HAC FORMA. Venerabili in Christo patri ac domino reverendo domino Rogero dei gracia Sarr' episcopo suus humilis et devotus clericus domini . . archidiaconi Dors' . . officialis tam debitam quam devotam obedienciam cum omni reverencia et honore. Mandatum vestrum recepi v kalendas Marcii continens hunc tenorem, Rogerus et cetera, IN FINE SIC. Hujus igitur auctoritate mandati dictis . . abbate et conventu vocatis et per procuratorem idoneum legitime comparentibus, vocatoque similiter rectore et nullo modo comparente, per clericos et laicos in forma juris juratos quorum nomina inferius continentur super premissis diligenter inquisivi et per juratorum deposiciones inveni quod dictus . . abbas et conventus veri sunt patroni ecclesie memorate et quod ecclesia ipsa habet in dominico terram set nullum pratum, videlicet xxxᵃ

acras terre arabilis que valent per annum xv s. et pasturam in
communi ad duos affros per totum annum et ad alios duos affros
inter gulam Augusti et festum sancti Michaelis, ad decem boves,
unum taurum, sex vaccas, xv porcos, CC et L oves matrices, et
aucas absque numero que valet per annum xxj s. viij d., videlicet
pastura affrorum xiiij d., averiorum viij s. vj d., porcorum ij s., et
ovium x s. Habet insuper duos tenentes qui reddunt per annum
iiij s. Ad ipsam quoque ecclesiam pertinent decime majores
garbarum videlicet et feni que communibus annis valent quinquaginta marcas et decime minores, oblaciones, et obvenciones altaris
viginti libras. A dicta vero ecclesia debetur dictis . . abbati et
conventui annua pensio xxx solidorum et loci . . archidiacono
procuracio que estimatur ad vij s. iiij d. ob. qᵃ, ac pro redditu
Natalis, Pasche, Pentecoste xl d. ob. Duos insuper haberi oportet
capellanos, unum qui ecclesie et alterum qui capelle de Upside-
lyngg' deserviat adjacenti. Nomina siquidem juratorum sunt hec,
magister Radulfus rector ecclesie de Pulham, Rogerus rector
ecclesie de Frome, Radulfus rector ecclesie de Abnere, Robertus
Rector ecclesie de Melbir', Radulfus rector ecclesie de Wroxale,
Henricus rector ecclesie de Tollepudele, Robertus vicarius de
Whitcherche, Hugo rector ecclesie de Hinepudele, Willelmus
vicarius de Middelton', Willelmus rector ecclesie de Frome Foghe-
cherch'; laici, Ricardus de Byngham, Thomas de Wroxale, Ricardus
Firet, Rogerus Granger, Willelmus Parys, Hugo de Whitcherche,
Johannes Torbervill', et Johannes Wylekoc. Mandatum vestrum
sic sum reverenter executus. Datum apud Blaneford xvij kalendas
Maii anno domini millesimo trecentesimo sextodecimo.

[*Undated. Appropriation of the church of Sydling St. Nicholas to the abbot and
convent of Milton, subject to an annual pension to the dean and chapter of
Salisbury of 20 marks, which is to pay for a priest to celebrate daily in the
cathedral for the souls of Nicholas Longspee, late bishop, and his father,
William Longspee, earl of Salisbury, and for their obits. The Bishop refers to
the poverty of the abbot and convent, whose property has suffered from fires.*]

Rogerus[1] permissione divina Sarr' episcopus dilectis filiis . . abbati
et conventui monasterii de Middeltone ordinis sancti Benedicti
nostre diocesis salutem, graciam, et benediccionem. Injuncte nobis
debitum servitutis exposcit [*etc.*]. Illisque nichilominus ad juste
remuneracionis antitoda nos equitate naturali reputamus
Fo. 34   obnoxios qui dictam | ecclesiam nostram ipsius pariter
et ministros pia mentis devocione retroactis temporibus
altis honoribus extulerunt. Attendentes siquidem, dilecti in domino

¹ *In margin,* Appropriacio, *and, in later hand,* ecclesie de Brodesidelyng'.

filii . . abbas et conventus predicti, diversa pericula, jacturas, et
dispendia notoria que vobis et vestro monasterio per crebra in-
cendia tam in ecclesia vestra tunc eminenter constructa et ipsius
eminentis altitudinis ligneo campanili ornamentisque variis atque
libris quam in vestris domibus et quod inter cetera vehemencius
deplangitur in possessionum vestrarum munimentis consumptis ac
in aliis rebus vestris diversis [*etc.*], paterneque consideracionis et
compassionis oculis intuentes tenuitatem cotidianarum distribucionum quas percipiunt canonici in nostra ecclesia supradicta,
dampna eciam que iidem canonici circa redditus et proventus ad
distribuciones hujusmodi pertinentes a multo tempore sustinuerunt
ac sustinent multipliciter et jacturas oneraque continue sicut
experiencia multiplici et potissime personali quam inter eos aliquando fecimus residencia novimus incumbencia canonicis residentibus in eadem, ad magna preterea beneficia que per bone
memorie quondam Nicholaum Lungespee Sarr' episcopum predecessorem nostrum et ejus progenitores ecclesie nostre predicte
liberaliter sunt impensa nostre mentis oculos convertentes specialiter memorie commendamus quod nobilis vir quondam Willelmus
Lungespee comes Sarr' pater predecessoris nostri predicti dum
olim ecclesia Saresbir' intra menia castri Sarr' sub ipsius districtu
esset notorie situata et sic addicta quodammodo servituti ipsam
non solum ad liberacionem hujusmodi servitutis transferri permisit
set in ecclesia que nunc est una cum celebris memorie Henrico tunc
rege Anglorum cujus erat consanguineus idem comes ex magne
devocionis affectu posuit fundamentum ipsam extunc quampluribus beneficiis, favoribus, et honoribus prosequendo [*etc.*],
nimirum inducimur et plurimum excitamur ut vobis dictisque
canonicis paterne sollicitudinis studio consulamus ac prefatis
pontifici et comiti qui temporali subsidio jam non egent spiritualia
suffragia pro impensis hujusmodi beneficiis prout dominus inspi-
ravit debita gratitudine rependamus. Ut igitur eo liberius divinis
obsequiis intendere ac incumbencia de quibus premittitur onera
ut tenemini supportare possitis et possint canonici supradicti quo
futuris occurritur periculis ac vestre et illorum facultates licet non
ut vellemus saltem aliquantum capiant incrementum, nos laudabile
propositum atque pium recolende memorie Simonis quondam
Sarr' episcopi inmediati predecessoris nostri qui dictum negocium
prout veraciter novimus habens cordi ipsum ex causis predictis
dum vixit sibi cognitis aliqualiter inchoavit in domino prosequentes patris et filii et spiritus sancti nomine primitus invocato,
ecclesiam de Brodesidelyngg' nostre diocesis et nuper vestri

patronatus, quam cum hujusmodi patronatus jure et omnibus suis
juribus ac pertinenciis universis in ipsius juris patronatus pacifica
possessione vel quasi notorie existentes nostre ordinacioni pure,
sponte, absolumente, et simpliciter submisistis [*etc.*],
Fo. 34ᵛ | a tempore quo proximo eamdem ecclesiam quoquo
modo legitime in futurum vacare contigerit [*etc.*]
vobis et vestro monasterio supradicto ac per vos vestris
successoribus [*etc.*] cum omnibus suis juribus et pertinenciis
universis antedictis, viginti marcarum annua pensione ab eadem
ecclesia percipienda, assignanda, et ordinanda prout annotatur
inferius dumtaxat excepta, intuitu concedimus caritatis et
auctoritate pontificali in usus proprios ordinamus, apropriamus,
et tenore presencium assignamus vobis et successoribus vestris
futuris et perpetuis temporibus canonice possidendam. Ordinamus
insuper auctoritate pontificali ex causis predictis speciali ad hoc
consensu regio preoptento quod vos . . abbas et conventus predicti
et vestri in dicto monasterio successores solvatis et solvere teneamini annis singulis imperpetuum dilectis filiis . . decano et capitulo
nostre cathedralis ecclesie Sarr' in festis beati Michaelis, Natalis
domini, Pasche, et nativitatis beati Johannis Baptiste apud Sarr'
equalibus porcionibus annuam viginti marcarum pensionem[1] predictam de apropriata vobis ecclesia supradicta pro sustentacione
unius presbiteri divina singulis diebus in ecclesia nostra predicta
pro animabus dictorum episcopi et comitis quorum corpora in
ecclesia nostra Sarr' requiescunt humata et omnium fidelium defunctorum celebraturi ac pro obitibus eorumdem episcopi et
comitis die anniversariorum suorum annuatim et imperpetuum
prout annectitur inferius faciendis a tempore quo prefatam ecclesiam nostre predicte apropriacionis optentu ipsiusque possessionem pacificam assecuti fueritis et fructus perceperitis ab eadem,
quas quidem viginti marcas predictis . . decano et capitulo et suis
successoribus tenore presencium pro sustentacione presbiteri et
faciendis obitibus supradictis perpetuis temporibus assignamus
distribuendas et fideliter ministrandas annis singulis per dictos . .
decanum et capitulum seu eorum communarium in hunc modum,
videlicet cuilibet predicte ecclesie nostre canonico celebracioni
obitus episcopi supradicti presenti duodecim denarios, cuilibet
vicario ejusdem ecclesie simili modo presenti sex denarios, magistro
scolarum si in habitu presens fuerit sex denarios, duobus sacristis
sex denarios, quinque altaristis decem denarios, cuilibet puero
chori unum denarium, duobus garcionibus sacristarum duos

---

[1] *In margin*, pensio xxᵗⁱ marcarum annuatim decano et capitulo Sar' solvenda.

denarios, et in erogacionem pauperum die obitus ejusdem episcopi
sexaginta sex solidos octo denarios, item cuilibet canonico presenti
celebracioni obitus comitis supradicti quatuor denarios, cuilibet
vicario simili modo presenti duos denarios, et subcommunario pro
suo in hac parte labore duodecim denarios. Item volumus et
ordinamus quod vicarii ecclesie nostre cathedralis predicte habeant
quinquaginta duos solidos annuatim pro uno annuali inter eos per
circuitum annis singulis celebrando in ecclesia nostra predicta ad
altare sancti Stephani pro animabus dictorum episcopi et comitis
ac omnium fidelium defunctorum in incepcione pulsacionis misse
virginis gloriose. Clericus vero altarista beate virginis assistens sic
celebrantibus et ministrans recipiat qualibet septimana duos
denarios qui eciam juramento astrictus singulos defectus non cele-
brancium notificare communario teneatur. Subcommunarius vero
pro quolibet die quo vicarii suis temporibus missam non cele-
braverint nec celebrari procuraverint antedictam unum denarium
et obolum subtrahat et retineat, et residuum dictarum viginti
marcarum cedat in augmentacionem cotidianarum distribucionum
dicte ecclesie canonicorum residencium in eadem, quas ut premisimus legitime nobis constat esse nimis tenues et exiles. Et[1] si
vos . . abbas et conventus predicti seu vestri successores in solucione
predictarum viginti marcarum vel aliqua ejus parte ut premittitur
facienda defeceritis quod absit ordinamus quod nos et successores
nostri ac officialis Sarr' qui pro tempore fuerint possimus et possint
per quamcumque censuram ecclesiasticam absque judiciali
strepitu et figura judicii necnon et per sequestracionem
Fo. 35   omnium proventuum | apropriate ecclesie supradicte
quatenus ad vos occasione dicte apropriacionis pertinent
cohercere donec pecuniam plenarie solveritis antedictam. Reservamus[2] eciam nobis nostrisque successoribus specialem tenore
presencium potestatem perpetuam in dicta apropriata ecclesia
vicariam quamcicius eamdem ecclesiam vacare contigerit legitime
quovis modo in quibusque porcionibus consistere et que eidem
onera incumbere debeant ac pro ea mansum competens prout
expedire videbitur ordinandi. Ad quam vicariam quociens et
quando vacaverit per vos et successores vestros idoneam personam
volumus presentari per nos et successores nostros instituendam
canonice in eadem, jure, dignitate, ac consuetudinibus nostre Sarr'
ecclesie supradicte in omnibus et singulis semper salvis. In quorum
testimonium atque fidem has litteras nostras quas nostri impressione sigilli fecimus communiri volumus duplicari, quarum una

---

[1] *In margin,* Item notatur.   [2] *In margin,* vicaria.

penes dictos . . decanum et capitulum sigillo vestro communi et alia penes vos communi sigillo dictorum . . decani et capituli sigillate remaneant ad majorem securitatem et memoriam omnium premissorum. Ad sancte religionis augmentum et discipline regularis observanciam vos conservet et foveat pietas Jhesu Christi. Datum apud Cherdestoke.[1]

[*14 July 1316. Settlement by the Bishop of a dispute between the chapter of Salisbury, who claim to have received the profits of Thatcham church whenever that church and the see were both vacant, and the abbot and convent of Reading, to whom Thatcham church has been appropriated. The Bishop ordains that the dean and chapter shall receive an annual pension of 5 marks from the profits of the church. The submissions to the Bishop's decision by the chapter (16 June 1316) and the abbot and convent (30 June) are incorporated.*]

[Fo. 35ᵛ]

ORDINACIO EPISCOPI FACTA INTER CAPITULUM SARR' ET ABBA-
TEM ET CONVENTUM RADYNG' OCCASIONE APROPRIACIONIS
ECCLESIE PAROCHIALIS DE THACHAM. Universis sancte matris ecclesie filiis ad quos pervenerit hec scriptura Rogerus permissione divina Sarr' episcopus salutem in eo quem peperit uterus virginalis. Summo regi pacifico qui ascensurus in celum pacem suis dedit discipulis pacemque reliquit[2] eisdem gratum nos prestare obsequium arbitramur dum vestigiis ejus pro viribus inherentes. Inter sollicitudines nostras personis nobis subjectis corporum quietem et animarum salutem ex officii nostri debito procurantes ecclesiarum indempnitatibus occurrimus et licium resecatis amfractibus semotoque scandalo exinde frequenter suborto illius qui fidelium mentes unius efficit voluntatis freti presidio discordantes ad unitatem spiritus in pacis vinculo revocamus. Cum itaque inter dilectos filios . . tenentem locum . . decani ecclesie nostre Sarr' et ejusdem loci . . capitulum ex parte una et religiosos viros . . abbatem et conventum monasterii de Radyngg' nostre diocesis nobis inmediate subjecti ex altera occasione apropriacionis que de parochiali ecclesia de Thacham dicte diocesis ipsorum religiosorum usibus dicitur esse facta suborta fuisset materia questionis, tamdem partes predicte sese nostre in hac parte ordinacioni submiserunt spontanee hinc et inde per suas litteras patentes earum sigillis communibus sigillatas quarum tenores inferius per omnia continentur. Et cum per partem . . decani et capituli predictorum fuisset propositum legitime coram nobis quod de antiqua et approbata consuetudine

---

[1] *The remaining two-thirds of the page is blank; in margin, half way down,* In ista parte folii non scribatur.
[2] *MS.* reliquid.

in predicta diocese hactenus pacifice observata fructus, obvenciones, et proventus quocumque nomine censeantur predicte ecclesie de Thaccham et aliarum ecclesiarum parochialium et beneficiorum ecclesiasticorum quorumcumque dicte diocesis nobis inmediate subjectorum quorum rectorum institucio et destitucio ad nos jure ordinario pertinere noscuntur de eisdem ecclesiis et beneficiis eorum vacacionis tempore sede Sar' vacante qualitercumque provenientes ad dictos . . decanum et capitulum pro certa quota fructuum, obvencionum, et proventuum eorumdem notorie pertinent ut eosdem in usum cotidianarum distribucionum canonicorum in nostra predicta ecclesia residencium vel alias in ejusdem ecclesie utilitatem prout viderint expedire convertant, et sic pertinuerunt a tempore cujus contrarii memoria non existit, quodque iidem decanus et capitulum fuerunt et sunt in pacifica possessione vel quasi juris sic percipiendi fructus, obvenciones, et proventus hujusmodi a tempore supradicto, parte vero dictorum religiosorum contrarium asserente, nos submissiones admittentes predictas vocatis coram nobis ac presentibus evocandis, cuncta que partes ipse allegare, proponere voluerunt, et ostendere in premissis audire et habitis super hiis diligenti tractatu et consilio cum peritis discutere curavimus diligenter. Ut igitur dicti religiosi illius obsequio cui servire regnare est tanto liberius intendere valeant quanto pacis dulcedinem senserint ampliorem presertim cum non nisi pacis tempore bene colitur pacis auctor invocata spiritus sancti gracia, ordinando diffinimus et diffiniendo ordinamus quod a persecucione predicte questionis occasione apropriacionis predicte ipsis religiosis movenda futuris et perpetuis temporibus ex toto desistant . . tenens locum . . decani et capitulum supradicti quibus nullum umquam regressum ad eam suscitandam quomodolibet habituris in hac parte perpetuum silencium duximus imponendum, quodque supradicti . . abbas et conventus ne presens nostra ordinacio ipsis . . decano et capitulo a persecucione questionis predicte ut premittitur exclusis seu ecclesie nostre Sarr' lesionem gravem quod absit pariat seu jacturam in recompensacionem quorumcumque emolumentorum que ipsi . . decanus et capitulum possent tempore vacacionis dicte ecclesie de Thacham sede Sarr' vacante futuris temporibus racione vacacionis ejusdem ecclesie de Thacham percipere si facta non esset apropriacio seu ordinacio nostra predicte teneantur eisdem . . decano et capitulo in annuis
Fo. 36   quinque marcis bone | et legalis monete per dictos religiosos de fructibus, obvencionibus, et proventibus predicte ecclesie de Thacham ad eosdem religiosos supradicte

apropriacionis optentu pertinentibus quovis modo levandis predictisque . . decano et capitulo eorumve procuratori pro equali
porcione ad festa sancti Michaelis et Pasche apud Sarr' absque
more diffugio et cavillacione quacumque annuatim solvendos in
augmentum distribucionum cotidianarum canonicorum in nostra
ecclesia supradicta personaliter dumtaxat residencium in illis
eventibus convertendis, apropriacione supradicta debitum juris
effectum deinceps optinente, salva nobis et successoribus nostris
ac officialibus Sarr' qui pro tempore fuerint potestate auctoritate
ordinaria hujus nostre ordinacionis virtute dictos . . abbatem et
conventum et suos in dicto monasterio successores ad hujusmodi
quinque marcarum solucionem modo, loco, et temporibus memoratis fideliter faciendam si eam per ipsos contra hanc ordinacionem
nostram differri contigerit quod absit vel forsitan retardari per
quamcumque censuram ecclesiasticam absque judiciali strepitu et
figura judicii quociens ultra terminos antedictos a retro fuerint compellendi et nichilominus proventus predicte ecclesie de Thacham
ad dictos religiosos ut premittitur pertinentes si in dicte pecunie solucione vel ejus parte cessatum fuerit quovis tempore vel
ad hoc termino prestituto sequestrandi et custodiendi taliter se-
questratos donec ipsa pecunia secundum nostram ordinacionem
predictam plenarie fuerit persoluta. Dictarum vero submissionum
tenores presens instrumentum continet in hec verba:

[*There follow the submissions by the dean and chapter and by the abbot and
convent.*]

[Fo. 36ᵛ]

In quorum testimonium atque fidem nos Rogerus episcopus supradictus has litteras nostras patentes quas nostri impressione sigilli
communiri fecimus dupplicari quarum una pars penes dictos . .
decanum et capitulum predictorum religiosorum sigillo communi
et alia penes religiosos predictos communi sigillo dictorum . .
decani et capituli sigillate remaneant ad majorem securitatem et
memoriam omnium premissorum. Datum apud Poterne ij idus
Julii anno domini millesimo cccᵐᵒ sextodecimo et consecracionis
nostre primo.

[*9 May 1317. Ordination of the vicarage of Thatcham, which is endowed with
a house and land, tithes, and offerings. Among other obligations, the vicar is
to be responsible for the service of the chapels of Midgham and Greenham. The
consent of the appropriators, the abbot and convent of Reading, dated 27 June
1317, is appended.*]

[Fo. 37]¹

¹ *At top of page*, Quartus quaternus.

ORDINACIO VICARIE DE THACHAM. Universis sancte matris ecclesie filiis ad quorum noticiam pervenerit he cscriptura Rogerus permissione divina Sar' episcopus salutem in eo quem peperit uterus virginalis. Cum nuper religiosi viri . . abbas et conventus monasterii Radyngg' nostre diocesis quod nobis inmediate et plene subest et notorie subesse dinoscitur ecclesiam parochialem de Thacham ejusdem diocesis nobis simili modo subjecte in usus proprios optinentes sub forma auctoritate apostolica taliter limitata quod de ipsius ecclesie fructibus et proventibus pro vicario in dicta ecclesia perpetuo servituro qui per loci diocesanum instituatur in ea porcio congrua reservetur ex qua comode sustentari valeat, jura episcopalia solvere, et alia sibi incumbencia onera supportare, loci diocesani juribus semper salvis, nobis loci diocesano presentassent Jordanum de Appelford presbiterum ad perpetuam vicariam in ecclesia de Thaccham predicta per nos canonice ordinandam et ad eorumdem religiosorum presentacionem ut dicebant spectantem instituendum per nos vicarium perpetuum in eadem, humiliter supplicantes quod circa ordinacionem porcionum ejusdem vicarie et alia que ulterius in hac parte nostro incumbunt officio exequi curaremus, nos episcopalibus juribus, libertatibus, et consuetudini-bus ac nostre Sar' ecclesie dignitate et specialiter ordinacione nostra quam suborta inter dilectos filios . . tenentem locum . . decani ecclesie nostre Sar' predicte et ejusdem loci capitulum ex parte una et religiosos viros predictos ex altera occasione apropriacionis ecclesie predicte de Thacham quescionis materia nuper fecimus ac aliis undecumque salvandis ecclesie nostre nobis, successoribus nostris, ac . . decano et capitulo supradictis in omnibus semper salvis quibus per sequencia vel alias quovis modo derogare nequa-quam intendimus set quoad hoc volumus quod nullam habeant firmitatem, perpetuam vicariam in ecclesia de Thaccham supra-dicta concurrentibus hiis que in hac parte requirebantur de jure nostra ordinaria auctoritate ut infrascribitur ordinavimus et dictum presentatum admisimus et perpetuum vicarium cum onere con-tinue residendi et personaliter ministrandi canonice instituimus in eadem. Volentes igitur in ordinando porciones in quibus ipsa vicaria consistere debeat prout potuimus tute procedere et tam ipsis religiosis quam vicario supradicto et ipsius successoribus providere, fructus, proventus, et obvenciones ad dictam ecclesiam de Thacham qualitercumque spectantes una cum oneribus eidem incumbentibus, dictorum religiosorum in hac parte vocatorum procuratore ad hoc specialiter constituto presente per viros fide-dignos et juratos super hiis inquirendorum noticiam verisimiliter optinentes diligenter fecimus estimari. Unde hac die Lune proximo post festum sancti Johannis ante Portam Latinam videlicet vij idus Maii anno domino millesimo cccᵐᵒ septimodecimo in manerio nostro de Sonnyngg' vocatis ad hoc omnibus quorum interest dictisque religiosis per procuratorem sufficientem in hac parte et vicario predicto personaliter comparentibus coram nobis de consensu eorum expresso hujusmodi estimacionem et ceteris ponderandis de consilio sapientum undique ponderatis vicariam predictam pontificali auctoritate ut infrascribitur ordinamus necnon onera per religiosos et vicarium supradictos et successores eorum futuris temporibus agnoscenda in quibusque porcionibus eadem vicaria consistere debeat specificamus et in hunc modum tenore presencium declaramus. In primis quod dictus

Fo. 37ᵛ   vicarius et sui successores | qui pro tempore fuerint suis sumptibus ecclesie de Thacham et capellis eidem annexis de Migham videlicet et de Grenham per idoneos presbiteros prout retroactis temporibus fieri consuevit congrue deserviri faciant in divinis quatenus ad hoc tenebatur antiquitus loci rector. Libros quoque, vestimenta, et cetera ornamenta pro ecclesia et capellis predictis neccessaria exceptis illis quos locorum parochiani de consuetudine exhibere tenentur religiosi predicti hac vice sufficienter et plenarie ministrabunt quorum onus extunc omnimodum ad predictum vicarium et suos in dicta vicaria successores volumus perpetuis temporibus pertinere. Iidemque religiosi easdem ecclesiam et capellas in quatuor festis anni principalibus decenter annuatim faciant straminari. Vicarium eciam et successores suos ad procurandum loci archidiaconi et ad subeundum omnia alia onera ordinaria consueta manere deinceps volumus obligatos preter cancellorum ecclesie et capellarum predictarum edificacionem et reparacionem que ad religiosos predictos pertinere disponimus temporibus successivis prout loci rectores eas consueverunt suis temporibus edificare et eciam reparare. Et cum ecclesia de Thacham supradicta cum suis capellis secundum taxacionem veri valoris et decime nunc currentis in quinquaginta marcis sterlingorum taxetur, volumus quod vicarius predictus et sui successores qui pro tempore fuerint prestaciones extraordinarias procuracionum quocumque legatorum et nunciorum summi pontificis apostoliceve sedis ac decime et cujuslibet alterius quote vel quantitatis extraordinarie predicte ecclesie de Thacham imponende pro rata centum solidorum dicte taxacionis, dumtaxat quod attentis oneribus predicto vicario et suis successoribus incumbentibus taliter moderamur et sufficere arbitramur agnoscant, quodque

religiosi viri predicti pro toto residuo taxacionis predicte prestaciones extraordinarias supradictas et alia extraordinaria quecumque
dicte ecclesie de Thacham quomodolibet incumbencia insolidum
teneantur agnoscere et subire, predictisque vicariis ad festum
omnium sanctorum duas carectatas competentes boni straminis pro
coopertura domorum vicarie predicte et aliis suis neccessariis persolvere annuatim. Ut autem vicarius predictus et sui successores
habeant unde premissa valeant supportare, cum secundum
apostolum qui altari deservit vivere debeat de altari et qui ad onus
eligitur a mercede repelli non debet, porciones subscriptas eisdem
vicario et suis successoribus de expresso consensu dictorum
religiosorum specialiter assignamus videlicet totum mansum
rectorie ecclesie de Thacham predicte una cum aula et aliis domibus ac placeis seu areis, vivariis, et gardino infra quemdam
murum extra ostium aule a parte occidentali ejusdem se a quadam
parva fractino juxta modicam porcheriam crescente usque ad
vicum ad ecclesiam supradictam directe per cujusdam boverie
medium protendendum et a dicta fractino linealiter usque ad quamdam prunarium signatam prope vivarium a parte australi et continent dicte area et placea ad minus viginti perticas in longitudine
et quatuordecim in latitudine undecumque, ipsique religiosi
mansum hujusmodi in hac nostra assignacione primaria murabunt,
fossabunt, vel alia munient sufficienti clausura, aulam, cameras,
et domos alias interius existentes reparabunt et reficient suis
sumptibus competenter, et extunc earum refeccio et sustentacio
imperpetuum ad vicarios pertineant antedictos. Totum vero
residuum mansi predicti cum orreis et domibus aliis ad religiosos
pertineant antedictos in quibus fructus ecclesie de Thacham predicte ad ipsos spectantes annis singulis et non in solo laico volumus
collocari. Habebunt eciam idem vicarius et sui successores quamdam croftam triginta et unam perticas in longitudine et
Fo. 38   quatuordecim in latitudine terre arabilis | continentem
et juxta orreum dicti mansi a parte australi jacentem et
protenditur eadem crofta in longitudine a quadam alia crofta que
vocatur Litelmoure usque in viam regiam que currit ex parte occidentali. Habebunt eciam iidem vicarius et sui successores terciam
acram terre arabilis in campo qui dicitur la Persones Doune videlicet in parte orientali ejusdem campi inter terram rectorie de
Thacham ex utraque parte et extendit se versus austrum super
viam regiam que ducit de Thacham versus Neubur' et boream
super terram vocatam Trotesacre una cum pastura pro singulis
suis animalibus sicut dictus rector ibidem consuevit habere et

novem boviculos sive vaccas et unum taurum per totum annum in
pastura que dicitur la Moure et eciam porcos sicut loci rectores
consueverunt habere in eadem pastura necnon communam pro
animalibus suis propriis quibuscumque cujuscumque generis in
pastura rectorie quando et ubi tenentes rectorie communicant
cum rectore vel communicare solebant eciam in pastura separata
rectorie predicte et nichilominus communam pro animalibus suis
omnis generis quotquot voluerit in pastura communi parochie
supradicte. Percipient eciam vicarii memorati decimam cujuslibet
generis bladi et alterius seminis in ortis, curtilagiis, et gardinis bechia cultis et colendis de Thacham, Migham, Colthorp',
Grenham, Crocham, Enewyk', vel alibi infra dictam parochiam se-
minati ac eciam decimas lane, agnorum, porcellorum, pullanorum,
vitellorum, casei, lactis, columbarum, aucarum, apium, ovorum,
pomorum, piscariarum, molendinorum quorumcumque tam aqua-
ticorum et venticiorum quam molarum manualium presencium et
futurorum ubicumque infra parochiam predictam consistant vel
in futurum consistent, ac lini et canabi ubicumque crescencium in
villis et parochia supradictis, et eciam si in campis dictarum
villarum forsitan seminentur ubi bladum quandoque consueverat
seminari, ac quamdam prestacionem que Seinte Marie Picher
vulgariter nunpcupatur [*sic*] et quemdam annuum redditum sex
denariorum de tenentibus ecclesie de Thacham predicte qui pro
expensis nuncii oleum sanctum et crisma querentis consuevit
persolvi, necnon omnes et singulas oblaciones, obvenciones,
proventus, et minutas decimas ac prestaciones alias personales tam
de bonis predictorum religiosorum de dominicis que ante apro-
priacionem dicte ecclesie in ejusdem parochia habuerunt quam
aliorum infra eamdem parochiam quomodolibet provenientes,
mortuariis dumtaxat exceptis que ad dictos religiosos volumus
pertinere. Et si supradicti vicarii communa et pastura sua predictis
propter paupertatem eorum animalia non habencium seu propter
inpotenciam aliam qualemcumque per aliqua tempora eciam
longissima forsitan non utantur, volumus et eciam ordinamus de
predictorum religiosorum expresso consensu quod iidem vicarii,
non usu hujusmodi non obstante, dictis communa et pastura cum
ad uberiorem fortunam venerint absque predictorum religiosorum
calumpnia qualicumque integraliter uti possint sicut si eis continue
usi essent. [*The entry continues with a statement that the Bishop
reserves the right to change the terms of the ordination and enjoins
that it should be recorded in triplicate; with the dating clause;
and with the assent of the abbot and convent to the ordination.*]

[*15 July 1316. Letter from the bishop of London, containing the Archbishop's mandate (8 July) for prayers for peace and good weather, for which 40 days' indulgence is granted. The Bishop is to certify the Archbishop by 6 October.*]

[Fo. 38ᵛ]

LITTERA DEPUTATORIA PRO PACE ET REGE REGNI ANGLIE AC AERIS SERENITATE. Venerabili in Christo patri domino dei gracia . . Sarr' episcopo Gilbertus permissione divina episcopus London' salutem et sincere dileccionis continuum incrementum. Mandatum venerabilis patris domini Walteri dei gracia Cant' archiepiscopi tocius Angl' primatis recepimus in hec verba:

'Walterus permissione divina Cant' archiepiscopus tocius Angl' primas venerabili fratri domino G. dei gracia London' episcopo salutem et fraternam in domino caritatem. Infinite misericordie dominus noster ac redemptor qui mortem non vult peccatoris set ut convertatur et vivat delinquencium peccata non nunquam punire decrevit ut ad penam eternaliter non condempnet set pocius pia visitacione mediocriter affligendo castiget ut sic dulci quasi correpcione homines demolliti ad ipsum misericordie fontem qui revertentem non repellit redeuntes acta penitencia non pereant finaliter delinquentes. Hinc est quod propter scelera et peccata dei filius ad iram provocatus pestilencias et fames ac miserias alias nonnullas in ipsos mittere consuevit et peccatis et hominum demeritis hujusmodi id exigentibus bella similiter et dissenciones suscitari permisit ut homines taliter oberrantes ad salutis viam pene metu majoris revocet aliquociens et invitos. Sane regnum Angl', quod frugum habundancia ultra cetera regna per mundi climata diffusa quodque pre ceteris regnis pacis pulchritudine abolim gaudere consuevit, propter aeris intemperiem ad tantam famis miseriam tantarumque dissencionis et discordie necnon inimicorum insidencium captivitatem antiquo prevaricatore per insidias cautelosas id agente hiis temporibus est deductum quod ejusdem regni populus deficientibus alimentis et annona eciam subtracta compellitur miserabiliter mendicare ipsiusque populi pars non modica per famis miseriam cruciata prout prochdolor sic necata et pacis quietudine prorsus exulata. Regnum ipsum inimicorum cotidianis insultibus inevitabiliter adeo est subjectum quod nonnullis peremptis regnicolis ac villis et maneriis in parte boriali per servientem inimicorum rabiem incendio combustis in parte illa remanere dicitur totaliter desolatum aliaque mala et pericula incomparabiliter hiis majora per ipsos inimicos inferri verisimiliter timentur in dies nisi altissimus saluti populi sui Anglicani sic afflicti prospiciens manus ab excelso mittere dignetur adjutrices, que quidem inconveniencia et mala supradicta propter hominum demerita et peccata justa racione reputamus non inmerito contigisse. Et quoniam dominus ex misericordie sue multitudine ad oraciones fidelium ad ipsum confluencium convertens misericorditer ipsis parcere non omittit quin pocius cum juste iratus fuerit misericordie recordatur ad ipsum censuimus esse recurrendum; qui mestorum noscitur esse consolator et promptum remedium mittere dignatur in adversis, ut fame ac ceteris miseriis pretractis prorsus cessantibus populo sic afflicto remedium tribuat misericorditer oportunum. Vestre igitur fraternitati committimus et mandamus quatinus in singulis ecclesiis[1] vestre civitatis et diocesis cum omni celeritate qua fieri poterit per ecclesiarum rectores, vicarios, et capellanos diebus dominicis et festivis post recepcionem presencium inmediate sequentibus intra missarum solempnia cum major affuerit populi multitudo astanti populo premissa diligenter exponi faciatis, in suorum remissionem peccatorum arcius injungentes eisdem quod in processionibus quas per ecclesias et mercata quarta et sexta feria singulis septimanis cum letaniis debitis solempnitatibus fieri precipimus se personaliter representent et ipsam processionem cum humilitate et devocione qua convenit ad finem usque prosequantur pro suorum expiacione criminum, pace et tranquillitate ecclesie et regni Anglie, ac aeris serenitate congrua, necnon Fo. 39 pro | repulsu rebellium inimicorum regni ejusdem, deum jugiter deposcentes ac devote necnon jejumiis [*sic*] et aliis caritatis operibus insistentes continue apud ipsum quod in conspectu altissimi in hiis que juste petierint ex premissis exaudicionis graciam valeant optinere. Et ut ad premissa libencius facienda predicti catholici animos suos inclinent, omnibus et singulis predictis parochianis sicut premittitur presentibus, confessis, et vere contritis quadraginta dies de injuncta eis penitencia in domino misericorditer relaxamus, vosque quantum ad vos attinet in vestra diocese consimiliter facere curetis, ceteris suffraganeis nostris nostre Cant' provincie auctoritate nostra nichilominus injungentes quod ipsorum singuli in suis civitatibus et diocesibus cum summa diligencia fieri faciant que pro bono publico fieri demandantur secundum ordinem pretaxatum. De die vero recepcionis presencium et quid feceritis in premissis nos citra festum sancte Fidis virginis certificetis per litteras patentes harum seriem continentes. Et ut dicti suffraganei nostri omnes et singuli de hiis que circa premissa duxerint facienda consimiliter nos certificent arcius injungatis

---

[1] *MS.* ecclesie.

eisdem. Datum apud Levesham viij⁰ idus Julii anno domino M⁰ ccc^mo xvj⁰.'

Quocirca vobis injungimus quatinus dictum mandatum juxta ipsius [tenorem] et effectum in omnibus quatenus vos contingit exequamini diligenter. Datum apud Claketone idibus Julii anno domini supradicto.

[*22 September 1316. The Bishop's mandate to the archdeacons and the dean of Salisbury in pursuance of the above.*]

ET MANDABATUR EXECUCIONI QUATUOR . . ARCHIDIACONIS VEL EORUM . . OFFICIALIBUS ET . . DECANO VEL EJUS . . OFFICIALI ET EJUS LOCUM TENENTI SUB HAC FORMA.¹ Vestre igitur devocioni sicut alias firmiter injungendo committimus et mandamus quatinus predicta mandata in ecclesiis infra vestre jurisdiccionis ambitum quatenus ad vos attinet in omnibus suis articulis cum exactissima diligencia omnique celeritate per vos vel alios exequi non tardetis. Et ut subditi nostri ad effundendas altissimo cui proprium est misereri semper et parcere preces pias ac ad premissa humiliter peragenda devocius accendantur de omnipotentis dei misericordia et gloriosissime sue matris patrone nostre omniumque sanctorum meritis et precibus confidentes omnibus parochianis nostris de suis peccatis vere contritis et confessis qui hujusmodi solempnitatibus et processionibus sicut premittitur curaverint interesse quadraginta dies de injuncta eis penitencia misericorditer in domino relaxavimus, sicut in nostris litteris alias super hiis vobis directis plenius, quam indulgenciam et omnia suprascripta per vos seu alios absque more diffugio infra jurisdiccionem vestram predictam locis et temporibus ad hoc magis congruis volumus et injungimus pro tam notorio bono publico debite publicari. Quid autem feceritis in premissis nos adeo tempestive cerciorare curetis quod venerabilem patrem dominum archiepiscopum supradictum reddere valeamus secundum suarum predictarum litterarum exigenciam plenius cerciorem. Valete. Datum apud Cherdestoke vj^to kalendas Septembris anno domini millesimo trecentesimo sextodecimo et consecracionis nostre primo.

[*17 August 1316. Letter from the bishop of London, containing the Archbishop's summons (10 August) to the consecration of John Hotham as bishop of Ely at Canterbury on 3 October.*]

[Fo. 39^v]

---

¹ *This entry has been considerably amended, and may have provided a rough draft. At the end is an erasure, over which is written the end of the entry beginning on Fo. 37; see above.*

MANDATUM DE VENIENDO AD CONSECRACIONEM . . ELECTI ELYEN'. Venerabili in Christo patri . . dei gracia episcopo Saresbir' Gilbertus ejusdem permissione divina London' episcopus salutem et sinceram in domino caritatem. Mandatum venerabilis patris domini W. dei gracia Cantuar' archiepiscopi tocius Angl' primatis recepimus in hec verba:

'Walterus permissione divina Cant' archiepiscopus tocius Angl' primas venerabili fratri domino G. dei gracia London' episcopo salutem et fraternam in domino caritatem. Quia die dominico proximo post instans festum sancti Michaelis dilectum filium Johannem de Othum canonicum Ebor' in episcopum Elien' in nostra Cant' ecclesia consecrare proponimus domino accedente, fraternitati vestre committimus et mandamus quatinus omnes et singulos nostre Cant' provincie coepiscopos moneri canonice faciatis quod dictis die et loco sufficienter intersint vel suo responso significent se consecracioni hujusmodi consentire, facturique super hoc quod canonice statuunt sancciones. Et vos ipsi quoad vos mandatum nostrum hujusmodi in forma predicta similiter observetis. De die vero recepcionis presencium et quid feceritis in premissis nos dictis die et loco vestris patentibus litteris harum tenorem habentibus curetis reddere cerciores. Datum apud Navenby in festo sancti Laurencii anno domini millesimo ccc^mo xvj°.'

Quocirca vos monemus quatinus dictum mandatum quatenus vos contingit juxta ipsius formam et effectum exequi studeatis cum effectu. Datum apud Claketon' xvj° kalendas Septembris anno domini supradicto.

[*17 September 1316. The Bishop's private reply, excusing himself on the grounds of ill health and the distance he would have to travel. The Bishop also refers to a request by the Archbishop on behalf of his chancellor, John de Bruton, to which the Bishop cannot yet give a certain reply.*]

LITTERA PRIVATA PRO EXCUSACIONE DOMINI DE NON VENIENDO . . ARCHIEPISCOPO DESTINATA. Venerabili in Christo patri et domino reverendo domino Waltero dei gracia Cant' archiepiscopo tocius Angl' primati Rogerus permissione ejusdem ecclesie Sarr' minister obediencie devote promptitudinem cum omni reverencia et honore. Domine reverende, litteras venerabilis patris domini Gilberti dei gracia London' episcopi nobis ad mandatum vestrum directas apud manerium nostrum de Cherdestok' in quo nunc moramur recepimus continentes quod die dominica proxima post instans festum sancti Michaelis, qua venerabilem virum dominum Johannem de Othom canonicum Ebor' in episcopum Elyen' in vestra Cant'

ecclesia volente domino consecrare proponitis, ipsi consecracioni
sufficienter interesse curemus vel nostro significare responso quod
consentimus eidem. Noscat igitur vestra paternitas quod propter
mandati vestri predicti reverenciam et consecrande persone
honorem speravimus firmissime ut deceret et corditer affectamus
predicte consecracionis solempniis interesse, verum quia quedam
infirmitas, que in novissimo tractatu circa festum nativitatis sancti
Johannis Baptiste proximo preteritum Lond' habito propter
nostrum insolitum usque ad horam meridianam dierum quibus
tunc ibidem moram fecimus jejunium cum jentare[1] utpote ad hoc
insoliti non possemus necnon et propter calores estivos nostre
complexioni ultra modum adversos, nos arripuit, plus quam vultu
pretenderemus gravavit, et una cum alia quadam gravedine in
dextro latere nostro de novo suborta jam gravat, in tantum quod
a dicto festo sancti Johannis hactenus gaudere nequimus per
quatriduum continuum corporis sanitate nec in presenti gaudemus,
sumusque nunc in ultimis nostre diocesis finibus videlicet in predicto manerio nostro de Cherdestok' prope Exon' quod a vestra
Cant' ecclesia supradicta adeo distare dinoscitur quod nos oporteret
neccessario antequam ad aliquod de nostris maneriis rediremus
plus quam ducenta miliaria peragrare, nequaquam[2] sicuti nec
valemus absque grandi corporis nostri periculo phisicorum judicio
tam magnum et continuum in tanta distancia presertim in hoc
mense Septembris subire laborem. Vestre igitur paternitati reverende supplicamus attente quatinus nostram absenciam hujusmodi
habere dignemini de benignitate vestra solita si libeat excusatam.
Nec ferat vestra sanctitas si placet indigne quod ad ea que pro
dilecto nostro magistro Johanne de Bruton' cancellario vestro
morum honestate ac litterarum sciencia multipliciter commendato
per litteras vestras privatas rogastis jam tarde nequimus ad presens
certis ex causis certitudinaliter respondere, quam speramus antequam transeat magnum tempus vos super hoc viva voce seu litteris
reddere cerciores. Ad ecclesie sue et cetera. Datum apud Cherdestok' xv kalendas Octobris anno domini m° ccc xvj.

[*18 September 1316. Dispensation to John de Wambergh, scholar, that he might
receive all minor orders notwithstanding his illegitimate birth.*]

[Fo. 40]

DISPENSACIO SUPER DEFECTU NATALIUM AUCTORITATE DOMINI
ORDINARIA. Rogerus permissione divina Sarr' episcopus dilecto in
Christo filio Johanni de Wambergh' scolari in nostra diocese

---

[1] *MS.* jantari.   [2] *sic, recte* nequimus.

oriundo salutem, graciam, et benediccionem. Tua nobis devocio supplicavit quod cum de soluto in nostra diocese sis genitus et soluta tecum super defectu hujusmodi dispensare misericorditer curaremus. Attendentes igitur laudabile testimonium quod tibi super vita, conversacione, et moribus, tuisque ut premittitur natalibus, perhibetur a viris fidedignis in forma juris juratis per quos inquiri fecimus de premissis, sperantes eciam in Christo quod licet in tua juventute novella plantacio jam existas fructus tamen uberes in domo domini oportunis temporibus deo propicio sis laturus, super defectu natalium prenotato ut eo non obstante cum ad etatem perveneris que de jure requiritur in hac parte scienciaque et moribus tunc fueris commendandus aliudque tibi canonicum non obsistat ad omnes minores ordines licite promoveri ac in eis rite susceptis et canonice ministrare valeas, tecum auctoritate nostra ordinaria misericorditer dispensamus, testimonio presencium quas sigilli nostri impressione fecimus communiri. Datum apud Lym xiiij kalendas Octobris anno domini millesimo ccc^mo sextodecimo et consecracionis nostre primo.

[*17 September 1316. Formal letter to the Archbishop, in which the Bishop excuses himself from attending the consecration of John Hotham (see last entry but one).*]

LITTERA PATENS MISSA . . ARCHIEPISCOPO PRO EXCUSACIONE DOMINI PRO CONSECRACIONE PREDICTA. Venerabili in Christo patri et domino reverendo domino Waltero dei gracia Cant' archiepiscopo tocius Angl' primati Rogerus permissione ejusdem Sarr' episcopus obedienciam debitam et devotam cum omni reverencia et honore. Variis et arduis nostre ecclesie negociis ac adversa valitudine corporis prepediti consecracioni reverendi viri domini Johannis de Othom canonici Ebor' in episcopum Elyen' die dominica proxima post instans festum sancti Michaelis in vestra Cant' ecclesia volente domino celebrande secundum formam litterarum vestrarum nobis per venerabilem patrem dominum Gilbertum dei gracia London' episcopum directarum interesse comode non valentes, quantum in nobis est consecracioni hujusmodi canonice faciende tenore presencium consentimus, parati facere in hac parte quod sacris convenit institutis. Ad ecclesie sue sancte regimen vitam vestram diu conservet incolumem Jhesus Christus. Datum apud Cherdestok' xv kalendas Octobris anno domini m° ccc xvj°.

[*29 September 1316. Commission to Ralph de Querendon, the sequestrator, to levy, collect, and receive procurations due to the Bishop for the dedication or recon-*]

ciliation of churches and churchyards, named in a schedule not entered in the register.]

LITTERA PATENS MISSA MAGISTRO RADULFO DE QUERONDON' PRO PROCURACIONIBUS ECCLESIARUM DEDICATARUM. Rogerus permissione et cetera dilecto in Christo filio magistro Radulfo de Querondon' sequestratori nostro salutem, graciam, et benediccionem. Ad levandum, colligendum, et recipiendum procuraciones quascumque que nobis debentur racione dedicacionum et reconciliacionum ecclesiarum et cimiteriorum quorum nomina in presentibus annexa cedula continentur et aliorum quorumcumque beneficiorum ecclesiasticorum cum ea per nos consecrari vel reconciliari contingat vobis cum cohercionis canonice potestate tenore presencium committimus vices nostras. Quid autem in premissis feceritis nobis celerius quo poteritis commode rescribatis per litteras vestras clausas harum seriem continentes. Datum apud Pudeltoune iij kalendas Octobris anno et cetera et consecracionis nostre primo.

[*25 September 1316. Letter from the bishop of London, at Clacton, containing the Archbishop's summons, dated Lambeth, 22 September, to the consecration of John de Sandale as bishop of Winchester at Canterbury on 7 November. Received 4 October It is similar in form, though not in exact wording, to the letter on p. 142, above.*]

[Fo. 40^v]

MANDATUM DOMINI ARCHIEPISCOPI PRO CONSECRACIONE DOMINI JOHANNES DE SANDAL'. RECEPTUM APUD WODEFORD IIII^{to} NONAS OCTOBRIS. Venerabili [*etc.*].

[*26 October 1317. The Bishop's formal reply, from Sonning, excusing himself on the grounds of business.*]

LITTERA PATENS MISSA DOMINO ARCHIEPISCOPO PRO CONSECRACIONI PREDICTA. Venerabili in Christo patri et domino reverendo domino W. dei gracia Cant' archiepiscopo tocius Angl' primati Rogerus et cetera, *ut ex alia parte folii prenotatur.* Variis [*etc., as above,* p. 144, mutatis mutandis *and without mention of ill health.*] Tradita fuit London' episcopo Cicestr' per T. registrarium.

[*20 August 1317. Licence to John, rector of Ashbury, to have altars in his church consecrated by the bishop of Hereford.*]

LITTERA DIMISSORIA PRO ALTARIBUS CONSECRANDIS. Rogerus permissione divina Sar' episcopus dilecto in Christo filio magistro Johanni rectori ecclesie de Aisshebur' nostre diocesis salutem, graciam, et benediccionem. Devocionis vestri precibus inclinati

ut altaria in ecclesia vestra predicta munus consecracionis expo-
scencia licite valeant a venerabili patre domino Adam dei gracia
Herforden' episcopo consecrari eo non obstante quod eadem
ecclesia in nostra diocese situatur dumtamen aliud canonicum non
obsistat, liberam tibi et dicto patri hujusmodi altaria consecrare
volenti tenore presencium concedimus facultatem. In cujus rei
testimonium sigillum nostrum presentibus est appensum. Datum
apud Sonnyngg' xiij kalendas Septembris anno domini millesimo
cccᵐᵒ xvijᵒ et consecracionis nostre secundo.

[*1316. Letter from the bishop of London, at Clackton, containing the Arch-
bishop's summons (Lambeth, 2 September 1316)¹ to a convocation at St. Paul's,
London, on 11 October. Received 23 September. The first part is printed in*
Wilkins, *Concilia, which gives the second part in an abbreviated form.*]

[Fo. 41]

RECEPTA APUD CHERDESTOK' IX KALENDAS OCTOBRIS PRO
CONVOCACIONE CLERI LONDONIIS. Venerabili [*etc., as in Concilia,
ii. 458, with minor variations*].

[*23 September 1316. Mandate, dated at Chardstock, in pursuance of the above to the
archdeacon of Wilts. or his official (similar mandates being sent to the other
archdeacons). The proctors of the several archdeaconries are to meet in Salisbury cathedral on 5 October to choose two proctors to represent the clergy of the
diocese. The mandate is similar to that above, p. 49, but at greater length.*]

[Fo. 41ᵛ]

ET MANDABATUR EXECUCIONI QUATUOR . . ARCHIDIACONIS VEL
EORUM . . OFFICIALIBUS SUB HAC FORMA. Rogerus [*etc*]. [*Similar
mandate to the dean of Salisbury or his locum tenens.*]

[Fo. 42]

DECANO VEL EJUS LOCUM TENENTI SIC. Hujus igitur auctoritate
mandati [*etc.*].

ET SIC ERAT CERTIFICATUM UT IN PRECEDENTI DE CON-
VOCACIONE FACIENDA.

[*1 October 1317. Mandate to the official of the archdeacon of Wilts. to hold an inquiry to determine whether Alexander Uppehulle of Sherston Magna is free
born of lawful wedlock, and whose son he is.*]

LITTERA INQUISICIONIS SUPER LEGITIMITATE FACTA PRO
ALEXANDRO DE SCHERSTON MAGNA. Rogerus permissione divina
Sar' episcopus dilecto in Christo filio . . officiali archidiaconi Wyltes'
salutem et cetera. Ex parte Alexandri Uppehulle de Scherston

¹ *MS.* iiijᵗᵒ nonas Octobris.

Magna nostre diocesis nobis est humiliter supplicatum quatinus super ejusdem Alexandri natalibus veritatem inquirere ac super inventis ut hii quorum interest in hac parte cerciorari valeant perhibere vellemus testimonium veritati. Volentes igitur justis supplicancium peticionibus sic annuere quod aliis nullam injuriam irrogemus devocioni vestre committimus et mandamus quatinus vocatis vocandis per testes fidedignos et in forma juris juratos dicti Alexandri et suorum natalium noticiam verisimiliter optinentes quos idem Alexander producere voluerit coram vobis diligenter examinare curetis super natalibus supradictis et presertim an idem Alexander liber sit et de legitimo matrimonio procreatus et quorum sit filius et qualis reputetur in partibus de Scherston predicta et de aliis circumstanciis premissorum eorumque eciam testium nomina atque nobis sub sigillo vestro fideliter destinetis inclusa. Quid autem feceritis in premissis nobis cum per partem dicti Alexandri fueritis requisiti congrue rescribatis per litteras vestras patentes harum seriem continentes. Valete. Datum apud Sonn' kalendis Octobris anno domini m° ccc°mo xvij° et consecracionis nostre iij°.

[*27 October 1317. Commission from the bishop of London enabling the Bishop to erect an altar, at which he may celebrate mass and perform his episcopal functions, in the city of London and elsewhere in the diocese of London where the Bishop shall happen to be staying.*]

COMMISSIO FACTA DOMINO PER EPISCOPUM LOND' UT LICITE POSSIT ALTARE ERIGERE IN LOND' DIOCESE. Venerabili in Christo patri domino Rogero dei gracia Sar' episcopo Ricardus ejusdem permissione London' episcopus salutem et caritatem fraternam in amplexibus salvatoris. Fusis nobis vestris in hac parte precibus inclinati ut in civitate London' et locis aliis nostre diocesis per que transitum seu in quibus moram decetero facere vos continget altare possitis erigere et inibi celebrare divina et facere celebrari, litteratis eciam vestre diocesis quibus nichil obviat canonicum primam tonsuram conferre ac ad omnes convenientes sibi ordines statutis a jure temporibus ordinare, necnon processus eligencium et electorum vestre diocesis examinare eosque confirmare vel prout juri convenit infirmare, ac eisdem electis confirmatis benediccionis munus impendere quibus de jure fuerit impendendum, liberam vobis tenore presencium concedimus facultatem testimonio presencium quibus sigillum nostrum duximus apponendum. In prosperitate diutina et votiva dirigat altissimus actus vestros ad ecclesie sue regimen et munimen. Datum London' vj^{to} kalendas Novembris anno domini millesimo ccc°mo septimodecimo.

[*27 October 1316. Mandate to the archdeacon of Berks. or his official, at the request of the executors of the will of John de Lenham, lord of Buckland, to induce the unknown persons who had carried off the deceased's goods to return them or make satisfaction for them within 15 days; otherwise the archdeacon is to pronounce them excommunicated. He is also to hold an inquiry into the case.*]

[Fo. 42ᵛ]

CONTRA DETENTORES BONORUM DECEDENTIS TANGENCIUM TESTA-
MENTUM. Rogerus permissione divina Sarr' episcopus dilecto in
Christo filio . . archidiacono Berk' vel ejus . . officiali salutem,
graciam, et benediccionem. Ex parte executorum domini Johannis
de Lenham domini de Boclonde nostre diocesis nuper defuncti
nobis est gravi conquestione monstratum quod quidam sue salutis
inmemores quorum ignorantur nomina et persone quedam bona
ad dictum defunctum spectancia de quibus testatus est et potuit
testari licenter temere asportarunt contra voluntatem dicti testatoris
et executorum ejusdem, ipsaque occultarunt, subtraxerunt, et
occupant illicenter, occultant, subtrahunt, et detinent perperam in
presenti adeo quod per factum eorum dicti testamenti execucio
minus proinde impeditur in animarum suarum grande periculum,
dicti testatoris prejudicium, et scandalum plurimorum, super quibus a nobis petebant remedium oportunum. Attendentes igitur
quod ad nostrum pertinet officium pastorale ultimas decedencium
voluntates prosequi pariter et tueri ut fraudibus et maliciis vivorum
exclusis effectui debito mancipentur, devocioni vestre committimus
et mandamus quatinus moneatis in generale malefactores predictos
et efficaciter inducatis diebus et locis ad hec oportunis ut bona
predicta asportata, occultata, subtracta ut premittitur et injuste
detenta infra quindecim dies a vestre monicionis tempore numerandos prefatis executoribus sub pena excommunicacionis majoris
revelent et restituant, vel alias pro ipsis satisfaciant ut tenentur,
alioquin malefactores ipsos in ecclesia de Boclonde canonica
monicione previa pulsatis campanis, accensis candelis et extinctis
in generale excommunicare curetis seu excommunicari per alios
faciatis et sic excommunicatos esse per dies dominicos et festivos
intra missarum solempnia cum major parochianorum affuerit
multitudo in apcioribus ad hec locis pupplice nunciari donec
absolucionis beneficium meruerint in hac parte. Et si quos per
inquisicionem legitimam quam per vos super hiis fieri volumus
inveneritis esse reos exhibere curetis predicti defuncti executoribus
quatenus ad forum ecclesiasticum pertinet celerem justiciam de
eisdem. Quid autem feceritis et inveneritis in premissis nobis cum
per partem dictorum executorum requisiti fueritis rescribatis per

litteras vestras patentes harum seriem continentes. Valete. Datum
apud Sonnyngg' vj^{to} kalendas Novembris anno domini millesimo
ccc^{mo} sextodecimo et consecracionis nostre secundo.

[*22 September (? 1316). Appointment of Ralph de Querendon, rector of Wytham,
    as guardian of Alexander de Monteforti, rector of Clyffe Pypard, who is in-
    capacitated by illness, and as custodian of his church and cure.*]

LITTERA FACTA . . CURATORI RECTORIS ECCLESIE DE CLIVE
PIPARD.[1] Rogerus permissione divina et cetera dilecto in Christo
filio magistro Radulpho de Querendon' rectori ecclesie de Witham
nostre diocesis salutem, graciam, et benediccionem. Cum magister
Alexander de Monteforti rector ecclesie de Clivepipard nostre
diocesis supradicte senio jam confractus ita corporis debilitate
usuque racionis careat in presenti et a diu est sicut constat nobis
legitime laboravit quod ad curam dicte ecclesie inpotens nec
effectus ad sui regimen non sufficiat nec suorum, nos ex officii
nostri debito tam ecclesie predicte quam persone providere volentes
de tuaque fidelitate ac circumspeccionis industria quas dilectus
filius officialis Dors' attestatur fiduciam optinentes te eidem ad
ipsius et suorum regimen ac ad causas et negocia que aliqualiter
eumdem vel ecclesiam suam predictam contingunt necnon ad
curam dicte ecclesie fideliter peragendam curatorem ut custodem
duximus deputandum, proviso quod in inicio administracionis tue
hujusmodi inventarium de bonis dicti rectoris inventis fidedignorum
testimonio plene et fideliter confecto in ipso officio talem adhibeas
diligenciam quod de administracione tua cum per nos fueris
requisitus fidele raciocinium reddere valeas in hac parte. Et
quia bonorum immobilium in nostra diocese non existis volumus
quod anno omni administracionis hujusmodi idoniam coram . .
dilecto filio . . officiali Dors' invenias caucionem de fideliter faciendo et eciam exequendo que tibi per nos superius commissa. Vale.
Datum apud Cherdestoke x° kalendas Octobris anno et cetera.

[*3 November 1316. Letter from the abbot and convent of Abingdon, collectors of the
    clerical tenth, listing outstanding debts and the actions taken thereon.*]

[Fo. 43]

LITTERA ABBATIS ET CONVENTUS DE ABENDON' DOMINO DIRECTA
PRO NON SOLVENTIBUS DECIMAM ANNALEM DOMINO REGI CON-
CESSAM. Venerabili in Christo patri ac domino domino Rogero dei

---

[1] *In margin, a sign with a pointing hand referring back to Fo. 17; see above, p. 79
This entry has been considerably amended and may have provided a rough draft. The
words* usuque racionis careat in presenti, *in the second sentence, substituted for* et con-
tinuo furore laboret (*evidently thought to be a bad precedent*), *do not fit the sense.*

gracia Sar' episcopo sui humiles et devoti frater Johannes ejusdem permissione divina monasterii Abendon' minister et ejusdem loci conventus obedienciam debitam et devotam cum omni reverencia et honore. Licet recolende memorie dominus Simon tunc Sarr' episcopus predecessor vester decime annalis dudum domino regi concesse in archidiaconatibus Berk' et Wyltes' nos deputaverit collectores omnesque personas ecclesiasticas bona et beneficia ecclesiastica infra ambitus dictorum archidiaconatuum optinentes auctoritate dicti patris legitime monuerimus quatinus nobis in monasterio nostro predicto dictam decimam terminis assignatis et jam diu est effluxis persolvissent, quidam tamen quorum nomina inferius plenius continentur dictam decimam prout eos contingit solvere non curant propter quod censuras ecclesiasticas contra eos exercuimus prout inferius apparebit quas eciam parvipendentes animo sustinent indurato. Nomina vero et censure ecclesiastice quibus usi sumus subscribuntur.

Archidiaconatu Berk': abbas de Bello pro porcione sua in ecclesia de Spersholte decanatu Abendon' debet pro primo et secundo termino v denarios. Idem pro pensione sua in ecclesia de Brithwalton' decanatu Neubur' pro primo et secundo termino vj s. viij d. Item pro temporalibus suis in eodem loco pro primo et secundo termino xxx s. iij d. Idem pro porcione sua in ecclesia de Bromham decanatu Avebur' pro primo et secundo termino iiij s. Item pro temporalibus suis ibidem pro primo et secundo termino xxxvj s. viij d. et pro porcione sua ibidem iiij s.; que omnia sequestrabantur et violabatur sequestrum et postea exhibitum fuit breve regis quod cessaremus ab exaccione dicte decime quod breve nunc non allocabatur, set injungitur quod eo non obstante levetur. Summa levanda iiij li. iiij s. [*recte £4 2s.*]. Item rector capelle de Esthenreth' que fuit aliquando cancellarii Sar' debet vj s. viij d.; fructus sequestrantur et violatur sequestrum. Item in ecclesia Omnium Sanctorum Walyngford' viij d. pro porcione que fuit magistri Henrici de Somerset' sequestrantur; violatur sequestrum. Item in ecclesia beati Michaelis de Walyngford' pro porcione . . priorisse de Merlawe j d.; violatur sequestrum. Item de ecclesia de Sottescombe pro secundo termino v d.; violatur sequestrum. Item de . . priorissa de Kyngton' xvj d. pro porcione sua in ecclesia de Westhildesleie; violatur sequestrum. Item de episcopo Bathon' pro temporalibus suis in Westcompton' viij s. vj d. Item de . . abbatissa de Romeseie pro porcione sua in ecclesia de Eneborn' ij s. ix den.[1]

In archidiaconatu Wyltes': de ecclesia de Hamme vj s. viij d.;

[1] *In margin,* exhibit acquietanciam.

violatur sequestrum. Item de . . priore de Niwemarch' pro porcione
sua in Titecoumbe xij s.; violatur sequestrum. Item de . . priore de
Hamele pro Manyngford' ij s.; violatur sequestrum. Item de . .
priore de Bradele in Marleberg' iij d.; violatur sequestrum. Item
de pensione rectoris de Aischebur' in ecclesia de Cheselden' v s.;
violatur sequestrum. Item de . . episcopo Herford' pro porcione sua
in Estone xx s.; violatur sequestrum. Item de priore de Farlegh'
pro pensione sua in ecclesia de Wockeseie iiij s.; violatur sequestrum. Item de ecclesia de Wynterborn' Monach' vj s. viij d. pro
porcione que fuit magistri Henrici de Somerset'; violatur sequestrum. Summa tocius viij li. xix s. iiij d.

Prebendales: item de vicario de Comenore x s. viij d.; violatur
sequestrum, infra summam. Item de ecclesia de Winkefeld' cum
pensione pro primo et secundo termino viij s. viij d.; violatur
sequestrum. Item de . . priore sancti Dionisii pro porcione sua in
Burebach' xij d.; violatur sequestrum. Item de vicario de Sonnyngg' vj s. viij d.; extra summam. In premissorum
Fo. 43ᵛ   omnium fidem et testimonium sigillum | nostrum pre-
sentibus est appensum. Datum apud Abendon' iijᵒ
Novembris anno domini millesimo cccᵐᵒ sextodecimo.

[9 *November 1316. Mandate to the archdeacons of Berks. and Wilts. in pursuance
of the above. They are to certify the Bishop by 6 December.*]

ET MANDABATUR EXECUCIONI . . ARCHIDIACONIS BERK' ET
WYLTES' AD LEVANDUM PECUNIAM PRESCRIPTAM SUB HAC
FORMA.¹ Rogerus permissione divina Sarr' episcopus dilecto in
Christo filio . . archidiacono et cetera salutem, graciam, et benediccionem. Litteras religiosorum virorum . . abbatis et conventus
Abendon' nostre diocesis decime annalis dudum domino regi
concesse per bone memorie Simonem predecessorem nostrum inmediatum in archidiaconatibus Berk' et Wyltes' deputatorum
[collectorum] in hec verba, Venerabili in Christo patri et cetera.
ET IN FINE SIC. Vestre igitur devocioni firmiter injungendo committimus et mandamus quatinus omnes et singulos supradictos qui
predictam decimam non solverunt moneatis modis quibus poteritis
et efficaciter inducatis quod infra decem dies a tempore monicionis
vestre hujusmodi vobis dictam decimam quatenus ad eos attinet
plene solvant quam² per vos solvi volumus collectoribus supradictis
quod si vestris immo verius nostris monicionibus non paruerint in
hac parte ipsos tam per sequestracionem omnium bonorum

---

¹ *In margin,* Execucio contra non solventes decimam regi concessam.
² *MS.* quos.

suorum ecclesiasticorum ubicumque in dicto archidiaconatu existencium quam per alias vias legitimas debite compellatis ad solucionem dicte decime ut premittitur faciendam. Et quia plerique inobediencie filii de quorum nobis non constat nominibus vel personis sequestra predicta auctoritate nostra interposita sicut per litteras suprascriptas apparet temere violarunt in nostri et libertatis ecclesiastice manifestum contemptum majoris excommunicacionis sentenciam contra malefactores hujusmodi fulminatam dampnabiliter incurrendo denuncietis seu faciatis per alios nunciari omnes et singulos malefactores predictos in generale in ecclesiis infra quorum parochias porciones predicte consistunt et sequestra violantur predicta diebus dominicis et festivis non clam et perfunctorie set palam et publice intra missarum solempnia dum major parochianorum affuerit multitudo pulsatis campanis, candelis accensis et extinctis in hujusmodi excommunicacionis sentenciam incidisse donec absolucionis beneficium meruerint optinere. Inquirentes nichilominus de nominibus et cognominibus eorumdem et si quos super hiis inveneritis esse reos citetis eosdem quod aliquo certo die eisdem vestro arbitrio legitime statuendo compareant coram nobis nostrisve commissariis ubicumque tunc in nostra civitate vel diocese fuerimus super violacione hujusmodi et contemptu ac aliis eisdem obiciendis ex officio animarum suarum salutem tangentibus debite responsuri super quibus animarum suarum ad salutem procedere intendimus et ulterius facere quod est justum. Quid autem feceritis dictique non solventes et eciam malefactores fecerint in premissis nobis citra festum sancti Nicholai cum tenore presencium distincte et dilucide rescribatis. Valete. Datum apud Sonnyngg' v^{to} idus Novembris anno domini m° ccc^{mo} xvj° et consecracionis nostre ij°.

[*Undated. Declaration to the effect that R. de B., rector of G., summoned to appear before the Bishop because he had not received priest's or deacon's orders within a year of institution, has satisfactorily shown that having been ordained subdeacon within that year he had obtained from bishop Simon of Ghent two years' dispensation from 7 December 1311 so that he could pursue his studies, and that from the end of those two years until 11 August 1316 he was prevented by illness from proceeding to higher orders.*]

[Fo. 44]

PRO RECTORE NON ORDINATO INFRA ANNUM IMPEDIMENTUM PROBANTE. Universis sancte matris ecclesie filiis ad quos pervenerit hec scriptura, Rogerus et cetera salutem in domino sempiternam. Universitati vestre tenore presencium intimamus quod cum nos auctoritate ordinaria ex officio nostro mero R. de B. rectorem ecclesie de G. nostre diocesis super eo quod infra annum a sibi commissi regiminis tempore numerandum vel aliquamdiu postea impedimento cessante legitimo se non fecit ad sacerdocium nec in diaconum promoveri ad nostram fecissemus audienciam evocari, idem rector comparens personaliter proposuit coram nobis quod recolende memorie Simon predecessor noster inmediatus dispensavit cum eodem rectore infra annum predictum in subdiaconum ordinato ut a vij° idus Decembris anno domini millesimo ccc^{mo} xj° per sequens biennium continue numerandum secundum constitucionem domini Bonifacii pape octavi *Cum ex eo* studio posset insistere litterarum, quodque sic in subdiaconum ordinatus secundum ipsius dispensactionis effectum studuit ut debebat, adiciens quod a biennio supradicto effluxo usque ad iij° idus Augusti anno domini millesimo ccc^{mo} xvj° adversa valitudine et aliis certis impedimentis et causis legitimis prepeditus in tantum quod non potuit sicut ut dicebat appeciit ad superiores ordines adhibita in hac parte debita diligencia promoveri; que omnia et singula per testes in forma juris admissos juratos et singillatim examinatos coram nobis sufficienter probavit, nobis humiliter supplicando quatinus super hiis pronunciare et eumdem quoad objecta hujusmodi dimittere ac super inventis et aliis ne processu temporis probacionis copia valeat deperire nostras litteras eidem concedere curaremus. Justis igitur subditorum nostrorum supplicacionibus ut tenemur annuere ac eorum indempnitati quatenus de jure possumus paterno more prospicere cupientes examinatis omnibus et singulis supradictis eorumque circumstanciis ponderatis concurrentibus eciam que in hac parte requiruntur de jure pronunciavimus et pronunciando canonice declaravimus dictum rectorem causas et impedimenta hujusmodi ac omnia alia et singula de quibus premittitur sufficienter probasse supradicteque ecclesie sue fuisse et esse licitum et canonicum possessorem, eundem in hac parte omnino sentencialiter dimittentes. In quorum omnium testimonium atque fidem presentes litteras nostri sigilli impressione fecimus ex certa sciencia communiri. Valete. Datum et cetera.

[*16 October 1316. Appointment of William de Stepyng as proctor, for the Bishop and the cathedral church, to negotiate papal letters and to arrange the hearing of causes at the papal court. The notary's subscription is appended.*]

[Fo. 44ᵛ]

PROCURATORIUM DOMINI TRANSMISSUM AD CURIAM ROMANAM. Pateat universis [*etc.*]. Actum et datum London' in domo habitacionis nostre sextodecimo die mensis Octobris anno domini millesimo ccc^{mo} xvj^{mo}, indiccione quintadecima. Presentibus

discretis viris magistris G. Lovel, Roberto de Worth', domino
Alexandro de Hemyngby, canonicis ecclesie cathedralis Sarr'
predicte; ac dominis Willelmo de Hakeneis, Hugone de Knossington', et Johanne de Holt, de Halughton', Moreton' Linc', et
Compton' Sarr' diocesis ecclesiarum rectoribus testibus ad hoc
vocatis specialiter et rogatis.

Et ego Thomas dictus Neubald' de Ocham clericus Linc' diocesis
publicus sacri Romani imperii auctoritate notarius premissis
omnibus et singulis presens interfui una cum testibus subscriptis
et ea ut predicitur vidi fieri et audivi ac de mandato dicti patris
premissa scripsi et in hanc publicam scripturam et formam redegi
meoque consueto signo signavi hoc publicum instrumentum cui
dictus pater sigillum suum fecit apponi ad majorem fidem et
certitudinem omnium premissorum.

[*Undated. Form of mandate for the publication of sentence of suspension on
a rector who has failed to come to give surety for his appearance in the king's
court in an action for debt. He is also to be summoned to appear before the
Bishop or his commissaries.*]

LITTERA IN NEGOCIO PRO CAUCIONE PRESTANDA ET PRO EXITI-
BUS. Rogerus et cetera. Ad mandatum domini nostri regis pluries
citari fecimus, sicut certificatoriis litteris vestris constat, A. de B.
rectorem ecclesie de B. nostre diocesis quod sibi assignatis terminis
nunc effluxis in curia ejusdem domini nostri regis tali in causa
pecuniaria ut de jure debuit respondere; quodque facere sicuti
tenebatur hactenus non curavit gravibus mulctis et periculis
coartamur ipsum sisti judicio in curia supradicta ut premittitur
responsurus. Verum ut in hac parte juri nobis ac nostre ecclesie
caveretur eumdem B. ad locum et terminum competentes coram
nobis ad judicium fecimus evocari ut vestris in hac parte certificatoriis litteris satis liquet ad prestandum in premissis idoneam
caucionem quod juri pareret et nos ac nostram ecclesiam ut ad eum
pertinuit conservaret indempnes necnon ad respondendum super
quibusdam articulis et interrogatis sibi ex officio faciendis ac ad
jurandum si necessarie fuerit prout in hac parte faciendum et
recipiendum quod justicia suaderet. Cumque idem B. in termino
hujusmodi nullatenus comparere curasset nec facere quod debebat,
causarum nostrarum[1] auditores ipsum sufficienter expectatum pro
sua hujusmodi contumacia ab ingressu ecclesie suspenderunt
justicia mediante. Quocirca vobis injungimus et mandamus quatinus eumdem B. sic suspensum esse in ecclesia de G. et locis aliis

---

[1] *MS.* nostre.

viciniis publice et solempniter nuncietis et nunciari per alios
faciatis, citantes ipsum peremptorie quod die . . ubicumque tunc
fuerimus in nostra civitate vel diocese compareat coram nobis vel
nostris commissariis premissa facturus ac super eis nec-
non et quibusdam articulis et interrogatis sibi | faciendis
ex officio responsurus et cum ipse melius noverit veritatem in hac parte personaliter juraturus et juri per omnia pariturus.
Et quid feceritis in premissis nobis citra diem predictum rescribatis
distincte per litteras et cetera.

Fo. 45

[*20 December (? 1316). Commission to inquire into a dispute between the presentee
to a benefice and another who claims to be the existing incumbent. The form of
the entry suggests that it was transcribed as a model for such commissions:
the caption shows that this commission was issued to the chancellor of Salisbury
and master Peter de Periton.*]

COMMISSIO FACTA CANCELLARIO SAR' ET MAGISTRO P. DE PERI-
TON'.[1] Rogerus permissione divina Sarr' episcopus dilectis et cetera.
Presentato nobis per dilectam in Christo filiam B. ad medietatem
ecclesie de C. nostre diocesis ut dicebat vacantem et ad suam
presentacionem spectantem tali, factaque inquisicione ad mandatum nostrum per officialem super vacacione dicte medietatis
ecclesie et aliis consuetis articulis ut est moris, ipsa inquisicione
ad nos nuperrime reportata, non constat per eam quod vacet [*sic*]
medietas ecclesie supradicte set quod talis . . ejusdem possessioni
incumbit inter quem et presentatum predictum videtur eadem
medietas litigiosa prima facie apparere. Cum igitur hujusmodi
presentacionis negocii decisioni ad presens intendere nequeamus
ad audiendum et diffiniendum ipsum presentacionis negocium
vocatis in forma juris vocandis, necnon ad admittendum, instituendum, et inducendum unum parcium predictarum quatenus
negocii exitus hoc exigunt et canonice sancciones, ac ad omnia alia
facienda que in hac parte neccessaria vel oportuna fuerint eciam si
mandatum exigant specialem vobis conjunctim et divisim et
utrique vestrum per se insolidum ita quod occupantis condicio
melior non existat, cum cohercionis canonice potestate committimus vices nostras quousque eas duxerimus revocandas. Quid
autem in premissis feceritis nobis oportunis loco et tempore debite
rescribatis per litteras vestras patentes et clausas harum seriem
continentes. Valete. Datum apud Sonn' xij kalendas Decembris.

*Undated. Mandate to the archdeacon (of Dorset) to cite John, rector of Brid-
port, to appear before the Bishop or his commissaries on the Saturday before*

[1]   *In margin*, pro presentato contra incumbentem, *and, lower down*, Haselber'.

25 July (? 24 July 1316) to show cause why, in the suit between John and the abbot and convent of Montebourg about the tithes (of Loders) belonging to Bradpole chapel, the Bishop should not confirm, at the request of the abbot and convent, the sentence in their favour promulgated over a year earlier by Peter de Periton, the Bishop's official.]

CITACIO QUEDAM ANTE CONFIRMACIONEM SENTENCIE. LODRES. Rogerus permissione divina Sarr' episcopus dilecto in Christo filio . . archidiacono vel ejus . . officiali salutem, graciam, et cetera. Cum in causa que occasione quarumdam decimarum ad capellam de Bradepole nostre diocesis spectancium, coram dilecto filio magistro Petro de Peritone . . officiale nostro virtute commissionis specialiter sibi facte per bone memorie S. predecessorem nostrum cognoscente, inter religiosos viros . . abbatem et conventum de Monteburgo actorem ex parte una et magistrum Johannem rectorem ecclesie de Brudeport' dicte diocesis reum ex altera, vertebatur, pro ipsis religiosis et contra eumdem magistrum Johannem diffinitiva sentencia per eumdem commissarium sit et fuerit promulgata, sicut in exhibitis nobis in hac parte instrumentis publicis prima facie videtur plenius contineri, ipsique religiosi petant instanter ad majorem veritatem eorum per nos ipsam sentenciam approbari et, quatenus ad nos attinet et de jure poterimus, confirmari, licet non appareat ipsam sentenciam utpote lapso anno et amplius promulgatam suspensam esse jure aliquo quod sciatur, set et ipsa pocius in auctoritatem rei transierit judicate, quia tamen merita causarum parcium assertacione panduntur, volentes cum maturitate debita procedere in hac parte discrecioni [vestre] injungimus et mandamus quatinus eumdem magistrum Johannem et omnes alios quorum interest in premissis citetis peremptorie quod per se vel per procuratorem sufficientem instructum compareant coram nobis vel nostro commissario die[1] Sabbati proxima ante festum sancti Jacobi ubicumque tunc in nostra civitate vel diocese fuerimus peremptorie et precise proposituri, ostensuri, et legitime probaturi si quid de jure eis competit in hac parte | [quare] ipsam sentenciam ac cetera eam tangencia, quatenus ad nos attinet et de jure poterimus, approbare et confirmare minime debeamus, facturi et recepturi quod justicia suadebit. Et quid in premissis feceritis nos vel commissarium nostrum debite certificare curetis ad diem per litteras vestras patentes harum seriem continentes. Valete. Datum et cetera.

Fo. 45ᵛ

[1] *MS.* quod die.

[Undated. Mandate to the dean of Salisbury or his locum tenens to admit Stephen Estormy and John Michel of Burbage to penance (Estormy's penance in a form different from that originally enjoined) imposed for their part in the breaking of the Bishop's park at Ramsbury (see above, pp. 68, 84).]

LITTERA MISSA APUD SARR' PRO PENITENCIA HENRICI [*recte* STEPHANI] DE STORMY. Rogerus permissione divina et cetera . . decano ecclesie nostre Sar' vel ejus locum tenenti salutem et cetera. Accedentes ad nos Stephanus Stormy et Johannes Michel de Borebach' nobis in spiritu humilitatis et corde contrito palam in multorum presencia supplicarunt quod, cum iidem auctoritate nostra propter fracturam parci nostri de Remmesbur' et aliis dampnis et excessibus enormibus cum eadem commissis, que certis ex causis subticemus ad presens, nobis et ecclesie nostre predicte perperam irrogatis majoris essent excommunicacionis sentencia involuti, eisdem mandatis ecclesiasticis sicut lacrimando dicebant parere volentes, absolvere ab hujusmodi sentencia curaremus. Attendentes igitur quod alma mater ecclesia nemini claudit gremium redeunti quodque qui publice peccat publice penitere debebit, eosdem ab excommunicacionis sentencia supradicta in forma juris absolvimus et inter cetera penitenciam sibi injunximus salutarem. Verum quia idem Stephanus capitales inimicos in partibus Sar' optinet, sicuti coram nobis asseruit et probavit, quominus absque evidenti periculo sui corporis ad partes illas valeat declinare secure, penitenciam quam apud Sar' sibi assignavimus faciendam quoad locum ipsum commutavimus ad supplicacionem ejusdem, ita tamen quod hac instanti prima Dominica Adventus domini coram processione in ecclesia nostra cathedrali Sar' deferri faciat tres cereos ponderis iij librarum quorum unum coram magno altari in ipsa ecclesia, alium coram altari virginis gloriose ubi missa ejusdem cotidie celebratur, et tercium ad sepulcrum bone memorie Simonis inmediati predecessoris nostri reponi volumus et manere donec omnino crementur. Ceterum prefato Johanni duximus injungendum quod dictis die et loco nudus usque ad camisiam coram processione predicta incendat[1] unum cereum ponderis dimidie libre ardentem in manibus suis portans et processione finita recipiat ibidem a vobis vel alio quem ad hoc duxeritis deputandum unicam disciplinam publice et devote et dictum cereum ad majus altare offerat idem Johannes inibi concremandum. Quocirca devocioni vestre committimus et mandamus quatinus cum predictus Stephanus aliquem suo nomine cum cereis ad ecclesiam nostram predictam miserit ut

---

[1] *MS.* incedant.

premittitur deferendis et eciam reponendis, eumdem sic missum, necnon predictum Johannem, admittere curetis in forma predicta lingua exponentes materna omnia suprascripta. Et quid et cetera.

[*17 October 1316. Licence from the bishop of Lincoln for the blessing of the nuns of Ankerwyke priory by the Bishop of Salisbury or by any other bishop.*]

LICENCIA . . EPISCOPI LINCOLN' PRO MONIALIBUS SUE DIOCESIS BENEDICENDIS. Johannes permissione divina Linc' episcopus dilecte in Christo filie . . suppriorisse domus monialium de Anker-wyk' priorisse regimine destitute nostre diocesis salutem, graciam et benediccionem. Devocionis tue precibus inclinati ut moniales domus predicte que nondum solempnis benediccionis munus ab episcopo receperunt a venerabili patre domino R. dei gracia Sar', seu alio quocumque episcopo regni Angl' sedis apostolice graciam et execucionem sui officii optinente, benediccionem solempnem hujusmodi, que impendi monialibus per episcopos consuevit cum ad eam recipiendam moribus et etate ac alias ydonee et probate fuerint, facere valeas, recipere ac eciam procurare, non Fo. 46   obstante quod domus predicta in nostra diocese | situ-atur, dum tamen aliud canonicum non obsistat, liberam tibi et monialibus predictis benediccionem hujusmodi recipiendi ac dicto patri seu cuicumque episcopo hujusmodi benediccionem hujusmodi ipsis conferendi tenore presencium concedimus facul-tatem. Datum apud parcum Stowe xvj° kalendas Novembris anno domini millesimo ccc^mo xvj° et consecracionis nostre xvij°.

[*23 July 1316. Appointment of the rector of Everleigh as custodian of the rectory of Fittleton, which has been sequestrated because of the non-residence and other offences of the incumbent, John de Hameledene.*]

MONICIO RECTORIS NOTORII SUE ECCLESIE DESERTORIS. Rogerus et cetera dilecto in Christo filio rectori ecclesie de Everle nostre diocesis salutem, graciam, et benediccionem. Per partes de Up-havene transitum facientes non modice reputacionis virorum insinuacione clamosa didicimus fama publica nichilominus refe-rente quod Johannes de Hameledene qui se dicit rectorem ecclesie de Fitelton' nostre diocesis supradicte velut ejusdem notorius desertor se absentat illicite ab eadem, ipsius ecclesie fructus et proventus in usus nepharios convertens, dissipans, et consumens, domos, edificia, et mansum ob custodie defectum dimittit corruere nequiter culpa sua, et domum quamdam ejusdem mansi prostrando vendidit illicenter, fructus eciam et decimas majores ecclesie sue

predicte antequam colligantur contra sanctorum patrum constituciones editas in hac parte vendere non formidat, quamdam
insuper mulierem Agatham Oxoniens' nomine in fornicariis
amplexibus publice nedum per menses immo per annos plures
tenuit contra ordinariorum suorum moniciones canonicas et
sacrorum canonum inhibiciones, et eciam adhuc tenet in tantum
quod ex causis premissis et aliis que subticemus ad presens se
ecclesia predicta merito reddit indignum in anime sue et commisse
sibi cure grande periculum, predicte ecclesie et ipsius jurium
prejudicium, ac perniciosum exemplum et scandalum vehemens
plurimorum. Volentes igitur indempnitati dicte ecclesie utiliter
providere fructus et obvenciones ecclesie sue predicte propter
dilapidacionem hujusmodi notoriam et ex aliis causis predictis
auctoritate nostra ordinaria duximus sequestrandos et ipsius
sequestri custodiam vobis tenore presencium committendam,
mandantes quod ipsos fructus et proventus sumptibus dicti rectoris
quos de eisdem fructibus per vos levari volumus et assumi colligi
faciatis et in dicte ecclesie solo reponi et fideliter vestro periculo
custodiri donec aliud a nobis receperitis in mandatis. Valete.
Datum apud Poterne x^mo kalendas Augusti anno domini millesimo
ccc^mo sextodecimo et consecracionis nostre primo.

[*15 September 1316. Commission to John de Dorset and others to hear in the court
of Sonning a suit between Margaret de Lenham and Robert de Syndlesham
about two-thirds of the manor of Syndlesham (see above, p. 46).*]

[Fo. 46ᵛ]

COMMISSIO FACTA PRO CURIA TENENDA IN DOMINIO DE SON-
NYNGG'. Rogerus permissione divina Sar' episcopus dilectis et
fidelibus suis Johanni de Dors', Gilberto Saddoc', Galfrido de
Wermenystr', Ade de Remmesbur', et Willelmo de Schireborn'
clerico salutem. Sciatis quod assignavimus vos vel duos aut unum
vestrum si omnes interesse non poteritis ad curiam nostram de
Sonnyngg' in comitatu Berk' tenendam et loquelam que est in
eadem curia nostra per breve domini regis de recto inter Margaretam de Lenham petentem et Robertum de Syndelesham de-
forciantem de duabus partibus manerii de Syndelesham cum
pertinenciis audiendam et hinc inde partibus predictis secundum
legem et consuetudinem regni Angl' plenam justiciam in omnibus
et singulis exhibendam. In cujus rei testimonium litteras nostras
fieri fecimus has patentes. Datum apud Cherdestok' die Mercurii
proxima post festum Exaltacionis sancte crucis anno regni regis
E. filii regis E. decimo.

[Publication of the preceding commission.]

ITEM COMMISSIO CONSIMILIS. Pateat universis per presentes quod nos Rogerus permissione divina Sar' episcopus assignavimus dilectos nobis in Christo Johannem de Dors', Gilbertum Saddoc[1], Galfridum de Wermenystr', Adam de Remmesbur', et Willelmum de Schireborn' clericum conjunctim et divisim ad curiam nostram de Sonnyngg' [*etc., as above*]. In cujus rei et cetera ut supra. Datum ut supra.

[15 September 1316 (?). Appointment of Robert Russel as bailiff of the manor of Sherborne. The entry has been much altered, possibly to make it a suitable model for such letters of appointment.[1]]

LITTERA AD PREFICIENDUM . . BALLIVUM. Pateat universis quod nos Rogerus permissione divina Sarr' episcopus assignavimus dilectum nobis in Christo Robertum Russel ballivum nostrum de Schireborn' ad custodiendum quamdiu nobis placuerit manerium nostrum ibidem simul cum omnibus maneriis, hundredis, curiis, feodis militum, libertatibus nostris, et ceteris ad ea pertinentibus in balliva predicta ita quod ea exequatur et faciat in premissis que ad comodum nostrum et ecclesie nostre Sar' justicia mediante viderit expedire. In cujus rei testimonium litteras nostras fieri fecimus has patentes. Datum et cetera ut supra.

[10 December 1316. Commission to master de Periton, archdeacon of Dorset, and master John de Hakeneye, canons of Salisbury, to judge whether George de Brithmanstone, who has been arrested, brought before the king's justices, and delivered to the Bishop on the grounds of his claim to be a clerk, is entitled to clerical privilege (cf. above, pp. 39, 104).]

COMMISSIO AD COGNOSCENDUM DE CLERICATU GEORGII DE BRIGHTMERSTONE ET AD PRONUNCIANDUM SI GAUDERE DEBEAT PRIVILEGIO CLERICALI.[2] Rogerus permissione divina Sarr' episcopus dilectis in Christo filiis magistris Petro de Peritone archidiacono Dors' et Johanni de Hakeneye canonicis ecclesie nostre Sarr' salutem, graciam, et benediccionem. Cum nuper Georgius de Brithmerston', pro certis sibi impositis criminibus captus apud[3] Sar' et incarceratus ac coram certis justiciariis domini nostri regis eum esse clericum inficiantibus personaliter constitutus, se clericum

---

[1] *Before emendations in a later hand it ran,* Pateat universis per presentes quod nos Rogerus permissione divina Sarr' episcopus ordinavimus, fecimus, et constituimus dilectum nobis . . . manerium nostrum predictum simul cum omnibus . . . et ceteris ad ea qualitercumque pertinentibus in comitatu Somerset' quovismodo, ita tamen quod ea faciat et exequatur in premissis que ad comodum nostrum et ecclesie . . . justicia mediante magis viderit expedire . . . *[etc.].*

[2] *In margin,* Brighmerston' commissio.   [3] *MS.* aptus.

pretendisset, et subsequenter ad examen nostrum ecclesiasticum
per ipsos justiciarios remissus et nobis liberatus fuisset, ad cognoscendum de clericatus sui titulo secundum canonicas sancciones
ex parte ejusdem Georgii qui se clericum conjugatum pretendit
et gaudere debere privilegio clericali nobis est instancius supplicatum ut eidem assignare curemus competentes judices ad
premissa. Volentes igitur immunitatem ecclesiasticam quatenus
cum deo possumus illibatam[1] servari dictoque Georgio et aliis ut
tenemur impendere pro viribus justicie complementum, de vestra
circumspeccionis prudencia plenam in domino fiduciam optinentes, ad audiendum vocatis de jure vocandis et fine
Fo. 47   debito terminandum | negocium supradictum, et ad
pronunciandum an dictus Georgius ponderatis undique
ponderandis gaudere debeat privilegio clericali, ac ad omnia alia
facienda que neccessaria vel oportuna fuerint in hac parte eciam si
mandatum exigant speciale, vobis cum cohercionis canonice
potestate committimus vices nostras donec eas duxerimus revocandas. Quid autem feceritis et inveneritis in premissis una cum
toto vestro in hac parte processu nobis oportunis loco et tempore
rescribatis per litteras vestras patentes et clausas harum seriem
continentes. Valete. Datum apud Sonnyngg' iiij^to idus Decembris
anno domini m° ccc^mo xvj° et consecracionis nostre secundo.

[*Memorandum that on 13 December 1316 a commission was issued to Simon, the
succentor, and others to take into ecclesiastical custody clerks imprisoned at
Salisbury and elsewhere in Wilts.*]

Memorandum[2] quod fuit quedam commissio ad exigendum
clericos apud Sarr' et alibi in comitatu Wilt' facta dominis Simoni
succentori, Gilberto de Wittenham, et magistro Ricardo de
Edmarsthorp' vicario in choro Sarr' conjunctim et divisim sub
dato apud Sonnyng' idibus Decembris anno et cetera xvi°.

[*Undated. Mandate to the archdeacon of Berks. or his official to publish sentence
of excommunication on the unknown persons who have attacked and wounded
Edmund de Neubir', clerk, in the vicarage house of New Windsor; and if by
inquiry he finds any of the offenders he is to bring them to justice.*]

CONTRA INICIENTES MANUS VIOLENTAS IN CLERICUM. Rogerus
permissione divina Sar' episcopus dilecto in Christo filio . . archidiacono Berk' vel ejus . . officiali salutem, graciam, et benediccionem. Licet omnes et singuli in clericos manus sacrilegas
inicientes et temere[3] violentas auctoritate canonis ipso facto

---

[1] *MS.* illabatum. [2] *In margin,* Ad exigendum clericos.
[3] *MS.* temore.

majoris excommunicacionis sentencia involuti existant, non nulli tamen presumptuosi viri deum irreverentes et sue salutis inmemores, quorum ignorantur nomina et persone, in Edmundum de Neubir' clericum manus violentas scienter in casu a jure non permisso in manso vicarii de Nova Wyndelsore nuperrime injecerunt diabolo suadente, ipsum usque ad non modicam sanguinis effusionem attrociter vulnerando et male tractando, in ordinis clericalis opprobrium et animarum suarum grande periculum ac dicti Edmundi prejudicium dampnum et gravamen, latam in malefactores hujusmodi majoris excommunicacionis sentenciam dampnabiliter incurrendo, prout per ejusdem Edmundi querelam recepimus lacrimosam. Nos igitur hujusmodi presumpcionem, ne ipsorum inpunitas aliis perniciosum transeat in exemplum, quatenus ad forum ecclesiasticum pertinet pro salute transgressorum hujusmodi corrigere pro viribus affectantes, vobis firmiter injungendo committimus et mandamus quatinus si premissa veritate nitantur transgressores predictos cum suis complicibus in singulis ecclesiis decanatus Radyngg' tribus diebus dominicis et festivis proximo post recepcionem presencium intra missarum solempnia cum major parochianorum affuerit multitudo in dictam excommunicacionis sentenciam incidisse et excommunicatos esse solempniter et publice, pulsatis campanis, candelis accensis et extinctis, per vos seu alios in generale nuncietis. Et si quos per inquisicionem quam in hac parte per vos fieri volumus inveneritis esse reos, faciatis conquerenti predicto vocatis vocandis justicie complementum vice nostra. Quid autem feceritis et inveneritis in premissis nobis oportunis loco et tempore cum tenore presencium debite et dilucide rescribatis. Valete. Datum.

[*Memorandum that on 7 January 1317 a commission was issued to the rectors of Owermoigne and Corscombe and the vicar of Piddlehinton to take into ecclesiastical custody clerks imprisoned at Dorchester and elsewhere in Dorset.*]

Memorandum quod facta fuit quedam commissio ad exigendum clericos apud Dorcestr' et alibi in comitatu Dors' de Ogres et Corscombe ecclesiarum rectoribus et perpetuo vicario de Hynepudele conjunctim et divisim sub dato apud Sonnyngg' viij° idus Januarii anno domini m° ccc^mo xvj°.

[*Undated. Commission to master Peter de Periton, archdeacon of Dorset, and William de Braibrook, canons of Salisbury, to settle the dispute between the abbess of Shaftesbury and certain of her nuns arising from the moving of the high altar in the conventual church.*]

[Fo. 47ᵛ]

COMMISSIO AD DECIDENDUM DISCORDIAM INTER ABBATISSAM ET
MONIALES SCHAFTON'. Rogerus permissione divina Sarr' episcopus
dilectis in Christo filiis magistro Petro de Periton' archidiacono
Dors' et domino Willelmo de Braibrock' canonicis ecclesie nostre
Sarr' salutem, graciam, et benediccionem. Cum propter amocionem
majoris altaris ecclesie conventualis de Schafton' nostre diocesis sit
inter ejusdem loci . . abbatissam et quasdam moniales suas discordie materia non absque suarum et monasterii sui vehementi
scandalo quod dolentes referimus suscitata, nobis est ex parte
earumdem . . abbatisse et monialium humiliter supplicatum quod
dictarum amocionis et discordie raciones et causas per nos vel alios
deputandos a nobis audire et prout equitati convenit quacumque
via legitima absque judiciali strepitu et figura judicii decidere
curaremus. Attendentes igitur animarum grande periculum quod
vertitur in hac parte dum caritatis vinculum dissolvitur inter illos
cui [*sic*] paterna sollicitudine quatenus cum deo possumus occurrere
cupimus ut tenemur, de vestre eciam circumspeccionis prudencia
plenam in domino fiduciam optinentes, ad audiendum, discuciendum, diffiniendum summarie de plano absque strepitu judiciali
et figura judicii raciones, causas, et jura quas et que abbatissa et
conventus monasterii de Schafton' predicti et singule moniales
ipsius pro amocione predicti altaris vel contra eam proponere
voluerunt coram vobis, et specialiter ad pronunciandum an ponderatis undique ponderandis amocio supradicta ad honorem et
comodum vel fortassis incomodum dictarum abbatisse et monialium et ecclesie sue fiat, ac uni parti vel alteri prout negocii merita
hoc exigunt silencium imponendum, moniales eciam dicti monasterii omnes et singulas quas in premissis vel circa ea inveneritis
deliquisse canonice puniendum, et omnia alia faciendum que in
hac parte neccessaria vel oportuna eciam si mandatum exigant
speciale vobis cum cohercionis canonice potestate committimus
vices nostras donec eas duxerimus revocandas, mandantes quod
contradictrices et in hac parte rebelles per quamcumque censuram
ecclesiasticam debite compescatis. Quid autem feceritis in premissis nobis celerius quo poteritis comode rescribatis per litteras
vestras patentes harum seriem continentes. Valete. Datum.

[*Undated. Mandate to the official of the archdeacon of Berks. to inquire whether
a certain John was born in wedlock and free; the form of the mandate has been
partly but inconsistently altered to make it serve, apparently, as a model for
future use.*]

LITTERA AD INQUIRENDUM SUPER NATALIBUS. Rogerus permissione divina et cetera dilecto in Christo filio officiali Berk' et

cetera. Super natalibus, moribus, et condicionibus A. de B. nostre diocesis volentes certis ex causis effici cerciores, devocioni vestre committimus et mandamus quatinus testes quos idem Johannes [*sic*] coram vobis super premissis producere voluerit in forma juris admittentes et precipue si dictus Johannes de soluto et soluta genitus fuerit atque liber, non paterne incontinencie imitator set bone vite et conversacionis honeste, ac de aliis premissorum circumstanciis universis que circa idoneitatem persone sue fuerint attendende, diligencius et singillatim examinantes eosdem attestaciones eorum nobis sub sigillo vestro fideliter destinare curetis inclusa. Quid autem feceritis in premissis nobis celerius quo poteritis commode cum tenore presencium rescribatis. Valete. Datum.

[*4 February 1316. Licence from the bishop of Lincoln for the bishop of Salisbury to bless Margaret Auchere, the abbess elect of Shaftesbury, and to confer orders, within the diocese of Lincoln.*]

[Fo. 48][1]

LICENCIA CONCESSA DOMINO BENEDICENDI . . ABBATISSAM SCHAFTON' ET MINORES ORDINES CONFERENDI INFRA DIOCESIM[2] LINCOLN' SCOLARIBUS DE DIOCESE SARR'. Venerabili in Christo patri domino R. dei gracia Sarr' episcopo Johannes ejusdem permissione Lincoln' episcopus salutem et caritatem fraternam in amplexibus salvatoris. Fusis nobis ex parte vestra precibus racionabiliter inclinati ut in civitate Lincoln' vel alibi infra nostram diocesim prout duxeritis eligendo sorori Margarete Auchere in abbatissam monasterii Schafton' vestre Sarr' diocesis electe munus benediccionis impendere, scolaresque et alios vestre diocesis ad convenientes sibi omnes minores ordines quos nondum fuerint assecuti possitis licite ordinare locis et temporibus oportunis, dum tamen aliud non obsistat canonicum, liberam vobis munus benediccionis et ordines hujusmodi impendendi et conferendi dictisque sorori Margarete, scolaribus, et aliis munus et ordines hujusmodi recipiendi tenore presencium concedimus facultatem. In cujus rei testimonium sigillum nostrum presentibus est appensum. Datum apud parcum Stowe ij nonas Februarii anno domini m° ccc^mo xv^mo.

[*21 February 1316. Commission or licence from the bishop of Lincoln to the bishop of Salisbury to dedicate churches and altars, to reconsecrate churches and churchyards desecrated by bloodshed, and to confer orders on clerks of both Salisbury and Lincoln dioceses, wherever the bishop of Salisbury might be in Lincoln diocese.*]

---

[1] *At top of page*, Linc'.   [2] *sic.*

ITEM ALIA PRO ORDINIBUS ET ALIIS QUE SEQUNTUR. Venerabili in Christo patri ut supra salutem et fraternam in domino caritatem. Devocionem vestram quam pro supportacione aliquali oneris incumbentis nobis solicitudinis racione affeccionis pristine inter nos hactenus solidate vos habere supponimus attendentes, ac de sinceritate zeli quem ad nostram diocesim de qua traxistis originem vos pre ceteris specialiter credimus optinere plenam fiduciam reportantes, ut ecclesias parochiales et conventuales nostre diocesis nondum dedicacionis munere insignitas altariaque fixa et superaltaria neccessaria dedicare ac eciam consecrare ecclesias et cimiteria effusione sanguinis vel alias maculata de quibus vos requiri continget reconciliare, parvulos confirmare, calices et ornamenta alia ecclesiastica benedicere, litteratis quibus non obsistit canonicum nostre diocesis prima tonsuram conferre, religiososque clericos beneficiatos ac tam vestre quam nostre diocesis litteras dimissorum ac sufficientes titulos optinentes ad convenientes sibi ordines statutis a jure temporibus ordinare, processusque clericorum vestre diocesis examinare eosque confirmare vel eciam prout rei convenit infirmare, ac eisdem electis confirmatis benediccionis munus impendere quibus de jure fuerit impendendum infra nostram diocesim licite valeatis in locis nostre diocesis per quem transitum seu in quibus moram de cetero facere vos continget liberam vobis tenore presencium concedimus facultatem, paternitatem vestram affectuose rogantes quatinus onus commissionis nostre hujusmodi velitis in vos assumere pro relavamine subditi nobis gregis. In prosperitate diutina et votiva dirigat altissimus actus vestros ad ecclesie sue regimen et munimen. Datum apud parcum Stowe xj kalendas Marcii anno domini mº cccmo xvmo.

[*11 December 1317. Licence from the bishop of Lincoln to John, abbot elect of Thame, to receive his blessing from the bishop of Salisbury.*]

LICENCIA BENEDICENDI . . ABBATEM DE TAME. Johannes permissione divina Linc' episcopus dilecto in Christo filio fratri Johanni abbati de Tame nostre diocesis salutem, graciam, et benediccionem. Devocionis vestre precibus inclinati ut a venerabili in Christo patre domino R. dei gracia Sar' episcopo benediccionem solempnem recipere valeatis eo non obstante quod dictum monasterium in nostra diocese situatur, dum tamen nobis et ecclesie Lincoln' professionem in forma canonis feceritis consuetam et aliud canonicum non obsistat, liberam vobis benediccionem hujusmodi recipiendi et dicto patri vobis eandem impendendi tenore presencium concedimus facultatem. Datum apud parcum Stowe iij idus Decembris anno domini mº cccmo sextodecimo.

[*27 December 1316. Grant to Simon de Swenford of the wardship of the son of Thomas Tryvet for the lands which Thomas held of the Bishop in Horton in Bishop's Cannings.*]

[Fo. 48ᵛ]

CONCESSIO CUSTODIE TERRARUM ET TENEMENTORUM THOME TRIVET SIMONI DE SWYNFORD'.[1] Pateat universis per presentes quod nos Rogerus permissione divina Sar' episcopus commisimus et tradidimus Simoni de Swenford' custodiam terrarum et tenementorum que fuerunt Thome Tryvet in Horton' in parochia de Canyngg' Episcopi que in custodia nostra existunt racione minoris etatis filii et heredis predicti Thome quia predictus Thomas predicta tenementa de nobis tenuit per servicium militare, habendam et tenendam dictam custodiam terrarum et tenementorum predictorum cum suis pertinenciis sicut ad nos pertinet usque ad legitimam etatem predicti heredis. Et hoc omnibus et singulis quorum interest tenore presencium significamus mandantes eisdem quod in hiis que predictam custodiam contingunt eidem Simoni vel suis assignatis sint intendentes et respondentes in forma predicta durante custodia prenotata. In cujus rei testimonium presentibus sigillum nostrum apposuimus. Datum apud Sonnyngg' die Lune proxima post festum Natalis domini anno regni regis Edwardi filii regis Edwardi decimo.

[*Undated. Extract from (or perhaps the form of) the monition to a vicar that he desist from encouraging his parishioners to demand that the appropriators of the parish church should provide the consecrated bread.*]

PRO RECTORIBUS ET HABENTIBUS ECCLESIAS IN USUS PROPRIOS QUOD NON TENENTUR AD PRESTACIONEM PANIS BENEDICTI. Si laici viris ecclesiasticis et ecclesie libertatibus forsitan opido sint infesti deo et sacris canonibus hoc esse detestabile senciatur, quanto detestabilius existere dinoscatur si viri ecclesiastici libertates easdem impugnent, sani capitis in dubium nulli venit. Ad nostram siquidem audienciam fidedignorum insinuacio et fama publica perduxerunt, de quo anxiamur vehemencius si sit ita, quod tu, parochianis ecclesie predicte, qui eandem ecclesiam servituti disconvenienti eidem per excogitatam satagunt maliciam subjugare, adherens, eosdem modis quibus poteris excitas et inducis ut a religiosis mulieribus . . priorissa et conventu de B., qui predictam ecclesiam in usus proprios optinent, per cursum suum panem exigant benedictum optentu ecclesie supradicte et terrarum quibus dotata extitit ab antiquo, cum tamen rectores et vicarii ecclesiarum

---

[1] *In margin,* Infra est et correctum.

a prestacione hujusmodi et similibus oneribus immunes esse
debeant et existant tam de approbata et antiqua consuetudine
quam de jure, presertim cum hujusmodi prestacio in dotacione
predicta non fuisset apposita vel indicta, nec consuetudo censeri
debebit si laici dicte ecclesie firmarii prestacionem hujusmodi
fecerint aliquando set pocius corruptela religiosas non artans
predictas. Quamobrem tuam devocionem monemus in domino et
hortamur quatinus parochianos tuos predictos, si premissa veritate
nitantur, a recta semita deviantes moneatis et efficaciter inducatis
quod religiosas et ecclesiam suam predictas in omnibus permittant
sua libertate gaudere, ipsasque in hac parte indebite non fatigent
nec tu deinceps fatigare presumas, alioquin conniventibus oculis
preterire nequimus quin super hiis contra eos et te prout jure fuerit
loco et tempore congruis efficaciter procedemus pro conservacione
ecclesiastice libertatis. Quid autem feceris et dicti parochiani
fecerint in premissis nobis cum per partem dictarum religiosarum
congrue requisitus fueris cum tenore presencium distincte rescribere
non omittas. Valete. Datum et cetera.

[*28 December 1316. Licence to Richard, rector of Clewer, to celebrate or have celebrated divine service in the oratory in the house of Henry de la Bataille, where
Richard is staying with the Bishop's permission, in Winkfield, on the grounds
of his ill health.*]

LICENCIA INFIRMI DIVINA OFFICIA IN ORATORIO AUDIENDI.
Rogerus et cetera dilecto in Christo filio Ricardo rectori ecclesie
de Clifware nostre diocesis salutem, graciam, et benediccionem.
Devocionem tuam, quam ad divina officia audienda [*sic*], necnon
infirmitatem et senium, quibus continue laborare dinosceris,
attendentes, ut in oratorio infra mansum Henrici de la Bataille,
in quo de nostra licencia moram trahis ex causis predictis, infra
limites parochiales ecclesie de Wynkefeld constructo divina dumtaxat officia celebrare valeas vel tibi facere celebrari, dum tamen
ad hoc undique sit honestum, licenciam tibi concedimus tenore
presencium specialem per annum a dato presencium tantummodo
duraturam, ita tamen quod ecclesia de Wynkefeld supradicta et
alie ecclesie vicine in omnibus preserventur indempnes. In cujus
rei testimonium sigillum nostrum fecimus hiis apponi. Datum apud
Sonnyngg' quinto kalendas Januarii anno domini millesimo
ccc^{mo} sextodecimo et consecracionis nostre secundo.

[*13 December 1316. Appointment, dated at Sonning, of the abbot and convent of
Reading as collectors, in the archdeaconries of Berks. and Wilts. (the benefices
held by Salisbury chapter excepted), of the recently granted tenth which is*

payable in two instalments, on 2 February 1317 and 2 February 1318. The collectors are to sequestrate the goods and benefices of those who refuse to pay the tenth. The first instalment is to be delivered by the abbot and convent to Salisbury chapter by 28 January.]

[Fo. 49][1]

DEPUTACIO COLLECTORUM DECIME REGI A CLERO CONCESSE LONDONIIS IN ANNO DOMINI MILLESIMO TRECENTESIMO SEXTO-DECIMO. Rogerus [*etc.*].

[*13 December 1316. Abbreviated version of similar appointment of the abbot and convent of Cerne as collectors of the tenth in the archdeaconries of Dorset and Salisbury. The abbot and convent are also to collect the tenth from benefices held by Salisbury chapter throughout the diocese.*]

ITEM. Rogerus [*etc.*].

[*28 January 1317. Mandate to Salisbury chapter to receive, and to hold safely until the pope shall require it, the money paid for the above-mentioned tenth up to the amount lent to the king by the Bishop and the chapter out of the earlier tenth; the chapter is not to receive any money in excess of that amount, which is to be paid direct to the king by the collectors of the tenth.*]

[Fo. 49[v]]

ITEM CAPITULO SAR' PRO RECIPIENDO COLLECTE DECIME CERTAM SUMMAM DE COLLECTORIBUS PRENOTATIS. Rogerus permissione divina Sar' episcopus dilectis in Christo filiis . . capitulo ecclesie nostre Sar' salutem, graciam, et benediccionem. Cum venerabilis pater [*etc., repeating the substance of the preceding entries*], certisque ex causis nos et vos ac ecclesiam nostram predictam tangentibus, quas vestram prudenciam credimus non latere, . . abbati et conventui monasterii Cernel' nostre diocesis in archi-diaconatibus Dors' et Sar', ac . . abbati et conventui mona-sterii Radyngg' ejusdem diocesis in archidiaconatibus Berk' et Wiltes' ad levandum et colligendum dictam decimam sub certa forma per nostras alias litteras commiserimus vices nostras man-dantes quod dictam decimam pro primo termino supradicto per eos ut premittitur colligendam vobis, alii seu aliis deputando seu deputandis a vobis, infra sex dies ante predictum primum terminum in capitulo ecclesie nostre predicte nomine vestro persolvant per vos pro securitate communi in nostra predicta ecclesia reponendam et fideliter conservandam prout in eisdem nostris litteris plenius continetur. Nos indempnitati nostre et vestre ac ecclesie nostre predicte prospicere quatenus cum deo possumus affectantes, vobis

---

[1] *At top of page,* Quintus quaternus.

committimus et mandamus quatinus decimam memoratam, vobis per dictos religiosos ipsius decime ut premittitur collectores pro primo termino supradicto solvendam, per vos, seu alium vel alios deputandum seu deputandos a vobis, pro quibus respondere volueritis, curetis recipere et solventibus sufficientes aquietancie litteras facere de soluto. Pecuniam autem sic receptam usque ad summam pecunie quam dominus noster rex a nobis et vobis de pecunia primi anni decime sexannalis in nostra diocese collecta pro suis arduis negociis nostro ad hoc consensu mutuo concurrente recepit in solutum retineatis pecunie sic recepte, prout dominus rex suis litteris patentibus specialiter super hoc confectis et penes nos residentibus nobis et vobis concedit liberam facultatem, ipsamque receptam pecuniam in nostra predicta ecclesia quam pro loco tuto et ex causis aliis preelegimus deponentes faciatis eamdem fideliter custodiri sanctissimo patri et domino nostro summo pontifici quando et prout decreverit persolvendam. Et si collectores predicti pecuniam aliquam de decima annali predicta ultra summam quam ut premittitur dominus noster rex recepit vobis forsitan solvere voluerint non recipiatis eamdem quoniam ipsam per eosdem collectores et non per vos solvi volumus domino nostro Fo. 50 regi cum hoc eis | per nos fuerit demandatum. Quid autem feceritis in premissis et de solute vobis in hac parte pecunie quantitate nobis infra tres dies post primum terminum supradictum dilucide rescribatis per litteras vestras patentes et clausas harum seriem continentes. Valete. Datum apud Sonnyngg' v kalendas Februarii anno predicto.

[*28 December 1316. Privy-seal letter from the king enjoining the Bishop to hasten the collection of the tenth so that it may be paid to the Exchequer punctually on 2 February 1317.*]

PRIVATA [LITTERA] REGIS PRO COLLECCIONE ET SOLUCIONE DICTE DECIME FESTINANDO. Edward par la grace de dieu roi Dengleterre seigneur Dirlaunde et ducs Daquitaine a loneurable piere en dieu R. par la meisme grace evesque de Sar' salutz. Come por paementz faire as gentz qe demoerent sur la garde et la deffense de seinte eglise et de la marche devers Escoce et por altres grosses busoignes qe nous touchent nous covient avoir grant foeson de deniers a ceste procheigne feste de la Chaundeleure de qeux nous esperoms estre eidez de leide de la disme qe entre vous et les altres prelatz et ceux du clerge de la province de Cantebir' nous avetz grantez la vestre merci, vous prioms taunt cherement de cuoer come nous pooms et chargeoms especialment qe la levee de la dite disme en vestre diocese voilletz feare haste par totes les voies qe vous saveretz et porrez issint qe paement sen fatez a nostre eschequier a la dite Chaundeleure et qe nous enpuissoms faire paiement outre as dites gentz et por autres busoignes qe nous touchent, sicome hom ad encovenancez et qe mesmes les gentz ne eient encheson de eux enloigner hors de leur gardes ne qe noz dites busoignes ne seient arreries par defaute de paement par quoy peril ou damage puisse avenir qe dieu defende. Et ceste chose eiez tendrement a cuer si cher come vous amez nostre honur et la sauvete de seinte eglise et de la marche dessusdite. Donc souch nostre prive seal a Notyngham la xxviij jour de Decembre lan de nostre regne disme.

[31 January 1317. The abbot and convent of Cerne's certificate to the Bishop's mandate for the collection of the tenth (received 29 December): they have collected £166, and placed it in the cathedral treasury at Salisbury because the chapter said that they had not yet received the mandate to receive it.]

CERTIFICATORIUM . . ABBATIS ET CONVENTUS DE CERNEL' DE MANDATO DOMINI PRENOTATO EISDEM PRO DICTA DECIMA COL-LIGENDO DIRECTO. Venerabili in Christo patri ac domino reverendo domino Rogero dei gracia Sar' episcopo sui humiles et devoti filii Radulfus eadem gracia abbas de Cerne et ejusdem loci conventus tam debitam quam devotam obedienciam cum omni reverencia et honore. Mandatum vestrum iiij^{to} kalendas Januarii recepimus continens hunc tenorem. Rogerus, et cetera, ut in folio scribitur precedenti eisdem, et in fine sic:

Hujus igitur auctoritate mandati in archidiaconatibus supra-dictis moneri fecimus et prout potuerimus efficaciter induci per-sonas memoratas ut mandato predicto quatenus ipsas et singulas earum contingit parerent in omnibus reverenter, et sic quibusdam ex illis quantitates pecunie prenotate ipsas pro primo termino contingentes deputatis a nobis receptoribus jam solventibus, aliis vero solucionem hujusmodi adhuc differentibus, recepimus usque ad summam centum sexaginta et sex librarum, quam quidem pecuniam sic receptam per dictos receptores nostros in thesaurum ecclesie vestre Sar' deponi fecimus consignatam, cum ex parte capituli dicti loci diceretur eisdem se nondum ad eamdem pecuniam ab ipsis recipiendam mandatum aliquod recepisse. Contra non solventes effluxo termino ut premittitur moderato procedere in-tendimus ut mandastis, facere et exequi quod ulterius vestra nobis dominacio duxerit injungendum, quod tamen citra lapsum hujus-modi absque nova jussione taliter facere nostra simplicitas non audebat quam in hac parte utpote non expertam in omissis vel forsitan minus plene peractis habere dignemini benignius excusatam. Datum Sar' ij kalendas Februarii anno domini supradicto.

[*Undated. Mandate to the abbot and convent of Cerne for the collection of the second instalment of the tenth payable on 2 February 1318, citing the King's writ of 10 December 1317 (received by the Bishop 13 December) for the prompt payment of the tenth.*]

[Fo. 50ᵛ]

MANDATUM DOMINI CONTINENS BREVE REGIS COLLECTORIBUS DECIME PRENOTATE DIRECTUM AD LEVANDUM EANDEM DECIMAM TERMINO IPSIUS SOLUCIONIS SECUNDO SOLVENDAM. Rogerus permissione divina Sar' episcopus dilectis in Christo . . abbati et conventui de Cernel' nostre diocesis decime infrascripte in archidiaconatibus Dors' et Sar' collectoribus deputatis salutem, graciam, et benediccionem. Cum per venerabiles patres dominos Walterum dei gracia Cant' archiepiscopum tocius Angl' primatem ceterosque prelatos ac religiosos exemptos et non exemptos et clerum Cant' provincie in anno domini millesimo cccᵐᵒ sextodecimo London' congregatos ordinatum fuerit et sub certa forma concessum quod pro defensione ecclesie Anglicane et regni decima pars omnium bonorum et beneficiorum ecclesiasticorum tam a prelatis quam a religiosis exemptis et non exemptis ac clero in qualibet diocese dicte provincie colligeretur duobus terminis pro equali porcione solvenda videlicet in festo purificacionis beate Marie proximo jam effluxo ac in festo ejusdem purificacionis proximo jam futuro, sitque dicta decima pro primo termino supradicto in magna sui parte soluta domino nostro regi, idem dominus rex ad levandum dictam decimam pro ejusdem secundo termino supradicto nobis breve suum direxit quod idibus Decembris recepimus continens hunc tenorem:

'Edwardus dei gracia'[1] [*etc. as in Reg. Orleton, 46,* mutatis mutandis; *the writ is entered in Martival's register of royal writs,* Reg. Martival, i, fo. 151].

Vestre igitur devocioni firmiter injungendo committimus et mandamus quatinus in archidiaconatibus supradictis dictam decimam pro secundo termino supradicto et eciam pro primo quatenus pro illo superest solvenda cum exactissima diligencia levare, exigere, et colligere cum effectu curetis secundum nostrarum originalium

---

[1] *In margin,* breve.

litterarum exigenciam super hoc vobis alias directarum, et vos de
bonis vestris et beneficiis ecclesiasticis eamdem decimam consimiliter persolvatis. Pecuniam autem predictam pro
Fo. 51   secundo termino memorato | et eciam pro primo per
vos ut premittitur colligendam cum collecta fuerit
salvo vestro custodiatis periculo donec aliud a nobis super hiis receperitis in mandatis, ab hujusmodi levacione et colleccione nequaquam cessantes donec tota dicta pecunia pro utroque ejusdem
solucionis termino integre sit soluta, contradictores et rebelles per
censuras ecclesiasticas secundum predictarum nostrarum originalium litterarum effectum et seriem canonice compescendo. Circa
levacionem et colleccionem hujusmodi vos adeo diligenter habentes
quod tota ipsa decima quatenus jam colligenda fuerit predicto
secundo termino sit in promptu domino nostro regi cum hoc vobis
mandaverimus persolvenda. Quid autem feceritis quantumque
per vos collectum fuerit de decima supradicta et presertim de
secundo termino memorato nobis infra quatuor dies eumdem
secundum terminum inmediate sequentes una cum nominibus et
cognominibus non solvencium rescribatis per litteras vestras patentes et clausas harum seriem continentes.

[*13 February 1318. Mandate to the abbot and convent of Reading (a similar
mandate being sent to the abbot and convent of Cerne) for the payment of the
money collected for the second instalment of the tenth to certain Florentine
merchants, as partial repayment of a loan made by the merchants to the King.
The abbot and convent are to certify the Bishop by 21 February.*]

MANDATUM DOMINI CONTINENS BREVE REGIUM DE FACIENDO
SOLVI MERCATORIBUS IN EODEM BREVI CONTENTIS DECIMAM REGI
A CLERO CONCESSAM PRO SECUNDO TERMINO PURIFICACIONIS
DIRECTUM SUBCOLLECTORIBUS INFRASCRIPTIS. Rogerus permis-
sione divina Sar' episcopus dilectis in Christo filiis . . abbati et
conventui monasterii Radyngg' nostre diocesis subcollectoribus
decime domino regi ultimo a clero concesse in Berk' et Wyltes'
archidiaconatibus deputatis salutem, graciam, et benediccionem.
Breve domini regis recepimus in hec verba:
    'Edwardus dei gracia rex Angl' dominus Hibern' et dux Aquit'
venerabili in Christo patri R. eadem gracia episcopo Sar' salutem.
Cum nuper dilecti mercatores nostri Doffus de Barde, Rogerus
Ardyngelli, Dynus Forcetti, et Franciscus Balduch', et socii sui
mercatores de societate Bardorum de Florencia nobis in thesauraria
nostra de tresdecim milibus marcarum gratanter mutuum fecerint
et nos eis inde de denariis provenientibus de decima predicta que
in festo purificacionis beate Marie proxime preterito solvi debuit

solucionem per litteras nostras patentes fieri promiserimus in eodem festo, nos volentes prefatis mercatoribus de dicta pecunie summa pretextu eorum grati obsequii unde merito debeamus contentari juxta promissionem nostram predictam satisfieri omni modo, vobis mandamus quod subcollectoribus vestris decime predicte in diocese vestra detis in mandatis quod ipsi totam pecuniam provenientem de decima predicta de termino purificacionis predicto solvant predictis mercatoribus vel eorum attornato juxta mandati nostri tenorem eisdem subcollectoribus super hoc prius inde directi. Teste W. de Norwyco apud Westm' xj die Februarii anno regni nostri undecimo.'

Vobis igitur mandamus quatinus recipientes super solucione per vos in hac parte facienda sufficientem pro nobis et vobis securitatem pro qua volueritis vestro periculo respondere totam pecuniam quam de decima et termino in dicto brevi contentis habueritis jam collectam solvatis secundum exigenciam dicti brevis. Quid autem in premissis feceritis quantamque pecuniam dictis mercatoribus solveritis quamque securitatem receperitis in hac parte nobis citra festum sancti Mathie apostoli proxime jam venturum per litteras vestras patentes et clausas harum recepcionis diem et seriem continentes debite rescribatis. Valete. Datum apud Sonnyngg' idibus Februarii anno domini millesimo ccc^mo septimodecimo et consecracionis nostre tercio.

ET SIMILE mandatum emanavit . . abbati et conventui de Cernel' ejusdem decime subcollectoribus cum eisdem brevi regio et execucione.

[Fo. 51^v *blank*.]

[Fo. 52 *blank except for three words*, en cet livre, *at the beginning of the first line*.]

[*Undated. Statement of the conditions on which the tenth was granted to the King. The articles referred to are apparently those entered below; see p. 207.*]

[Fo. 52^v]

CONDICIONES SUPER QUIBUS DECIMA CLERI EXTITIT REGI CONCESSA LOND' IN ANNO DOMINI M° CCC^mo SEPTIMODECIMO. In dei nomine amen. Convenientibus nuper in ecclesia sancti Pauli Lond' venerabilibus patribus dominis . . dei gracia episcopis, decanis, et prioribus ecclesiarum cathedralium, archidiaconis, abbatibus, et prioribus, necnon procuratoribus capitulorum collegiorum et cleri juxta formam mandati quod auctoritate reverendi patris domini Walteri dei gracia Cant' archiepiscopi tocius Angl' primatis super hoc emanavit, et de inevitabilibus periculis que per Scotos hujus regni inimicos ecclesiam atque regnum Anglie usque ad ultimum exterminium persequentes iminent hiis diebus et de hiis ac salubri remedio adinveniendo contra hujusmodi pericula pro salvacione ecclesie Anglicane, regni, et incolarum ejusdem tam ecclesiastica-rum quam secularium personarum per aliquot dies simul tractan-tibus, tactis eciam nonnullis periculis presencialiter iminentibus ex aggressione inimicorum eorumdem jam instante et plenius ponderatis eisdem prelatis deliberato consilio, et tam ex factis pre-teritis flagiciosis inimicorum quam presentibus et quasi inevita-biliter se offerentibus casum urgentissime necessitatis secundum veritatem reputantibus jam instare tam sacrorum canonum quam eciam civilium sapiencie consilio in hiis utentibus et precepto, visum est pro defensione ecclesie Anglicane et regni Anglie ac incolarum ejusdem tam personarum ecclesiasticarum quam la-icarum, cum causam omni communem nullus sane mentis in dubium valeat revocare, domino regi, qui personaliter pro defensione hujus-modi se exponit, de bonis ecclesiasticis subsidium esse prestandum, videlicet ad decimam solvendam ad duos terminos subsequentes ad festum scilicet purificacionis beate virginis proxime et inmediate futurum primam medietatem illius decime et in festo purificacionis beate virginis ad annum extunc revolvendum aliam medietatem decime antedicte sub condicionibus infrascriptis.[1]

In primis, ut brevia regia sub sigillo de scaccario domini regis singulis vicecomitibus Cant' provincie mittantur quod per se idem vicecomites vel per alios bona ecclesiastica virorum ecclesiasticorum non invadant nec pro invasione hujusmodi facienda solum ecclesie ingrediantur aut molestiam inferant viris ecclesiasticis quibuscum-que eorumve ministris invadi, ingredi, aut inferri ab aliis permit-tant sub pena gravi contravenientibus infligenda.

Item quod quelibet persona ecclesiastica hujusmodi breve habere valeat gratis et sine redempcione quacumque.

Item quod responsiones date per dominum regem ad articulos gravaminum jam dudum porrectos et per ecclesiam acceptate per aliquod factum regium fiant perpetue et reales ac pene adjeccione vallate.

Item quod ad articulos quibus insufficienter et nullo modo hac-tenus est responsum periti per dominum regem deputati qui sunt presentes una cum clericis per clerum ad hoc deputandis dili-gencius intendant ad faciendum responsiones convenientes et deo acceptas.

Item quod factis hujusmodi responsionibus fiat consimiliter ut

---

[1] *The conditions are numbered i–xi in the margin.*

prius factum regium reale cum addicione pene sicut superius continetur.

Item quod super illis articulis ad quos periti per dominum regem deputati dicunt se absque consciencia domini regis et magnatum non posse respondere, statim ad dominum regem et ipsos magnates mittantur nuncii ex parte cleri cum relacione peritorum hujusmodi ut dominus rex ex liberalitate regia magnatibus ad id consencientibus racionabiliter petitis annuat, et ecclesiam ultra modum oppressam pro honore dei et anime sue ac progenitorum suorum salute reformet et ad statum debite libertatis reducat.

Item quod de beneficiis ecclesiasticis que summam sex marcarum per annum non excedunt vel a sanctimonialibus et hospitalium pauperibus nichil permissionis hujusmodi occasione exigatur si hactenus decimas non solverunt.

Item quod prelati et alii viri religiosi ac alie persone ecclesiastice de bonis temporalibus ecclesiis suis annexis ad sextamdecimam a laicis concessam nichil omnino conferre teneantur set ab illa prestacione penitus sint immunes.

Item quod hujusmodi subsidium sic concessum per singulos episcopos et eorum auctoritate in suis diocesibus exigatur et levetur ac eisdem persolvatur ita quod collectores ejusdem subsidii domino regi vel suis ministris teneantur de hoc nullatenus respondere.

Item quod si contingat sexannalem vel quamvis aliam imposicionem per summum pontificem exigi et persolvi, concessi subsidii exaccio interim extunc cesset.

Item quod pecunia decime sexennalis domino regi mutuata de isto subsidio et primo termino episcopis et capitulis persolvatur.

[*17 January* (? *1317*). *Commission to the Bishop's official to compel (after examining both parties) George (de Saluciis), precentor of Salisbury, to pay an annual pension to Robert de Bluntesdon in respect of the prebend of North Newnton in Wilton abbey, which Robert claims to hold, in accordance with an earlier agreement about disputed tithes from land in Westbury.*]

[Fo. 53]

COMMISSIO FACTA . . OFFICIALI DOMINI SAR' PRO QUADAM PENSIONE IN WESTBUR'.[1] Rogerus et cetera . . officiali nostro salutem, graciam, et benediccionem. Ex parte dilecti filii magistri Roberti de Bluntesdone prebendarii prebende de Northnyweton' que in ecclesia conventuali de Wylton' esse pretenditur prebendalis nobis est gravi conquescione monstratum quod licet inter magistrum Rogerum quondam precentorem Sarr' ex parte una et magistrum Ricardum de Worth' tunc dicte prebende prebendarium ex altera

[1] *In margin*, nota bene.

super decima parte decimarum tam majorum quam minorum
proveniencium de terra que vocatur Kynglond que sita esse dicitur
infra limites parochie de Westbur', quas idem Ricardus et predecessores sui racione prebende sue de Northniwetone supradicte
[tenuerunt], coram deputatis in hac parte sedis apostolice delegatis
fuisset lis mota, et subsequenter per composicionem realem et
bonam inter partes predictas auctoritate sufficienti sub hac forma
finita, videlicet quod dictus precentor et successores sui nomine
ecclesie predicte de Westbur' predictas decimas cum integritate
imperpetuum possidebunt solvendo inde annuatim dicto magistro
Ricardo et successoribus suis nomine prebende predicte de Northnyweton' xxx et unum solidos legalium sterlingorum ad quatuor
anni terminos scilicet ad Pascham vij s' ix d', ad Pentecostes vij
s' ix d', ad festum sancti Johannis Baptiste vij s' ix d', et ad festum
sancti Michaelis vij s' ix d'. quodque episcopus Sar' qui pro tempore
fuit predictos magistrum Rogerum et successores suos in ecclesia
de Westbur'[1] predicta ac magistrum Ricardum et successores suos
in ecclesia prebendali de Northnywetone supradicta ad predicte
composicionis observacionem compellat appellacione remota prout
in confectis super composicione predicta litteris autenticis plenius
est contentum, predictique magister Robertus et sui predecessores
in dicta prebenda prebendarii fuerunt in pacifica possessione percipiendi nomine suo et prebende predicte pensionem annuam
supradictam usque ad biennium proximo jam transactum, dominus
tamen Georgius precentor Sarr' et rector ecclesie de Westbir'
supradicte per supradictum biennium in dicte pensionis solucione
omnino cessavit quam pro eodem biennio predicte composicionis
optentu solvere debuit atque debet, super quo petebatur a nobis
per partem dicti magistri Roberti juris remedium oportunum.
Volentes igitur subjectis nobis ecclesiis et personis paterna sollicitudine pro juribus impendere justicie complementum, devocioni
vestre committimus et mandamus quatinus vocatis partibus et
auditis predictum dominum Georgium precentorem et rectorem
ecclesie de Westbur' supradicta ad solucionem dicte pensionis
quatenus pro temporibus retroactis tenetur ad eam secundum predicte composicionis et juris exigenciam racione previa effectualiter
compellatis. Ad que et ad omnia alia et singula que in hac parte
neccessaria vel oportuna fuerint eciam si mandatum exigant speciale
vobis cum cohercionis canonice potestate tenore presencium committimus vices nostras donec eas duxerimus revocandas. Valete.
Datum apud Sonnyngg' xvj⁰ kalendas Februarii anno et cetera.

[1] *MS*. Westm'.

[*Undated. Commission to estimate the deficiencies to be made good in Frome
Billet church. The present rector has complained that the executors of the last
rector but one, who was responsible for the deficiencies, deny their responsibility
although the intermediate rector held the living for less than a year.*]

PRO DEFECTIBUS. Rogerus et cetera. Querelam magistri . . rectoris
ecclesie de Fromebelet' nostre diocesis accepimus continentem quod
in domibus, cancello, et rebus aliis ad ejusdem ecclesie sue recto-
riam spectantibus sunt defectus notabiles quorum reparacio ad
executores . . dudum rectoris ejusdem ecclesie qui postquam per
multa tempora occuparat eandem ipsos defectus dimisit ibidem
dinoscitur pertinere; dicti tamen executores ut convenit requisiti
defectus hujusmodi reparare vel eisdem satisfacere ut tenentur non
curant, immo sub pretextu cujusdam . . de . . dicti talis inmediati
in eadem ecclesia successoris qui utpote non per unum annum
integrum ibi rector existens parum vel nichil percepisse creditur
ut refertur inprudenter se satagunt excusare. Quare vobis firmiter
injungendo mandamus quatinus ad locum antedictum personaliter
accedentes defectusque hujusmodi vocatis vocandis veraciter estimantes taxetis taxatorumque hujusmodi singillatim in scriptis
redigi faciatis. Et quid inde feceritis nos cum ex parte dicti magistri . . congrue fueritis requisiti certificetis per litteras vestras
patentes et clausas harum seriem continentes. Valete. Datum.

[*6 January 1317. Letter from the chapter of St. Paul's, London, announcing the
preferment of Vitalis Testa to the deanery (with the object that he should be
inducted into possession of the appropriated rectory of Lambourn).*]

[Fo. 53ᵛ]

LAMBORN'. Venerabili in Christo patri domino Rogero dei gracia
episcopo Sar' sui devoti capitulum ecclesie London' salutem et
reverenciam cum omni honore. Paternitati vestre reverende harum
significamus tenore quod nos venerabilem virum et discretum
dominum Vitalem Testa auctoritate sedis apostolice et mandato in
decanum nostre London' ecclesie recepimus et canonicum; placeat
igitur paternitati vestre ipsi domino Vitali ejusve procuratori
ulterius facere quod ad vos attinet in hac parte cum favore. Bene
valeat paternitas vestra reverenda cum gracie et honoris augmento.
Datum in capitulo nostro viij idus Januarii anno domini millesimo
ccc ᵐᵒ sextodecimo.

[*11 January 1317. Mandate in pursuance of the above to the archdeacon of Berks
or his official to induct Vitalis Testa to the church of Lambourn.*]

ET MANDABATUR EXECUCIONI HOC MODO. Rogerus permissione

divina Sar' episcopus dilecto in Christo filio . . archidiacono Berk' vel ejus . . officiali salutem, graciam, et benediccionem. Tercio idus Januarii anno domini infrascripto litteras venerabilium virorum capituli ecclesie sancti Pauli London' recepimus sub hac forma, 'Venerabili *et cetera ut supra*'. Vobis igitur mandamus quatinus venerabilem virum dominum Vitalem Testa decanum predictum vel procuratorem suum legitimum in corporalem possessionem ecclesie de Lamborn' nostre diocesis inducentes ulterius exequamini quod ad vestrum pertinet officium in hac parte salvis in omnibus episcopalibus juribus et consuetudinibus ac nostre Sar' ecclesie dignitate. Valete. Datum apud Sonnyngg' iij idus Januarii anno domini supradicto et consecracionis nostre ij^{do}.

[*23 January* (*1317*). *Acknowledgement of receipt by the abbot and convent of Hide, collectors in the diocese of Winchester of the clerical tenth, of 5 shillings in respect of the Bishop of Salisbury's temporalities in Keyhaven and Milford.*]

COPIA AQUIETANCIE ABBATIS ET CONVENTUS DE HIDA FACTE[1] DOMINO PRO MELEBORN' [*sic*] ET KIHAVEN' IN DIOCESE WYNTON'. Pateat universis per presentes quod nos abbas et conventus de Hida subcollectores decime a prelatis et clero Cant' provincie nuper in ultima congregacione eorumdem coram venerabili patre domino Waltero dei gracia Cant' archiepiscopo tocius Angl' primate Lond' habita domino nostro regi Angl' illustri ad defensionem communem regni Angl' et ecclesie Anglicane concesse a venerabili patre domino Johanne dei gracia Wynton' episcopi deputati recepimus a venerabili patre domino Rogero dei gracia Sar' episcopo v s. pro decima memorata contingente eundem pro temporalibus in Kyhavene et Mileford' diocesis Wynton'. Censuras eciam ecclesiasticas quascumque per nos seu alios vice nostra, auctoritate, vel mandato si que in venerabilem patrem predictum occasione decime memorate quovis modo fuerint fulminate utpote nec rite nec recte ac contra nostram intencionem set et solummodo de facto latas et quicquid occasione premissorum aliqualiter fuerat subsecutum in hiis scriptis suadente justicia revocamus et pronunciamus omni tempore fuisse et esse nullas et omnino caruisse semper et carere viribus ac effectu dictumque patrem numquam eisdem censuris ligatum fuisse aut esse ex certa sciencia declaramus. In cujus rei testimonium sigillum prioris nostri monasterii quo in hujusmodi faciendis collectis utimur presentibus est appensum. Datum apud Hidam x° kalendas Februarii anno domini supradicto.

¹ *MS.* facta.

[*31 August 1317. Acknowledgement of receipt by the abbot and convent of Hide, collectors in the archdeaconry of Winchester of the procuration levied for the papal nuncios, of 2s. 6d. in respect of the Bishop of Salisbury's temporalities there.*]

ALIA COPIA AQUITANCIE SIBI FACTE PER EOSDEM PRO TEMPORALI-
BUS IN DIOCESE WYNTON'. Pateat universis per presentes quod nos
abbas et conventus de Hid' collectores procuracionis venerabilium
patrum dominorum dei gracia Gaucelini titulo sanctorum Mar-
cellimi [*sic*] et Petri presbiteri sancte Romane ecclesie vicancellarii
[*sic*] et Luce sancte Marie in via lata diaconi cardinalium apostolice
sedis nunciorum recepimus ab episcopo Sar' duos s. et sex denarios
pro temporalibus suis in archidiaconatu Wynton' nomine procuracionis dictis patribus a summo pontifice concesse pro termino
primi anni more sue in Anglia. In cujus rei testimonium sigillum monasterii nostri ad hoc deputati presentibus est appensum.
Datum apud Hid' ij kalendas Septembris anno domini m° ccc mo
xvij°.

[*5 September 1317. Similar acknowledgement of receipt by the prior and collectors in the archdeaconries of London and Middlesex of the procuration
levied for the papal nuncios, of 6s. 5½d. in respect of the Bishop of Salisbury's
temporalities there.*]

ALIA AQUITANCIA DE PRIORE ET CONVENTU SANCTE TRINITATIS
LONDON'. Pateat [*etc.*]. Datum London' nonis Septembris anno
domini m. ccc° xvij.

[*15 January 1317. Commission to Thomas de Ockham and the rural dean of
Reading to proceed against unknown persons who had violated sanctuary by
attacking Thomas de Hywyssh and Hugh de Ledes when they were taking
refuge in New Windsor church.*]

[Fo. 54]

COMMISSIO FACTA MAGISTRO THOME DE OCCHAM PRO FUGIEN-
TIBUS AD ECCLESIAM DE WYNDESORE. Rogerus permissione divina
Sarr' episcopus dilectis in Christo filiis magistro Thome de Occham
clerico nostro et . . decano Radyngg' salutem, graciam, et benediccionem. Cum Thomas de Hywyssh' et Hugo de Ledes ad ecclesiam de Wyndesore nostre diocesis confugerint pro immunitate
ecclesiastica optinenda sitque eis, sicut per eosdem accepimus, per
quasdam personas incognitas multipliciter comminatum quod ipsos
post terre abjuracionem suam a via publica extrahent violenter et
eisdem injurias varias et contumeliosas contra libertatem ecclesiasticam irrogabunt, super quibus petebatur a nobis juris remedium
oportunum, attendentes igitur ad sacrorum canonum et sanctorum

patrum constitucionum observacionem ex debito nostre professionis vinculo nos teneri, ideoque volentes jura, libertates, et immunitates ecclesie quatenus cum deo possumus illibata servare, subditorumque nostrorum animarum periculis ne latas in hac parte censuras incurrant et si fortassis quod absit incurrerint adiciant eo cicius ut resurgant, occurrere paterna sollicitudine ut tenemur, ad puplicandum sanctorum patrum constituciones super immunitate ecclesiastica qua confugientes hujusmodi gaudere debebunt salubriter editas et censuras quas incurrunt violantes eandem, et specialiter quod quicumque ad ecclesiam vel cimiterium fugientes post terre abjuracionem a via publica extrahunt vel extractos occidunt, cum sub ecclesiastica proteccione consistant, sunt omnibus penis sacrilegii procellendi nulla alia consumente quarum aliqua est lata excommunicacionis sentencia ipso facto, necnon ad omnia et singula exequenda et facienda coram justiciis domini nostri regis et aliis suis ministris que circa hujusmodi confugas pro immunitate ecclesiastica secundum constituciones predictas et sancciones canonicas exequenda et facienda fuerint eciam si mandatum exigant speciale vobis conjunctim et divisim cum cohercionis canonice potestate committimus vices nostras. Per hanc nostram commissionem non intendimus potestatem nostris ceteris commissariis prius datam aliqualiter revocare. Quid autem feceritis vel alter vestrum fecerit in premissis nobis oportunis loco et tempore rescribatis seu rescribat cum tenore presencium qui presens mandatum nostrum fuerit executus. In quorum testimonium sigillum nostrum presentibus est appensum. Datum apud Sonnyngg' xviij° kalendas Februarii anno domini millesimo ccc ᵐᵒ xvj° et consecracionis nostre secundo.

[*23 January 1317. Another commission to Thomas de Ockham and the rural dean of Reading in the same matter: the enemies of Thomas de Hywyssh have been preventing him from receiving food while in sanctuary, and the Bishop's commissaries are to go, with incumbents of neighbouring churches, to New Windsor church, there to pronounce sentence of excommunication against them.*]

ITEM ALIA COMMISSIO FACTA EIDEM PRO DICTIS FUGIENTIBUS. Rogerus permissione divina Sarr' episcopus dilectis in Christo filiis magistro Thome de Ocham clerico nostro et . . decano Radyngg' salutem, graciam, et benediccionem. Licet omnes et singuli qui confugientibus ad ecclesiam pro tutela et immunitate ecclesiastica optinendis victum neccessarium temere prohibentes in quo casu necantibus similes reputantur et libertatem ecclesiasticam nequiter violantes sint tam sanctorum patrum constitucionibus

quam sacris canonibus super hoc editis ipso facto majoris excommunicacionis sentencia involuti, non nulli tamen crudeles viri et
inhumani quorum ignorantur nomina et persone, dei timore post-
posito et ecclesie reverencia vilepensa, moniciones nostras alias
per vos factas canonice et solempniter publicatas totaliter con-
tempnentes, Thome de Hywys ad ecclesiam parochialem de Nova
Wyndesore pro hujusmodi tuicione inibi optinenda nuperrime
fugienti, in qua per xl dies et amplius est moratus et in presenti
moratur gaudere volens immunitate predicta, victus neccessaria inhumaniter subtrahendo prohibent publice, sicut nobis suggestum
est pluries, atque vetant ne quis dicto confuge in dicta ecclesia sub
ecclesiastice libertatis proteccione ut premittitur commoranti aliquod
humanitatis ministrent seu ministrari faciant subsidium publice vel
occulte, latas a sanctis patribus contra presumptores hujusmodi
majoris excommunicacionis sentencias dampnabiliter incurrendo.
Nos igitur attendentes quod si premissa scelera conniventibus occulis neglexerimus incorrecta viam consimilia perpetrandi aliis
aperimus quodque ad editarum in hac parte constitucionum et
canonum observacionem debito nostro professionis vinculo arbitramur, devocioni vestre conjunctim et divisim firmiter injungendo committimus et mandamus quatinus si sit ita
Fo. 54ᵛ | ad ecclesiam de Wyndesore predictam sublato cujus-
libet dilacionis obstaculo associatis vobiscum de Braye,
Coccham, et de Nova Wyndesore et Veteri et aliarum ecclesiarum
vicinarum rectoribus, vicariis, et capellanis parochialibus quos
vobis duxeritis assumendis personaliter accedentes omnes presumptores hujusmodi cum auctoribus, consiliariis, et complicibus
in hoc facto dampnato in dicta ecclesia de Nova Wyndesore quociens et quando videbitis oportunum intra missarum solempnia pulsatis campanis, candelis accensis et extinctis publice et solempniter
excommunicatos esse in generale nuncietis et faciatis per alios nunciari donec aliud a nobis receperitis in mandatis, contradictores
et vobis in hac parte rebelles per quamcumque censuram ecclesiasticam canonice compescendo; inquirentes nichilominus de nominibus hujusmodi malefactorum et si quos culpabiles inveneritis in
hac parte citetis eosdem peremptorie quod compareant coram nobis
nostrisve commissariis aliquo certo die eisdem pro vestro arbitrio
statuendo ubicumque tunc fuerimus in nostra civitate vel diocese
facturi et recepturi super hiis ad correccionem animarum suarum
quod canonicis convenit institutis, certificantes nos citra statutum
eis diem una cum inventorum reorum nominibus et cognominibus
et premissorum circumstanciis universis quid feceritis et inveneritis

in hac parte per litteras vestras patentes et clausas harum seriem continentes. Valete. Datum apud Sonnyngg' x° kalendas Februarii anno domini millesimo ccc ᵐᵒ xvj° et consecracionis nostre secundo.

[*11 December 1316. Earlier commission to the rural dean of Reading to warn those offending against the sanctuary sought by Thomas de Hywyssh and Hugh de Ledes at New Windsor to desist, and if they do not to pronounce them excommunicated.*]

LITTERA DE SENTENCIA FERENDA CONTRA EXTRAHENTES DICTOS FUGIENTES VEL EISDEM VICTUM PROHIBENTES. Rogerus permissione divina Sarr' episcopus dilecto in Christo . . decano Radyngg' salutem, graciam, et benediccionem. Si Thomas de Hywyssh' et Hugo de Ledes ad ecclesiam de Wyndesore nostre diocesis confugerunt pro immunitate ecclesiastica optinenda debeantque de jure immunitate gaudere predicta, vobis injungimus et mandamus quod si qui sint qui eis victum neccessarium prohibuerint, in quo similes sunt necanti, moneatis et efficaciter inducatis quod ab hujusmodi facto illicito desistant alioquin malefactores hujusmodi in excommunicacionis sentenciam ea occasione latam incidisse in generale nuncietis et nunciari[1] per alios in generale faciatis diebus et locis quibus videritis expedire. Adhuc injungimus et mandamus quod si qui sint confugarum hujusmodi in ecclesia vel cimiterio custodiam facientes eos moneatis et efficaciter inducatis quod taliter non faciant custodiam memoratam, quod si canonice moniti a tali custodia prohibita noluerint abstinere excommunicacionis sentenciam in malefactores hujusmodi canonice fulminetis, sub eadem pena publice prohibentes ne quis eisdem confugis aliquid noscibilitatis, dampni, detencionis, constriccionis, vel alterius impedimenti prestent publice vel occulte quominus requiescere valeant in ecclesia memorata vel gaudere immunitate predicta, contradictores et rebelles in hac parte per censuram ecclesiasticam debite compescentes. Ad que omnia et singula vobis committimus vices nostras cum cohercionis canonice potestate. Et quid feceritis in premissis nos celeriter destinare curetis per litteras vestras patentes harum seriem continentes. Valete. Datum apud Sonnyngg' iij° idus Decembris anno domini millesimo ccc ᵐᵒ xvj° et consecracionis nostre secundo.

[*3 February (1317). Memorandum of extension of the time allowed to Henry Estormy for the payment of compensation for his infraction of Ramsbury Park.*]

Memorandum[2] quod iij° nonas Februarii concessit dominus apud

_____
[1] *MS.* nunciare.　　　　　　　　[2] *In margin,* Stormy.

Wodeford' Henrico Stormy dilacionem de solucione vinorum in
quibus condempnatus extiterat pro fraccione parci de Remmesbur'
usque ad festum Pasche proximo tunc sequens ad instanciam
magistri Ricardi de Haveryngg', presentibus magistris Roberto de
Worth' et Thoma de Asteleye, et cetera.

[*4 February 1317. Commission to Peter de Periton, the Bishop's official, to hear and
settle suits between the warden and brothers of St. Nicholas's hospital,
Salisbury, and John, vicar of Turnworth.*]

[Fo. 55]

GENERALIS COMMISSIO FACTA PRO NEGOCIIS DE TORNEWORTH'.
Rogerus permissione divina Sar' episcopus dilecto in Christo filio
magistro Petro de Puryton' officiali nostro salutem, graciam, et
benediccionem. Ad audiendum et fine debito terminandum causas
quascumque et negocia inter dilectos filios . . custodem et fratres
hospitalis sancti Nicholai Sarr' ex parte una et Johannem perpetuum vicarium ecclesie parochialis de Turneworth nostre diocesis ex altera motas vel movendas, ipsis partibus et aliis quorum
interest evocatis ut convenit et¹ auditis, ac ad cetera omnia et
singula facienda que in hac parte neccessaria vel oportuna fuerint
eciam si mandatum exigant speciale vobis cum cohercionis canonice potestate committimus vices nostras donec eas duxerimus revocandas. Valete. Datum apud Wodeford' ij nonas Februarii anno
domini mᵒ cccᵐᵒ xvjᵒ et consecracionis nostre secundo.

[*Undated. Mandate to the archdeacon of Salisbury or his official to warn the
prior and convent of Farley to permit Robert de Hameldon, a Templar, to
fulfil the penance imposed on him by Robert Winchelsey, late archbishop of
Canterbury, and to be performed at Farley priory; otherwise the archdeacon
is to cite the prior and convent to appear before the Bishop or his commissaries
on the next juridical day after 6 January.*]

LITTERA MONITORIA DIRECTA . . PRIORI ET CONVENTUI DE
FARLEGH' PRO TEMPLARIO ROBERTO DE HAMELDON'. Rogerus
permissione divina Sar' episcopus dilecto in Christo filio . . archidiacono Sar'² vel ejus . . officiali salutem, et cetera. Legitime
nobis constat quod cum bone memorie dominus R. quondam Cant'
archiepiscopus nunc defunctus contra Robertum de Hamelden' et
alias singulares personas ordinis milicie Templi super heretica
pravitate sub certa forma in congregato ea occasione provinciali
concilio auctoritate apostolica processisset eundemque Robertum
ad agendum in monasterio religiosorum virorum . . prioris et
conventus de Farlegh' nostre diocesis certam penitenciam ordi-

---

¹ *MS.* ut.   ² *Substituted for* Wyltes'.

natam in eodem concilio decreverit[1] auctoritate predicta sua et
ejusdem concilii detrudendum sub suspensionis, excommunicacionis, et interdicti sentenciis in eosdem religiosos et ipsorum
monasterium fulminandis si rebelles fuerint in hac parte mandans
firmiter et injungens ipsum Robertum sine qualibet contradiccione
per eosdem religiosos admitti humaniter et tractari et sibi per ipsos
religiosos vite neccessaria ministrari alioquin mandaverit dictus
pater auctoritate predicta censuras ecclesiasticas memoratas in pre-
fatos religiosos et eorum monasterium fulminari, qui licet alias
dicantur exempti non obstantibus tamen libertatibus suis privilegiis si que habent obedire tenentur specialiter in hac parte ac
alias contra eos procedi secundum canonicas sancciones, iidem religiosi omnibus supradictis per quadriennium et amplius paruerunt
ac se velle parere suis certificatoriis litteris promiserunt sicut alii
religiosi nostre diocesis quibus persone hujusmodi modo consimili mittebantur, [2]prout hec inter cetera in processu h[abi]to in
hac parte previus continentur.[2] Verum quia dictus Robertus nobis
graviter est conquestus quod dicti religiosi viri de Farlegh' ipsum
Robertum qui ut dicit fuit et est paratus ad agendum penitenciam
supratactam a dicto monasterio violenter auctoritate et temeritate
propria ejecerunt sibique ut debebant ministrare vite neccessaria
temere recusarunt [2]in quo consimiles sunt necanti,[2] vobis auctoritate pretacta injungimus et mandamus quatinus ad dictum monasterium personaliter accedentes supradictos religiosos de Farlegh'
modis quibus poteritis moneatis et efficaciter inducatis quod predictum Robertum juxta formam decreti, mandati, et injunxionis
predictorum admittant, tractent, ministrent neccessaria vite sue,
eumque restituant ad premissa et pro commissis in hac parte
delictis satisfaciant competenter, alioquin eosdem . . priorem et
conventum citetis peremptorie quod compareant coram nobis vel
nostro commissario [2]proximo die juridico post festum Epiphanie
domini[2] peremptorie et precise proposituri, ostensuri, et legitime
probaturi quicquam eis de jure competit in hac parte quare eos
ad premissa implenda in forma pretacta compellere et pro eorum
in hac parte temeritate punire canonice minime debeamus, facturi
et recepturi juxta negocii qualitatem et juris exigenciam quod
justicia suadebit, presertim cum licet se pretendant exemptos tamen
ut predicitur in hac parte debeant obedire, denunciantes eisdem
quod sive venerint sive non in hoc negocio, quod juxta ipsius
qualitatem et naturam celeritatem desiderat, procedetur prout de
jure fuerit procedendum. . . Valete. Datum et cetera.

---

[1] *Added in margin.*   [2-2] *Added in margin.*

[*24 January 1317. Commission to the archdeacon of Dorset to fulfil the papal provision of a benefice in the gift of Wilton abbey for John Terry.*]

Rogerus[1] permissione divina Sar' episcopus provisor seu executor ad infrascripta per sedem apostolica deputatus dilecto in Christo filio . . archidiacono Dors' salutem et mandatis apostolicis filialiter obedire. De vestra circumspeccionis industria fiduciam reportantes, in negocio provisionis seu gracie Johanni Terry de Wesevorde clerico super beneficio ecclesiastico spectante ad collacionem seu presentacionem religiosarum mulierum . . abbatisse et conventus Wylton' nostre diocesis per sanctissimum patrem dominum Johannem divina providencia papam xxij sub certa forma concesso et nobis ab eadem sede commisso, | vobis cum cohercionis canonice potestate auctoritate qua fungimur in hac parte committimus vices nostras donec eas duxerimus revocandas, vobis in virtute obediencie qua sedi apostolice tenemini firmiter injungentes quatinus in predicto negocio procedatis effectualiter secundum apostolicarum in hac parte concessarum exigenciam litterarum. Datum apud Wodeford' ix kalendas Februarii anno domini m° ccc ᵐᵒ xvj° et consecracionis nostre secundo.

Fo. 55ᵛ

[*29 December 1316. Assignment to Simon de Sweneford of the custody, during the minority of John Tryvet, of the estate lately held of the Bishop by John's father, Thomas Tryvet, in Horton.*]

LITTERA CUSTODIE LAICI IN MINORI ETATE EXISTENTIS. Pateat universis per presentes quod nos Rogerus permissione divina Sar' episcopus concessimus et tradidimus Simoni de Sweneford' custodiam terrarum et tenementorum cum suis pertinenciis in Hortone in parochia de Canyngg' Episcopi que sunt de hereditate Johannis Tryvet filii et heredis Thome Tryvet et que de nobis tenentur per servicium militare [ac] in manu nostra existunt racione minoris etatis ejusdem Johannis, habendorum et tenendorum predicto Simoni vel assignatis suis de nobis et successoribus nostris cum omnibus suis pertinenciis a vicesimo nono die Decembris anno domini m° ccc ᵐᵒ xvj° et anno regni regis Edwardi filii regis Edwardi decimo usque ad plenam etatem et legitimam ipsius Johannis, ita quod non liceat eidem Simoni vel suis assignatis in predictis terris vel tenementis vastum facere, destruccionem, vel exitium

---

[1] *In margin, a note for the scribe:* Si scribatur . . episcopo sine nomine, scribat Episcopus cum ijᵇᵘˢ punctis precedentibus. *This entry has undergone several minor corrections.*

durante custodia predicta. Et nos pro nobis et executoribus nostris omnia predicta terras et tenementa cum omnibus suis pertinenciis predicto Simoni vel suis assignatis contra omnes warentizare, defendere, et acquietare tenemur durante custodia predicta excepto regali servicio ad tantum pertinente tenementum ibidem. In cujus rei testimonium presentibus sigillum nostrum apposuimus. Datum apud Sonnyngg' xxix° die Decembris anno domini et predicti regis Edwardi filii regis Edwardi supradicti et consecracionis nostre secundo.

[*4 March 1317. Publication of the fact that Raymond Heryng is under sentence of excommunication, and has remained in contempt for forty days and more.*]

NOTIFICACIO INNODATI SENTENCIA EXCOMMUNICACIONIS MAJORIS PER XL DIES ET AMPLIUS. Universis Christi fidelibus ad quos pervenerit hac scriptura Rogerus permissione divina Sar' episcopus salutem in eo quem peperit uterus virginalis. Cum excommuni-catorum nomina ne sua communione gregem inficiant dominicum expediat esse nota, universitati vestre innotescimus per presentes quod Reymundus Heryng' nostre diocesis majoris excommuni-cacionis sentencia propter suam manifestam offensam existit auc-toritate ordinaria innodatus, in qua per xl dies et amplius animo perstitit indurato claves sancte matris ecclesie pertinaciter contem-pnendo. Testimonio presencium quibus sigillum nostrum duximus apponendum. Datum apud Wodeford' quarto die mensis Marcii anno domini m° ccc^mo sextodecimo et consecracionis nostre se-cundo.

[*1 March (1317). Request from William de Baleto, archdeacon of Fréjus and papal nuncio, for the payment of Peter's Pence within fifteen days of its receipt. It was received 3 March.*]

MANDATUM G. DE BALETO PRO DENARIIS BEATI PETRI SIBI SOLVENDIS RECEPTUM APUD SAR' V NONAS MARCII.[1] Venerabili patri in Christo domino R. miseracione divina Sar' episcopo Guillelmus de Baleto Forijulien' archidiaconus sedis apostolice in Angl' nuncius salutem et paratam in domino ad ejus beneplacita voluntatem. Ad solvendum michi denarios beati Petri nomine Romane ecclesie de preterito tempore debitos ex injuncto michi officio necesse habeo compellere per censuram ecclesiasticum quos-cumque qui ad solucionem hujusmodi teneantur, propter quod, pater et domine, vos deprecor quantum possum quatinus, cum in hiis et aliis pre ceteris quantum potero vobis deferre intendam,

---

[1] *In margin*, denarii beati Petri.

predictos denarios de tempore preterito per vos debitos infra xv
dies a tempore recepcionis presencium michi nomine quo supra
exsolvi Lond' faciatis, alias ex debito juramenti cogerem vos licet
invitus ad solvendum. De potestate vero apostolica michi tradita
vestris nunciis cum London' venerint faciam plenam fidem super
hiis si placet rescribentes interim vestre beneplacitum voluntatis.
Conservet vos altissimus in dierum longitudine et salute. Scriptum
Lond' primo die mensis Marcii.

Receptum apud Sar' v nonas Marcii.

[*4 March 1317. Notarial instrument recording the refusal, by proxy, of William
de Fresepanis to accept the prebend of Blewbury, offered to him, in accordance with papal provision, by the Bishop's proctor, Thomas de Astleye, on
the grounds that the prebend was the subject of litigation. The appointment of
the Bishop's proctor, dated 19 February, is quoted in full.*]

[Fo. 56]

FORMA NOTIFICACIONIS VACANCIUM PREBENDARUM. In nomine
domini amen. Per presens publicum instrumentum omnibus appareat evidenter quod anno domini ab incarnacione millesimo
ccc^mo sextodecimo, indiccione quintadecima, mensis Marcii die
iiij^to in mei, notarii publici infrascripti, et testium subscriptorum
presencia magister Thomas de Asteleye clericus, procurator venerabilis patris domini Rogeri dei gracia Sar' episcopi cujus procuratorii
tenor de verbo ad verbum inferius continetur personaliter constitutus, coram venerabili viro magistro Guillelmo de Baleto archidiacono Forijulien' et domini . . pape in Angl' nuncio London' in
porticu aule domini . . decani sancti Pauli London' nomine procuratoris pro dicto domino episcopo denunciavit et notificavit palam
et expresse Egidio de Caciis Agenen' diocesis tunc presenti procuratori domini Guillelmi nati Gordoni de Fresepanis de Penna
Agenen' diocesis canonici Sar' (substituto a Raymundo Arnaldi
de Montanzet et Guillelmo de Comensaco procuratoribus princi-
palibus dicti domini Guillelmi canonici Sar' nomine procuratoris
pro eodem domino Guillelmo, sicut de hujusmodi procuratorio
constat per quoddam publicum instrumentum confectum per
manum magistri Elye Briccii notarii publici et signo suo consueto
signatum necnon sigillo . . officialis Agenen' sigillatum ac de ipsa
substitucione per quoddam publicum instrumentum manu mei
Willelmi le Dorturer notarii publici confectum) quod prebenda de
Blebir' in ecclesia Sar' predicta sacerdotalis vacat et tanto tempore
sic vacavit quod ipsius prebende collacio, disposicio, seu provisio
ad prefatum dominum episcopum est canonice devoluta, optulitque
supradictus procurator prefati episcopi nomine ejusdem domini

sui memoratam prebendam de Blebur' antedicto Egidio procuratori substituto ut predicitur nomine prefati domini sui, quod videlicet idem procurator substitutus nomine ejusdem domini sui eamdem prebendam acceptaret si eidem domino suo deberetur virtute alicujus provisionis a sede apostolica sibi facte seu concesse, et adjecit procurator episcopi supradicti quod super jure patronatus dicte prebende in curia domini . . regis Angl', necnon et in curia de arcubus London' occasione ejusdem predicte, lis adhuc pendet indecisa. Dictus vero Egidius procurator substitutus ut predicitur per dictum magistrum Guillelmum de Baleto archidiaconum Forijulien' quem idem Egidius ad respondendum magistro Thome procuratori dicti domini episcopi organum vocis sue constituit sub hiis verbis sequentibus respondit dicens, 'Cum dicta prebenda de Blebur' sit litigiosa prout vos magister Thomas procurator dicti domini episcopi asseritis, salvo jure dicti domini Guillelmi de Fresapanis quod possit aliam prebendam de jure sibi debitam cum vacaverit alias acceptare secundum vigorem gracie sibi facte non intendit procurator dicti domini Guillelmi de Fresapanis prebendam de Blebur' predictam eciam si vacaret prout asseritur aliqualiter acceptare.'

Acta fuerunt hec que supradixi anno, indiccione, die, mense, et loco supradictis, presentibus domino Johanne de Siveriis capellano, domino Raymundo de Syviriaco, Yvone de Marchia, et Gilberto de Lutegarshale notariis, et aliis testibus vocatis specialiter et rogatis.

Tenor vero procuratorii procuratoris dicti domini episcopi de verbo ad verbum est talis:

'Pateat universis quod nos Rogerus permissione divina Sar' episcopus dilectum nobis in Christo magistrum Thomam de Asteleye clericum nostrum verum et legitimum procuratorem ordinamus, facimus, et constituimus per presentes ad denunciandum et notificandum Guillelmo nato domini Gordoni de Fresapanis de Penna Agen' diocesis ejusque procuratori seu procuratoribus ac aliis personis quibuscumque quorum interest seu interesse poterit quovis modo vacacionem seu vacaciones prebendarum in ecclesia nostra cathedrali Sar' vacancium qualitercumque, quociens, quando, et ubi videbitur expedire et presertim quod prebenda de Blebur' in ecclesia nostra predicta vacat vel sic qua nostri patronatus existit[1] et tanto tempore sic vacavit quod ipsius prebende collacio, disposicio, seu provisio ad nos est canonice devoluta necnon et ad alia omnia et singula faciendum que in premissis et circa premissa

---

[1] *MS. originally read:* prebenda de Blebur' sacerdotalis in ecclesia supradicta vacat et tanto tempore sic vacavit; *it has been altered by a marginal addition.*

fuerint oportuna eciam si mandatum exigant speciale. Ratum habiturum et firmum quicquid idem procurator noster fecerit in premissis. In cujus rei testimonium sigillum nostrum presentibus est appensum. Datum apud Wodeford' xj kalendas Marcii anno domini millesimo ccc ^{mo} sextodecimo.'

Et ego Wilelmus filius Willelmi dicti le Dorturer de Seleborn' Wynton' diocesis sacrosancte Romane ecclesie et sacri imperii ac alme urbis prefectorie dignitatis publica auctoritate notarius una cum notariis et testibus memoratis omnibus et singulis interfui supradictis et ea omnia ut predicitur vidi fieri et audivi ac dictum procuratorium prefati procuratoris dicti domini epi-

Fo. 56ᵛ   scopi ipsius | sigilli michi noti vera impressione signatum una cum dicto magistro Guillelmo de Balaeto, notariis et testibus memoratis circumspexi, examinavi, tenui, et inveni sanum et integrum, non cancellatum, non abolitum, non abrasum, nec aliqualiter viciatum set omni suspicione carens prout prima facie apparebat, ac de mandato, instruccione, et precepto dicti magistri Guillelmi de Balaeto dictum procuratorium transcripsi, exemplavi, et publicavi nil addens vel minuens quod sensum mutet seu viciet intellectum et hujusmodi transcriptum seu exemplum per me et Gilbertum de Lutegarshale notarium cum dicto originali procuratorio diligenter ascultavi et concordare inveni. Dictusque magister Guillelmus de Balaeto archidiaconus Forijulien' suam auctoritatem ordinariam huic publicacioni prestitit et consensum ac premissa omnia propria manu scripsi et in hanc publicam formam redegi meoque consueto signo signavi eciam a procuratoribus supradictis rogatus.

[*19 February 1317. Appointment of Thomas de Asteleye as the Bishop's proctor to treat with Vitalis de Testa, dean of St. Paul's, London, about the profits of the rectory of Lambourn, which is appropriated to the deanery. During a vacancy in the deanery the Bishop of Salisbury receives the profits.*]

Universis¹ quorum interest pateat per presentes quod nos Rogerus permissione divina Sar' episcopus ad tractandum cum procuratore seu procuratoribus domini Vitalis de Testa qui decanatum ecclesie sancti Pauli Lond' est auctoritate apostolica ut pretenditur assecutus, ac responsum nostrum eisdem procuratori seu procuratoribus ac aliis quorum interest nomine nostro dandum, et eciam intimandum super fructibus ecclesie parochialis de Lamborn' nostre diocesis tam a ij idus Augusti ultimo preteritis quam prius predicti decanatus vacacionis tempore provenientibus et perceptis quatenus

¹ *In margin*, Lamborn': procuracio ad tractandum, notificandum, respondendum, provocandum, et appellandum.

ad nos de antiqua et approbata consuetudine ac a tempore cujus contrarii memoria non existit in nostra diocese pacifice observata pertinere noscuntur, necnon ad protestandum, provocandum, appellandum, provocaciones et appellaciones pro nobis interpositas eciam interponendas notificandum, ac ad omnia alia faciendum que in hac parte neccessaria vel oportuna fuerint eciam si mandatum exigant speciale, dilectum nobis in Christo magistrum Thomam de Asteleye clericum ordinamus, facimus, et constituimus nostrum verum et legitimum procuratorem et nuncium specialem. Per hanc autem procuratoris constitucionem vel per ea seu eorum aliqua que idem procurator fecerit vel faciet in premissis non intendimus a provocacionibus vel appellacionibus nostris prius interpositis in hac parte vel interponendis deinceps recedere quovis modo quin pocius eisdem et eorum inniti effectui quociens et quando opus fuerit in eventu. In quorum testimonium sigillum nostrum fecimus hiis apponi. Datum apud Wodeford' xj kalendas Marcii anno domini millesimo ccc ᵐᵒ sextodecimo.

[8 March 1317. Mandate from William de Baleto, archdeacon of Fréjus and papal nuncio, for the payment of Peter's Pence by 27 March.]

Venerabili[1] in Christo patri domino . . dei gracia Sar' episcopo Guillelmus de Baleto Forojulien' archidiaconus sedis apostolice in Angl' nuncius salutem in auctore salutis. In virtute sancte obediencie qua sedi apostolice tenemini vobis auctoritate apostolica nobis in hac parte commissa precipimus et mandamus ac tenore presencium una canonica monicione pro omnibus peremptorie vos monemus quatinus infra instantem diem dominicam in Ramis Palmarum nobis solvatis vel solvi faciatis nomine Romane ecclesie apud London' in domo decanatus sancti Pauli quam inhabitamus denarios sancti Petri per vos receptos hactenus prout retroactis temporibus solvere consuevistis et solvisse debetis terminis jam elapsis. Alioquin exnunc ut extunc ingressum ecclesie vobis interdicimus in hiis scriptis quod si per xv dies dictum interdictum contemptibiliter sustinueritis vos exnunc ut extunc in hiis scriptis suspendimus a divinis, alias si opus fuerit contra vos arcius processurum. De die vero recepcionis presencium nos per vestras litteras harum seriem continentes infra dictum terminum certificare curetis, alias de contradiccione et presentacione earum vobis faciendis nuncio nostro jurato presencium portitori dabimus plenam fidem. Datum Lond' viij die Marcii anno domini millesimo ccc ᵐᵒ sextodecimo.

¹ *In margin*, Mandatum de solvendis denariis sancti Petri.

[*21 March 1317. Certificate to the above mandate (received 13 March). The Bishop is sending £17 for one year of his predecessor's episcopate and £34 for the two years of his own.*]

CERTIFICATORIUM PRO EODEM. Venerande discrecionis viro magistro Guillelmo de Balaeto Forojulien'[1] archidiacono sacrosancte sedis apostolice in Angl' nuncio Rogerus permissione divina Sar' episcopus salutem cum omni reverencia et honore. Tercio idus Marcii apud Wynton' litteras vestras recepimus sub hac forma, | 'Venerabili in Christo patri domino . . dei gracia Sar' episcopo Guillelmus de Balaeto,' *et cetera ut supra. In fine sic,* Huic igitur mandato parere volentes septemdecim libras pro uno anno pro tempore recolende memorie Simonis inmediati predecessoris nostri pro quo dumtaxat quatenus per ejusdem executores adhibita super hoc exacta diligencia cerciorari potuimus dicti denarii supersunt solvendi, necnon triginta quatuor libras pro biennio pro tempore nostro in quibus tantummodo in presenti tenemur vobis per dilectum clericum nostrum familiarem magistrum Thomam de Ocham nostrum in hac parte procuratorem secundum predicti mandati vestri exigenciam destinamus. In quorum testimonium sigillum nostrum fecimus hiis litteris nostris patentibus et clausis apponi. Datum apud Wodeford' xij kalendas Aprilis anno domini millesimo ccc mo sextodecimo.

Fo. 57

[*25 March 1317. The nuncio's acknowledgement of receipt of Peter's Pence for the years 1315 and 1316.*]

Pateat[2] universis per presentes quod nos Guillelmus de Balaeto Forojulien' archidiaconus sedis apostolice in Anglia nuncius ac ad colligendum et recipiendum nomine Romane ecclesie denarios sancti Petri auctoritate dicte sedis in Angl' specialiter deputatus recepimus a domino R. episcopo Sar' per manus magistri Thome de Ocham clerici de denariis sancti Petri ecclesie Romane debitis per eumdem de annis domini millesimo ccc mo quintodecimo et sextodecimo triginta quatuor libras sterlingorum. In cujus rei testimonium sigillum nostrum presentibus est appensum. Datum Lond' die Veneris in festo Annunciacionis dominice anno domini mo ccc mo septimodecimo.

[*25 March 1317. Similar acknowledgement, to the late Bishop's executors, for the year 1314.*]

ITEM ALIA. Universis pateat per presentes quod [*etc. as above*] recepimus de executoribus bone memorie domini Simonis quon-

---

[1] *MS.* Forovulien' *or* Foromilien'.

[2] *In margin,* Aquietancie littera super recepcione denariorum sancti Petri.

dam Sar' episcopi per manus magistri Thome de Ocham clerici
septemdecim libras sterlingorum de dictis denariis beati Petri de
anno domini millesimo ccc mo quartodecimo. In cujus rei [*etc. as
above*].

[*20 March 1317. Appointment of Thomas de Ockham as the Bishop's proctor for
the payment of Peter's Pence.*]

Universis[1] quorum interest pateat per presentes quod nos Rogerus
permissione divina Sar' episcopus facimus et constituimus dilectum
nobis in Christo magistrum Thomam de Ocham clericum procuratorem nostrum et nuncium specialem ad solvendum nomine nostro
venerabili viro magistro Guillelmo de Balaeto Forojulien' archidiacono sacrosancte sedis apostolice in Anglia nuncio denarios
sancti Petri quatenus pro nostri predecessoris inmediati et nostro
tempore supersunt solvendi necnon ad petendum et recipiendum
sufficientes acquietancie litteras de soluto ac super hujusmodi
denariis si oporteat calculandis et ad omnia alia facienda que in
hac parte neccessaria vel oportuna fuerint eciam si mandatum
exigant speciale. Ratum habiturus et gratum quicquid idem procurator noster fecerit in premissis. In quorum testimonium sigillum
nostrum fecimus hiis apponi. Datum apud Wodeford' xiij kalendas
Aprilis anno domini millesimo ccc mo sextodecimo.

[*Undated. Mandate to the archdeacon of Dorset or his official to inquire into
the alleged incapacity of John de Farendon, vicar of Milborne St. Andrew.*]

[Fo. 57ᵛ]

AD INQUIRENDUM DE INPOTENCIA VICARII. Rogerus et cetera
dilecto in Christo filio . . archidiacono Dors' vel ejus . . officiali
et cetera. Frequens ad nos clamor pervenit quod Johannes de Farendon' vicarius ecclesie de Meleborn', cui capella de Develisch
nostre diocesis ut dicitur est annexa, senio jam confractus tanta
infirmitate et debilitate corporis detinetur ac alias efficitur quasi
mente captus quod ad regimen dicte vicarie non sufficit nec suorum,
quodque ea occasione cura ipsius deseritur vicarie, in multorum
periculum animarum depereunt indies ejus jura, ac bona ad ipsam
vicariam spectancia illicite dissipantur. Quo circa vobis injungimus
et mandamus quatinus de hiis solerter et diligencius inquirentes
quid per inquisicionem hujusmodi inveneritis in hac parte nobis
litteris vestris patentibus et clausis harum seriem continentibus
celeriter intimetis. Valete. Datum et cetera.

---

[1] *In margin*, Procuratorium ad solvendum denarios sancti Petri.

[*Undated. Commission to Walter Giffard, rector of Litton Cheney, to enjoin penance on Peter de Kendale for his violence against a priest, Robert de Kyngeswode.*]

COMMISSIO SUPER PENITENCIE INJUNCCIONE. Rogerus et cetera dilecto in Christo filio magistro Waltero Giffard rectori ecclesie de Lutton' nostre diocesis salutem et cetera. In negocio super injunccione penitencie salutaris Petro de Kendale laico ejusdem nostre diocesis facienda, eo quod idem Petrus in Robertum de Kyngeswode presbiterum manus injecit temere violentas, necnon et ceteris idem contingentibus negocium quovis modo nobis apostolica auctoritate commisso juxta formam litterarum penitenciarum domini pape nobis in hac parte directarum vobis committimus vices nostras cum cohercionis canonice potestate. Datum.

[*16 March 1317. Mandate to the archdeacon of Dorset or his official to make it known that anyone who wishes to bring charges against George de Brightmerston, clerk, who is being held for two robberies, should appear before the Bishop or his commissaries in Salisbury cathedral on the first juridical day after 25 April. The archdeacon is also to report to the Bishop on the allegations. Similar mandates were evidently sent to the other archdeacons and the dean of Salisbury.*]

PROCLAMACIO PRO GEORGIO DE BRIGHTMERSTON'.[1] Rogerus et cetera dilecto in Christo filio . . archidiacono Dors' vel ejus . . officiali salutem, graciam, et benediccionem. Cum Georgius de Brightmerston' clericus super quadam roberia Johanni capellano de Neuton' de novem marcis argenti super planas Sar' inter Tidolfside et Immere facta nuperrime indictatus et eciam coram domini nostri regis coronatoribus confessus fuisset quod idem Georgius simul cum aliis depredavit quemdam mercatorem ignotum de decem marcis argenti super planas Sar' ac super hujusmodi criminibus diffamatus et pro eisdem captus et incarceratus nobis per justiciarios domini regis predicti liberatus existat in foro ecclesiastico secundum canonicas sancciones uno modo vel alio judicandus, vobis sub pena canonica firmiter injungendo mandamus quatinus in singulis ecclesiis archidiaconatus predicti et alibi ubi videritis expedire per tres dies dominicos et festivos recepcionem presencium inmediate sequentes intra missarum solempnia cum major parochianorum affuerit multitudo necnon et in capitulis loci si interim imineant celebranda ex parte nostra palam proponi et proclamari publice faciatis quod si quis velit et valeat prefatum clericum super dictis criminibus accusare vel alias contra ipsum

---

[1] *In margin*, Brightmerston' proclamacio. *Beside heading*, Et eodem in singulis archidiaconis.

in forma juris prosequi compareat coram nobis nostrisve commissariis proximo die juridico post festum sancti Marci ewangeliste
in ecclesia nostra cathedrali Sar' quicquid sibi de jure competit in
hac parte contra predictum clericum in forma juris propositurus et
ulterius cum effectu facturus et recepturus quod canonicis convenit
institutis. Nos siquidem habentes pre oculis solum deum parati
erimus quibuslibet exhibere justicie complementum. Ad hec ut in
hujusmodi negocio tucius procedatur de fama criminis antedicti,
utrum videlicet tempore liberacionis de dicto clerico nobis facte
ita gravis fuerit ut inficiacionis loco nullatenus apparente purgacio
sibi juste valeat denegari an forsan sit levis ut ei sit merito concedenda, diligencius inquirentes, que per hujusmodi inquisicionem
acceperitis et qualiter hoc mandatum nostrum fueritis executi nobis
per sex dies ante diem juridicum supradictum distincte et dilucide
rescribatis per litteras vestras patentes et clausas harum seriem
continentes. Valete. Datum apud Wodeford' xvij kalendas Aprilis anno domini m° ccc mo sextodecimo et consecracionis nostre
secundo.

[22 *April 1317. Commission to Henry de la Wyle, chancellor of Salisbury
cathedral, and others to hear charges against George de Brightmerston and
to determine his case.*]

[Fo. 58]

COMMISSIO PRO BRIGHTMERSTONE PRIMA. Rogerus permissione
divina Sarr' episcopus dilectis in Christo filiis magistris Henrico
de la Wyle cancellario, Waltero archidiacono Sar', Roberto de
Bluntesdone et Johanni de Hakeneye, canonicis ecclesie nostre
Sarr', et Roberto de Ailestone archidiaconi Berk' . . officiali
salutem, graciam, et benediccionem. Ad audiendum omnes et
singulos per proclamaciones publicas premunitos si qui sint qui
Georgium de Brightmerstone clericum, super quadam roberia
Johanni capellano de Neuton' de novem marcis argenti super
planas Sar' inter Tydolside et Immer nuper facta ac quod idem
Georgius simul cum aliis debuit depredasse quendam mercatorem
extraneum de decem marcis argenti super dictas planas nostre
diocesis a quibusdam notatum ac eciam indictatum et ideo captum
et incarceratum nobisque ad judicandum in foro ecclesiastico
secundum canonicas sancciones uno modo vel alio per domini regis
justiciarios liberatum, super hiis criminibus vel altero eorumdem
accusare voluerint seu alias in forma juris prosequi contra eum,
aut si nullus sic apparuerit ad obiciendum dicto clerico crimina
hujusmodi ex officio nostro, sibique et ceteris quorum interest in

hac parte plenam justiciam exhibendam et ad omnia alia facienda
que in premissis et ea tangentibus neccessaria vel oportuna fuerint
eciam si mandatum exigant speciale vobis vices nostras tenore
presencium committimus cum cohercionis canonice potestate, quod
si non omnes hiis exequendis potueritis interesse duo vestrum ea
nichilominus exequantur. Litteras autem certificatorias super proclamacionibus quas fieri fecimus in hac parte vobis sub sigillo
nostro destinamus inclusas. Quid autem feceritis in premissis nobis
oportunis loco et tempore una cum litteris certificatoriis supradictis
et processu vestro habito in hac parte debite rescribatis vos vel
saltem duo vestrum qui presens negocium fuerint executi rescri-
bant per litteras suas patentes et clausas harum seriem continentes.
Valete. Datum apud Sonnyng' x kalendas Maii anno domini m°
ccc ᵐᵒ septimodecimo et consecracionis nostre secundo.¹

[*22 April 1317. Mandate to the bailiff of Salisbury to have George de Brightmerston brought before the Bishop's commissaries in Salisbury cathedral on
the first juridical day after 25 April.*]

BALLIVO PRO EODEM. Rogerus et cetera dilecto in Christo filio
ballivo nostro Sarr' salutem, graciam, et benediccionem. Tibi mandamus quatinus Georgium de Brigmerstone clericum in carcere
nostro Sarr' existentem proximo die juridico post festum sancti
Marci evangeliste proxime jam venturum in ecclesia nostra cathedrali Sarr' coram magistris *ut supra* ibidem in hac parte commissariis adduci facias sub salvo conductu facturus ulterius circa
ipsius liberacionem vel reduccionem ad carcerem quod iidem commissarii nostri tibi injunxerunt et decreverint faciendum. Datum
ut supra.

[*3 June 1317. Mandate to an archdeacon similar to that of 16 March (see above).
Because of the absence of the Bishop's commissaries the case against George de
Brightmerston was not heard, and a new date (the first juridical day after
11 June) is fixed. (The words which repeat the earlier mandate are omitted.)*]

ET QUIA DIES ILLE PERIIT ABSQUE FRUCTU, EMANAVIT NOVA
PROCLAMACIO SUB HAC FORMA.² Rogerus et cetera dilecto in
Christo filio . . archidiacono et cetera. Cum Georgius, et cetera ut
in prima proclamacione usque ibi *judicandus*, vobis nostris litteris
mandavimus non est diu quod in singulis ecclesiis archidiaconatus
predicti et alibi ubi videretur expedire per tres dies dominicos et
festivos recepcioni earumdem litterarum inmediate sequentes intra

---

¹ *At the foot of this letter in a later (? 15th-century) hand:* proclamaciones.
² *Opposite, at the foot of the preceding page, with a drawing of a hand,* Quere terciam
commissionem pro Brightmerston' in sequenti quaterno, sexto folio. *The quire referred
to is missing.*

missarum solempnia cum major parochianorum adesset multitudo necnon et in capitulis loci si imminerent interim celebranda ex parte nostra palam proponi et proclamari publice faceretis quod si quis, *et cetera usque ibi* institutis. Verum quia propter commissariorum nostrorum absencia et aliis certis causis predictus dies periit sine fructu ex parte dicti G. nobis extitit supplicatum quod sibi super premissis et ea tangentibus quatenus ad forum ecclesiasticum attinet justiciam inpendere curaremus. Quamobrem ut in dicto negocio tucius procedatur devocioni vestre firmiter committimus et mandamus quatinus in singulis ecclesiis archidiaconatus predicti secundum [formam] superius annotatam faciatis publice proclamari quod si quis velit, et cetera ut supra usque ibi *Ad hec*, et tunc dicatur, Qualiter autem hoc mandatum nostrum fueritis executi nobis nostrisve commissariis in hac parte dictis die[1] et loco rescribatis dilucide et distincte per litteras vestras patentes et clausas harum recepcionis diem et seriem continentes. Valete. Datum apud Sonning' iij nonas Junii anno domini m° ccc mo xvij et consecracionis nostre secundo.

[*3 June 1317. Second commission, to Walter, archdeacon of Salisbury, and others, to hear and determine the case against George de Brightmerston. (The words which repeat the earlier commission are omitted.)*]

ITEM COMMISSIO NOVA, SECUNDA. Rogerus dilectis in Christo filiis magistris Waltero archidiacono Sar', Roberto de Bluntesdon', W. Braybrock', Johanni Hakeney, nostre Sar' ecclesie canonicis, ac Roberto de Aileston' archidiaconi Berk' officiali. *Et postea ut supra in commissione usque ibi* litteras autem certificatorias super inquisicionibus et proclamacionibus quas in hac parte fieri fecimus prima vice vobis sub sigillo nostro destinamus inclusas. Certificatorias eciam litteras officialibus dilectorum filiorum decani ecclesie nostre Sar', [archidiaconorum] Dors', Berk', Sar', et Wilt', et eciam subdecani ecclesie nostre predicte super proclamacionibus quas per eosdem officiales, eo quod primus proclamacionis dies propter commissariorum nostrorum absenciam sine fructu periit, fieri fecimus iterato vobis destinabunt iidem officiales ad proximum diem juridicum post festum sancti Barnabe apostoli proxime jam venturum in ecclesia nostra supradicta ut sic per eas plenius informati habentes pre oculis solum deum exequi possitis et facere quod canonicis convenit institutis. *Quid autem ut supra.* Datum apud Sonn' iij nonas Junii anno domini *ut supra* et consecracionis.

Et sub ista data emanavit littera ballivo Sar' ut supra.

[1] *In margin:* Hic fuit dies proximus juridicus post festum sancti Barnabe, loco quo prius.

[*5 September 1316. Bull of John XXII announcing his election and requiring prayers for him; transcribed 14 February 1317.*]

[Fo. 58ᵛ]

BULLA AD ORANDUM PRO PAPA SCRIPTA APUD SAR' PRO ORIGI-
NALE XVJ KALENDAS MARCII. Johannes episcopus servus servorum
dei venerabilibus fratribus . . archiepiscopo Cantuarien' ejusque
suffraganeis salutem et apostolicam benediccionem. Mira et inscru-
tabilis providencia dei summi firmam retinens in sua disposicione
censuram circa sancrosanctam ecclesiam catholicam quam sibi
caritatis ineffabilis dulcedine copulavit ita sue benignitatis affectum
et proteccionis auxilium graciose continuat quod ubi ex insurgentis
fremitu tempestatis submergi creditur paratur eidem ex commo-
cione tranquillitas et in auram mitescentibus procellosi turbinis
fluctibus ab instantibus periculis prorsus servatur immunis. Hoc
quippe multipharie multisque modis ipsa magistra rerum experiencia olim edocuit et novissime diebus istis idipsum evidenter ostendit, dum ipse pius pater et misericors dominus ecclesiam ipsam inter
longe ac periculose nimis viduitatis angustias fluctuantem de suo
habitaculo preparato oculo benigno respexit. Dudum siquidem
sicut credimus vestram noticiam non latere, sancte recordacionis
Clemente papa v predecessore nostro de presentis vite meroribus
ad celestem patriam evocato, nos et fratres nostri ejusdem ecclesie
cardinales, de quorum numero tunc eramus, cupientes eidem ecclesie de pastore celeriter providere juxta constitucionem apostolicam super hoc editam nos inclusimus in conclavi quod in civitate
Carpentoracen', ubi tunc Romana curia residebat, ad hoc extiterat
preparatum. Demum vero eleccionis predicte negocio inperfecto
ex certis causis legitimis conclave predictum egredi necessitate
compulsi, nos ad loca diversa transtulimus prout unicuique nostrum
expediens visum fuit. Cumque postmodum diffusi temporis spacio
sicut domino placuit interjecto ad civitatem Lugdunen' pro ejusdem
eleccionis negocio concorditer venissemus, vias nostras illo diri-
gente qui novit, et tamdem die septima preteriti mensis Augusti
in loco fratrum ordinis predicatorum Lugdun' in quo residebamus
insimul pro prefato eleccionis negocio fuissemus in loco solito
congregati, benignus sapiencie spiritus nesciens tarda molimina
tam prolixe ipsius ecclesie viduitati pie compaciens, cum ea nollet
ulterioris viduitatis incomodis subjacere, fratrum ipsorum corda
sic adduxit ad spiritus unitatem quod miro dei et nobis nimirum
stupendo consilio ad imbecillitatem nostram oculos dirigentes nos
tunc Portuen' episcopum ad suscipiendum onus nobis ex humano
defectu inportabile curam videlicet universalis gregis dominici

concorditer nemine discrepante in summum pontificem elegerunt. Nos autem, difficultatem officii pastoralis continui laboris angustias et precellenciam dignitatis apostolice infra nostra precordia recensentes, nostrorumque mecientes virium parvitatem, timore ac tremore concussi vehementer hesitavimus nec indigne. Quid enim tam timendum tamque pavendum quam fragili labor, indigno sublimitas, et dignitas non merenti ? Verum ne post ejusdem vacacionis tam diffusa et dispendiosa tempora obstinata contradiccionis reluctacio profusioris dispendii occasionem induceret, nos, quamquam de nostra, quam noster nobis animus attestatur, insufficiencia desperantes, humiles nostros ad montem illum convertimus oculos unde nobis spe multa promittitur auxilium oportunum, sicque de superhabundancia illius omnipotencie concepta fiducia cui cum voluerit subest posse, necnon de episcoporum fratrum nostrorum eminenti sciencia, industria circumspecta, et experiencia multa in agendis comprobata confisi, quorum sano consilio dirigi speramus in dubiis, et fulciri suffragiis in adversis, in humilitatis spiritu consensum prebuimus eleccioni predicte, tantique oneris sarcine imbecilles exposuimus humeros, debiles misimus manus ad forcia, et colla nostra humiliter jugo submisimus apostolice servitutis, suppliciter implorantes ut ipse qui per hujusmodi vocacionem in maris mundi hujus altitudinem nos deduxit non paciatur nos ab ipsius tempestate demergi, set illam nobis sue potencie dexteram porrigat que apostolorum principem ambulantem et hesitantem in fluctibus ne mergeretur erexit et coapostolum ejus Paulum nocte ac die in profundo maris positum liberavit, viamque nobis

Fo. 59 et vobis cunctisque catholicis principibus ac ceteris | Christianis, illis presertim qui ad hoc vivifice crucis signaculum assumpserunt, salubrem et paratum aperiat, nostris et illorum cordibus pium infundat affectum, et infusum augeat et conservet, viresque oportunas sua dignacione tribuat ad parandum festinum et efficax terre sancte subsidium et ad recuperandum hereditatis dominice preclare funiculum de infidelium manibus, ad quod utique desiderium habemus intensum. Et quia quod in hac parte nostris assequi meritis non valemus multiplicatis intercessoribus nobis confidimus elargiri, oracionum vestrarum suffragia ferventi desiderio imploramus, universitatem vestram monentes et hortantes in domino vosque nichilominus rogantes instanter quatinus ministerii vestri ad quod estis vocati memores, cum ut nostis sitis in partem tante sollicitudinis nobis singulariter indicte vocati, sic ipsum auxiliante domino ministerium impleatis ut vos ipsos hostiam deo acceptabilem offerentes populum custodie vestre creditum reddatis domino acceptabilem ac bonorum operum sectatorem, nostreque debilitati devotis oracionibus apud dominum assistatis et assisti per vestros subditos exhortacionibus efficacibus procuretis supplicacionibus sedulis et devotis eidem per vos et illos frequenter effusis, ut in unigeniti filii sui beneplacito dirigens actus nostros nobis ac vobis ceterisque ecclesiarum pastoribus sua pietate concedat sic circa gregem dominicum cura pervigili noctis observare vigilias quod non pateat aditus ascendentibus ex adverso, quodque in eo mansuetudo superveniens correpcionem inducat ac reddatur domino populus Christianus voluntatis accepte pacis ex hoc proculdubio comodis potiturus, nostram insuper insufficienciam suppleat, debilitatem fulciat, nobisque quod onerosum est leviget, quod obscurum sue claritatis luce revelet, et aspera convertat in plana, sicque vota nostra preveniendo clementer aspiret et misericorditer adjuvando benignius prosequatur, quod zelus noster semper in ipsius beneplacitis ferveat nec umquam in illorum execucione tepescat. Nos autem in animo stabiliter gerimus quantum cum deo poterimus honori vestro deferre ac in vestris et ecclesiarum vestrarum comodis pro quibus ad nos recurrere cum securitate poteritis apostolice sedis propicium exhibere favorem. Datum Lugdun' nonis Septembris pontificatus nostri anno primo.

[*15 February 1317. Mandate to the archdeacon of Berks. or his official (similar mandates being sent to the dean of Salisbury and the other archdeacons) in pursuance of the above. He is to inform the Bishop of his actions in this matter by 5 June.*]

FORMA LITTERARUM EXECUTORIARUM DICTE BULLE . . DECANO ET IIIJ^or ARCHIDIACONIS EMANANCIUM HUNC SERIEM CONTINEBAT. Rogerus permissione divina Sar' episcopus dilecto in Christo filio . . archidiacono Berk' vel ejus . . officiali salutem, graciam, et benediccionem. Litteras sanctissimi patris et domini domini Johannis divina providencia pape xxij recepimus quibus nobis inter cetera firmiter injungendo mandavit quod nos pro ejus statu salubri devotis oracionibus apud deum insistere curaremus et per nostros subditos faceremus assisti salubribus exhortacionibus pro eodem, ut fidelium sedulis fulcitus intercessionibus et devotis ad laudem dei suum complete valeat officium ac ad animarum salutem tocius populi Christiani. Volentes igitur ut tenemur tanto patri preceptis et mandatis humiliter obedire ac optantes ut execucioni memorati mandati eo diligencius insistatur quo cercius cunctis constat fidelibus illud deo fore placidum universali ecclesie proficuum et nedum mandatori set eciam omnibus id pie exequentibus meritorium et salubre, vobis tenore presencium committimus et mandamus quatinus vice et auctoritate nostra universos Christicolas tam religiosos quam alios archidiaconatus vestri per vos et per locorum capellanos exhortari curetis ut pro summo pontifice supradicto ad deum porrigant pias preces quod idem pro sua misericordia ad laudem suam Christianique populi salutem eternam ac terre sancte requisicionem eum sanum et incolumem ecclesie sue servet, eisdem eciam injungentes ut singulis diebus dominicis pro eo specialiter oracionem dicant dominicam cum salutacione virginis gloriose. Sacerdotesque singuli singulares sex, religiosi vero octo, missas celebrent pro eodem. Diaconi quoque duo, subdiaconi unum, psalteria, acoliti ter psalmos septem penitenciales dicere non omittant. Quid autem in premissis feceritis nos citra festum sancte Trinitatis proximo jam venturum una cum tenore presencium reddatis debite cerciores. Valete. Datum apud Wodeford' xv kalendas Marcii anno domini millesimo trecentesimo sextodecimo et consecracionis nostre secundo.

[6 *April 1317. Grant of a pension of 5 marks a year out of the Bishop's chamber to Simon de Monte Acuto, clerk, son of William de Monte Acuto, knight, payable in London half-yearly (on 25 March and 29 September) until the Bishop shall have provided Simon with a suitable benefice.*]

[Fo. 59ᵛ]

LITTERA PENSIONIS. Noverint universi quod nos Rogerus permissione divina Sarr' episcopus affeccionis spiritualis intuitu quam habemus erga nobilem virum amicum nostrum carissimum dominum Willelmum de Monte Acuto militem concessimus dilecto nobis in Christo Simoni de Monte Acuto clerico nato domini Willelmi predicti annuam quinque marcarum percipiendam de nostra camera pensionem eidem in festis Annunciacionis dominice et sancti Michaelis archangeli annuatim pro equalibus porcionibus in manerio[1] nostro juxta ecclesiam sancte Brigide London' solvendam ita tamen quod si per nos de beneficio ecclesiastico competenti sibi provideri contingat extunc ad solucionem pensionis predicte nullatenus teneamur. In quorum testimonium sigillum nostrum fecimus hiis apponi. Datum apud Wodeford' viij idus Aprilis anno domini mᵒ ccc ᵐᵒ xvijᵒ et consecracionis nostre secundo.

[10 *March 1317. Further appointment, dated at Woodford, of William de Stepyng as proctor at the papal court for the Bishop and the cathedral church in all causes and business. See above, p. 153.*]

PROCURATORIUM DOMINI TRANSMISSUM AD CURIAM ROMANAM. Pateat universis [etc.].

---

[1] *In margin in a later (? 15th-century) hand,* Nota qualiter vocatur manerium.

[*6 April 1317. Appropriation, to the prior and convent of Ivychurch, of the church
of Tilshead. The appropriation is made at the request of the King, who has
already granted to the prior and convent the patronage of the church.*]

[Fo. 60]

APPROPRIACIO ECCLESIE DE TIDOLFSIDE FACTA PRIORI ET CON-
VENTUI MONASTERIO EDEROS'.[1] Rogerus permissione divina Sar'
episcopus dilectis in Christo filiis . . priori et canonicis regularibus
de monasterio Ederoso ordinis sancti Augustini nostre diocesis
salutem cum benediccione et gracia redemptoris. Inter varias
sollicitudines quibus nos astringit officium pastorale illud occurrit
jugiter menti nostre ut nostrorum necessitatibus pauperum subditorum, presertim vitam regularem arto professionis vinculo pro
Christi nomine devovencium quos religionis sanctitas et bone vite
puritas merito recomendant, paterno curemus affectu quatenus
cum deo possumus subvenire ne cujusquam neccessitatis occasio
deficientes efficiat vel desides per viam transeuntes deserti aut robur sancte conversacionis attenuet, votum observancie regularis
infirmet, vel ipsis egentibus dum eorum non subvenitur medie
vagandi materiam, cum animarum quod absit discrimine, subministret. Sane, cum nuper excellentissimus princeps et dominus
noster dominus Edwardus dei gracia rex Angl' illustris ad vestrum
prioratum, quem sui progenitores ad divini cultus augmentum
fundarunt, declinans manifestius inveniret possessiones et redditus,
quibus iidem progenitores prioratum vestrum predictum sancta
devocione dotarunt, nimis pro vestra sustentacione tenues et exiles,
de solita celsitudinis sue regie pietate super vos sicut et ceteros regni
sui pauperes et egenos viros precipue ecclesiasticos regalis munificencie manus extendens, ac eisdem et piis eorum locis, in hiis
presertim que divini cultus et sancte religionis augmentum concernunt, affectans sue liberalitatis presidii subvenire, per suarum nos
apicem litterarum rogavit ut ecclesiam parochialem de Tydolfside
nostre diocesis supradicte, cujus ea occasione vobis contulit patronatum vobis et vestro prioratui supradicto, apropriare vellemus ad
vestre paupertatis et indigencie relevamen. Attendentes igitur
onera diversa et perpetua vobis et prioratui vestro incumbencia, que
sine gravibus sumptibus supportari nequeunt, hiis solito plus cre-
visse diebus in tantum quod ad sustentacionem vestram congruam
et ad eadem onera supportanda caritatisque subsidia pauperibus ut
tenemini eroganda et alias exercenda sine uberiori presidio vestre
non suppetunt facultates, presertim cum possessiones vestre in-
mobiles licet ut premittitur nimis tenues in presenciarum decre-

---

[1] *In margin*, Nota.

verint absque culpa vestra, deficientibusque vobis neccessariis
alimentis pro illorum empcione et aliis incumbentibus adeo sitis
ere alieno et notoria paupertate gravati quod predicti prioratus
vestri bona nequaquam sufficiunt ad premissa et ad vestra debita
et alia ad que tenemini diversimode persolvenda, vestram insuper
bene notam de qua in domino gaudemus opinionem celebrem ac
regularis observanciam discipline de quibus omnibus legitime nobis
constat pensantes, ac ea et multa alia nos in hac parte racionabiliter
movencia, magnamque devocionem domini nostri regis predicti,
quam erga deum et sanctam ecclesiam sponsam suam vos et
prioratum vestrum ac alia pia loca optinere dinoscitur, propensius
ut convenit ponderantes, inducimur et eciam excitamur ut vestre
hujusmodi indigencie et notorie paupertati paterne sollicitudinis
studio dei et sancte religionis intuitu prout nobis altissimus inspiraverit consulamus. Quamobrem ut eo liberius divinis obsequiis
intendere ac incumbencia de quibus premittitur onera ut tenemini
supportare possitis quo vestre hujusmodi facultates licet non ut
vellemus aliquantum saltem capiant incrementum, nos pium propositum et liberam voluntatem predicti domini nostri regis in
domino commendandum paterno prosequentes affectu, concurrentibus omnibus que in hac parte requiruntur de jure, ecclesiam parochialem de Tydolfside predictam nobis inmediate subjectam vestri
patronatus per liberam, puram, et absolutam resignacionem domini
Willelmi de Wermynstr' ultimi rectoris ejusdem per nos certis et
legitimis ex causis in forma juris admissam vacantem cum omnibus
suis juribus et pertinenciis universis de ipsius domini regis voluntate licencia et assensu expressis ac ad rogatum ejusdem ut premittitur specialem vobis et prioratui supradicto ac per vos vestris
successoribus ex causis predictis et aliis sufficientibus et legitimis
id fieri suadentibus intuitu concedimus caritatis et auctoritate
pontificali in usus proprios ordinamus, apropriamus, et tenore
presencium assignamus vobis et successoribus vestris futuris et
perpetuis temporibus canonice possidendam, juribus archidiaconalibus ac porcionibus decimalibus in villa de Tydolfside que ad
ecclesiam de Suthnyweton' dicte diocesis ejusdem ecclesie nomine
a tempore et per tempus cujus contrarii non existit |

Fo. 60ᵛ   memoria pacifice et inconcusse pertinuerunt et pertinent
in presenti, annua eciam pensione trium solidorum . .
abbatisse et conventus de Cadimo eisdem sui monasterii nomine
ab ecclesia de Tydolfside predicta quam consueverunt percipere
a tempore supradicto, de quarum porcionum et pensionis percep-
cionis hujusmodi jure et possessione legitime nobis constat eis,

in omnibus semper salvis. Reservamus eciam nobis nostrisque
successoribus specialem tenore presencium potestatem perpetuam
in dicta ecclesia vicariam in quibusque porcionibus consistere et
que eidem onera incumbere debeant ac pro ea mansum competens
prout sacri canones et sanctorum patrum tradiciones exigunt ordinandi, ad quam vicariam quociens et quando vacaverit per vos et
successores vestros idoneam personam nobis et nostris successoribus volumus presentari per nos et successores nostros instituendam
canonice in eadem, jure, dignitate ac consuetudinibus nostre Sar'
ecclesie supradicte in omnibus et singulis semper salvis. In quorum
testimonium atque fidem has litteras nostras quas nostri impressione sigilli fecimus communiri volumus dupplicari quarum una
penes dilectos filios . . decanum et capitulum ecclesie nostre predicte sigillo vestro communi et alia penes vos sigillo communi
eorum . . decani et capituli sigillate remaneant ad majorem securitatem et memoriam omnium premissorum. Ad sancte religionis
augmentum et discipline regularis observanciam vos conservet et
foveat pietas redemptoris. Datum apud Wodeford' viij idus Aprilis
anno domini millesimo ccc mo septimodecimo et consecracionis
nostre secundo.

[*8 April 1317. Mandate to the archdeacon of Salisbury or his official to induct
the prior and convent of Ivychurch to the appropriated church of Tilshead.*]

INDUCCIO IN ECCLESIAM DE TIDOLFSIDE APROPRIATAM. Rogerus
permissione divina Sar' episcopus dilecto in Christo filio . . archidiacono Sar' vel ejus . . officiali salutem, graciam, et benediccionem.
Quia nos ecclesiam parochialem de Tidolfside nostre diocesis de
jure et de facto vacantem dilectis in Christo filiis . . priori et canonicis de monasterio Ederoso dicte diocesis certis ex causis et legitimis
apropriavimus nostri consensu capituli concurrente prout in confectis super hiis nostris patentibus litteris plenius continetur devocioni vestre committimus et mandamus quatinus . . priorem et
canonicos supradictos vel procuratorem suum legitimum in hac
parte in corporalem possessionem dicte ecclesie optentu apropriacionis hujusmodi inducatis, ulterius quod ad vos in hac parte
pertinet exequentes, juribus episcopalibus et consuetudinibus ac
dignitate ecclesie nostre Sar' necnon juribus archidiaconalibus
semper salvis. Datum apud Wodeford' vj idus Aprilis anno domini
m° ccc mo xvij et consecracionis nostre secundo.

[*20 April 1317. Letter from the official of London, in London, containing the
Archbishop's summons, dated the same day, at Lambeth, to the consecration
at Canterbury on 15 May of Richard de Newport as Bishop of London.*]

It is similar in form, though not in exact wording, to the letter on p. 142, above.]

MANDATUM ARCHIEPISCOPI PRO CONSECRACIONE ELECTI LON-
DON'. Venerabili [*etc.*].

[*The next eleven folios (61–71) contain three letters to the archbishops, bishops, and clergy of England, Scotland, Ireland, and Wales, from the papal nuncios, Gaucelin, cardinal priest of St. Marcellinus and St. Peter, and Luke, cardinal priest of St. Mary in via lata. The letters describe the negotiations of the nuncios with Robert Bruce, and the nuncios' subsequent actions against him and his allies; each cites the papal authority on which the nuncios have acted and ends with an injunction to the archbishops and bishops to publish the letters.*
The letters are printed in full (in a slightly different arrangement) in Reg. Walter de Stapeldon, Bishop of Exeter, ed. Hingeston-Randolph (London, 1892) (here cited as Reg. Stapeldon), and with varying completeness in Wilkins, Concilia (1737 edn.), vol. ii; Rymer, Foedera (Record Commission), vol. ii (1); and A. Theiner, Vetera Monumenta Hibernorum et Scotorum (Rome, 1864), which are here cited respectively as Concilia, Foedera, and Vet. Mon.
The first letter (see Reg. Stapeldon, 362–6), dated at Nottingham, 19 August 1318, quotes in full two bulls addressed to the nuncios: 1. dated at Avignon, 29 December 1317, instructing them to pronounce sentence of excommunication against anyone invading England or Ireland and to denounce as void any pact made for such a purpose (Reg. Stapeldon, 362–3); and 2. dated at Avignon, 29 May 1318, relating how Robert Bruce has refused to receive the papal letters sent to him by the nuncios, has connived at the theft from the nuncios' emissaries of the letters publishing the truce declared by the pope between Robert and the King of England, and has seized Berwick on Tweed, and instructing the nuncios to make it known that Robert has incurred sentence of excommunication, to proceed against Robert and his allies by sentence of excommunication, interdict, and deprivation, and to invalidate any pact between such allies (Reg. Stapeldon, 354–6); Concilia, ii. 474–6; Vet. Mon. 199–201). The nuncios relate how they have warned Robert and his allies, on pain of excommunication and further penalties.
The second letter (Reg. Stapeldon, 361–2; Concilia, ii. 480–4), also dated at Nottingham, 19 August 1318, quotes two bulls addressed to the nuncios: 1. dated at Avignon, 17 March 1317, authorizing the nuncios to negotiate peace between England and Scotland (Reg. Stapeldon, 351–3; Concilia, ii. 471–3; Foedera, ii (1), 317–18; Vet. Mon. 188–90); and 2. the second bull quoted in the first of the nuncios' letters (not entered at this point in the register in full). The events related in this bull are described in greater detail in the nuncios' letter, which goes on to say that the nuncios have pronounced Robert Bruce and his allies excommunicate. This sentence is to be made public in all churches and ecclesiastical courts.
The third letter (Reg. Stapeldon, 350–61; Concilia, ii. 471–80), dated at Dover, 13 September 1318, quotes five bulls, all but the fourth being addressed to the nuncios: 1. the first bull quoted in the second of the nuncios' letters (not entered at this point in the register in full); 2. dated at Avignon, 17 March 1317, authorizing the nuncios to proceed against Robert Bruce and his allies, should they be unwilling to make peace, by sentence of excommunication and interdict (Reg. Stapeldon, 353; Concilia, ii. 473–4); 3. dated at Avignon, 17 March 1317, authorizing the nuncios to proceed against Robert and his

allies if, after sentence of excommunication, they do not repent (Reg. Stapeldon,
353; Concilia ii, *474; Foedera,* ii (1), *318); 4. dated at Avignon, 1 May 1317,*
ad futuram rei memoriam, in which the pope declares a two-year truce be-
tween the King of England and Robert Bruce (Reg. Stapeldon, 354; *Concilia,*
ii. *474; Foedera,* ii. (1), *308); and 5. the second bull quoted in the first of the*
nuncios' letters (not entered at this point in the register in full). The nuncios,
repeating a large part of their second letter (where the very same words are
used, the register does not repeat them at length), relate how they have pro-
nounced sentence of excommunication, interdict, deprivation, and suspension
against Robert and his allies because they have persisted in their disobedience,
warning them that if they continue to do so they will be deprived of their rights
of hereditary and testamentary succession.
All these letters were received at Ramsbury, 3 October 1318.]

[Fo. 61][1]

PROCESSUS TRES SUBSCRIPTI DOMINORUM G. ET L. CARDINALIUM
APOSTOLICE SEDIS IN ANGLIA NUNCIORUM FACTI AUCTORITATE
APOSTOLICA CONTRA ROBERTUM DE BRUYS SCOCIAM GUBER-
NANTEM RECEPTI APUD REMMESBIR' V NONAS OCTOBRIS ANNO
DOMINI M° CCC mo XVIIJ HANC VERBORUM SERIEM CONTINEBANT.
Miseracione divina Gaucelinus [*etc.*].[2]

[*Undated. Instructions to the locum tenens of the dean of Salisbury and to the*
archdeacons or their officials to publish the foregoing documents.]

[Fo. 71[v]]

Rogerus permissione divina Sar' episcopus dilectis filiis . . tenenti
locum decani ecclesie nostre Sar' ac universis et singulis nostre
ecclesie supradicte archidiaconis seu . . officialibus eorumdem salutem et mandatis apostolicis firmiter obedire. Processus subscriptos
recepimus hanc verborum seriem continentes, 'Miseracione divina'
et cetera, et in fine sic: Volentes igitur mandatis predictis utpote
bonum publicum ecclesie et regni Anglie notorie concernentibus
parere pro viribus reverenter, ad vestram omnia et singula suprascripta producimus noticiam per presentes auctoritate apostolica
qua fungimur in hac parte vobis et vestrum singulis districcius injungentes quatinus predictis mandatis ac omnibus in eisdem contentis quatenus quemlibet vestrum contingunt debite pareatis
necnon specialiter quod vos tenens locum decani predicte in ecclesia
nostra Sar' vosque . . archidiaconi et . . officiales vestri in singulis
ecclesiis, congregacionibus, et capitulis archidiaconatuum vestro-

---

[1] *At top of page,* Octavus quaternus habet iiij[or] folia. *At bottom of preceding page in*
a 15th-century hand, hic deficiunt quaterni vj et vij.

[2] *In the following eleven folios there are a few marginalia, inserted to draw attention*
to the natural divisions of the letters, which have no further significance. At the top of
fo. 64, Nonus quaternus, *and of fo. 69,* Decimus quaternus. *Fos. 64[v] (between the first*
and second of the nuncios' letters) and 68[v] (between the second and third) are blank.

rum et locis aliis quibus videritis expedire presertim mari vicinis
predictos processus, moniciones, sentencias, et mandata ac cetera
omnia et singula in supradictis litteris plenius annotata secundum
earumdem litterarum exigenciam absque more diffugio publicetis
seu faciatis solempniter publicari quodque vos dilecte fili tenens
locum predicte has litteras nostras patentes processus predictos ut
premittitur continentes quam cicius comode poteritis ostio seu
superliminaribus ecclesie nostre predicte ubi hominum frequencior
est accessus faciatis affigi taliter vel appendi quod . . archidiaconi
predicti pro publicacione premissorum in suis archidiaconatibus
facienda et alii quorum interest habere valeant si voluerint copiam
earumdem possintque sonoro quasi preconio manifestari singulis
omnia et singula suprascripta inhibentes publice sub pena excommunicacionis majoris ne quis illicenter amovere, tollere, vel auferre
presumat nostras litteras sic appensas donec aliud a nobis vel
superioribus nostris mandatum fuerint in hac parte. Valete. Datum
et cetera.

[*27 September 1318. Appeal to the apostolic see and for the tuition of the court of
Canterbury to protect the rights and liberties of the bishopric.*]

[Fo. 72]

PROVOCACIO GENERALIS PRO JURIBUS ET LIBERTATIBUS EPISCO-
PATUS SAR'. In dei nomine amen. Cum nos Rogerus permissione
divina ecclesie beate Marie Sar' . . episcopus simus et fuerimus
nomine ecclesie nostre predicte et episcopatus ejusdem ecclesie
quem canonice sumus assecuti fuerintque predecessores nostri . .
episcopi Sar' a tempore a quo non existit memoria in pacifica
possessione omnium jurium episcopalium vel quasi et libertatum
nostri episcopatus Sar' antedicti ac eciam universorum pertinencium ad eumdem episcopatum tam racione jurisdiccionis quam
legis diocesane, metuentes ex verisimilibus causis et probabilibus
conjecturis circa statum nostrum et possessionem nostram in premissis grave prejudicium posse generari in futurum ne quis quicquam circa statum nostrum et possessionem nostram antedictos
seu nobis in premissis aut aliquo premissorum adherencium vel
adherere volencium aliqualiter attemptet perturbando, inquietando, spoliando, suspendendo, excommunicando, interdicendo,
seu quovis alio modo gravando sacrosanctam sedem apostolicam
et pro tuicione curie Cant' in hiis scriptis provocamus et appellamus
et appellatos quatenus jura nos artant petimus, supponentes ecclesiam et episcopatum nostrum predictos cum suis juribus et pertinenciis universis ac omnes et singulos nobis in hac parte adherentes seu

adherere volentes proteccioni et tuicioni sedis et curie predictarum. Facta fuit ista provocacio per venerabilem patrem antedictum in capella manerii sui de Remmesbur' xxvij die Septembris
anno domini millesimo ccc^{mo} xviij°, presentibus Worth', Holebech',
Cnossnygton', Jacobo Bruer', Thoma de Ocham, Johanne de
Lavyngton', Johanne Cheyle notario, Thoma de Wanbergh' per
Willelmum de Aston' clericum[1] et aliis.

[Fo. 72ᵛ *blank*]

[*24 November 1316. Royal charter promising the observance of the Statute of
Westminster I (3 Edw. I, cap. 1) which forbade the pre-emption of the goods
of ecclesiastics by royal officials. The charter is printed in* Wilkins, Concilia,
ii. *459.*]

[Fo. 73][2]

CARTA REGIS CLERO CONCESSA NE CAPIANTUR BONA ALIQUA
CLERICORUM CONTRA VOLUNTATEM EORUM. Edwardus dei gracia
[*etc.*]

[*24 November 1316. Ratification by the King of answers to articles of complaint
presented by the clergy in the recent parliament at Lincoln. They relate mainly
to conflicts between royal and ecclesiastical jurisdiction in such matters as
tithes and crimes of violence involving clerks; there are also articles relating to
sanctuary, burdens imposed by laymen on the hospitality of religious houses,
and freedom of election. This entry is printed in* Wilkins, Concilia, ii. *460–2,
and* Spelman, Concilia, *483–6.*]

[Fo. 73ᵛ]

CARTA REGIS SUPER RESPONSIONIBUS SUIS FACTIS AD GRAVAMINA
ECCLESIE ANGLICANE ILLATA PORRECTA IN PARLIAMENTO LINC'
PER PRELATOS EIDEM. Edwardus dei gracia [*etc.*][3]

[*14 October 1317. Mandate of Rigaud de Asserio, papal nuncio, for the payment
of Peter's Pence by 11 November. Received at Sonning, 17 October 1317.*]

[Fo. 75ᵛ]

MANDATUM MAGISTRI RYGAUDI DE ASSERIO PRO DENARIIS BEATI
PETRI, RECEPTUM APUD SONNYNGG' xvj KALENDAS NOVEMBRIS.
Reverendo in Christo patri domino R. dei gracia Sar' episcopo
Rygaudus de Asserio canonicus Aurelianen' domini pape capel-
lanus et ejusdem in Angl' nuncius salutem in auctore salutis. In

---

[1] *Changed from* et Willelmo de Aston' clericis. *In margin,* coll' per Ayst'.
[2] *At top of page,* Undecimus quaternus.
[3] *The text is as printed by Wilkins with minor variations and the addition, after*
venirent (*p. 459, col. 1, line 46*), *of* iterato distringerentur per consimilem districcionem
ad veniendum in curia regia ad terminum sex septimanarum spacium continentem et
quod si tunc non venirent . .; *and, at the end, of* Per ipsum regem et consilium.

virtute sancte obediencie qua sedi apostolice tenemini auctoritate apostolica nobis in hac parte commissa de qua vobis et cuicumque vestrum cujus interest parati sumus London' facere promptam fidem cum reverencia qua decet firmiter injungendo mandamus ac tenore presencium una canonica monicione pro omnibus peremptorie vos monemus quatinus citra festum sancti Martini yemalis proximo futurum nobis solvatis vel solvi faciatis nomine Romane ecclesie apud London' in domo decanatus sancti Pauli quam inhabitamus denarios beati Petri per vos debitos in diocese vestra predicta de tempore quo cessatum est de solucione ipsorum, alioquin extunc contra vos procedemus per censuras ecclesiasticas et aliis juris remediis prout fuerit racionis. De die vero recepcionis presencium et quid in premissis duxeritis faciendum nos ante dictum festum per vestras litteras patentes reddatis cerciores. Datum London' xiiij^a die mensis Octobris anno domini millesimo ccc^{mo} septimodecimo.

[*19 October 1317. Mandate to master Ralph de Querendon, the sequestrator, in pursuance of the above mandate, for the collection of Peter's Pence.*]

ET MANDABATUR EXECUCIONI MAGISTRO RADULFO DE QUERENDON' SEQUESTRATORI SUB HAC FORMA. Rogerus et cetera mandatum xvj° kalendas Novembris recepimus infrascriptum, 'Reverendo' et cetera. ET IN FINE SIC. Vobis igitur injungimus et mandamus quatinus denarios supradictos absque ulterioris more diffugio colligatis et eos ita tempestive nobis faciatis persolvi quod eosdem predicto magistro Rygaudo secundum predicti mandati exigenciam solvere valeamus. Qualiter autem hoc mandatum fueritis executi nobis per sex dies ante festum sancti Martini predictum rescribatis per litteras vestras patentes atque clausas harum seriem continentes. Valete. Datum apud Sonnyngg' xv° kalendas Novembris anno domini millesimo ccc^{mo}xvij° et consecracionis nostre tercio.

[*14 October 1317. Inspeximus by the Archbishop of two papal bulls dated 8 December 1316 about the payment to the papacy, for three years, of the first year's revenues from vacant benefices. The first bull, addressed to the prelates and clergy of England, Scotland, Wales, and Ireland, names Rigaud de Asserio as collector; he is to receive from each vacant benefice either the amount at which that benefice was taxed for the papal subsidy or the difference between that amount and the total value of the benefice, at his discretion. Among benefices excepted are those which are worth less than six marks a year. The second bull, addressed to Rigaud, confers on him powers for collecting the revenues. The two bulls are included,* mutatis mutandis, in Reg. Halton (Cant. & York Soc.), ii. 156–61. *There the bull addressed to the prelates and clergy is given*] *in shortened form and that to Rigaud in full, whereas in Martival's register the bull to the prelates and clergy is in full and that to Rigaud in shortened form.*]

LITTERA QUE DICITUR INSPEXIMUS DOMINI CANTUAR' . . ARCHIEPISCOPI CONTINENS BULLAM DE RESERVACIONE FRUCTUUM PRIMORUM DE BENEFICIIS VACANTIBUS PER TRIENNIUM IN ANGLIA, SCOCIA, WALLIA, ET HIBERNIA. Noverint universi quod nos Walterus permissione divina Cantuar' archiepiscopus tocius Anglie primas vidimus, inspeximus, et legi fecimus coram nobis duas litteras apostolicas sanctissimi patris et domini nostri domini Johannis divina providente clemencia pape vicesimi

Fo. 76   secundi | vera bulla ipsius plumbea cum filis, sericis, et canapis more curie Romane bullatas non viciatas, non cancellatas, nec aliqua sui parte corruptas ut prima facie apparebat, cujus littere graciose tenor talis est: 'Johannes episcopus

Fo. 77   [etc.]. | Nulli ergo omnino homini liceat hanc paginam nostre deputacionis, voluntatis, declaracionis, constitucionis, et concessionis infringere vel ei ausu temerario contraire. Si quis autem hoc attemptare presumpserit indignacionem omnipotentis dei et beatorum Petri et Pauli apostolorum ejus se noverint [*sic*] incursurum. Datum Avin' vj^{to} idus Decembris pontificatus nostri anno primo.'

ITEM LITTERA EXECUTORIA SIC INCIPIT. 'Johannes' [etc.]
    In cujus visionis et lecture litterarum predictarum de quibus supra fit mencio testimonium presentibus sigillum nostrum duximus apponendum. Datum Lamehuth' xiiij^a die mensis Octobris anno domini millesimo ccc^{mo} septimodecimo.

[*2 November 1317.*[1] *Letter to the archdeacons instructing them to prepare for the Bishop's visitation. It is partly amended so as to be a similar letter to the rural dean of Abingdon.*]

[Fo. 77^v]

LITTERA MITTENDA . . ARCHIDIACONIS ANTE VISITACIONEM PER DIOCESANUM FACIENDUM.[2] R. et cetera. Suscepti regiminis cura nos sollicitat pariter et compellit ut utilitatem subditorum in illis precipue per que saluti consulitur animarum pro viribus intendentes gregi dominico occulis nostris subjecto, plantando et evellendo atque edificando nostrum ut tenemur ministerium impleamus.

---

[1] *See below, p. 220.*
[2] *In margin,* Quere infra iiij^{to} quaterno [*recte* folio] ad visitacionem decanatuum, *i.e. fo. 80^v. The entry is here printed in its original form, with the corrections shown in the notes.*

Proponentes igitur clerum et populum [1]vestri archidiaconatus Dors' vel Berk' et cetera[1] prout nostro incumbit officio altissimo permittente[2] personaliter visitare devocioni vestre committimus tenore presencium et mandamus quatinus ecclesiarum[3] rectores, vicarios et presbiteros quoscumque ubilibet per dictum archidiaconatum constitutos et de qualibet parochia earum viros sex vel quatuor fidedignos citetis peremptorie seu citari faciatis quod juxta limitacionem nostram in cedula[4] presentibus annexa conscriptam diebus et locis in cedula ipsa per ordinem comprehensis summo[5] mane ut convenit comparentes nobis suam presenciam[6] exhibeant corporalem, monita nostra et mandata canonica recepturi et facturi in dicto visitacionis negocio quod juris fuerit et consonum racioni. Religiosos vero [7]quoscumque in dicto archidiaconatu vestro ecclesias[7] sibi apropriatas tenentes[8] ac alias quascumque personas tam religiosas quam eciam seculares decimas, porciones vel pensiones in alienis parochiis percipientes, rectores quoque et vicarios earumdem[9] plura beneficia quibus animarum cura iminet optinentes ac illos qui post ultimum Lugd' concilium curata beneficia sunt adepti et juxta ipsius concilii effectum infra annum a tempore sibi commissi regiminis in presbiteros nullatenus ordinati existunt[9] similiter citetis seu citari faciatis et peremptorie quod dictis diebus et locis legitime compareant coram nobis vel vices nostras [10]gerenti seu[10] gerentibus in premissis, religiosi videlicet si quid super apropriacionibus hujusmodi ecclesiarum habeant et an apropriaciones predicte ex causa legitima processerint vel non, et tam iidem quam eciam seculares quicumque decimas, porciones et pensiones in parochiis percipientes ut premisimus alienis si quid juris habeant in percepcionibus hujusmodi speciale[11] proposituri et exhibituri ac eciam ostensuri, rectores vero et vicarii hujusmodi[12] tam qui unicum

---

[1]-[1] *Corrected to* decanatu de Abend' et pro parte decanatus Neubir'.

[2] *Corrected to* concedente.

[3] *Inserted at this point,* capellarum quarum nomina in hiis annexa cedula continentur.

[4] *The schedule is not given in the register.*

[5] *Added between the lines.*

[6] *Between the lines at this point, and apparently cancelled,* eciam si de nostra speciali abfuerint licencia.

[7]-[7] *Corrected to* capitula et collegia et alios quoscumque vel aliquas aliqua de predictis ecclesiis.

[8] *Added between the lines,* suisve beneficiis, officiis, vel dignitatibus annexas.

[9] *Inserted between the lines.*

[10]-[10] *Inserted between the lines.*

[11] *A sign at this point refers to these words at the bottom of the page:* in percepcionibus hujusmodi speciale, tunc sic: omnes eciam illos qui capellas, oratoria, vel cantarias perpetuas infra limites alicujus parochie se habere pretendunt in quibus divina faciunt celebrari jus virtute cujus ea sic habere valeant et debeant proposituri et cetera.

[12] *Inserted between the lines.*

tantum quam qui plura beneficia optinent que animarum curam habent annexam et qui infra annum non fuerint ut prediximus ordinati juris titulos quibus beneficia sua tenent et dispensaciones si quas habeant auctoritate quarum beneficia hujusmodi canonice valeant retinere sive jus speciale si quod eis competat quominus ad suscepcionem ordinis presbiteratus infra statutum terminum tenebantur et quominus in premissis et premissorum singulis juxta dicti concilii tenorem et effectum et alias juris exigenciam contra illos procedere debeamus consimiliter proposituri et exhibituri cum effectu, necnon religiosi et seculares ecclesiarum[1] rectores in eisdem perpetuos habentes vicarios ac iidem vicarii ordinacionis si que fuerint super vicariis ipsis nobis exhibituri alioquin ordinacionem nostram volente domino in premissis canonice faciendam suscepturi vel saltem jus speciale si quod habeant quominus ad hec teneantur proposituri et facturi fidem legitime super eo. Denuncietis insuper personis prenotatis quod sive venerint sive non in premissis et premissorum singulis statutis diebus et locis auctore domino procedemus quatenus de jure juxta predictorum qualitatem et naturam fuerit procedendum.[2] Et licet consideratis diligenti revolucione predictis quot et quantis sit plena periculis diutina dilacio premissorum instantis consideracio temporis doceat et considerata prudenter animarum discrimina manifestent, prestitutum terminum peremptorie in hac parte abbreviandum modice duximus non solum ob hoc set eciam propter periculum quo super omnia movemur evidens animarum. Et quid feceritis in premissis primo die progressus nostri in dicto visitacionis negocio limitati per litteras vestras patentes harum et eisdem annexe cedule [seriem] et citatorum nomina una cum sufficienti designacione dierum et locorum ad que eosdem feceritis evocari plenius continentes nobis distincte et aperte ut convenit rescribatis.[3] Valete.

[*Undated. Letter to the abbess and convent of Shaftesbury instructing them to prepare for the visitation of their house on the Thursday (? 30 June 1317) after the nativity of St. John the Baptist.*]

[Fo. 78]

[1] *Added between the lines*, ipsarum.
[2] *This sentence is marked* vacat.
[3] *A sign at this point refers to these words at the foot of the page*: Injungatis insuper rectoribus, vicariis, et presbiteriis memoratis ut parochianos suos et alios vicinos moneant quod nobis occurrant pro suis confirmandis pueris mane diebus et locis pro visitacione nostra hujusmodi designatis. Vobis insuper in virtute obediencie firmiter injungendo quatinus si quas ecclesias vel capellas dicti archidiaconatus fortassis omiserimus in progressu nostro predicto earum rectores, vicarios, presbiteros, et aliquos parochianos vocari faciatis ut supra ad dictos dies et loca prout vobis videbitur competencius facienda. Valete. Datum et cetera.

LITTERA MITTENDA RELIGIOSIS ANTE VISITACIONEM PER DIO-
CESANUM FACIENDAM. Rogerus et cetera dilectis in Christo filia-
bus . . abbatisse et conventui Schefton' nostre diocesis salutem,
graciam et benediccionem. Cum officium suscepimus pastorale
tanto nos oportet commissum nobis gregem dominicum consideracionis oculis frequencius intueri quanto ille summus pastor bonus
qui animam suam posuit pro eodem exacturus est super hiis in die
novissimo non absque infliccione pene debite a desidiosis pastoribus
racionem. Ut igitur que nostro incumbunt officio in quantum possumus ad animarum exequamur salutem proponentes in vestro
monasterio die Jovis proxima post festum nativitatis sancti Johannis
Baptiste proximo futurum visitacionis officium personaliter exercere, devocioni vestre injungimus tenore presencium et mandamus
quatinus in cunctis que visitacionem ipsam contingunt vos habere
curetis tam in capite quam in membris taliter preparatas ut visitacionem ipsam cum vestre salutis augmento ad morum correccionem
et dicti monasterii vestri ut affectamus utilitatem possitis juxta
canonica recipere instituta. Et quid in premissis vestra duxerit
unitas faciendum nobis cum ad vos declinaverimus dicto die constare faciatis per litteras vestras patentes harum seriem continentes.
Datum et cetera.

[*14 October 1317. Mandate of Rigaud de Asserio, collector of first-fruits from
vacant benefices (received 17 October), referring to the Archbishop's inspeximus
of the same date (with which it has been sent) and naming John de Tarent and
Ratherius de Polverello, rector of Peyrusse, as subcollectors. The Bishop is to
send a list of all benefices within his diocese vacated since 8 December or
vacant now.*]

MANDATUM RIGAUDI DE ASSERIO NUNCII APOSTOLICI ET PRI-
MORUM FRUCTUUM BENEFICIORUM VACANCIUM COLLECTORIS RE-
CEPTUM XVJ KALENDAS NOVEMBRIS. Reverendo patri in Christo
domino . . dei gracia Sar' episcopo Rigaudus de Asserio canonicus
Aurelianen' domini pape capellanus et ejusdem in Anglia, Scocia,
Wallia et Hibernia nuncius ac collector fructuum primi anni beneficiorum ecclesiasticorum in dictis regnis Anglia et Scocie ac Wallie
et Hibernie partibus deputatus salutem et mandatis apostolicis
firmiter obedire. Litteras sanctissimi patris et domini nostri domini
Johannis divina providencia pape vicesimi secundi cum ea qua
decuit reverencia recepimus quarum copiam sub sigillo venerabilis
patris domini Cantuar' archiepiscopi vobis mittimus cum litteris
nostris presentibus. Nos igitur in dicto negocio juxta traditam nobis
formam cum diligenti celeritate minoribus laboribus et expensis
cleri vobis commissi excogitatis viis quibus possumus melioribus

procedere cupientes, paternitatem vestram attente requirimus et
rogamus vobis cum reverencia qua decet in virtute sancte et di-
stricte obediencie qua sedi apostolice estis astricti injungimus quatinus nomina omnium beneficiorum ecclesiasticorum cum cura vel
sine cura regularium vel secularium que a sexto idus Decembris
proximo preterito vacabant et que hucusque in vestra diocese vacaverunt seu vacant in presenti una cum nominibus archidiaconatuum
et decanatuum in quibus eadem beneficia in uno rotulo distincte
et aperte conscripta sub sigillo vestro clauso et pendente per latorem
presencium ac tempus, diem et modum vacacionis eorumdem prout
melius scire poteritis nobis in domo decanatus sancti Pauli London'
vel magistro Johanni de Tarente et domino Ratherio de Polverello
rectori ecclesie de Petrucca Caturcen' diocesis subcollectoribus
nostris fideliter transmittatis. Insuper vestram paternitatem rogamus et requirimus quatinus ob honorem domini nostri summi pontificis ut jus ejusdem non valeat deperire visis presentibus velitis et
injungeris omnibus officiis vestri episcopatus per vestras litteras et
nuncios speciales et sub pena excommunicacionis quam feratis in
scriptis monicione premissa contra eos nisi vobis pareant et intendant ut beneficia que a predicto tempore citra vacaverunt in vestra
diocese et que tunc vacabant in manu sua ponant et fructus jam
receptos et pecuniam si qua pro dictis fructibus seu redditibus
debeatur sequestrent auctoritate vestra quam in hac parte paternitati vestre et memoratis officialibus committimus per presentes.

Fo. 78ᵛ Parati enim erimus de expensis dominacioni vestre satis-
facere | secundum arbitrium ejusdem condecenter dum
per vos fuerimus requisiti. Taliter vos habentes quod ob
defectum vel omissionem non facte certitudinis memorate levacio
seu recepcio fructuum et reddituum receptorum a dictis beneficiis
isto anno non possit differri seu alio modo impediri, nec causam
conquerendi erga dominum nostrum seu ad alia procedendi habe-
amus. Datum Lond' xiiijᵃ die Octobris anno domini millesimo
cccᵐᵒ septimodecimo.

[*18 October 1317. Mandate in pursuance of the above to the archdeacon of Berks.
or his official (similar mandates being sent for the other three archdeaconries),
quoting part of the relevant papal bull (see above, p. 208).*]

ET MANDABATUR iiijᵒʳ ARCHIDIACONIS VEL EORUM OFFICIALIBUS
SUB HAC FORMA. Rogerus permissione et cetera archidiacono Berk'
vel ejus . . officiali salutem, graciam et benediccionem. Litteras
xvjᵒ kalendas Novembris recepimus infrascriptas, 'Reverendo patri
in Christo' et cetera. ET IN FINE SIC: Vestre igitur devocioni

auctoritate predicta committimus et mandamus quatinus omnia
beneficia ecclesiastica que a predicto tempore citra infra vestri
archidiaconatus ambitum vacaverunt et que tunc vacabant in
manibus vestris ponentes fructus eorum jam receptos et pecuniam
si qua pro eisdem fructibus seu redditibus debeatis sequestrare
curetis. Et quia diffusum foret litteras sanctissimi patris predicti
quas ut premittitur recepimus de verbo ad verbum singulis officialibus scribere seriatim devocio vestra sciat quod in eisdem litteris
continentur quedam clausule in hec verba: Volumus autem quod
predicti fructus, redditus et proventus et cetera UT SUPRA IN BULLA
DE RESERVACIONE FRUCTUUM USQUE IBI VERUM QUIA CONTINGIT.

[*18 October 1317. Addendum to a similar mandate to John de Tarent, official of
the dean of Salisbury.*]

SIC MANDABATUR MAGISTRO JOHANNI DE TARENTE PROUT ALIIS
. . OFFICIALIBUS HOC ADDITO. Vestre igitur et cetera ut supra,
quatinus de beneficiorum ecclesiasticorum nominibus que infra
jurisdiccionem decanatus Sar' a sexto idus Decembris proximo
preterito vacarunt seu vacant in presenti nos reddatis absque more
diffugio cerciores secundum mandati exigenciam supradicti. Ad
hec eadem auctoritate vos monemus sub pena excommunicacionis
majoris nichilominus injungentes quatinus omnia beneficia ecclesiastica que a predicto tempore citra tam infra predicte jurisdiccionis
decanalis quam archidiaconatus Sar' ambitus vacarunt et cetera
sicut ceteris officialibus. Qualiter autem hoc mandatum fueritis
executi nobis cum celeritate possibili rescribatis per litteras vestras
patentes harum seriem continentes. Valete. Datum apud Sonn' xv
kalendas Novembris anno domini m° ccc^mo septimodecimo et consecracionis nostre tercio.

[*26 October 1317. The Bishop's certificate to Rigaud de Asserio's mandate. The
Bishop's register of institutions has been searched, but a list of institutions
made by the dean of Salisbury is still awaited. The list annexed to this certificate is on fo. 81 (below, p. 221).*]

ET SIC ERAT CERTIFICATUM MAGISTRO RIGAUD': Venerande discrecionis viro magistro Rigaudo de Asserio canonico Aurelian'
domini pape capellano ac ejusdem in Anglia, Scocia, Wallia et
Hibernia nuncio ac collectori primorum fructuum primi anni beneficiorum ecclesiasticorum in dictis regnis Anglia, Scocia ac Wallie
et Hibernie partibus deputato Rogerus permissione divina Sar'
episcopus salutem, obedienciam, et reverenciam cum honore.
Mandatum xvj kalendas Novembris recepimus infrascriptum,

'Reverendo patri in Christo' et cetera, ET IN FINE SIC: Huic igitur mandato cum debita reverencia parere volentes registrum nostrum de institucionibus clericorum nostre diocesis fecimus perscrutari et nomina omnium et singulorum beneficiorum ecclesiasticorum que a vj^to idus Decembris proximo preterito hucusque vacarunt quatenus ad presens reperiri poterunt in eodem una cum nominibus archidiaconatuum et decanatuum in quibus beneficia ipsa consistunt vobis in presentibus annexa cedula conscripta secundum predictarum litterarum vestrarum exigenciam destinamus. Mandamus eciam officialibus ut beneficia ipsa in manibus suis ponentes eorum fructus predicta auctoritate apostolica sequestrarent. Sunt autem aliqua beneficia infra jurisdiccionem decani ecclesie nostre Sar' quorum instituciones de antiqua consuetudine ad alios quam ad nos pertinere noscuntur quamobrem mandavimus magistro Johanni de Tarente vestro subcollectori in nostra diocese deputato ut nos certificet si que a dicto tempore vacaverunt de eisdem et quamcicius litteras ipsius certificatorias recepimus in hac parte vos reddemus de eisdem si que sic vacasse vel vacare scripserit cerciores. Datum London' vij kalendas Novembris anno domini millesimo ccc^mo xvij°.[1]

[*15 September 1317. Commission to Gilbert de Mydelton, canon of Salisbury, and John de Bruyton, rector of Christian Malford, to examine Thomas de Merkesbury and if he is sufficiently educated to institute him as rector of Mappowder at the presentation of Reginald son of Peter.*]

[Fo. 79]

COMMISSIO AD INSTITUENDUM RECTOREM PACIENTEM DEFECTUM SCIENCIE. R. et cetera dilectis in Christo filiis magistris Gilberto de Mydelton' nostre Sar' ecclesie canonico et Johanni de Bruyton' rectori ecclesie de Cristemaleford' nostre diocesis salutem, graciam et benediccionem. Thoma de Merkesbur' subdiacono per Reginaldum filium Petri ad ecclesiam de Maupoudre nostre diocesis vacantem nuperrime presentato, licet per inquisicionem in ea parte auctoritate nostra factam et alia exhibita per eundem nobis sufficienter constaret de jure presentantis, vacacione rectorie predicte, et ordine supradicto, quia tamen ipsum prima facie comperimus ad regimen animarum nimis tenuiter litteratum eundem sana consciencia ad dictam ecclesiam admittere nequivimus ea vice. Verum quia idem clericus aliter coram vobis quam coram nobis forsitan respondebit, eundem ad vos ad ejusdem rogatum de nostra speciali

[1] *A note has been added at the end of this entry*: Nomina hujusmodi beneficiorum scripta sunt in iij folio subsequenti, *with a sign repeated on fo. 81; see below, p. 221.*

gracia duximus destinandum. Vestre igitur devocioni conjunctim et divisim committimus et mandamus quatinus si vestro judicio dictus presentatus in tali litteratura qua per vos examinari volumus ad dictam ecclesiam curatam de jure fuerit admittendus de quo vestram conscienciam oneramus ipsum ad eamdem auctoritate nostra curetis admittere et rectorem canonice instituere in eadem, facientes eundem vel procuratorem suum per loci archidiaconum . . officialemve suum in dicte ecclesie corporalem possessionem induci. Quid autem feceritis in premissis nobis oportunis loco et tempore cum tenore presencium rescribatis vel alter vestrum rescribat qui premissa fuerit executus. Valete. Datum apud Sonnyngg' xvij kalendas Octobris anno domini m° ccc^mo xvij° et consecracionis nostre secundo.

[*25 September 1317. Licence from the Bishop of Winchester to the Bishop of Salisbury to allow religious who had received their first tonsures before entering religion from the Bishop of Winchester or one of his predecessors to proceed to higher orders.*]

LICENCIA . . WINT' DOMINO CONCESSA DISPENSANDI CUM CLERICIS SUE DIOCESIS RECIPIENTIBUS PRIMAM TONSURAM SINE LICENCIA DIOCESANI SUI ET POSTEA RELIGIONEM IN DIOCESE SAR' INGRESSIS. Venerabili in Christo patri domino R. dei gracia Sar' episcopo Johannes ejusdem permissione Wynt' ecclesie minister salutem et fraternam in domino caritatem. In hiis que ad animarum salutem et consciencie puritatem pertinere noscuntur eo libencius votis vestris annuimus quo de vestre circumspeccionis magnitudine et fecunde caritatis sinceritate pleniorem fiduciam optinemus. Quamobrem dispensandi cum religiosis qui de nostra diocese oriundi ante suscepcionem habitus religionis nostris aut predecessorum nostrorum temporibus a nobis suis episcopis primas receperunt tonsuras nostra aut predecessorum nostrorum licencia non optenta ut hujusmodi non obstante defectu ad superiores ordines ascendere et in susceptis ordinibus valeant ministrare vobis quantum ad nos pertinet plenam tenore presencium concedimus potestatem. In cujus rei testimonium sigillum nostrum presentibus est appensum. Datum apud Ebor' xxv die Septembris consecracionis nostre anno primo.

[*5 October 1317. Mandate to the locum tenens or the official of the dean of Salisbury to pronounce sentence of excommunication on certain unknown persons who had attacked the papal nuncios; the sentence is to be pronounced in Salisbury cathedral on 1 November and the Bishop is to be informed of what has been done by 11 November.*]

[Fo. 79ᵛ]

SENTENCIA GENERALIS CONTRA ILLOS QUI DAMPNA . . CARDINALI-
BUS IRROGARUNT. Rogerus permissione divina Sar' episcopus
dilecto in Christo filio . . tenenti locum decani ecclesie nostre Sar'
ipsiusve decani . . officiali salutem, graciam et benediccionem.
Detestanda perversorum iniquitas nesciens abhorrendis sacrilegii
seviciis abstinere curam suscepti regiminis sollicitat et compellit ad
oportuni remedii subsidia contra execrabiles sevicias circa dei ecclesias et personas ecclesiasticas perpetratas efficaciter apponenda ut
detestabilis contra eas malignancium audacia reprimatur et sevien-
cium in easdem nephanda temeritas propulsetur. Sane ad nostrum
pervenit auditum quod quidam viri sacrilegi horrendum scelus
et flagiciosum exercere piaculum non verentes quorum ignorantur nomina et persone in venerabiles patres et dominos reverendos
dominos Gauselinum titulo sanctorum Marcellini et Petri presbiteri
sancte Romane ecclesie vicecancellarium et Lucam sancte Marie
in via lata diaconum cardinales apostolice sedis nuncios ad partes
Angl' pro bono ecclesie atque regni per sanctissimum patrem et
dominum nostrum dominum Johannem divina providencia papam
xxij notorie destinatos manus sacrilegas diabolica vecti furia injecerunt et eisdem tam in personis suis quam rebus quod non absque
ingenti cordis amaritudine referimus injurias multiplices abjecta
dei et ecclesie sue debita reverencia irrogarunt majoris excommunicacionis sentenciam canonis *Si quis suadente diabolo*, necnon
penas decretalis domini Bonifacii pape viij que incipit *Felicis
recordacionis* dampnabiliter incurrendo. Considerantes igitur di-
gnum esse ad tam nefandi flagicii ulcionem condignam pestemque
tanti sceleris deinceps volente domino radicitus extirpandam contra
dictos sacrilegos penas canonum divulgare ut ipsorum audacia
tirannica successores nequaquam inveniant et punite transgressionis exempla alios simili subtrahant ab offensa devocioni vestre
committimus et firmiter injungendo mandamus quatinus in ecclesia
nostra cathedrali Sar' in festo omnium sanctorum proximo jam
venturo coram processione inibi facienda cum major affuerint
populi multitudo et alias prout expedire videritis solempniter in
generale nunciare curetis et faciatis per alios nunciari secundum
predicte Decretalis exigenciam malefactores predictos cum suis
fautoribus majoris excommunicacionis sentenciam et penas alias
in dicta Decretali contentas dampnabiliter incurrisse ut dum eisdem
noverint hujusmodi iminere pericula adiciant salubriter ut resurgant. Qualiter autem hoc mandatum executi fueritis nos citra
festum sancti Martini proximo jam venturum cum tenore

presencium cerciorare curetis vel certificet alter vestrum qui illud fuerit executus. Valete. Datum apud Sonnyngg' iij nonas Octobris anno domini millesimo ccc^{mo} xvij et consecracionis nostre tercio.

[*3 November 1317. Declaration to the effect that the church of Haselbury Bryan is divided into two independent rectories with separate patrons.*

LITTERA TESTIMONIALIS SUPER DIVISIONE ECCLESIE DE HASELBER'.[1] Universis quorum interest ad quos pervenerit hec scriptura Rogerus permissione divina Sar' episcopus salutem in omnium salvatore. Universitati vestre presentibus intimamus quod licet unum sit corpus ecclesie de Haselber' in decanatu Albi Monasterii nostre diocesis situate duo tamen rectores quorum unus est rector unius medietatis et alius alterius medietatis ejusdem per loci diocesanum utpote in duobus distinctis beneficiis instituti ad quas diversi presentant non communiter patroni. Que quidem medietates due censentur ecclesie et per se curate quarum neutra ab alia est dependens nec unus rector easdem medietates absque dispensacione legitima simul poterit retinere tamquam per se curam animarum habentes. Tota eciam ecclesia supradicta secundum taxacionem veri valoris in sex marcas et dimidiam est taxata. In quorum testimonium sigillum nostrum fecimus hiis apponi. Datum apud Bornham iiij nonas Novembris anno domini millesimo ccc^{mo} xvij° et consecracionis nostre tercio.

[*16 September 1317. Mandate to the dean of Salisbury or his locum tenens to publish the vacancy of the prebends of Ruscombe and of Fordington and Writhlington, which are vacant through the deaths, respectively, of William de la Ryvere on 29 May and John de Hakeneye on 13 September.*]

LITTERA PUBLICACIONIS PREBENDARUM VACANCIUM. Rogerus et cetera dilecto in Christo filio decano ecclesie nostre Sar' vel ejus locum tenenti salutem, graciam et benediccionem. Cum prebenda de Roscomp' per mortem ultimi ejusdem prebendarii magistri Willelmi de la Ryvere qui die sancte trinitatis proximo jam preterita diem suum claudebat extremum et prebenda

Fo. 80 | Writelington' et Fordyngton' nostri patronatus per mortem magistri Johannis de Hakeneye qui die Martis nunc preterita fati munus implevit sicut legitime nobis constat jam vacent,[2] nos indempnitati dicte nostre ecclesie prospicere cupientes aliisque ceteris ex causis et legitimis nos ad hoc racionabiliter inducentibus devocioni vestre mandamus quatinus per tres dies

---

[1] *In margin, in a 15-century hand*, nota hic quod in ista ecclesia essent duo rectores, set istis diebus non est nisi unicus.

[2] *At top of page*, vacare noscatur.

dominicos seu festivos recepcionem presencium inmediate sequentes
dictarum prebendarum vacaciones hujusmodi et alia supradicta in
ecclesia nostra cathedrali Sar' in qua dicte prebende sunt notorie
prebendales coram processionibus in ecclesia eadem cum major
affuerit convenientis inibi populi multitudo adeo solempniter et
distincte per vos, alium vel alios publicare curetis quod si qui sint
quorum intersit noticiam dictarum vacacionum habere pretendere
nequeant probabilem ignoranciam in hac parte. Quid autem in
premissis duxeritis faciendum necnon de diebus, horis et locis
quibus publicacionem hujusmodi feceritis nos per litteras vestras
patentes harum recepcionis diem et seriem continentes infra xx
dies a tempore recepcionis earum reddatis debite cerciores. Valete.
Datum apud Sonnyngg' xvj kalendas Octobris anno domini millesimo cccᵐᵒ xvijᵒ et consecracionis nostre secundo.

[*Undated. Mandate to the abbot of Sherborne to proceed, notwithstanding the
Bishop's prohibition to the contrary, with the papal provision committed by
the Bishop to the abbot, if in fact the Bishop had made such a commission.
The provision is to John le Yonge of Minterne of a benefice in the gift of the
abbot and convent of Milton.*]

MANDATUM SUBDELEGATO AD PROCEDENDUM IN PROVISIONIS
NEGOCIO CUM EFFECTU SI INSOLIDUM COMMITTATUR. Rogerus et
cetera dilecto in Christo filio . . abbati Schireburn' nostre diocesis
salutem, graciam et benediccionem. Si in negocio provisionis seu
gracie Johanni le Yonge de Mynterne clerico super beneficio
ecclesiastico spectante ad collacionem seu presentacionem religiosorum virorum . . abbatis et conventus de Middelton' per sanctissimum patrem [Johannem] divina providencia papam xxij sub
certa forma concesso et nobis ab eadem sede commisso vobis
insolidum comiserimus vices nostras tunc vobis injungimus et
mandamus auctoritate apostolica supradicta quatinus subductis
dilacionibus frivolis in dicto provisionis negocio secundum ejusdem
qualitatem et naturam ac apostolicarum litterarum exigenciam
prout juri convenit effectualiter procedatis, inhibicione quacumque
vobis facta hactenus in hac parte aliqualiter non obstante adeo
quod apostolice sedis contemptum nullatenus incurratis. Si vero
commissio nostra predicta non insolidum vobis fiat volumus quod
inhibicio nostra vobis in dicto negocio prius facta debitum sorciatur
effectum. Valete. Datum et cetera.

[*Undated. Commission to the prior of Abingdon to hear actions against those who
had not paid the clerical tenth of 1315 and who have been cited to appear at
Reading abbey on the first juridical day after 21 September, and to inform the
Bishop of the outcome by 29 September.*]

COMMISSIO PRO CITATIS DECIMAM NON SOLVENTIBUS INFRA-SCRIPTAM. Rogerus permissione divina et cetera dilecto in Christo filio .. priori monasterii Abyngdon' nostre diocesis salutem, graciam et benediccionem. Breve regium nuper recepimus inter cetera continens in effectu quod quedam persone ecclesiastice dicte nostre diocesis decimam domino nostro regi a clero anno regni sui viij° concesse prout ipsa decima contingit quemlibet eorumdem .. abbati et conventui Abyngdon' collectoribus ejusdem decime in archidiaconatibus Berk' et Wilts' deputatis licet pluries monite atque jusse solvere hactenus non curarunt quod quidem breve diligencia qua potuimus execucioni debite mancipantes eosdem debitores citari fecimus tam per .. decani ecclesie nostre Sar' quam .. archidiaconorum Berk' et Wylts' officiales quod proximo die juridicali post festum sancti Mathei apostoli proximo jam venturo in ecclesia conventuali Radyngg' nostre diocesis supradicte coram nobis nostrisve commissariis in hac parte compareant decimam memoratam prout idem breve exigit soluturi vel acquietancias si quas de solucione decime sic exacte seu quicquam aliud per se habeant exhibituri et eciam probaturi, facturi ulterius et recepturi quod tenor dicti brevis requirit. Variis autem causis et negociis prepediti ad presens ad diem et locum predictos interesse nequimus ac de vestre circumspeccionis industria confidentes ad faciendum et expediendum omnia et singula que secundum predicti brevis exigenciam fuerint facienda et omnia alia que neccessaria vel oportuna fuerint in hac parte eciam si mandatum exigant speciale vobis cum cohercionis canonice potestate committimus vices nostras donec eas duxerimus revocandas. Tenorem vero dicti brevis de quo supra fit mencio prefati .. officiales ad diem et locum prescriptos in suis certificatoriis litteris vobis transmittent prout eis dedimus in mandatis. Quid autem feceritis et persone in breve contente fecerint in premissis ac de non solvencium nominibus et cognominibus quibusque de personis eisdem prefixionem secundum ipsius brevis effectum feceritis ac de vestro in hac parte processu nobis citra festum sancti Michaelis proximo sequens abs-

Fo. 80ᵛ que more diffugio tam dilucide cum tenore presencium | quod retornare possimus debito tempore dictum breve. Valete. Datum apud Sonnyng' et cetera.

[*2 November 1317. Letter, dated at Sonning, to the rural dean of Wallingford instructing him to prepare for the visitation of his deanery by the Bishop. The form of letter given above, p. 209, as amended, was evidently preferred to that here, which is slightly less full and is addressed in the second person singular.*]

LITTERA MITTENDA DECANIS ANTE VISITACIONEM IN DECANATUM
PER EPISCOPUM FACIENDAM.[1] Rogerus permissione divina [*etc.*].

[*Schedule of vacant benefices attached to the Bishop's certificate to Rigaud de
Asserio of 26 October 1317: see above, p. 214.*]

[Fo. 81]

NOMINA OMNIUM ET SINGULORUM BENEFICIORUM ECCLESIASTI-
CORUM ARCHIDIACONATUUM ECIAM ET DECANATUUM DE QUIBUS
PROUT IN LITTERIS QUIBUS HEC ANNECTITUR CEDULA CERCIO-
RARE MANDATUR.

[*The benefices are arranged by archdeaconry and deanery, and they are defined
as vicarages* (V.), *churches* (E.), *prebends* (P.), *or chapels* (C.); *the reason for
the vacancy, the value according to the taxation of Pope Nicholas, and* (*usu-
ally*) *the year of the vacancy are indicated. This list and the later ones are
printed here in abbreviated form; archdeaconry and deanery are omitted,
vacancy by death or resignation is shown by* m. *or* r., *and the value is not given
unless different from that in Taxatio Ecclesiastica* (*Record Commission*),
*pp. 177–83. In this first list all the benefices for which the year is given became
vacant in the year 25 March 1317 to 24 March 1318.*]

V. Portesham m., V. Abbotesbi' r., E. Lutton' m., E. Swyntolre
m., E. Wyk' r., E. Betescomb' r., E. Gillyngham m., E. Fifhide r.,
E. Holewale m., E. Schapwick' m., E. Tarent' Keynes m., V. Cane-
ford m., E. Luchet Mautravers m., E. Winterborn' Hughet' m.,
E. Boclond r., E. Maupoudr' r., Decanatus de Wymborn' minstr'
m., E. sancti Nicholai Abend' m., E. Chelreye m., E. Clifwar' m.,
E. Finchamsted' m., E. Westhildesle m., E. Esegarston' r., E.
Compton' Chamberleyn m., E. Tidolfside r., V. Canyngg' m.,
P. Archesfont' m., E. Pateneye r., V. Edyndon' r., E. Winterslewe
r., E. Estdoene m., V. Colern' m., E. Colingborn' Com' r., P.
Bleobur' m., P. Roscomp' m., P. Writelinton'[2] m., P. Rothefen m.,
P. Cherdestok' m.

Dignitates in ecclesia Sar': archidiaconatus Wiltes'; thesauraria
in ecclesia Sar' collata est per dominum nostrum summum pontificem cuidam cardinali, dominus tamen Ludov' ipsius thesaurarie
thesaurarius ultimus nondum est consecratus ut dicitur in episcopatum Dunelm', contra [*i.e. vacancy disputed*].

[*13 April 1318. Second mandate of Rigaud de Asserio, collector of first-fruits
from vacant benefices; received 19 May.*]

[Fo. 81ᵛ]

MANDATUM RIGAUDI DE ASSERIO NUNCII SEDIS APOSTOLICE AC
COLLECTORIS PRIMORUM FRUCTUUM DOMINO DIRECTUM ET RE-

[1] *In margin,* vacat; quere aliam supra iiijᵗᵒ folio precedenti.
[2] *i.e. Fordington and Writhlington.*

CEPTUM APUD KENSYNGTON' xiiij KALENDAS JUNII. Reverendo in Christo patri domino . . dei gracia Sar' episcopo Rigaudus de Asserio canonicus Aurelianen' domini pape capellanus et ejusdem in Anglia nuncius ac collector fructuum primi anni beneficiorum ecclesiasticorum in Anglia vacancium per dominum nostrum papam ad triennium reservatorum specialiter deputatus salutem et mandatis apostolicis firmiter obedire. Auctoritate apostolica nobis in hac parte commissa paternitatem vestram requirimus et rogamus sub obediencia qua sedi apostolice tenemini vobis nichilominus cum reverencia qua decet firmiter injungentes quatinus de omnibus et singulis beneficiis que vacabunt seu vacaverunt post colleccionem fructuum autumpni ultimi preteriti in civitate et diocese predicta et que vacant in presenti cum causa et modo ac tempore vacacionis eorumdem infra quindecim dies a tempore presentacionis presencium vobis facte cujuscumque condicionis existant tam locorum exemptorum quam non exemptorum quorum fructus, proventus seu redditus pertinent seu pertinere possunt ad dominum nostrum summum pontificem racione reservacionis facte per eundem de eisdem nos apud London' certificare curetis beneficiorum nomina et omnem valorem ipsorum distincte et aperte per litteras vestras intimantes ut de colleccione ipsorum fructuum prout decet ordinare possimus juxta litterarum apostolicarum continenciam super reservacione memorata. Nichilominus autem si qua sint alia beneficia que ante recepcionem dictorum fructuum autumpnalium vel in ipsa recepcione a tempore reservacionis citra videlicet a vj^{to} idus Decembris anno domini millesimo ccc^{mo} sextodecimo [vacaverunt] de quibus nos non certificastis ad plenum per alia vestra certificatoria jam dudum per vos nobis directa quod de eisdem nos certificare curetis, taliter vos habentes in premissis quod non possitis erga dominum nostrum summum pontificem de negligencia reprehendi set pocius de diligencia et vera obediencia merito commendari. Scituri quod de presentacione presencium vobis facta fidem dabimus nuncio nostro jurato latori earum. Datum London' xiij die mensis Aprilis anno domini millesimo ccc^{mo} decimo octavo.

[*Undated. The Bishop's certificate to the above mandate.*]

CERTIFICATORIUM DOMINI AD MANDATUM PRESCRIPTUM. Venerande discrecionis magistro Rigaudo de Asserio canonico Aurelian' domini pape capellano ac ejusdem in Anglia, Scocia, Wallia et Hybernia nuncio ac collectori primorum fructuum primi anni beneficiorum ecclesiasticorum in dictis regnis Anglia et Scocia ac Wallie et Hybernie partibus deputato Rogerus permissione divina Sar' episcopus salutem, obedienciam, et reverenciam cum honore. Mandatum vestrum xiiij kalendas Junii recepimus in hec verba: Reverendo in Christo patri domino . . dei gracia Sar' episcopo Rigaudus de Asserio canonicus Aurelian' *et cetera ut supra.* Huic igitur mandato parere volentes registrum nostrum de institucionibus clericorum nostre diocesis fecimus perscrutari et nomina omnium et singulorum beneficiorum ecclesiasticorum que post colleccionem fructuum autumpni ultimi preteriti in civitate et diocese Sar' vacarunt et jam vacant quatenus ad presens ea scire possumus vobis mittimus scripta in cedula hiis annexa prout mandatum exigit supradictum, nec sunt aliqua beneficia que ante recepcionem dictorum fructuum autumpnalium vel in ipsa recepcione a tempore reservacionis predicte que in nostra vacarunt diocese quod sciamus quin eorum nomina scripserimus vobis prius et si plura invenerimus vos cerciorabimus de eisdem. Datum London'.

[*Schedule to the foregoing certificate, containing the names of benefices demised to the Bishop. The first part of the list is in the same form, and is here abbreviated in the same way, as that above, p. 221. All the benefices except East Kennett (after 24 March 1318) and the last three of the demised benefices (year not given) became vacant in the year 25 March 1317 to 24 March 1318.*]

[Fo. 82]

E. Acford' m., E. Blaneford' Langeton' m., E. Wynterborn' Hughet' r., E. Wynterborn' Wast' r., E. Stupel m., E. Brudeport' r., E. Henton' per dimissionem, V. Cocham r., E. Cristemalford' r., E. Yatesbir' r., E. Estkenete m. (1318), E. Cernecote r., V. Hanyngdon' r. (6½ *marks*).

[*Demised benefices:*] E. Wotton' Basset, E. sancti Sampson' Crekelad', E. Heselyngfeld' (Linc. dioc.), E. Sutton' in Colfeld (Cov. et Lich. dioc.), E. Birton' (Ebor. dioc.).

[*24 May 1318. Further mandate of Rigaud de Asserio, received 25 May, reminding the Bishop to include in his certificate the names of benefices demised to him which are not in his diocese.*]

MANDATUM RIGAUDI PREDICTI RECEPTUM LONDON' VIIJ KALENDAS JUNII. Reverendo patri in Christo domino . . dei gracia Sar' episcopo Rigaudus de Asserio canonicus Aurelian' domini pape capellanus et ejusdem in Anglia nuncius salutem in omnium salvatore. Placeat vobis reverende pater quod velitis me certificare nedum de beneficiis que vacant in vestra diocese immo de aliis que in vestris manibus fuerint dimissa et resignata quamvis in vestra diocese non existant alias auctoritate jus domini nostri pape posset quamplurimum defraudari. Scientes pater quod supra presentacione presencium fidem dabimus nuncio nostro jurato latori presencium. Datum London' xxiiij die Maii anno domini m° ccc^mo xviij.

HUJUS MANDATI CERTIFICATORIUM SUPRA PATET.

[*9 September 1318. Mandate of John de Tarent, rector of Berwick St. John and subcollector of first-fruits, citing his authority from Rigaud de Asserio. Rigaud's letter, dated 4 September, orders John to sequestrate vacant benefices and collect the first-fruits.*]

MANDATUM MAGISTRI JOHANNIS DE TARENT' COMMISSARII MAGISTRI RIGAUDI RECEPTUM APUD REMMESBIR' IDIBUS SEPTEMBRIS. Venerabili in Christo patri et domino reverendo domino Rogero dei gracia Sar' episcopo Johannes de Tarenta rector ecclesie de Berewyk sancti Johannis vestre diocesis per venerabilem virum dominum Rigaudum de Asserio collectorem fructuum primi anni beneficiorum ecclesiasticorum vacancium in Anglia per dominum papam ad triennium reservatorum subcollector in dicta vestra diocese auctoritate apostolica deputatus salutem cum omni reverencia et honore. Mandatum recepi continens hunc tenorem: 'Rigaudus de Asserio canonicus Aurel' domini pape capellanus et ejusdem in Angl' nuncius discreto viro magistro Johanni de Tarent' commissario nostro in diocese Sar' salutem in domino. Vobis sub penis in commissione alias per nos vobis facta contentis et comminatis districte precipimus et mandamus quatinus omnes vicarias que valorem sex marcarum excedunt et alia quecumque beneficia eciam si archidiaconatus, prioratus, decanatus, personatus seu officia existant que a tempore reservacionis vacaverunt faciatis et mandetis visis presentibus sequestrari eciam si eorum obvenciones in jurisdiccionibus seu correccionibus existere dinoscantur et ea tam diu in arto sequestro teneri quousque de ipsis compositum fuerit coram vobis vel aliud a nobis receperitis in mandatis nisi vobis fieret plena fides per illos qui dicta beneficia detinent fuisse compositum pro eisdem. Si vero hujusmodi beneficia non reperiantur taxata medietatem fructuum, reddituum, proventuum eorumdem pro jure domini nostri pape retineatis alteram vero medietatem pro oneribus et servicio ejusdem beneficii optinenti canonice dimittendo. Ceterum vestram sollicitamus prudenciam ut ea que de fructibus primi anni reservacionis debentur faciatis celeriter colligi et levari et contra non solventes juris remediis rigide procedatis. Vobis nichilominus contra omnes et singulos fructus, vicarias, archidiaconatuum, prioratuum, decanatuum seu officiorum predictorum | quovis quesito colore detinentes seu usurpantes per censuram ecclesiasticam compellendi

Fo. 82^v

committimus vices nostras. Datum sub sigillo nostro iiij^{to} die mensis Septembris anno domini millesimo ccc^{mo} xviij'.

Placeat igitur queso vestre reverende paternitati ob reverenciam sedis apostolice me de omnibus hujusmodi beneficiis que a tempore reservacionis predicte in vestra diocese vacaverunt quamcicius comode fieri poterit vestris litteris reddere cerciorem ut de ipsis per vos taliter informatus exequi valeam quod mandatur. Ad ecclesie sue regimen et honorem semper altissimus vos conservet. Datum Sar' v idus Septembris anno domini supradicto.

[*Undated. The Bishop's certificate to the above mandate, mentioning that he is unable to say whether benefices assessed for taxation at less than six marks are in fact worth less than six marks: see above, p. 208.*]

CERTIFICATORIUM MANDATI PRESCRIPTI HABUIT HUNC TENOREM. Rogerus permissione divina Sar' episcopus dilecto in Christo filio magistro Johanni de Tarenta rectori ecclesie de Berewyk' sancti Johannis nostre diocesis per venerabilem virum dominum Rygaudum de Asserio collectorem fructuum primi anni beneficiorum ecclesiasticorum vacancium in Anglia per sanctissimum in Christo patrem dominum Johannem divina providencia papam xxij ad triennium reservatorum subcollectori in dicta nostra diocese deputato salutem, graciam et benediccionem. Beneficiorum nomina que a tempore reservacionis predicte in nostra diocese vacaverunt quatenus ad presens in nostro registro potuerunt reperiri vobis mittimus in cedula hiis annexa, set an aliqua eorumdem beneficiorum in sex marcas minime taxatorum verum sex marcarum valorem excedant vel non, cum in facto consistat, totaliter ignoramus. Vale. Datum apud Remmesbir'.

[*Schedule to the foregoing certificate. It includes and marks* prius (*though they are not printed below*) *all the benefices listed in the schedules above, p. 221, except East Garston and Wimborne Minster, and p. 223, except East Kennett and those outside the diocese. This list omits the reason for vacancy, and, though archdeaconry and deanery are given for benefices not previously listed, the benefices are in no particular order. As printed here the newly listed benefices are grouped according to the year in which they became vacant. Many benefices are marked* non taxatur, *indicated below by* n.t., *instead of being given a valuation. In other respects the list has been abbreviated as on p. 221.*]

[*25 March 1316 to 24 March 1317*:] V. Bradeford' n.t., V. Kyngton' n.t., E. Silhamstede Banastr' n.t., medietas E. Haselber' n.t., V. Langele n.t., V. beate Marie Marleberg' n.t., V. sancti Nicholai Abendon' n.t., E. Mildeston' n.t., E. Tedmerhs n.t., V. Bradele n.t., F. Esgarston' [*again*], E. Kyngeston Russel n.t., E. Tarente Hineton'.

[*25 March 1317 to 24 March 1318*:] V. Middelton' n.t., E. Bis-shopeston' n.t., V. Erdinton' n.t., E. Westhildesle, V. Bienham n.t., C. Staford' n.t., V. Stratton' n.t., E. Sopworth', E. Bistlesham n.t., V. Cerne n.t., E. Batecoumbe n.t., V. Archesfunte n.t., medietas E. Childacford', C. Fifhide n.t., E. Kyvele, E. Brightwell', E. Garesdon' [*demised to the Bishop*], E. Boscombe [*demised to the Bishop, 11½ marks*].

[*After 24 March 1318*:] V. Westhenreth' n.t., Prioratus Marle-berg' n.t., E. Acford Alfredi [*again*], V. Cherdestok', officium diaconi in monasterio Shefton' n.t., E. Compton', C. Whelpele n.t., E. Esthildesle, V. Ebbesborn' Episcopi, E. Buddesden' n.t.

[*Disputed vacancies*:] E. Crekelade [*see above, p. 223*], E. Esthen-reth' [*year of vacancy not given*].

[*28 September 1318. Third mandate of Rigaud de Asserio, collector of first-fruits from vacant benefices; received 3 October.*]

[Fo. 83]

TERCIUM MANDATUM RYGAUDI DE ASSERIO SEDIS APOSTOLICE IN ANGLIA NUNCIO RECEPTUM APUD REMMESBIR' V NONAS OCTO-BRIS HABUIT HUNC TENOREM. Reverendo patri in Christo domino . . dei gracia Sar' episcopo Rigaudus de Asserio canonicus Aure-lian' domini pape capellanus et ejusdem in Anglia nuncius ac collector fructuum primi anni beneficiorum ecclesiasticorum in Angl' vacancium per dominum nostrum papam ad terminum reservatorum specialiter deputatus salutem. Volentes ut tenemur officium nobis per dominum nostrum summum pontificem in hac parte commissum exequi reverenter vobis in virtute obediencie qua sedi apostolice tenemini cum reverencia tamen qua decet firmiter injungendo mandamus quatinus de omnibus et singulis beneficiis cujuscumque condicionis existant taxatis vel non taxatis vicariis, prioratibus, archidiaconatibus, decanatibus et aliis que ab ultimo certificatorio vestro citra vacaverunt vel vacant in presenti ad quo-rumcumque collacionem, institucionem seu destitucionem spectare noscuntur prout scire poteritis in vestra civitate et diocese necnon de omnibus aliis si qua sint de quibus ante ultimum certificatorium vestrum per vos nobis missum nos ad plenum minime certificastis nos infra quindecim dies a tempore recepcionis presencium una cum anno, die et causa vacacionis eorumdem distincte et aperte per vestras litteras patentes reddatis cerciores. Scituri quod super pre-sentacione presencium vobis facta fidem dabimus nuncio nostro jurato latori earum. Datum Lond' xxviij die Septembris anno domini millesimo cccmo decimo octavo.

[*11 October 1318. The Bishop's certificate to the above mandate, mentioning that he is unable to say whether benefices assessed for taxation at less than six marks are in fact worth less than six marks, and that several of the benefices named in the schedule are too poor to afford their necessary expenses.*]

CERTIFICATORIUM HABUIT HUNC TENOREM. Venerande discrecionis viro magistro Rygaudo de Asserio canonico Aurelian' domini pape capellano et ejusdem in Anglia nuncio ac collectori fructuum primi anni beneficiorum ecclesiasticorum in Angl' vacancium per sanctissimum in Christo patrem dominum Johannem divina providencia papam xxij ad triennium reservatorum specialiter deputato Rogerus permissione divina Sar' episcopus salutem, obedienciam et reverenciam cum honore. Mandatum vestrum v nonas Octobris recepimus in hec verba, Reverendo patri in Christo domino dei gracia Sar' episcopo Rigaudus *et cetera ut supra.* Et in fine: Huic igitur mandato cujus recepcionis tempore in nostro fuimus versus instans parliamentum itinere constituti parere cum debita reverencia pro viribus cupientes registrum nostrum de institucionibus clericorum nostre diocesis fecimus perscrutari et nomina omnium et singulorum beneficiorum ecclesiasticorum de quibus cerciorari mandatur quatenus ad presens ea scire poterimus vobis mittimus scripta in cedula hiis annexa prout mandatum predictum requirit, hoc excepto quod de certis die vel anno quibus beneficia hujusmodi inceperunt vacare vos cerciorare nequimus pro eo quod dies ipsi in nostro non scribuntur registro. Scimus tamen et comperimus in eodem quod post tempus reservacionis predicte beneficia ipsa vacarunt quorum plura eciam secundum nunc currentem decimam non taxantur et an verum proventus eorum sex marcarum valorem excedant, cum in facto consistat, totaliter ignoramus. Vobis tamen pro vestre serenacione consciencie intimamus quod prioratus de Bromhale et de Kyngton' necnon et vicarie de Stratton' et Bisshopeston' et alia quamplura beneficia suprascripta ita sunt exilia quod nondum sufficiunt pro ministris neccessariis eorumdem. Datum apud Nouesle v idus Octobris anno domini m° ccc^moxviij°.

[*Schedule to the foregoing certificate. It includes all the benefices not marked* prius *from the previous list (above, p. 225) except East Garston and West Ilsley. These benefices from the previous list, all marked* prius, *are not printed here except for those for which the reason for vacancy is given. The rest of the list is abbreviated as above, pp. 221, 225. All the newly listed benefices have become vacant since 24 March 1318.*]

Medietas E. Haselbere n.t., E. Pole, V. Tornewroth' n.t., P. Stratford' sancti Laur', E. Coveleston', Prioratus Bromhale, Prioratus Kyngton', Abbathia Tarent' Monialium exempta, Abbathia Bynedon' exempta.

[*The reason for the vacancy of the following previously listed benefices is given.*]

Bradeford r., Tarent' Hineton' r., Stratton' m., Bistlesham m., Garesdon' m., Boscombe r.

[*22 March 1319. Fourth mandate of Rigaud de Asserio, collector of first-fruits from vacant benefices. The Bishop is to send him by 22 April the names of benefices within his diocese vacated since last autumn or vacant now, stating their value.*]

[Fo. 83ᵛ]

Reverendo in Christo patri domino . . dei gracia Sar' episcopo Rigaudus de Asserio canonicus Aurilian' domini pape capellanus et ejusdem in Anglia nuncius et[1] collector fructuum primi anni beneficiorum ecclesiasticorum in Angl' vacancium per dominum nostrum papam ad triennium reservatorum deputatus salutem in omnium salvatore. Volentes ex injuncto nobis mandato domini nostri summi pontificis de vacacione quorumcumque beneficiorum ecclesiasticorum que in vestra civitate et diocese ab autumpno proximo preterito citra vacaverunt vel vacant in presenti per vos cerciorari ad plenum, paternitatem vestram cum reverencia tamen qua decet monendam duximus et eciam exhortandam quatenus infra quindenam post instans festum Pasche nos apud London' in hospicio nostro de omnibus et singulis beneficiis ecclesiasticis cujuscumque condicionis vel status existant que a dicto autumpno citra in vestris civitate et diocese vacaverunt vel vacant et de omnibus aliis beneficiis de quibus ante dictum autumpnum per vos minime certificati fuimus necnon de anno et die, modo et causa vacacionis eorumdem quanteque estimacionis existant distincte et aperte per litteras vestras reddatis cerciores. Datum London' xxij die mensis Marcii anno domini millesimo cccᵐᵒ decimo nono.

[*20 April 1319. The Bishop's certificate to the above mandate, which was received 5 April.*]

Et sic erat certificatum Rigaudo. Venerande discrecionis viro et cetera. Mandatum vestrum nonis Aprilis recepimus in hec verba, Reverendo et cetera. *Et in fine*: Huic igitur mandato parere volentes nomina quorumcumque beneficiorum ecclesiasticorum que in nostra diocese citra autumpnum predictum vacaverunt vel jam vacant cum estimacionibus eorumdem vobis mittimus scripta in cedula hiis annexa nec sunt alia beneficia que in nostra diocese vacaverunt a tempore reservacionis predicte quin eorum nomina quatenus ea scire poterimus scripsimus vobis prius. Datum apud Sonnyng' xij kalendas Maii anno domini et cetera decimo nono.

[1] *MS.* a.

[*Schedule to the foregoing certificate. Seven benefices listed in a previous schedule are included, and it is not clear why. They are indicated by the word* prius. *The rest all became vacant in the year 25 March 1318 to 24 March 1319. The list is abbreviated in the same way as those on pp. 221, 225.*]

E. omnium sanctorum Dorcestr' n.t., E. Buddesden n.t. prius, E. Stourton, V. Torneworth n.t. prius, E. Pole prius, E. Workesale, V. Littleton n.t., E. Westhildesle, medietas E. Haselber' (*3¼ marks*) prius, E. Spectebur', E. Sturhill n.t., E. Aischamsted' taxatur cum E. Bastelden', V. Northmorton' n.t., E. Dounton', E. sancti Sampsonis Crekelad', E. Estkenet', V. Staunton' sancti Quintini n.t., V. Porstok (*10 marks*), E. Sopworth' prius, E. Gilling-
Fo. 84   ham, V. Frome sancti Quintini, E. Esthildesle prius, V. Stanford' n.t., E. Winterslawe prius, V. Estlolleworth' n.t., E. Wyly, E. Schawe, V. capelle de Bradele n.t., V. Lacok', E. Wynterburn' Abbatis n.t., E. Tytecombe, E. Whadden' n.t.

[*30 November 1319. Fifth mandate of Rigaud de Asserio, collector of first-fruits from vacant benefices, received 10 December. The Bishop is to send him by 6 January the names of benefices within his diocese which were vacant on 20 April, have been vacated since then, or are now vacant; he is also to sequestrate the incomes of such benefices.*]

Receptum apud Potern' iiij idus Decembris. Reverendo in Christo patri et cetera Rigaudus de Asserio canonicus Aurelian' domini . . pape capellanus et ejusdem in Angl' nuncius ac collector fructuum primi anni beneficiorum ecclesiasticorum in Angl' vacancium per dominum nostrum . . papam ad triennium reservatorum deputatus salutem in omnium salvatore. Auctoritate apostolica nobis in hac parte commissa paternitatem vestram requirimus sub obediencia qua Romane ecclesie tenemini vobis nichilominus cum reverencia qua decet firmiter injungentes quatinus de omnibus et singulis beneficiis que vacabant a xij° kalendas Maii anno domini m° ccc^mo decimonono seu extunc vacaverunt in civitate et diocese Sar' predictis usque ad diem datum presencium et que vacant in presenti cum causa et modo, die seu tempore vacacionis eorumdem necnon de aliis beneficiis si que vacaverunt de quibus nos nullatenus certificastis in ultimo vestro certificatorio ex ipsis fructibus nobis transmisso quorum beneficiorum fructus, redditus et proventus pertinent et pertinere seu cadere debent sub reservacione predicta nos apud London' certificare curetis ipsorum beneficiorum nomina et communem valorem eorumdem distincte et aperte citra instans festum Epiphanie domini per litteras vestras intimantes, sequestrantes nichilominus seu sequestrari mandantes omnes et singulos fructus, redditus et proventus dictorum beneficiorum sic vacancium et sub

tuto custodiri facientes sequestro donec nobiscum seu cum commissariis nostris ad hoc specialiter deputatis composuerint vel
satisfecerint ut est justum pro fructibus memoratis. Valeat ipsa
vestra paternitas feliciter in prospero successu et jocundo. Datum
London' ultimo die mensis Novembris anno domini m° ccc°
decimo nono.

[*30 November 1319. Mandate of Rigaud de Asserio, received 10 December, for
the payment of Peter's Pence by 6 January.*]

Receptum die et loco predictis. Reverendo et cetera ut supra
Rigaudus de Asserio canonicus Aurelean' domini . . pape capellanus et ejusdem in Angl' nuncius salutem in eo qui est omnium
vera salus. Auctoritate apostolica nobis in hac parte commissa
paternitatem vestram requirimus et rogamus ac tenore presencium
cum reverencia tamen qua decet una canonica monicione pro
omnibus vos monemus ut infra instans festum Epyphanie domini
nobis nomine Romane ecclesie de denariis beati Petri ipsi ecclesie
per vos debitis pro tempore quo cessatum est in solucione eorumdem apud London' in hospicio nostro prout temporibus retroactis
satisfieri consuevit sine more dispendio satisfaciatis seu satisfieri
faciatis et hoc in virtute obediencie qua ipsi Romane ecclesie non
est dubium estis astricti. De die vero recepcionis presencium et quid
in premissis ipsa paternitas facere intendit nos citra dictum festum
curetis per vestras litteras patentes harum seriem continentes
[cerciorare], scituri quod de presentacione presencium vobis facta
fidem dabimus nuncio nostro jurato latori earum. Datum London'
ultima die mensis Novembris anno domini m° ccc^mo xix^mo.

[*30 December 1319. The Bishop's certificate to Rigaud's mandate concerning
first-fruits.*]

Et sic erat certificatum. Huic igitur mandato parere volentes
nomina omnium et singulorum beneficiorum ecclesiasticorum que
a xij kalendas Maii anno domini millesimo ccc^mo xix° usque ad
ultimam diem mensis Novembris proximo nunc elapsam in nostra
diocese vacaverunt cum taxacionibus eorumdem vobis mittimus
scripta in cedula hiis annexa nec sunt alia beneficia que in nostra
diocese vacaverunt a tempore reservacionis predicte quin eorum
nomina quatenus ea scire poterimus scripsimus vobis prius ulti-
mumque[1] mandatum vestrum sumus plenarie executi. Datum apud
Poterne iij° kalendas Januarii anno domini m° ccc^mo xix°.

---

[1] *MS.* ultimusque.

[*Schedule to the foregoing certificate.*]

Nomina vero beneficiorum de quibus premittitur ex alia parte istius folii ad tale signum poterunt inveniri: Q

[*The list of benefices, which are indicated as having become vacant after 20 April 1319, is printed in the abbreviated form explained on pp. 221, 225. It is taken from fo. 84ᵛ after a mark resembling Q.*]

E. Sottesbrok', V. Styntesford' n.t., V. Sutton' n.t., C. Milton' n.t., E. sancti Martini Walyng' n.t., V. Lavyngton', V. capelle de Budene n.t., E. Crudewell, V. Uphaven' n.t., E. omnium sanctorum Dorcestr' n.t., E. prebendalis Allecanyngg', V. Avebir', V. Bremele, E. Aulton' Berner, C. Wrockesale, V. beate Marie de Cettr' n.t., E. Wynfred', E. Fissherton' juxta Sar', E. Swere, E. Brideton' cum capella, E. Wollavyngton, P. Axeford', E. Swyndon', E. Stokewake n.t., E. Yatton' Caynel', P. Yatemenystr et Grimstan', que vacavit per mortem magistri Gabrielis de Camill' qui die Sabbati proxima post festum sancti Bartholomei apostoli anno domini millesimo cccᵐᵒ xviijᵒ Aurel' moriebatur prout litteris venerabilis patris domini episcopi Aurel' et ejusdem loci capituli nobis constitit.

Extract from the Pipe Roll, 11 Edward II, recording the payment of 400 marks from the dean and chapter of Salisbury for the vacancy of the bishopric.]

[Fo. 84ᵛ]

In magno rotulo anno undecimo continetur sic. — Decanus et . . capitulum ecclesie beate marie Sar' reddunt computum de CCCC marcas de fine pro vacacione episcopatus Sar' ex nunc pro quodam certo inperpetuum habendo sicut continetur in originali anni xj. In thesauro cc lxvj libras xiij s' iiij d' per Rogerum episcopum Sar' pro predictis . . decano et . . capitulo. Et quieti sunt. Wiltes'.

[*Memorandum that on 22 March 1318 quittance of military service was made to two of the Bishop's military tenants.*]

Memorandum quod die Mercurii proxima post festum sancti Cuthberti anno domini mᵒ cccᵐᵒ xviijᵒ apud Schirburn' facta fuit acquietancia Johanni Beauchamp' domino de Ryme de eo quod satisfecit domino pro servicio suo de quo dictus dominus episcopus [tenetur] erga dominum regem pro manerio de Ryme. Sub sigillo cancellarii.

Item eisdem die, loco et anno Robertus de Aulton' habuit consimilem acquietanciam pro uno feodo militario de Aulton' quod tenet de domino episcopo supradicto. Sub sigillo cancellarii.

[*Undated. Form of recognizance for payment to the Bishop of a certain sum for the profits of a benefice during vacancy; these profits, payable to the Bishop, are by agreement retained by the incoming incumbent.*]

Quorum interest pateat universis quod ego . . rector ecclesie de W. . . Sar' diocesis teneor et tenore presencium fateor me teneri venerabili patri et domino domino Rogero dei gracia Sar' episcopo in . . libras bonorum et legalium sterlingorum pro porcione fructuum et proventuum ecclesie mee predicte sibi occasione vacacionis ejusdem eidem in festo Annunciacionis dominice anno ejusdem m° et cetera incipiente vacantis de antiqua et approbata ac a tempore et per tempus cujus contraria memoria non existit observata sui episcopatus nomine debitorum quos emi et recepi ab eo pro pecunia supradicta solvenda sibi vel suo generali sequestratori terminis infrascriptis videlicet die et cetera apud Sar' absque ulteriori dilacione et cavillacione quacumque volens et expresse concedens quod per sequestracionem bonorum dicte ecclesie et per censuras quascumque ecclesiasticas me possit idem pater, officialis et eciam sequestrator predictus absque strepitu judiciali et figura judicii ad solucionem plenarie compellere supradictam. In quorum testimonium sigillum meum presentibus est appensum. Hiis testibus et cetera. Datum et cetera.

[*20 November 1319. Recognizance in the above form for 15 marks for the profits during the vacancy of St. Sampson's, Cricklade.*]

Vicesimo die Novembris anno domini m° ccc^mo xix procurator Ricardi Hagbeman rectoris ecclesie sancti Sampson' de Crekelade habens ad hoc specialem potestatem obligavit se nomine domini sui in xv marcas solvendas pro equalibus porcionibus in festo Purificacionis et quindena Pasche sequenti sub forma prescripta.[1]

[*2 August 1319. Commission to Walter, archdeacon of Salisbury, to absolve, by 14 August, the nuns of Wilton who have not yet procured absolution for impeding the papal provision of Richard le Cras of Littleton to a benefice the advowson of which belonged to Wilton abbey. The abbess and all the nuns have confessed to the offence; only the abbess and twenty-three nuns have so far received the absolution offered, on the Bishop's authority, by the archdeacon on an earlier occasion.*]

[Fo. 85][2]

COMMISSIO FACTA MAGISTRO WALTERO ARCHIDIACONO SAR' AD ABSOLVENDUM . . ABBATISSAM ET CONVENTUM WYLTON' PRO

[1] *The remainder of the folio is occupied by the list that belongs properly with the certificate on the recto: see above, p. 231. At the foot of the verso is written, in a 15th-century hand,* Hic deficiunt ij quaterni ut apparet.

[2] *At top of page,* Quartus decimus quaternus.

GRACIA RICARDI LE CRAS CLERICI PER EOS IMPEDITI. Rogerus permissione divina Sar' episcopus in negocio provisionis seu gracie Ricardo le Craas de Litleton' clerico de beneficio ecclesiastico spectante ad collacionem seu presentacionem . . abbatisse et conventus Wylton' nostre diocesis per sanctissimum patrem dominum Johannem divina providencia papam xxij sub certa forma concesse provisor seu executor unicus a sede apostolica deputatus dilecto filio magistro Waltero archidiacono Sar' salutem, graciam et benediccionem. Religiosarum predictarum saluti prospicere cupientes ad absolvendum in forma juris . . abbatissam predictam et singulares moniales conventus ejusdem a sentenciis suspensionis et excommunicacionis si in eas ac ad relaxandum interdicti sentenciam si in suum monasterium fuerint auctoritate nostra predicta eo quod predicti clerici de qua predicitur graciam impediverunt aliqualiter fulminate, ipsisque indicendi penitenciam salutarem ac omnia et singula facienda que in hac parte neccessaria fuerant vel eciam oportuna litteris nostris patentibus cum canonice cohercionis potestate vobis nuper commisimus vices, mandantes ut contradictores et rebelles censura qua convenit compescendo nobis oportunis loco et tempore rescribere curaretis quid feceritis in hac parte. Quarum optentu litterarum vos ad monasterium accedentes personaliter coram loci . . abbatissa et conventu in[1] capitulo congregatis perpaucis tamen quarum alique sese in ecclesia tenuerunt alique vero ut dicebatur extra monasterium tunc agebant exceptis in presencia magistrorum Roberti de Blontesdon' nostri Sar' canonici, Johannis de Tarenta, Thome de Bridstret', de Berewyk' et sancte Marie in Wylton' ecclesiarum rectorum, ipsarumque religiosarum clericorum ad hoc per vos specialiter vocatorum legi fecistis dictas nostras litteras diligencius et exponi religiosis ipsis una cum dictis clericis attencius suadendo ut si que ex illis essent ex causa premissa dictis sentenciis vel earum aliqua forsitan involute ipse sese a sentenciis hujusmodi procurarent in forma juris absolvi offerentes vos vice nostra absolucionem hujusmodi ipsis et earum cuilibet libencius impensuri. Verum omnes congregate taliter moniales que discrecionis annos attingebant publice coram vobis et clericis fatebantur predictis quod earum singule facto, ope, consilio, consensu seu ratihabicione impedimentum hujusmodi prestiterunt ad excusandam excusacionem in peccatis unanimiter pretendentes quod sentencias non debebant incurrere antedictas eo quod premissa ad exoneracionem dicti sui monasterii ut dicebant sic fecerunt. Tandem vero prefata abbatissa et viginti tribus commonialibus suis

[1] *MS.* eciam.

sibi adherentibus [*sic*] ad persuasionem vestram, dictorum canonici et rectorum ducte consilio saniori, sese petebant ab hujusmodi sentenciis in forma juris absolvi quarum quamlibet vos recepto a singulis earum corporali juramento de parendo mandatis ecclesie statim duxistis hujusmodi absolvendas [*sic*]. Relique vero que juramentum hujusmodi prestare recusarunt expresse a conspectu vestro contumaciter pariter recesserunt cum illas per generalem confessionem in communi faciendam cum repeticione bina vel trina salutacionis virginis gloriose vos noletis sicut nec debuistis illas [*sic*] absolvere absque juramento corporali predicto a sentenciis antedictis prout hec omnia coram nobis seriosius retulistis. Nos igitur non modicum admirantes quod confessiones factas taliter coram vobis eos [*sic*] non estis ulterius prosecuti presertim cum a nobis haberetis ut predicitur in mandatis compellendi rebelles [potestatem] devocioni vestre in virtute obediencie committimus tenore presencium cum cohercionis canonice potestate iterum et mandamus quatinus citra instans festum Assumpcionis beate virginis vestram presenciam dictis monialibus exhibentes quamquam certis ex causis jam ut asseritis id dissidiat votis vestris illarum singulis que nondum absolute existunt beneficium absolucionis in hac parte si humiliter ab illis requisiti fueritis a sentenciis hujusmodi vice et auctoritate nostra in forma juris eis alias oblata impendere et relaxare memoratum curetis interdictum. Alioquin confessiones factas hujusmodi coram vobis debite prosequentes singulas earum denuncietis juxta suas confessiones predictas esse et a tempore hujusmodi prestiti impedimenti fuisse dictis censuris et sentenciis nominatim et publice involutas dictumque earum monasterium ecclesiastico prout interdicto suppositum, inhibentes eisdem ne sic ligate dominice mense in predicta festivitate cum sue

Fo. 85ᵛ   salutis discrimine | ingerere se presumant. Et rescribatis nobis oportunis loco et tempore quid feceritis et factum fuerit in premissis. Valete. Datum apud Poterne iiij° nonas Augusti anno domini millesimo cccᵐᵒ decimo nono et consecracionis nostre anno quarto.

[3 *September 1319. Commission to William de Selton, the Bishop's official, Robert de Worth, canon of Salisbury, and Ralph de Holebech, canon of Lichfield, to hear causes arising from the Bishop's visitation of the archdeaconry of Berks. and otherwise, without prejudice to earlier commissions.*]

COMMISSIO GENERALIS AD CAUSAS. Rogerus permissione divina Sar' episcopus dilectis filiis magistris Willelmo de Selton' officiali nostro, Roberto de Worth' nostre Sar' et Radulfo de Holebech' Lich' ecclesiarum canonicis salutem, graciam et benediccionem.

In causis et negociis quibuscumque nostram visitacionem archidiaconatus Berkes' tangentibus vel alias ad nostrum examen spectantibus quovis modo quibuscumque personis ecclesiasticis vel secularibus ex officio nostro mero vel promoto ad cujuscumqueve partis instanciam motis vel movendis necnon ad inquirendum, corrigendum et puniendum quorumcumque subditorum nostrorum crimina et excessus tam in dicta visitacione comperta quam extra comperienda vel ea quomodolibet tangencia quatenus ad nos et ad forum ecclesiasticum eorum spectat cognicio ac ad omnia alia et singula faciendum que in hac parte neccessaria vel oportuna fuerint eciam si mandatum exigant speciale vobis conjunctim et divisim et cuilibet vestrum insolidum ita quod occupantis vel occupancium condicio melior non existat cum cohercionis canonice potestate committimus vices nostras donec eas duxerimus revocandas. Per hanc autem commissionem nolumus commissiones nostras priores in aliquo revocari, ymmo in suis viribus permanere. Valete. Datum apud Potern' iij nonas Septembris anno domini millesimo ccc^mo decimo nono et consecracionis nostre anno quarto.

[*8 August 1319. The Archbishop's mandate for the collection and payment in Salisbury diocese of the aid to relieve the poverty of Oxford university, granted at the convocation held after Easter 1319 and to be paid at the rate of a halfpenny on each mark of the current clerical subsidy. The Bishop is to return his certificate to this mandate by 17 February 1320. The mandate is printed in Reg. Gravesend (Cant. & York Soc.) pp. 214–15.*]

MANDATUM DOMINI . . ARCHIEPISCOPI CANT' DE OBOLO DE MARCA UNIVERSITATI OXON' PER CLERUM CANT' PROVINCIE CONCESSO ET IN PROXIMO SUBSIDIO LEVANDO.¹ Walterus [*etc.*]²

[*Undated. The Bishop's mandate to the four archdeacons or their officials and the official of the dean of Salisbury in pursuance of the above mandate. One farthing of each halfpenny is payable by 11 November, the other by 12 March 1320.*]

[Fo. 86]

ET MANDABATUR EXECUCIONI iiij^or ARCHIDIACONIS VEL EORUM OFFICIALIBUS ET OFFICIALI DECANI ECCLESIE SAR' SUB HAC FORMA. Rogerus et cetera salutem et cetera. Mandatum recepimus infrascriptum et cetera, Walterus permissione divina Cant' archiepiscopus et cetera. ET IN FINE SIC. Vestram igitur devocionem

¹ *In margin*, vide, *and further down*, vide eciam in xvj° quaterno prope finem pro eadem materia; *see below, p. 341.*

² *Apart from minor variations, Martival's register has the following differences from Gravesend's:* elapsum *for* effluxum (*p. 214, line 11*), studio litterarum *for* studio (*line 22*), solicito *for* solito (*line 25*), sinum *for* suum (*line 29*), regni *for* regum (*line 32*), *and omits* habentibus (*p. 215, line 17*).

hortamur in domino et monemus et nichilominus firmiter injungendo mandamus quatinus prompta voluntate execucionem predicti
mandati utpote honorem dei et ecclesie utilitatem ac commodum
commune presertim virorum ecclesiasticorum cujuscumque gradus
extiterint concernentem benigniter amplectentes ac pro quiete universitatis predicte vigilanter et solicite prosequentes predictum
obolum terminis infrascriptis videlicet unum quadrantem citra
festum sancti Martini proximo jam venturum et reliquum citra
festum sancti Gregorii pape inmediate sequens de bonis et beneficiis
ecclesiasticis . . abbatum, . . priorum et eorum conventuum et
aliorum religiosorum exemptorum et non exemptorum et eciam
quorumcumque ecclesiasticorum virorum infra predicti archidiaconatus ambitum consistentibus levetis per vos vel alium seu alios
de quibus confiditis integre colligatis et pro quibus respondere
volueritis facientes solventibus sufficientes litteras de soluto totam-
que pecuniam sic levatam nobis pro primo ipsius termino infra sex
dies post festum sancti Martini predictum et pro secundo infra sex
dies proximo post dictum festum sancti Gregorii persolvatis ut eam
ulterius secundum predicti mandati exigenciam solvere valeamus,
contradictores et in hac parte rebelles per censuras ecclesiasticas
si oporteat canonice compescendo, ad que omnia vobis cum cohercionis canonice potestate committimus vices nostras donec eas
duxerimus revocandas. Valete. Datum et cetera.

[*10 February 1320. The Bishop's certificate to the Archbishop's mandate, to the
effect that half of the aid, amounting to £9. 11s. 11d. has been paid, that the
rest will be paid in due course, and that the exempt religious houses refuse to
pay.*]

ET SIC ERAT CERTIFICATUM . . ARCHIEPISCOPO. Venerabili in
Christo patri et domino reverendo domino Waltero dei gracia Cant'
archiepiscopo tocius Anglie primati Rogerus permissione divina
Sar' episcopus obedienciam et reverenciam cum honore debito
tanto patri. Mandatum vestrum recepimus in hec verba, Walterus
et cetera. ET IN FINE SIC. Hujus igitur paternitatis vestre mandati execucionem utpote honorem dei et ecclesie utilitatem ac
commune presertim virorum ecclesiasticorum cujuscumque gradus
extiterint concernentem promptis affectibus amplectentes predictum
obolum terminis infrascriptis videlicet primum ipsius quadrantem
citra festum sancti Martini proximo jam effluxum et reliquum citra
festum sancti Gregorii pape inmediate venturum per officiales . .
archidiaconorum nostre diocesis de bonis et beneficiis ecclesiasticis
nostre diocesis levari mandavimus et levatam hujusmodi pecuniam

nobis solvi secundum mandati vestri exigenciam supradicti in quo
quidem primo solucionis termino supradicto a predictis . . officialibus recepimus per manus magistri Johannis de Barwe nostri dicte
pecunie receptoris novem libras undecim solidos et undecim denarios quos procuratori universitatis predicte solvi fecimus ut mandatur. Residuum quoque concessi oboli supradicti cum diligencia
possibili levari faciemus et solvi prout vestri predicti effectus mandati exigit et requirit. Exempti tamen nostre diocesis dictum obolum
solvere manifeste recusant quorum nomina vestre paternitati scribemus si in contradiccione sua hujusmodi perseverent. Ad ecclesie
sue sancte regimen paternitatem vestram diu conservet incolumem
misericordia redemptoris. Datum apud Potern' iiij^{to} idus Februarii
anno domini millesimo ccc^{mo} decimo nono.[1]

[6 *October 1319. Mandate to the archdeacon of Dorset to provide for the publication in English, in conventual and other churches, of general sentence of
excommunication against all who act in a way prejudicial to the goods,
liberties, and jurisdiction of the church, to arrange for an English copy of the
Bishop's letter to be made available in each church, and to inquire whether
anyone is liable to incur such a sentence of excommunication; the archdeacon
is to certify the Bishop of his actions in this matter by 11 November.*]

[Fo. 86ᵛ]

SENTENCIA GENERALIS PRO ILLIS QUI CONTRA CARTAM DOMINI
NOSTRI REGIS DE LIBERTATIBUS ECCLESIE ANGLIE VENIRE PRE-
SUMPSERINT. Rogerus permissione divina Sar' episcopus dilecto
filio . . archidiacono Dors' vel ejus . . officiali salutem, graciam et
benediccionem. Cum parum sicut legitime sancciones testantur
existat jura condere nisi sit qui ea sic edita tueatur et faciat observari exposcit instans repentina neccessitas nimis nota et congrua
futurorum cautela ut preordinata pro libertate et jurium ecclesie
conservacione et periculis evitandis remedia fortassis quampluribus
incognita seu negligenter omissa frequencius iterentur et efficaciori
superaddita in hujusmodi execucione medela debite publicentur
precipue que sanctorum patrum jamdudum sanxit auctoritas eciam
que non possunt ab episcopis qui eorum statuta servare tenentur
absque periculo suarum professionum conniventibus occulis pre-
teriri. Sanctorum siquidem patrum constitucionibus et statutis ex-
communicantur sentencia excommunicacionis majoris omnes qui
contra cartam domini nostri regis de libertatibus ecclesie Anglicane
concessis venire presumpserint ecclesiasve suo jure maliciose privare
aut qui per maliciam libertates earum infringere vel perturbare con

---

[1] *At foot of page*, Respice in v folio sequenti de solucione, hoc folio computo; *see
below, p. 246.*

tendunt et precipue ecclesie nostre Sar' vel alicujus eidem subjecte
pacemve et tranquillitatem domini nostri regis Angl' illustris et
regni sui injuriose turbare suave jura detinere contendunt aut in-
vadunt hostiliter regnum ipsum vel maliciose impediunt quominus
prelati suum officium vel jurisdiccionem ecclesiasticam valeant
exercere seu de domibus, maneriis, grangiis vel aliis locis ad archi-
episcopos, episcopos vel alias personas ecclesiasticas vel ad ipsas
ecclesias pertinentibus accedentes quicquam preter ipsorum voluntatem aut permissionem dominorum premissorum vel eorum qui
sunt hujusmodi rerum custodiis deputati consumere seu contrectare
presumpserint vel auferre quique in presbiteros vel in clericos, religiosos eciam seu conversos manus iniciunt temere violentas hocve
nomine suo factum ratificant percipiuntve fieri sive mandant, necnon quicumque pro eo quod in reges, principes et barones, nobiles
vel ballivos vel quoslibet ministros eorum aut quoscumque alios
excommunicacionis, suspensionis sive interdicti sentencia fuerit
promulgata licenciam alicui occidendi, capiendi vel alias in personis
aut bonis suis vel suorum gravando eos qui tales sentencias pro-
tulerunt sive quorum occasione sunt prolate vel easdem sentencias
observantes seu taliter excommunicatis communicare nolentes nisi
licenciam ipsam re integra revocaverint vel si ad bonorum cap-
cionem occasione ipsius licencie sit processum nisi bona ipsa fuerint
infra octo dierum spacium restituta aut satisfaccio pro ipsis impensa eo ipso sentenciam excommunicacionis incurrant eadem
quoque sentencia sunt innodati omnes qui ausi fuerint predicta
licencia data uti vel aliquo premissorum ad que committenda dare
licenciam prohibetur alias committere suo motu. Qui autem in
eadem sentencia permanserint duorum mensium spacio extunc ab
ea non possunt nisi per sedem apostolicam absolucionis beneficium
optinere, domino nostro rege et regina suisque liberis in omnibus
hiis exceptis. Volentes igitur prout nos urget officium pastorale
nostrorum prospicere subditorum saluti ne in hujusmodi sentencias
collabantur et si eas forsitan quod absit incurrerint adiciant ut
resurgant devocioni vestre in virtute obediencie firmiter injungendo
mandamus quatinus sentencias hujusmodi in generale faciatis solempniter publicari et in lingua vulgari patenter exponi in singulis
ecclesiis tam conventualibus quam aliis dicti archidiaconatus, conventualibus videlicet per earum abbates vel priores seu presidentes
eisdem, in aliis vero per earum rectores, vicarios et presbiteros
parochiales cum singulis in ipsis ministrantibus presbiteris stola et
sacris indutis vestibus diebus dominicis et festivis intra missarum
solempnia cum major parochianorum affuerint multitudo erecta

cruce, candelis accensis et subsequenter extinctis, campanisque
pulsatis ut propter solempnitatem hujusmodi quam laici magis
quam hujusmodi sentenciarum effectum plerumque attendunt amplius timeatur. Hec eciam in vestris capitulis et congregacionibus
aliis quibus videritis expedire precipimus taliter publicari quod
ignorancia deinceps pretendi nequeat probabilis in hac parte,
denunciantes et denunciari facientes quod ab hujusmodi sentenciis
si quod absit incurse fuerint nullus potest absolvi donec lesis satis-
fecerit ecclesiis et personis, monentes nichilominus omnes presumptores hujusmodi si qui sint in generale, si quos forsitan inveneritis
in speciale, quod a taliter perpetratis pro salute anime
Fo. 87   sue | desistere et status sui reformacionem in forma juris
petere non omittant adeo quod contra eos quatenus ad
forum ecclesiasticum attinet ulterius procedere non oporteat prout
exigunt canonice sancciones; proviso quod oracionum suffragia que
pro pace et tranquillitate ac prosperitate ecclesie, regis et regni
ordinavimus et fieri mandavimus non est diu et de quibusdam ut
audivimus non absque grandi animarum periculo negligenter
omissa devote fiant secundum directarum vobis super hoc alias
seriem litterarum. Volumus insuper quod dictarum ecclesiarum
rectores, vicarii et parochiales presbiteri harum copiam accipiant
et eam faciant in ecclesiis suis scribi ut premissa manifestius in
Anglico quociens opus fuerit in eisdem publicare valeant ut mandatur. Sint utique quamplures casus alii in quibus sentencia excommunicacionis majoris incurritur ipso jure quos vobis in brevi domino
concedente scribemus ut nostris patefiant subditis pro suarum
vitandis periculis animarum. Et si quos in premissis vel aliquibus
premissorum per inquisicionem canonicam quam per vos fieri
volumus et mandamus reive notorietate seu alia via juris inveneritis esse reos nos certificare curetis de nominibus et cognominibus
eorumdem ut contra eos prout artant nos sacri canones procedere
valeamus. Qualiter autem hoc mandatum nostrum fueritis et nostri
subditi fuerint executi nos citra festum sancti Martini proximo jam
venturum distincte et dilucide rescribatis per litteras vestras patentes
et clausas harum recepcionis diem et seriem continentes. Valete.
Datum apud Wodeford' ij nonas Octobris anno domini mº cccmo
xixº et consecracionis nostre quinto.[1]

[*11 September 1319. Letter to the abbot of Milton warning him to desist from
depriving the vicar of Osmington of his tithes, if the allegation that he is doing
so is true. The Bishop threatens to disappropriate the church of Osmington
from the abbey should the abbot refuse.*]

[1] *In margin,* hic deficit secunda littera.

LITTERA MONITORIA DIRECTA . . ABBATI MIDELTON' PRO . .
VICARIO DE OSMYNTON'. R. et cetera dilecto filio . . abbati monasterii de Middelton' nostre diocesis salutem et cetera. Per querelam
dilecti filii . . perpetui vicarii de Osmynton' et per relatum alium
recepimus fidedignum quod vos fratri Ricardo de Chinenystr' dicti
monasterii monacho precepistis ut vicario supradicto decimas garbarum in pluribus locis proveniencium quas idem vicarius suo
tempore et processores ac predecessores sui a tempore et per tempus
quadraginta annorum et amplius pacifice possiderunt nomine vicarie
predicte auferret et eciam asportaret quodque eundem circa percepcionem gravare intim[am]ini hujusmodi porcionum contra dicte
vicarie ordinacionem et antiquam percepcionem et possessionem
de quibus premittitur minus juste considerantes quod ejusdem
ecclesie vobis apropriate vicarie patroni sumus et ad ejusdem
porcionum augmentum si forsitan non sufficerent teneremini.
Quoniam quem de eviccione tenet accio eundem agentem repellit
excepcio multo magis, devocionem vestram hortamur et monemus
quatinus si premissa veritate nitantur ab hujusmodi injuria desistentes dictum vicarium permittatis porciones predictas et alias ad
vicariam suam spectantes libere percipere et eisdem gaudere. Et
pro certo devocionem vestram volumus non latere quod si ad
infirmacionem ordinacionis dicte vicarie, sicut jam incipitis et
incepistis prout idem vicarius conqueritur, subtilibus ymagina-
cionibus immo verius machinacionibus laboretis, nos circa infirmacionem apropriacionis predicte certis ex causis multo amplius
quam credatis veris et legitimis laborabimus cum effectu. Quid
autem facere duxeritis et feceritis in premissis nobis cum per
partem dicti vicarii congrue fueritis requisiti rescribatis per litteras
vestras patentes harum seriem continentes adeo quod dicto vicario
de celeri juris remedio providere possimus si oporteat in hac parte.
Valete. [Datum] apud Sonnyngg' iij idus Septembris anno domini
millesimo ccc^{mo} xix° et consecracionis nostre quinto [*recte* quarto].

[*24 September 1319. Letter of the abbot and convent of Reading to the archdeacon
of Salisbury or his official instructing him to order the payment, at Reading,
of the clerical tenth granted to the king for a year, beginning 29 May 1319,
from all ecclesiastical benefices, except those of the Hospitallers, on the basis
of the recent subsidy. The letter quotes in full the letter of the Archbishop and
the bishop of London, dated 8 August 1319, appointing the abbot and convent
collectors for Salisbury diocese, which in turn quotes the papal bull, dated
29 May 1319, authorizing the tenth. The tenth is payable at Reading in two
parts, on 13 October 1319 and 16 February 1320, and in turn payable by the
abbot and convent at London within a fortnight of each of those dates. The
archdeacon is to certify the abbot and convent by 2 October.*]

The letter of the Archbishop and the bishop of London and the papal bull are both printed in Wilkins, *Concilia*, ii. 492–4.]

[Fo. 87ᵛ]

LITTERA . . ABBATIS ET CONVENTUS RADYNGG' SUBCOLLECTORUM DECIME PER DOMINUM J. DIVINA PROVIDENCIA PAPAM xxij DE BONIS ET BENEFICIIS ECCLESIASTICIS CANT' PROVINCIE A iiijto KALENDAS JUNII PER UNUM ANNUM IMPOSITE ET DOMINO REGI CONCESSE PRINCIPALIUM COLLECTORUM CONTINENS POTESTATEM. Abbas et conventus monasterii Radyngg' per venerabiles patres et dominos dominos Walterum dei gracia Cant' archiepiscopum tocius Anglie primatem et Stephanum episcopum Lond' decime infrascripte a sede apostolica principales collectores in diocese Sarr' subcollectores deputati discreto viro archidiacono Sar' vel ejus . . officiali salutem et mandatis apostolicis firmiter obedire. Litteras venerabilium patrum antedictorum nuper recepimus in hec verba:
'Walterus permissione divina [*etc. as in* Wilkins, *Concilia, ii, pp. 493 and 492–4*¹]. | Datum London' vjto idus Augusti anno domini millesimo cccmo decimo nono.'

Fo. 88ᵛ

Quocirca tenore presencium vos primo, secundo, et tercio monemus sub penis antedictis quas vos in casu negligencie et remissionis in hac parte incurrere volumus ipso facto quatinus solicite mentis intuitu considerantes quod idem dominus rex cum exercitu suo nobilium fines Scotorum prestante domino ad debellandum eosdem jam personaliter ingressus sumptus maximos exponit continuos et voluntarios labores sustinet ut ecclesie et regni Angl' utilitas et pax preparentur pericula grandia que tam personis quam rebus ecclesiasticis iminent si quod absit hujusmodi decime solucio indebite retardetur subditis vestris juxta discrecionem vobis a deo datam intimetis diligenter moventes eosdem canonice et efficaciter inducentes quatinus eorum quilibet porcionem hujusmodi decime ipsum contingentem pro primo termino citra quindenam post festum sancti Michaelis et pro secundo termino citra quindenam purificacionis beate Marie antedictam in monasterio nostro Radyngg' fideliter solvat prout ad hoc ex forma ipsius mandati efficaciter obligatur alioquin sentencias excommunicacionis in personis et suspensionis in capitula et collegia quas extunc ut exnunc si monicionibus vestris immo verius apostolicis parere contempserint eos incurrere volumus ipso facto in hiis scriptis proferimus et promul-

¹ *Apart from minor variations there are the following*: religiosis viris . . abbati et conventui monasterii Radyngg' ordinis sancti Benedicti Sar' diocesis *for* dilectis in Christo filiis etc. (*p. 493, line 13*), secularibus *for* singularibus (*col. 2, line 4*), colleccione aut solucione *for* collacione (*p. 494, line 28*).

gamus. Quid autem feceritis in premissis nobis per quatuor dies citra quindenam post festum sancti Michaelis proximum cum tenore presencium debite rescribatis. Datum Radynng' octavo kalendas Octobris anno domini supradicto.

[*19 November 1319. Confirmation of a chantry at Hill Deverill in the chapel of the Holy Trinity, which appears to have had no priest of its own so far. The chantry has been endowed with lands and rents in Hill Deverill and Ansty by Robert le Boor, lord of Hill Deverill manor, whose charter, dated 3 June 1319, is incorporated in the letter of confirmation.*]

[Fo. 89]

CONFIRMACIO PERPETUE CANTARIE HABENDE IN CAPELLA INFRA MANERIUM ROBERTI LE BOOR APUD HULLE DEVEREL. Universis sancte matris ecclesie filiis presentes litteras inspecturis Rogerus permissione divina Sar' episcopus salutem in eo quem peperit uterus virginalis. Frequens et assidua dilecti filii Roberti le Boor domini manerii de Hulle Deverel[1] nostre diocesis exhibita nobis peticio continebat quod cum ipse ad sustentacionem perpetuam unius perpetui capellani et perpetue cantarie in capella sancte et individue trinitatis in predicto manerio in honore ejusdem ab antiquo erecta[2] futuris temporibus per capellanum hujusmodi faciende terras, tenementa et redditus dederit et assignaverit prout in carta sua super hoc confecta cujus tenor subscribitur plenius continetur cantariam ipsam approbare et confirmare auctoritate nostra ordinaria dignaremur, cujus quidem carte in omnibus est is tenor:

'Sciant presentes et futuri quod ego Robertus le Boor dominus manerii de Hulle Deverel pro salute anime mee et animarum antecessorum, parentum et heredum meorum et omnium fidelium defunctorum quatenus in me est ordino per presentes unam cantariam in capella sancte trinitatis in predicto manerio meo de Hulle in honore ejusdem semper benedicte trinitatis ab antiquo erectam futuris temporibus faciendam. Et ad sustentacionem perpetuam ejusdem cantarie ego Robertus le Boor predictus excellentissimi principis domini Edwardi dei gracia regis Angl' illustris filii regis Edwardi licencia ad subscripta facienda petita ac sufficienter optenta prout in ejusdem domini regis carta[3] super hoc confecta plenius continetur dedi et hac presenti carta mea confirmavi deo, sancte trinitati et capelle predicte et presbitero perpetuo in dicta capella cantariam predictam facturo et suis in ea successoribus duo mesuagia, triginta acras terre arabilis, unam acram prati et viginti

---

[1] *In margin*, nota.   [2] *MS.* erectam.
[3] *See Cal. Pat. 1317–21, p. 73.*

solidatas annui redditus in Hulle et Anestye habenda et tenenda
eidem capellano et suis successoribus imperpetuum divina singulis
diebus in capella sancte trinitatis de Hulle predicta pro anima mea
necnon pro animabus patris, matris, antecessorum, parentum et
heredum meorum ac omnium fidelium defunctorum celebrantibus
predicta mesuagia cum predictis triginta acris terre, una acra prati
et viginti solidatis annui redditus cum omnibus suis pertinenciis in
liberam, puram et perpetuam elemosinam imperpetuum. Et ego
predictus Robertus le Boor et heredes mei predicta mesuagia cum
terra, prato et redditu antedictis cum suis pertinenciis dicto capellano et suis successoribus capellanis ut predictum est celebrantibus
contra omnes homines warantizabimus, acquietabimus et defendemus imperpetuum, reservata mihi et heredibus meis potestate et
jure presentandi domino . . decano Sar' qui pro tempore fuerit vel
ejus locum . . tenenti ad eamdem cantariam cum vacaverit infra
duos menses a tempore quo vacacio ejusdem fuerit nobis nota. Et
si infra dictos duos menses personam ydoneam taliter presentare
omiserimus extunc liceat dicto domino decano vel ejus locum
tenenti predictam cantariam persone ydonee illa vice conferre. Et
si idem dominus decanus ipsam cantariam non contulerit infra
alios duos menses inmediate sequentes venerabilis pater dominus . .
episcopus Sar' qui pro tempore fuerit illam conferat ea vice, salva
nobis alias cum vacacio contigerit presentacione nostra ut premittitur facienda premissis in omnibus et singulis ipsius cantarie
vacacionibus ut pretangitur faciendis. In cujus rei testimonium
huic presenti carte mee sigillum meum apposui. Hiis testibus
dominis Waltero de Pavely, Johanne de Kyngeston', Nicholao de
Kyngeston' fratre suo, Waltero de Sutton', Thoma Mauduyt,
Willelmo de Wauton' militibus, Matheo Owayn, Nicholao de Wyly,
Johanne de Meere, Willelmo de Storton', Johanne de Langeford',
Galfrido de Weremynstr' et aliis. Datum apud Hulle
Fo. 89ᵛ | die Dominica in festo sancte trinitatis anno regni regis
Edwardi filii regis Edwardi duodecimo.'
Nos igitur super premissis plenius informari volentes dilecto
filio . . decani ecclesie nostre Sar' officiali nostris dedimus litteris
in mandatis ut idem officialis vocatis vocandis ad locum accedens
predictum inquireret diligenter per viros fidedignos et juratos
inquirendorum noticiam verisimiliter optinentes que necessitas vel
utilitas suberat atque subsit ereccionis capelle predicte et habende
hujusmodi celebracionis in ea, necnon si illi quorum interest eidem
cantarie suum prebuerint et prebeant jam assensum et presertim
si cui vel aliquibus aliquod et quale prejudicium ex cantaria ipsa

possit si concessa fuerit provenire. Cumque directe nobis dicti
officialis littere in hac parte certificatorie continerent causas nedum
utiles set et necessarias habende cantarie predicte subesse cui et
dicte capelle ereccioni dilectus filius . . decanus ecclesie nostre Sar'
ac . . prebendarius prebendalis ecclesie de Hulle nostre diocesis
supradicte infra cujus parochiam capella erigitur supradicta locique
parochiani suum prestiterunt consensum, quodque terrarum, tenementorum et reddituum predictorum dacioni et assignacioni excellentissimus princeps et dominus noster dominus Edwardus dei
gracia rex Anglie illustris specialem licenciam per suas patentes
litteras quas vidimus ac nobilis vir dominus comes Lancastr'
dominus feodi inmediatus suum consensum prebebant, necnon
quod prebendario seu alteri cuicumque ex cantaria predicta nullum
poterit prejudicium generari dumtamen decime et oblaciones si que
allate fuerint ad capellam predictam prebendali ecclesie supradicte
et ejus prebendario qui pro tempore fuerit integraliter persolvantur
prout in eisdem litteris certificatoriis inter cetera plenius est contentum, nos Rogerus episcopus supradictus ponderatis ut convenit
omnibus suprascriptis et aliis ponderandis ipsiusque Roberti devocionem laudabilem quam ad divini cultus augmentum animarumque salutem tendere cernimus in domino commendantes et
fiducialiter confidentes quod porciones quas predictus Robertus
pro cantarie sustentacione predicte ordinavit superius augmentabit
celerius quo poterit comode sicut attestantibus dictis litteris certificatoriis promittit certitudinaliter se facturum cantariam predictam ac dacionem[1] et assignacionem porcionum ejusdem juxta
carte supradicte tenorem quatenus juste et canonice processerunt,
salvo jure in omnibus predicte ecclesie prebendalis et ejusdem prebendarii et quorumcumque aliorum quorum interest vel interesse
poterit in hac parte quibus in aliquo prejudicare non intendimus,
quantum ad nos pertinet approbamus et tenore confirmamus presencium hoc adjecto quod presbiter qui cantariam celebrabit predictam presente prebendario supradicto seu procuratore ejusdem
prestet ad sancta dei ewangelia juramentum quod oblaciones
quascumque ad dictam capellam oblatas prebendario ecclesie prebendalis predicte vel ipsius locum tenenti absque more dispendio
cum debita integritate persolvet eamque et ejusdem prebendarios
quatenus ad eum et dictam cantariam attinet indempnes pro viribus
conservabit, nostre ecclesie Sar' juribus, consuetudinibus et dignitatibus in omnibus semper salvis. Et ut premissa memorie commendentur presentes litteras fecimus triplicari et earum unam penes

[1] *In margin, to replace* devocionem, *which has been cancelled.*

dictum Robertum et heredes suos sigillo nostro et aliam penes illum presbiterum qui dictam faciet cantariam et successores suos et terciam in thesauraria ecclesie nostre Sar' tam nostro quam ejusdem Roberti sigillo sigillatas volumus remanere hasque nostras litteras in nostro registro nichilominus registrari. In quorum testimonium sigillum nostrum fecimus hiis apponi.

Et ego Robertus le Boor predictus sigillum meum presentibus apposui in premissorum quatenus factum meum predictum concernunt testimonium et perpetuam firmitatem.

Datum apud Poterne decimo nono die Novembris anno domini millesimo ccc^mo decimo nono et consecracionis nostre quinto.

(Clausula proxima ante datum videlicet, Et ego Robertus et cetera, scripta non erat in littera remanente penes eumdem Robertum.)

[*18 November 1319. Appointment, by the chancellor and masters of Oxford university, of John de Aldeswell as their proctor for the collection of the aid granted to the university (see above, p. 235).*]

[Fo. 90]

COPIA PROCURATORII JOHANNIS DE ALDESWELL' PROCURATORIS UNIVERSITATIS OXON'. Tenore presencium pateat universis quod nos cancellarius universitatis Oxon' cetusque ejusdem magistrorum unanimis ad petendum et exigendum et recipiendum totam et integram pecunie summam dicte universitati per venerabilem in Christo patrem dominum Walterum dei gracia Cant' archiepiscopum tocius Angl' primatem ceterosque prelatos et clerum necnon et religiosos tam exemptos quam non exemptos dicte Cant' provincie in convocacione eorumdem nuper post festum Paschatis ultimo nunc effluxum London' unanimiter super neccessaria defensione regni et ecclesie Anglicane contra Scotos factam ad dicte universitatis depressionis indigenciam relevandam sub certa forma concessam a quibuscumque dicte pecunie collectoribus in dicta Cant' provincia deputatis necnon ad faciendum plenam aquietanciam de omnibus perceptis occasione premissa et de quibuscumque collectoribus in hac parte deputatis dilectum nobis in Christo Johannem de Aldeswell' nostre servientem universitatis procuratorem nostrum facimus, ordinamus et constituimus per presentes, promittentes nos ratum habituros et gratum quicquid per dictum nostrum procuratorem in hac parte actum, gestum seu procuratum fuerit in premissis vel aliquo premissorum. In quorum omnium testimonium sigillum nostrum commune presentibus est appensum. Datum Oxon' xiiij kalendas Decembris anno domini millesimo ccc^mo decimo nono.

[5 December 1319. Note of payment on that date of £9. 11s. 11¾d. by John de Barwe, the Bishop's registrar, to John de Aldeswell, in part payment of the contribution of the bishopric of Salisbury to the aid to Oxford university; also John de Aldeswell's receipt.]

Memorandum[1] quod nonis Decembris anno domini m° ccc^{mo} xix^{no} solvit Johannes de Barwe procuratori universitatis prescripte virtute procuratorii sui suprascripti ix li' xj s. xj d. [ob' qua'] de qua summa habet aquietanciam sub hac forma:

Quorum interest pateat universis quod ego Johannes de Aldeswell' procurator venerabilium virorum et dominorum meorum dominorum cancellarii et magistrorum universitatis Oxon' specialem in hac parte potestatem optinens ab eisdem recepi a venerabili patre domino Rogero dei gracia Sar' episcopo per manus magistri Johannis de Barwe registratoris sui in dicti patris manerio de Wodeford' nonis Decembris anno domini millesimo ccc^{mo} decimo nono novem libras undecim solidos undecim denarios obolum et quadrantem in partem solucionis medietatis oboli de qualibet marca omnium ecclesiasticorum proventuum et reddituum Cant' provincie a venerabili patre domino Cant' archiepiscopo tocius Anglie primate ceterisque prelatis et clero ac religiosis exemptis et non exemptis ejusdem provincie in convocacione eorumdem proxima post festum Pasche ultimo jam effluxum London' ad predictorum dominorum meorum depressionis indigenciam relevandam sub certa forma concessi pro primo ejusdem concessionis termino de bonis ecclesiasticis episcopatus Sar' collectos. In cujus rei testimonium sigillum meum presentibus est appensum. Datum apud Wodeford' nonis Decembris et anno domini suprascriptis.

[30 May 1320. Note and receipt of the second payment, amounting to £17. 8s. 9¼d., of the above aid, made to John de Aldeswell on the authority of letters dated 30 November 1319.]

Item iij kalendas Junii anno domini m° ccc^{mo} vicesimo supradictus procurator ad dominum apud Sonnyng' veniens similem potestatem quam prius optinens preter datum quod fuit ij kalendas Decembris anno domini m° ccc^{mo} xix° recepit per manus magistri Johannis de Barwe registratoris septemdecim libras octo solidos novem denarios et quadrantem de qua quidem summa dictus procurator fecit aquietanciam sub hac forma:

Quorum interest pateat [*etc. as above*, mutatis mutandis] de proventibus et redditibus ecclesiasticis dicti . . Sar' episcopi et aliorum virorum ecclesiasticorum episcopatus ejusdem. In cujus

[1] *In margin*, nota acquietanciam.

rei testimonium sigillum meum presentibus est appensum. Datum apud Sonnyngg' iij kalendas Junii et anno domini supradictis.

[*30 May 1320. The Bishop's letter to the chancellor of Oxford university, mentioning the above payments, to the effect that the rest of the money due will be paid as soon as possible. Most of the exempt religious houses have refused to pay, and proceedings cannot be taken against them because they have appealed to the pope.*]

Venerande discrecionis viro domino . . universitatis Oxon' cancellario vel ejus locum tenenti salutem cum benediccione et gracia salvatoris. De obolo de qualibet marca omnium ecclesiasticorum proventuum et reddituum Cant' provincie a venerabili patre domino Cant' archiepiscopo tocius Angl' primate ceterisque prelatis et clero ac religiosis ejusdem provincie in convocacione eorum Lond' nuper facta ad dicte universitatis depressionis indigenciam relevandam sub certa forma concesso misimus vobis alias per Johannem de Aldeswell' ejusdem universitatis in ea parte procuratorem specialem ix li. xj s. et xj den' obolum et quadrantem. Nunc autem de eodem obolo vobis septemdecim libras viij s. ix d. et quadrantem mittimus per eundem ab eadem universitate potestatem consimilem optinentem. Residuum vero ejusdem oboli libenti animo cum celeritate possibili faciemus levari et eciam vobis solvi utpote semper prompti hiis que dicte universitatis cedere poterunt comodo et honori, pro certo scientes quod vix aliqui religiosi nostre diocesis exempti de dicto obolo quicquam solvere voluerunt quorum plerique ne in eos ea occasione censuram exerceremus ecclesiasticam ad sedem apostolicam provocarunt et eciam appellarunt quamobrem nichil levari fecimus ab eisdem. Ut valere vellemus in Christo Jhesu feliciter valeatis. Scriptum apud Sonnyngg' iij kalendas Junii anno domini m° ccc^mo vicesimo et consecracionis nostre anno quinto.[1]

[*11 December 1319. Ordination of a vicarage at Gillingham. The church is appropriated to a prebendal stall in Shaftesbury abbey, and the ordination is made at the request of the present prebendary and the vicar presented by the last prebendary. The vicar, whose obligations are defined, is to receive among other things a house, small tithes in kind and cash, altarage, and oblations. Houses are also assigned to the chaplains of Motcombe, East Stour, and West Stour.*]

[Fo. 90ᵛ]

ORDINACIO VICARIE ECCLESIE DE GILLYNGHAM. Universis sancte matris ecclesie filiis ad quorum noticiam pervenerit hec scriptura

----

[1] *In margin,* verte folium ad hoc signum (*a circle and cross*), *referring to the two entries printed below, p. 250.*

Rogerus permissione divina Sar' episcopus salutem in eo quem peperit uterus virginalis. Cum dominus Willelmus de Haudlo nuper prebendarius ecclesie de Gillyngham nostre diocesis que dicitur in monasterio monialium Schefton' prebendalis ad vicariam ejusdem ecclesie per nos ordinandam Willelmum de Clyve de Motcombe presbiterum presentasset instituendum per nos perpetuum vicarium in eadem ipsumque presbiterum salva nobis et nostris successoribus potestate porciones ejusdem vicarie prout sancti canones exigunt ordinandi instituerimus ejusdem presentacionis optentu perpetuum in dicta ecclesia vicarium cum onere in ea continue residendi et personaliter ministrandi instant erga nos dilecti filii dominus Ricardus de Lusteshull' nunc dicte ecclesie prebendarius et vicarius supradictus nobis humiliter supplicando ut vicarie hujusmodi porciones prout ad nostrum spectat officium ordinare curemus. Volentes igitur in ordinando porciones vicarie predicte et ejusdem onera tute in quantum possumus procedere et certitudinaliter pro- videre proventus et obvenciones ad dictam ecclesiam pertinentes, vocatis ad hoc vocandis per viros fidedignos et juratos inquirendo- rum noticiam verisimiliter optinentes estimari fecimus diligenter. Unde Ricardo prebendario supradicto per procuratorem suum sufficientem in hac parte potestatem habentem et vicario predicto personaliter in nostra presencia constitutis ponderatis undique ponderandis sufficienti deliberacione previa vicariam predictam ipsiusque porciones et onera que ad eam et ipsius vicarios futuris temporibus pertinere debeant quatenus ad eos pertinet et per eos primitus limitata, assignata et eciam concordata auctoritate ponti- ficali ipsorum concurrente consensu prout infrascribitur ordinamus, specificamus et tenore presencium declaramus. In primis cum secundum apostolum qui altari deservit vivere debeat de altari et qui ad onus eligitur repelli non debeat a mercede volumus quod vicarius supradictus et sui successores habeant unum mansum in Gillyngham juxta ecclesiam in eadem quondam rectoris ejusdem et unum mansum apud Motcombe assignatum presbitero cele- braturo in ejusdem ville capella et unum mansum apud sancte Estouere assignatum pro presbitero inibi celebraturo et continue moraturo et unum mansum apud sancte Westouere assignatum presbitero qui per aliquot dies in ebdom' anni in ejusdem ville celebrabit capella quatenus hactenus fieri consuevit. Percipient eciam dicti vicarius et sui successores apud Gillyngham decimam feni de pratis dominicis domini regis infra parochiam ecclesie supradicte et si eadem prata in agriculturam vel in modum alium decimandi forsitan redigantur decimam proventuum ipsorum pra-

torum quocumque censeantur nomine percipiant absque diminu-
cione quacumque una cum decima pecuniaria consueta et hactenus
usitata feni parochianorum tam ville de Gillyngham quam aliarum
villarum infra dicte ecclesie parochiam existencium ubicumque,
necnon et decimam pullanorum, vitulorum, lacticinii, vaccarum,
ovium et agnorum pecuniariam decimam annuatim ubi eorum nu-
merus non sufficit locali attenta consuetudine per capita decimandi
agnorum, porcellorum, cignorum, aucarum, anatum, ovorum,
casei, lini, canabi, ortorum, pomorum et fructuum et curtilagiorum
arborum quarumcumque, decimam eciam de chircheshut' consuetam et decimam pecuniariam de vendicione cujuscumque pasture,
mortuaria et totum altaragium ac proventus altaris et omnium
molendinorum decimam integram et alias decimas minutas quascumque. Item percipient dicti vicarius et successores sui apud
Motcombe decimam lane, casei, agnorum, vitulorum, lactis, pullanorum, vaccarum, porcellorum, aucarum, lini, canabi et fructuum
ortorum et arborum quarumcumque ac feni parochianorum ejusdem ville de Motcombe una cum chircheshut' consuetam et
denarios de vendicione pasture et aliarum rerum decimabilium
infra dicte ecclesie parochiam proveniencium quovis
Fo. 91   modo ac decimas omnes minutas, | proventus eciam et
oblaciones altaris. Item apud sancte Estovere et Westo-
vere percipient dicti vicarius et sui successores unam annuam
pensionem duorum solidorum spectantem ad capellam de sancte
Estovere, decimas eciam molendinorum dictarum capellarum ac
feni, agnorum, lane, pullanorum, casei, et lacticinii, vaccarum,
vitulorum, porcellorum et omnium fetuum decimabilium, aucarum,
lini, canabi et omnium fructuum arborum et ortorum una cum
obvencionibus et oblacionibus altarium hujusmodi capellarum. Et
cum emolumentum percipiens onus agnoscere teneatur ordinamus
quod dicti vicarius et successores sui ecclesiam de Gillyngham
supradictam et capellas predictas ad eam spectantes faciant suis
sumptibus deserviri laudabiliter in divinis ac libros, vestimenta et
alia ornamenta, cereos eciam et alia luminaria inveniant et sustineant in eisdem quodque annuos redditus nobis et archidiacono
Dors' de ecclesia et capellis predictis debitos una cum procuracione
ejusdem archidiaconi agnoscere et solvere imperpetuum teneantur
sicut in predicta onera omnia dicte ecclesie prebendarii antiquitus
tenebantur. Cetera vero onera ordinaria et extraordinaria ad dictos
prebendarios volumus pertinere. Hanc autem nostram ordinacionem predictam in forma superius annotata volumus imperpetuum fideliter observari, reservantes tamen specialiter nobis et

nostris successoribus potestatem porciones vicarie predicte absque strepitu judiciali et figura judicii quociens et quando nobis vel successoribus nostris neccessarium vel oportunum esse videbitur augmentandi, suplendi, dubia et obscura si que in premissis vel ea tangentibus fortassis appareant interpretandi et eciam declarandi. Et ut premissa fidelius observentur meliusque in futurum memorie commendentur presentes litteras volumus triplicari nostrique sigilli appensione muniri, earumque unam in thesauraria ecclesie nostre Sar', aliam penes prebendarium et terciam penes vicarium supradictos et suos successores imperpetuum remanere. In quorum testimonium atque fidem sigillum nostrum ad perpetuam rei memoriam fecimus hiis apponi. Datum apud Poterne iij idus Decembris anno domini millesimo trecentesimo decimo nono et consecracionis nostre quinto.

[*Note of payment of £2. 2s. 9¾d. and £2. 15s. 2¼d. by the officials of Berkshire and Dorset respectively, together with the receipt dated 13 August 1321 for the payment of those sums to the chancellor of Oxford university by William de Ayston.*]

Item receptum est de obolo universitati Oxon' concesso de archidiaconi Berk' officiale v s. vij d. et xxxvij s. ij d. ob' qᵃ; de archidiaconi Dors' officiale lv s. ij d. qᵃ. Et dicta pecunia est soluta prout in hac aquietancia continetur:

Universis pateat per presentes quod nos Johannes Luterel cancellarius universitatis Oxon' recepimus a venerabili patre domino Rogero dei gracia Sar' episcopo per manus Willelmi de Aysshton' clerici sui quatuor libras octodecim solidos sterlingorum in parte solucionis oboli de qualibet marca taxacionis omnium beneficiorum ecclesiasticorum Cant' provincie de ejusdem prelatis et clero in convocacione eorum proxima post festum Pasche anno domini mᵒ cccᵐᵒ decimo nono Lond' universitati predicte sub certa forma concessi in diocese Sar' collectos. In cujus rei testimonium sigillum nostrum fecimus hiis apponi. Datum apud Westm' idibus Augusti anno domini mᵒ cccᵐᵒ vicesimo primo.

[*Note of payment of 6s. 4¾d., £2. 9s. 11½d., and 6s. by the officials of the archdeacons of Dorset, Berkshire, and Wiltshire.*]

Item postmodum receptum de archidiaconi Dors' officiale vj s. iiij d. ob' qᵃ. Item de archidiaconi Berk' .. officiale xlix s. xj d. ob'. Item de archidiaconi Wylt' .. officiale vj s.[1]

---

[1] *Beneath this entry,* verte et vide. *in a later hand; see preceding note.*

[*12 December 1319. Ordination of a vicarage at Tilshead. This follows the appropriation of Tilshead church to Ivychurch priory at the request of the King, who has already granted the patronage of the church to the priory. A vicar has been instituted on the presentation of the priory. The vicarage is endowed with a house and garden, land, tithes, and oblations, and provision is made for the fulfilment of obligations formerly incumbent on the rectors.*]

[Fo. 91ᵛ]

ORDINACIO VICARIE ECCLESIE DE TYDOLVESHYDE. Universis sancte matris ecclesie filiis ad quorum noticiam pervenerit hec scriptura Rogerus permissione divina Sar' episcopus salutem in eo quem peperit uterus virginalis. Cum nuper excellentissimus princeps et dominus noster dominus Edwardus dei gracia rex Anglie illustris ad prioratum monasterii Ederosi nostre diocesis nobis inmediate subjecti, quem sui progenitores ad divini cultus augmentum fundarunt, declinans, ac [inveniens] possessiones et redditus, quibus iidem progenitores ipsum monasterium sancta devocione dotarunt, nimis esse pro ejusdem monasterii prioris et canonicorum regularium sustentacione tenues et exiles, de solita celsitudinis sue regie pietate super eos regalis munificencie sue manus extendens et cupiens eisdem sue liberalitatis presidii subvenire, per suarum apicem litterarum rogasset vicibus repetitis ut ecclesiam de Tidolveshide parochialem dicte diocesis nobis inmediate subjectam, cujus ea occasione religiosis predictis contulit patronatum, vellemus eisdem et suo prioratui apropriare predicto ad eorum paupertatis et indigencie relevamen, ipsam ecclesiam cum omnibus suis juribus et pertinenciis universis certis ex causis et legitimis concurrentibus omnibus que in hac parte requiruntur de jure monasterio et religiosis predictis auctoritate pontificali apropriavimus, ordinavimus, et assignavimus eisdem et successoribus suis futuris et perpetuis temporibus canonice possidendam ac eosdem religiosos viros ejusdem apropriacionis optentu in dicte ecclesie possessionem induci fecimus corporalem, salva nobis et nostris successoribus potestate perpetuam in dicta ecclesia vicariam in quibusque porcionibus consistere et que eidem onera incumbere debeant prout sanctorum patrum tradiciones exigunt ordinandi, ad quam quidem vicariam dilecto filio Adam de Neuwenham presbitero per dictos religiosos postea presentato eundem hujusmodi presentacionis optentu admisimus et perpetuum vicarium cum onere continue residendi et personaliter ministrandi canonice instituimus in eadem. Volentes igitur in ordinando porciones vicarie predicte et ejusdem onera tute prout potuerimus procedere et certitudinaliter providere proventus et obvenciones ad dictam ecclesiam de Tidolveshide qualitercumque spectantes vocatis ad hoc vocandis per viros fidedignos et juratos inquirendorum noticiam verisimiliter optinentes estimari fecimus diligenter unde religiosis et vicario supradictis in nostra presencia personaliter constitutis ponderatis undique ponderandis sufficienti deliberacione previa de consilio sapientum vicariam predictam ipsiusque porciones et onera que ad eam et ipsius vicarios futuris temporibus pertinere debeant quatenus ad eos pertinet et per eos primitus limitata, assignata et eciam ordinata auctoritate pontificali ipsorum concurrente conssensu [*sic*] prout infrascribitur ordinamus, specificamus et tenore presencium declaramus:

In primis cum secundum apostolum qui altari deservit vivere debeat de altari et qui ad onus eligitur repelli non debeat a mercede, volumus quod vicarius supradictus et sui successores habeant capitale mansum cum curtilagio rectorie ecclesie supradicte secundum fines et distincciones subscriptas, videlicet a magna porta rectorie predicte juxta viam regalem linealiter extendendo versus boream pariete intermedio usque ad antiqum gardinum, et subsequenter versus occidens cum columbari infracluso usque ad croftam Roberti le Maister, demum versus austrum usque ad domos Petri de Tidolveshide quas inhabitat Petronilla la Wodewe, et tunc versus orientem usque ad portam predictam. Habebunt iidem vicarius et successores sui totam terram dominicam rectorie predictam cum pastura ducentarum ovium et quinque hurtadorum, unius affri, octo boum et octo porcorum, oblaciones eciam altaris cum decima lactis ubi non fit caseus ac mellis, vitulorum, porcellorum, aucarum, columbarum, ovorum, mortuariorum, molendinorum et curtilagiorum. Item pertinebunt ad dictum vicarium et suos successores una acra frumenti, una acra de bere et una acra de avenis de terra abbatisse de Cadamo que ad dicte ecclesie rectores antiquitus pertinebant. Percipient eciam dictus vicarius et sui successores | decimam cujuscumque bladi et alterius seminis croftorum parochie supradicte quociens et quando bechia fodiuntur. Si vero arentur eos ad religiosos predictos volumus pertinere. Percipient eciam dictus vicarius et sui successores annuatim in festo omnium sanctorum de grangia predictorum prioris et conventus duo quarteria avenarum. Et cum emolumentum percipiens onus agnoscere teneatur ordinamus quod dicti vicarius et sui successores omnia onera ordinaria predicte ecclesie quatenus antiquitus ad ejusdem spectabant rectorem imperpetuum subeant et agnoscant preter ipsius ecclesie cancelli reparacionem, construccionem, et sustentacionem quas ad religiosos predictos perpetuo volumus pertinere. Subibunt eciam iidem vicarii onera extraordi-

Fo. 92

naria dicte ecclesie incumbencia pro rata porcionum suarum habita
consideracione ad taxacionem ejusdem ecclesie que secundum
verum valorem ipsius secundum quem decima solvitur pro eadem
in viginti quinque marcis taxatur et sic porciones ipsas secundum
taxacionem predictam in octo marcis quatuor solidis et quinque
denariis estimamus. Ut eciam dubietatis et discordie materia in
hac parte tollatur volumus et eciam ordinamus quod prior et
canonici supradicti de porcionibus suis eosdem dicte apropriacionis
optentu contingentibus nullas decimas vicariis ecclesie supradicte
nec iidem vicarii de porcionibus vicarie predicte eisdem religiosis
dent decimas aliquales. Si tamen iidem religiosi vel vicarii terras,
possessiones, vel res alias in parochia ecclesie supradicte aliquo
modo fortassis adquirant volumus quod integras dent decimas de
eisdem illi vel illis quibus ante adquisicionem earum dabantur,
quodque ipsi vicarii clausuram murorum et sepium sumptibus suis
sustineant competenter circa mansum pro eisdem vicariis superius
ordinatum, et totam herbam cimiterii dicte ecclesie percipient iidem
vicarii annuatim pro qua eandem ecclesiam straminabunt anni
temporibus oportunis sicut per ejusdem rectorem fieri consuevit.
Hanc autem nostram ordinacionem predictam in forma superius
annotata volumus imperpetuum fideliter observari, reservantes
tamen specialiter nobis et nostris successoribus porciones vicarie
predicte absque strepitu judiciali et figura judicii quociens et
quando nobis vel successoribus nostris necessarium vel oportunum
esse videbitur augmentandi, suplendi, dubia et obscura si que in
premissis vel ea tangentibus fortassis appareant interpretandi et
eciam declarandi. Et ut premissa fideliter observentur meliusque
in futurum memorie commendentur presentes litteras volumus
triplicari nostrique sigilli impressione muniri earumque unam in
thesauraria ecclesie nostre Sar' aliam penes dictos religiosos et
terciam penes vicarium supradictum et suos successores imperpetuum remanere. In quorum testimonium sigillum nostrum ad
perpetuam rei memoriam fecimus hiis apponi. Datum apud
Poterne ij idus Decembris anno domini millesimo ccc^{mo} decimo
nono et consecracionis nostre quinto.

[*5 January 1320. Ratification by the Bishop of the manumission by his predecessor of William le Richeman, formerly a villein on the episcopal manor of
Woodford.*]

[Fo. 92^v]

RATIHABICIO DOMINI MANUMISSIONIS FACTE PER PREDECES-
SOREM SUUM. Universis sancte matris ecclesie filiis ad quos pre-

sentes littere pervenerint Rogerus permissione divina Sar' episcopus salutem in eo quem peperit uterus virginalis. Universitas vestra sciat quod cum recolende memorie Simon inmediatus predecessor noster Willelmum dictum le Richeman de Wodeford' nativum suum manumisisset et ab omni condicione servili cum tota sua sequela pro se et successoribus suis quatenus in eo erat quietum clamasset omnino, nos manumissionem et quieteclamacionem hujusmodi acceptas habentes et ratas eumdem Willelmum cum tota sua sequela ab omni servitutis vinculo liberamus intuitu caritatis, renunciantes expresse omni juri et clamio quod nobis ad eum vel sequelam suam competit racione servitutis hujusmodi quovis modo. In quorum testimonium sibi litteras nostras fieri fecimus has patentes. Datum apud Poterne nonis Januarii anno domini millesimo cccᵐᵒ decimo nono et consecracionis nostre quinto.

[*8 January 1320. Letter to the King naming master Robert de Ayleston, the Bishop's steward, as his proctor in parliament. The Bishop excuses himself from attendance on the grounds of convalescence from various physical afflictions which he suffered between 24 June and 29 September 1319.*]

PROCURATORIUM PRO PARLIAMENTO IN SE CONTINENS EXCUSACIONEM PRO EODEM. Excellentissimo principi et suo domino reverendo domino Edwardo dei gracia regi Anglie domino Hibernie et duci Aquitanie Rogerus ejusdem dei permissione Sar' episcopus salutem in eo per quem reges regnant et regnorum omnium gubernacula sustentantur. Celsitudinis vestre mandatum recepimus in hec verba, Edwardus et cetera. Verum quia ex reliquiis diversarum infirmitatum quibus a festo sancti Johannis Baptiste proximo preterito usque ad festum sancti Michaelis proximo sequens multipliciter infestabamur sentimus nos adhuc adeo imbecilles quod absque corporis nostri periculo sicut medicorum fida tenet assercio nequimus parliamento predicto interesse personaliter ut vellemus, dilectum nobis in Christo magistrum Robertum de Aylleston' senescallum terrarum nostrarum nostrum facimus excusatorem, procuratorem seu attornatum et nuncium per presentes dantes eidem plenam potestatem et mandatum speciale nomine nostro impedimenta hujusmodi proponendi ubi et quando et coram quibus oportuerit et probandi necnon ad tractandum vice nostra vobiscum et cum prelatis, magnatibus, et proceribus in predicto parliamento vestro in negociis supradictis suumque consilium juxta datam sibi ab altissimo scienciam impendendum, ac omnia et singula faciendum que forma mandati vestri predicti exigit et requirit.¹ In quorum

---

¹ *In margin*, deficit potestas subrogandi et eciam consenciendi ordinandis ibidem et omittatur certis causis.

testimonium sigillum nostrum fecimus hiis apponi. Datum apud
Poterne vj^{to} idus Januarii anno domini millesimo ccc^{mo} decimo
nono.

[*26 January 1320. Mandate to the archdeacon of Wiltshire or his official for the
collection of funds for the repair of Salisbury cathedral which has been
damaged by floods. Parish priests are to collect contributions, exhorting their
parishioners to contribute on each Sunday during Lent. For this purpose the
Bishop grants 40 days' indulgence and inhibits pardoners in the diocese during
Lent. Parish priests are to copy this letter (together with the schedule annexed
to it, which is not entered in the register) into their missals by 20 May 1320,
and the archdeacon is to certify the Bishop of his actions in this matter, and
of the amount of money collected, by 24 June.*]

MANDATUM AD PUBLICANDUM INDULGENCIAS BENEFACTORIBUS
ECCLESIE SAR' CONCESSAS. Rogerus permissione divina et cetera
dilecto in Christo filio . . archidiacono Wyltes' vel ejus . . officiali
salutem, graciam, et benediccionem. Nemo est qui nesciat a pietatis
jurisque persuasione naturalis existere penitus alienum si benigni-
tatem et graciam quam frequenter exteris impartimur nostre Sar'
ecclesie cathedrali ad cujus regimen licet indigni assumimur letanter
pro viribus impendere non curemus quodque vera caritas ex Chri-
stiane religionis debito cuilibet proximo set matri multo magis a
filiis temporalia subsidia vult impendi presertim dum sic terrena in
celestia et transitoria in eterna felici commercio poterunt commu-
tari ad que eciam impendenda nostrorum corda subditorum merito
excitare debebunt fidei zelus ac devocionis et vere filialis dileccionis
vinculum quibus sue matrici ecclesie supradicte redduntur astricti
ut de ipsius honore gratulentur et gloria ac defleant ejus dampnum
suisque in omnibus filialem compassionem exerceant et gratis
exurgant affectibus ad ejus onera in caritatis visceribus libencius
sullevanda. Sane vestram et subditorum nostrorum devocionem
credimus non latere qualiter ecclesia beate Marie Sar' que in diebus
antiquis in veteris Sar' excelso situata cacumine ubi locus erat
ventis expositus aridus, sterilis, et angustus qui suos habitatores
ipsi precipue servientes ecclesie onere longo gravissime servitutis
oppressit, bone memorie Ricardi tunc loci presulis divino instinctu
ipsius ecclesie translatoris clare eciam memorie domini Henrici
quondam magnifici regis Angl' fundatoris ejusdem suorumque
successorum et aliorum ejusdem regni nobilium summe devocionis
presidio in jam loco complano ad complanum ubi magis vallis
magis habundat frumento et campi spaciosi et speciosi pinguescunt
duce domino qui in sapiencia cuncta disponit cum incepta nobili-
tate et mirabili pulcritudine est constructa, translata, et, quod non

sine jubilo et summa referimus leticia, modernis tempori-
Fo. 93 bus ipso prestante qui est principium et finis | cui laudes
et gracias devote persolvimus in honore sanctissime et
gloriosissime virginis Marie cujus fructus lumen dedit populis sub
mortis obvolutis caligine solempniter dedicata. Is vere nunc locus
est floridus, sanctitate choruscans, et omni veneracione colendus
in quo precelse dei genitricis solempnis agitur memoria que sui
clemencia ad sui misericordiam filii pro devotis ipsam deprecanti-
bus jugiter intercedit. Verum nuper fluminis impetus repentinus
nedum ipsius ecclesie clausum, claustrum, capitulum, et canonicorum edificia immo in eandem de quo vehemencius anxiamur
ecclesiam fere usque ad summum ejusdem altare vicibus repetitis
subintrans eidem et ipsius fabrice dampnum grande intulit taliter
et jacturam quod eo pretextu ecclesia ipsa fortificacione reparacione
et fulcimento multiplici ac contra hujusmodi vim fluminis et alia
iminencia pericula congruo remedio non absque inmensis sumptibus, expensis, et laboribus notorie dinoscitur indigere, ad que omnia
et alia perpetua eidem incumbencia onera ipsius minime suppetunt
ut novimus facultates. Quapropter digna consideracione movemur
mentes subditorum nostrorum per allectiva indulgenciarum munera excitare ut suam sanctam matricem ecclesiam supradictam in
precelse dei genitricis venerantes honore ad ejusdem ecclesie sustentacionem dexteram porrigant adjutricem. Cum igitur plerique
Romani pontifices, archiepiscopi eciam, et episcopi indulgencias
aliique religiosi quamplures viri diversa suffragia predicte ecclesie
et ipsius fabrice benefactoribus sancta devocione concesserint prout
eorum confecte super hiis autentice littere attestantur que ne sub
modio lateant in cedula scribi fecimus hiis annexa, nos indempnitati ecclesie et fabrice earumdem ac predictis occurrere periculis
per oportune subvencionis auxilium intensis desideriis cupientes
devocioni vestre committimus et in vestrorum remissionem peccaminum injungimus et mandamus quatinus omnia et singula suprascripta necnon indulgencias et suffragia de quibus premittitur
faciatis in vestris presertim Quadragesime vicinius celebrandis
capitulis per vos vestrosve commissarios ac in singulis ecclesiis et
capellis parochialibus archidiaconatus predicti per earum rectores,
vicarios, et presbiteros parochiales per sex dies dominicos Quadragesime intra missarum solempnia post lectum evangelium in
vulgari patenter exponi, clerumque et populum per eosdem quatenus ad quemlibet eorum attinet et presertim parochianos suos
languidos et infirmos quantum possunt honeste in suis visitacionibus efficaciter excitari ut pro sue dicte matricis ecclesie et ejusdem

fabrice sustentacione ad animarum suarum salutem de bonis sibi
a deo collatis presidium meritorium prompta devocione conferre
curent benigniter et legare conferenda, eciam hujusmodi subsidia
per ipsos rectores, vicarios, et presbiteros supradictos colligi et
fideliter custodiri vobisque in proximo capitulo annuatim post
Pascham in singulis dicti archidiaconatus decanatibus celebrando
collecta persolvi et per vos canonico fabrice supradicte custodi vel
alii deputando ab eo integre liberari, in hujusmodi assumendis
laboribus et solicitudinibus taliter vos habentes ut preter eterne
retribucionis premium quod vobis exinde indubitanter accrescet
nos et dilecti filii predicte ecclesie nostre capitulum vobis ad repen-
siva beneficia merito teneamur. Et ut dicti clerus et populus ad
tam pia opera devocius excitentur omnibus parochianis nostris ac
aliis quorum diocesani hanc nostram indulgenciam ratam habuerint
pariter et acceptas de peccatis suis vere contritis et confessis qui ad
dicte ecclesie ipsiusve fabrice pias elemosinas et grata contulerint,
legaverint, vel quocumque titulo erogaverint subsidia caritatis de
dei omnipotentis gracia confidentes quadraginta dies de injuncta
sibi penitencia misericorditer in domino relaxamus, ratificantes
insuper omnes indulgencias in hac parte rite concessas et imposterum concedendas. Et cum ordinata caritas incipere debeat a
seipsa questores quoscumque a Capite Jejunii usque ad octabum
Pasche interdicimus officium in nostra diocese questuandi et ne
subditi nostri illo tempore vel eciam infra illud in memoratis
ecclesiis vel capellis ad questuandum recipiant vel questuari permittant consimiliter inhibemus donec aliud a nobis habueritis in
mandatis. Has eciam nostras litteras et cedulam eisdem annexam
in singulis predictarum ecclesiarum et capellarum missalibus citra
festum Pentecoste proximo jam venturum scribi volumus per singulos earum rectores, vicarios, et parochiales presbiteros supradictos qui sumant a vobis copiam earumdem ut dum sic oblivionis
et omissionis occasione semota annis singulis retenciori commen-
dantur memorie diligencius et facilius exequi valeant annis singulis
hoc mandatum, denunciantes eisdem quod super hiis tam in nostris
quam archidiaconorum nostrorum visitacionibus inquiri faciemus
sollerter et quos negligentes quod absit invenerimus velut filios
matri degeneres et ingratos graviter puniemus diligentesque quod
preter hoc quod indulgenciarum et suffragiorum de quibus premittitur merito efficiuntur participes remunerabimus libenti animo
beneficiis repensivis. Qualiter autem et quo modo fueritis executi
premissa quantamque pecuniam solveritis in hac parte memorato
custodi vel deputato ab eo nos citra festum sancti Johannis Baptiste

proximo jam venturum cerciorare curetis per vestras patentes litteras atque clausas annis singulis consimiliter facientes. Valete. Datum apud Potern' vij kalendas Februarii anno domini millesimo ccc^mo decimo nono et consecracionis nostre anno quinto.

[*Undated (? 1319). Mandate to the archdeacon of Wiltshire or his official (similar mandates being sent to the other archdeacons) to have published sentences of interdict on the Carmelites' oratory at Marlborough and of excommunication on all the Bishop's subjects attending divine service there. The reasons for these sentences are also to be published and, with the sentences, to be copied out by all parish priests.[1] Services at the oratory have infringed the rights of the rector of St. Peter's, Marlborough, and others. Having declined to discuss compensation, and ignoring the appeal against them to the pope, the Carmelites submitted the Bishop's representative, master Ralph de Holbeche, to rough treatment, and he thereupon pronounced the sentences. The archdeacon's certificate, containing the names of those incurring the sentence of excommunication, is to be returned by the Easter following (? 30 March 1319).*]

[Fo. 93^v]

MANDATUM ACTA CONTINENS PROCESSUS HABITI CONTRA FRATRES CARMELIT' PRO SUO ORATORIO IN MARLEBERG' DIRECTUM iiij^or ARCHIDIACONIS. Rogerus permissione divina Sar' episcopus dilecto filio .. archidiacono Wylt' vel ejus .. officiali salutem, graciam, et benediccionem. Litteras sanctissimi in Christo patris et domini domini Johannis divina providencia pape xxij ut prima facie apparuit bullatas ex parte fratrum ordinis beate Marie de Monte Carmeli nobis exhibitas recepimus continentes[2] quod idem pater ad peticionem ipsorum fratrum indulsit eisdem ut in regno Anglie in locis congruis et honestis sex loca dumtaxat de novo recipere et in eis oratoria construere valeant absque tamen juris prejudicio alieni, constitucione felicis recordacionis Bonifacii pape viij super locis a religiosis ordinis mendicancium absque brevia [*sic*] sedis apostolice de novo recipiendis edita non obstante, quarum pretextu ex parte prioris et fratrum dicti ordinis per duos fratres ejusdem ad nos ut dicebant occasione hujusmodi specialiter destinatos nobis extitit supplicatum ut cum Willelmus de Rameshull' quoddam mesuagium cum domibus, curtilagiis, et omnibus aliis suis pertinenciis in villa Marleberg' nostre diocesis et Johannes Goudhyne quamdam placeam in eadem villa concesserint post dictam graciam .. priori et fratribus predicti ordinis imperpetuum et successoribus eorumdem prout in confectis super hoc cartis suis plenius continetur vellemus eisdem fratribus ut in eisdem locis sibi collatis oratorium construere et in ipso oratorio divina celebrare valerent consensum

---

[1] *This is presumably what is meant by* nostri subditi *at the top of fo. 94^v.*
[2] *See below, p. 271.*

et auctoritatem sine cujuscumque prejudicio impertiri. Et quia quod vel quale seu quorum versaretur in hac parte prejudicium potuimus cum in facto consisteret probabiliter ignorare, ne eciam illis quorum interest non vocatis, auditis, vel eciam premunitis saltem in generale clandestine procedere vel quicquam eisdem prejudiciale facere contra intencionem summi pontificis videremur, officiali jurisdiccionis nostre interioris Marleberg' per litteras nostras et ad dictorum fratrum expressum rogatum dedimus in mandatis quod vocatis vocandis per viros fidedignos juratos et nequaquam suspectos inquirendorum noticiam verisimiliter optinentes inquireret diligenter si oratorium de quo agitur et divinorum celebracio in eodem in aliquorum cederet vel posset cedere prejudicium futuris temporibus vel ad presens ut sic in ea parte plenius informari possemus an dictorum fratrum peticio concedi posset sine aliorum injuria vel negari. Reportata vero per dictos fratres inquisicione sic capta inventum est per eam quod cum fructus et proventus ecclesie sancti Petri Marleberg' supradicte nostri patronatus qui in minutis decimis ortorum, lucri mercatorum, oblacionibusque altaris consistunt adeo sint tenues et exiles quod propter exilitatem secundum taxacionem veri valoris nequaquam taxentur mesuagiumque predictum principalius tenementum existat tocius parochie prefate ecclesie sancti Petri de quo quidem tenemento tum racione decimarum proveniencium de prato et gardino infra illud tenementum existencium tum racione decimarum lucri mercatorum tum racione oblacionum in purificacionibus mulierum et sepulturis mortuorum ac aliis oblacionibus altaris que multipliciter de illius mansi inhabitatoribus nedum ex devocione set de consuetudine artante offerri debebunt eciam et solebant maxima pars sustentacionis rectoris predicte ecclesie sancti Petri provenire dinoscitur, aliisque causis legitimis in dicti rectoris et sue ecclesie supradicte suorumque successorum enormem lesionem et eciam quorumdam aliorum quo ad multa alia de quibus in inquisicione predicta fit mencio in grande cederet prejudicium si suum predictum absque recompensiva satisfaccione assequerentur propositum dicti fratres dum in eo eventu dicto rectori decimas, oblaciones, vel alia sua jura ecclesiastica pro dictis mesuagio et placea non solverent utpote qui exempti sunt et a talium prestacione auctoritate apostolica sicut asserunt omnino inmunes. Qua propter obtulimus ipsis fratribus vicibus repetitis quod rectorem predictum et alios qui in dicta inquisicione inventi sunt lesi faceremus coram nobis ad certos

Fo. 94   diem et locum vocari ut ipsi fratres super hujusmodi lesione | componerent cum eisdem, adicientes quod si ipsi vocati sua dampna inmoderate taxarent nos eos ad moderamen et equitatem reduceremus modis quibus possemus legitimis atque viis nos eciam quatenus in nobis esset et cum deo possemus faceremus juxta qualitatem negocii utrobique. Set ipsi fratres hec eis oblata admittere cum indignacione multiplici recusarunt comminando expresse quod dictum oratorium construerent et infra paucos dies in eo celebrarent divina, nostro, dicti rectoris, et aliorum quorum ut predicitur interest prejudicio non obstante, quod et subsequenter opere compleverunt post et contra provocaciones et appellaciones pro nobis et jure nostro et ecclesie nostre ac capituli nostri Sar' et pro aliis nobis adherentibus et adherere volentibus notificatas eisdem, cujus pretextu pauper rector predictus et alii in hac parte lesi a nobis auxilium et consilium lacrimabiliter postularunt eisdem impendi ne propter inediam et paupertatem sua cogerentur dimittere beneficia vel inviti. Unde nos eorum compacientes injurie duximus dictos fratres contra eorum proterviam ad satisfaccionem dictis lesis faciendam inducere cum mansuetudine qua potuimus, [et] dilecto filio magistro Radulfo de Holebech' canonico Lich' tunc familiari clerico nostro commisimus in hac parte specialiter vices nostras, qui ea occasione ad villam Marleberg' ad fratres ipsos ut eorum parceremus labori personaliter accedebat ibidem offerens se facturum in astantis populi multitudine omnia que nos ut supradicitur offerebamus eisdem in lenitatis spiritu persuadendo et eciam supplicando quod amore dei et intuitu justicie nostri nostreque ecclesie et capituli Sar' reverenciam a divinorum celebracione in dicto cessarent oratorio donec dicto pauperi rectori humiliter hoc petenti et sue exili ecclesie supradicte pro suo de quo premittitur enormi prejudicio aliisque lesis in hac parte satisfecissent ecclesiis et personis saltem componendo, transigendo seu alia via juris presertim cum sanctissimus pater predictus misericors et pius ac in omnibus operibus suis justus graciam supradictam non concesserit nisi sine juris prejudicio alieni prout sue sanctitatis littere plenius attestantur; set quanto idem commissarius micius tractabat cum eis tanto protervius se habebant, quorum unus cum de reverencia nobis et ecclesie beate Marie Sar' et loci capitulo impendenda sermonem audiret in medio prosiliit contumeliose respondens et derisorie coram populo ergo [*sic*] laudes ipsa verba contumeliosa alta voce pluries repetendo, unus eciam eorumdem fratrum injurias injuriis accumulans in eumdem commissarium manus injecit temere violentas. Et cum idem commissarius rebellionem ipsorum conspiceret indies aggravari pauperemque rectorem predictum a sustentacione sua occasione predicta plurimum esse fraudatum

parochianosque ecclesiarum predicte ville et alios ad dictorum
fratrum oratorium post et contra provocaciones et appellaciones
predictas ac contra jus commune et contra intencionem sanctissimi
et justissimi patris predicti constructum causa audiendi divina confluere suis parochialibus ecclesiis quodammodo derelictis, ipsosque
fratres in eodem oratorio nichilominus pulsatis campanis solempniter celebrare divina, aliisque certis ex causis et legitimis, canonica
monicione previa concurrentibus eciam omnibus que in ea parte
negocii qualitate pensata requiruntur de jure, illud oratorium
ecclesiastico supposuit interdicto, inhibens publice et expresse in
generale, monicione simili precedente, ne quis subditorum nostrorum in predicto oratorio presumeret audire divina quamdiu existeret interdictum parochialibus ecclesiis suis spretis sub pena
excommunicacionis majoris quam extunc protulit et in scriptis eo
quod culpa notorie precesserat et ex aliis justis causis. Ipsi tamen
fratres in hujusmodi persistentes protervia in dicto celebrant oratorio, lesis personis vel ecclesiis minime satisfactis. Ex hiis siquidem
eo vehemencius admiramur et quamplures mirantur quod cum
sacra scriptura et utroque jure caveatur expresse natura equum
esse neminem cum aliena locupletari jactura, proximum eciam non
ledere, et jus suum tribui cuicumque, quo ducti sint spiritu dicti
fratres qui se asserunt mendicantes et pauperes, quod [*repeated*]
paupertati non compaciuntur rectoris predicti dum ejusdem rectoris
et ecclesie sue jura ut premittitur subtrahere non aborrent perniciosum secularibus tribuentes exemplum similia faciendi que iidem
seculares suo proximo et presertim viris ecclesiasticis irrogare obsi-
stente consciencia ut asserunt aborrerent. Hanc, fili, rei geste seriem
vestre devocioni scribendo referimus ita plene ut illis visis et per vos
nostris subditis intimatis equitas et justicia, iniquitas et injuria que
elici poterunt justo judicio ex hiis actis eisdem veraciter appareat
et eciam sic aperte ut si forsitan dicti fratres de nobis vel nostris
ad nostri infamiam vel nostrorum sinistra in hac parte referant
quod nollemus hec gestorum veritas contrarium attestetur, vobis
firmiter injungentes et per vos dictis subditis cum ipsis similia
contingere potuerunt quo die nescitur injungi mandantes quod
dictos fratres cum ad eos venerint excitent et inducant devotisque
oracionibus intercedant pro eis ut deus qui corda fidelium sancti
spiritus illustracione docuit det eis pro sua misericordia in eodem
spiritu recta sapere nosque et pauperem rectorem predictum et
alios in hac parte lesos ab eorum comminacionibus et illis de quibus
premittitur prejudiciis indempnes servari. Erimus utique prompti
sicut semper fuimus et parati ipsis fratribus impendere justiciam

cum favore quatenus secundum predicti sanctissimi patris litterarum exigenciam poterimus videlicet absque prejudicio alieno. Nostrorum igitur subditorum animarum saluti paterna sollicitudine prospicere cupientes ne in hujusmodi excommunicacionis sentenciis collabantur etsi eam fortassis quod absit incurrerint adiciant ut resurgant vobis in virtute obediencie firmiter injungendo mandamus quatinus ipsius excommunicacionis et predicti interdicti sentencias a nostro predicto commissario ut predicitur rite latas ac omnia et singula suprascripta per te vel alium seu alios publicare curetis in generale solempniter et aperte et in lingua vulgari patenter exponere in singulis ecclesiis tam conventualibus quam aliis archidiaconatus predicti, conventualibus videlicet per presidentes eisdem in aliis vero per earum rectores, vicarios seu parochiales presbiteros cum singulis in ipsis ecclesiis ministrantibus presbiteris stolis et vestibus sacris indutis diebus dominicis et festivis intra missarum solempnia cum major parochianorum suorum affuerit multitudo erecta cruce, candelis accensis et subsequenter extinctis, ac campanis pulsatis ut propter solempnitatem hujusmodi ipsius sentenciarum effectus amplius timeatur, quodque si contra premissa vel eorum aliqua temere venientes impetiti Fo. 94ᵛ fuerint ignoranciam pretendere nequeant | probabilem in hac parte, nec ab hujusmodi execucione cessetur donec aliud super hiis receperitis in mandatis. Injungatis eciam in virtute qua supra quod subditi nostri harum copiam cum festinacione qua poterant comode a vobis assumant ut eo cicius et apercius exponere valeant et exequi que mandantur. Et si quos subditorum nostrorum in dicto oratorio interdicto audire divina seu in premissis vel aliquo premissorum per inquisicionem canonicam quam per vos in vestris capitulis a locorum rectoribus, vicariis, et presbiteris parochialibus fieri volumus et mandamus reive notorietate vel alio modo legitimo inveneritis esse reos nos de nominibus et cognominibus eorumdem citra festum Pasche proximo jam venturum per litteras vestras patentes harum recepcionis diem et seriem continentes cerciorare curetis. Valete. Datum apud Poterne.

[*Undated* (? *1319*). *Mandate to the archdeacon of Dorset or his official to arrange for the publication of the names of Franciscan, Dominican, and Austin friars permitted to hear confessions in the diocese. The archdeacon's certificate is to be returned by the Sunday after Easter* (? *6 April 1320*). *The schedule of names mentioned in the mandate is not given to the register at this point, but there are lists for each of the three orders, brought up to date at intervals, on Fos. 185ᵛ– 187ᵛ*.]

Mandatum de notificando nomina fratrum receptorum per dominum secundum constitucionem *Super Cathedram*.

Rogerus permissione divina Sar' episcopus dilecto filio . . archidiacono Dors' vel ejus . . officiali salutem, graciam, et benediccionem. Cum non singulis fratribus liceat Christi fidelium confessiones audire et a confessatis sibi peccatis absolvere confitentes
felicis recordacionis domini Bonifacii pape viij constitucione que
incipit *Super cathedram* in hac parte salubriter edita refragante,
expedit nostris subditis pro suarum animarum salute fratrum
nomina esse nota qui virtute ejusdem constitucionis in nostra
diocese potestatem optinent in premissis. Ad presentacionem
siquidem ministri provincialis ordinis fratrum minorum ac prioris
provincialis ordinis predicatorum, prioris eciam provincialis ordinis
heremitarum sancti Augustini in Anglia pro confessionibus subditorum nostrorum sibi confiteri volencium audiendis, penitenciis
salutaribus injungendis, ac eisdem beneficium absolucionis im-
pendendo juxta formam, vim, et effectum constitucionis predicte
fratres dictorum ordinum[1] quorum nomina in hiis annexa continentur cedula duximus admittendos ita quod [observant] formam
in dicta constitucione et alias de jure communi traditam, et limi-
tatum hujusmodi sibi numerum quem universitate subditorum
nostrorum attenta consideratoque quod una cum fratribus supradictis nostre diocesis ecclesiarum rectores, vicarii et presbiteri
parochiales in civitate nostra Sar' et dicta diocese exercent premissa, sufficere arbitramur. Quo circa vestre devocioni injungimus
et mandamus quatinus omnia et singula suprascripta et presertim
admissionem de predictis fratribus sicut predicitur esse factam in
specie in vestris capitulis et congregacionibus aliis per vos vestrosve commissarios pluries et distincte ac in singulis ecclesiis archidiaconatus predicti per locorum rectores, vicarios, et presbiteros
parochiales diebus dominicis et festivis intra missarum solempnia
faciatis taliter publicari quod pretendi nequeat ignorancia probabilis eorumdem, inhibentes nichilominus et inhiberi facientes in
locis predictis et modo quo supra ne quis fratrum ordinum predictorum preterquam hujusmodi nominati et a nobis admissi cujusquam in nostra diocese confessiones audiat vel quicquam contra
predicte constitucionis tenorem exerceat vel attemptet nec quis-
piam subditi nobis gregis fratribus dictorum ordinum vel cuiquam
eorumdem preterquam nominatis predictis sub pena excommunicacionis majoris nisi in extreme necessitatis articulo et tunc ob prelatorum et sacerdotum propriorum negligenciam ac cujuslibet de
dictis fratribus sic admissis absenciam confiteri presumat, denunciantes eciam ut supra quod admissi fratres predicti ampliorem in

---

[1] *MS.* ordinis: *the preceding word has been corrected from* dicte.

hac parte potestatem non habent quam a jure curatis seu parochialibus sacerdotibus est concessa prout attestatur constitucio
supradicta. Constituimus penitenciarios nostros in singulis archidiaconatibus nostre diocesis in adjutorium hujusmodi nostre cure
in casibus nobis specialiter reservatis in quibus nulli dictorum
fratrum nostram commisimus potestatem. Dominum nostrum
regem, dominam reginam, vel eorum liberos, quibus decet ob sui
reverenciam status deferri, sub hac nostra inhibicione nolumus
comprehendi. Et si quos per inquisicionem canonicam quam per
vos in vestris capitulis per rectores, vicarios, et presbiteros supradictos fieri volumus inveneritis contrarium facientes nos de eorum
nominibus et cognominibus quidque feceritis et inveneritis in
premissis reddatis citra Dominicam qua cantatur officium *Quasi
modo geniti* cerciores per vestras litteras patentes harum seriem
continentes. Valete. Datum apud Poterne.[1]

[*18 December 1319 (see below, p. 268). Mandate to the archdeacon of Dorset or his
official to inhibit Carmelite friars from hearing confessions in the diocese and
the Bishop's subjects from being confessed by Carmelites. The archdeacon is to
certify the Bishop by 6 April 1320.*]

[Fo. 95]

MANDATUM AD DENUNCIANDUM QUOD FRATRES DE MONTE
CARMELI NON RECIPIUNTUR AD CONFESSIONES AUDIENDUM.
Rogerus et cetera dilecto filio . . archidiacono Dors' vel ejus . .
officiali salutem, graciam, et benediccionem.[2] Quia fratres ordinis
beate Marie de Monte Carmeli nullum omnino nobis exhibuerunt
jus speciale vel eciam ostenderunt sicut nec aliquod optinent quod
sciamus quo possint subditorum nostrorum in nostra diocese confessiones audire vel absolvere confitentes, devocioni vestre injungimus et mandamus quatinus in vestris capitulis et congregacionibus
aliis per vos vel commissarios vestros ac in singulis ecclesiis archidiaconatus predicti per locorum rectores, vicarios, et parochiales
presbiteros diebus dominicis et festivis intra missarum solempnia
faciatis modis quibus poteritis inhiberi fratribus ordinis supradicti
ne quis eorum cujusquam in nostra diocese subditorum nostrorum
confessiones audire vel eisdem beneficium absolucionis impendere
quisquamve subditi nobis gregis dicti ordinis fratribus vel cuiquam
eorumdem preterquam in extreme necessitatis articulo et tunc ob
prelatorum et sacerdotum propriorum negligenciam vel absenciam
confiteri sub pena excommunicacionis presumat, domino nostro

---

[1] Poterne *is substituted for* Cherdestok', *which has been cancelled.*
[2] *In margin*, hic scriptum. *See below, p. 268.*

rege et domina regina suisque liberis quibus decet ob reverenciam sui status deferri dumtaxat exceptis. Et si quos per inquisicionem canonicam quam per vos in vestris capitulis per rectores, vicarios, et presbiteros supradictos fieri volumus inveneritis contrarium facientes nos de eorum nominibus et cognominibus quidque feceritis et inveneritis in premissis reddatis citra dominicam qua cantatur officium *Quasi modo geniti* cerciores per vestras litteras patentes harum seriem continentes. Valete. Datum apud Poterne.

[*Undated. Mandate to the archdeacon of Dorset or his official for the enforcement of the prohibition of scotales and 'common potations'. The mandate cites constitutions of Bishop Robert Bingham and Bishop Giles de Bridport, one enjoining the punishment of offenders, the second defining 'common potations'. The archdeacon is to arrange for the regular publication of the two constitutions and the reasons underlying them, as set out in this mandate; he is also to impose penances on those unwilling to be confessed by the Bishop's penitentiaries, and to certify the Bishop by the feast of the Ascension each year of his actions in this respect.*]

MANDATUM DE PUBLICANDO CONSTITUCIONES EDITAS DE SCOTALLIS. Rogerus et cetera dilecto filio . . archidiacono Dors' vel ejus . . officiali salutem, graciam, et benediccionem. Inter sollicitudines nostris humeris incumbentes perpeti cura revolvimur ut errantes in viam veritatis inducere ipsosque deo lucrifacere sua nobis cooperante gracia valeamus. Sane recolende memorie Robertus et Egidius predecessores nostri Sar' episcopi tam ad animarum quam corporum subditorum suorum salutem constituciones sinodales ediderunt salubriter infrascriptas:

'Prohibicionem scotallorum et alias communium potacionum pro salute animarum et corporum introductam sinodi approbacione prosequentes, rectoribus, vicariis, et aliis presbiteris parochialibus precipimus sub obediencie debito firmiter injungendo quod parochianos suos crebra exhortacione diligenter inducant ne prohibicionis hujusmodi temerarii violatores existant, alioquin quos in hac parte culpabiles invenerint ab ingressu ecclesie et sacrorum communione tamdiu suspensos denunccient donec aliis penis cessantibus ad penitenciarium nostrum accesserint, et quod ab eo pro transgressione hujusmodi ei[s] penitencie nomine injunctum fuerit humiliter recepturi et prout eis deus dederit impleturi.'

Item. 'Communes autem potaciones declaramus quociens virorum multitudo numerum denarium excesserit ejusdem parochie in qua cervisia venalis extiterit vel eciam vicinarum in tabernis hujusmodi vel infra septa ejusdem domicilii potandi gracia commorantur. Viatores vero peregrinos et in nundinis ac mercatis convenientes quavis in tabernis convenerint sub prohibicione ista nolumus comprehendi.'

Considerantes igitur parum esse jura condere vel statuta nisi debite execucioni mandentur quodque ex hujusmodi exercicio scotallorum dum eas frequentantes in ebrietatem incidunt et sic judicium racionis amittunt contenciones moventur et rixe, prelia eciam et sediciones, homicidia, incestus, adulteria, fornicaciones, et furta multipliciter committuntur ac clandestina matrimonia in multis casibus non absque majoris incursu excommunicacionis irremediabiliter contrahunt aliaque mala varia cum rerum per-dicione et corporum et precipue de quo super omnia plus movemur animarum periculo sicut experiencia retroactis temporibus nimis note docuit et edocet hiis modernis, devocioni vestre in virtute obediencie firmiter injungendo mandamus quatinus constituciones predictas et singula contenta in eis ac a quibus ut premittitur sunt condite, mala eciam predicta que ex dictis proveniunt et provene-runt scotallis, faciatis in vestris capitulis per vos seu vestros com-missarios necnon et in singulis ecclesiis et capellis parochialibus archidiaconatus predicti per earum rectores, vicarios, et parochiales presbiteros diebus dominicis et festivis et presertim quadragesimali tempore intra missarum solempnia annis singulis publicari et in lingua materna patenter exponi et in ecclesiarum et capellarum suarum libris conscribi adeo quod ignorancia pretendi nequeat probabilis in hac parte, quodque parochianos suos crebra exhorta-cione moneant et salubriter admonicionibus exhortentur ne hujus-modi constitucionum violatores existant, denunciando hujusmodi potacionum auctores et publice convenientes ad eas suspensos et excommunicatos esse secundum formam et modum in predictis constitucionibus comprehensos. Et si quos per inquisicionem legiti-mam quam singulis diebus dominicis per eosdem rectores, vicarios, et parochiales presbiteros fieri volumus et mandamus reive notorie-tate aliquos hujusmodi constitucionum invenerint transgressores qui secundum predictas constituciones penitenciarios nostros pro absolucionis optinendo beneficio adire noluerint eorum nomina et cognomina in singulis proximis locorum capitulis vobis scribant quibus vice et auctoritate nostra super transgressione ipsa ad cor-reccionem animarum suarum coram vobis vocatis per vos legitime et auditis si forsitan convincantur penitenciam quatenus ad forum ecclesiasticum et judiciale pertinet eisdem secundum qualitatem et quantitatem transgressionis hujusmodi salutarem et publicam taliter indicatis ut quibus eorum transgressio publice nota erat eisdem ipsorum correccio pro bono exemplo sicut docent canones publice innotescat ipsorumque punicio alios sicut appetimus simili subtrahat ab offensa. Volumus eciam quod penitenciarii nostri in foro penitenciali transgressoribus in hac parte si qui sint quod absit sibi confiteri volentibus et contritis penitenciam pro modo culpe ipsius circumstanciis ponderatis indicant per quam eorum arbitrio super quo suas oneramus consciencias confitencium saluti Fo. 95ᵛ magis prospici valeat animarum, | et hoc per vos penitenciariis nostris in archidiaconatu predicto et ejusdem rectoribus, vicariis, et eorum presbiteris parochialibus et per eos parochianis suis diebus, locis, et modo predictis precipimus specialiter nunciari, ad que omnia et singula vobis cum cohercionis canonice et absolvendi potestate committimus vices nostras donec eas duxerimus revocandas. Nec dicant vel intelligant minus sane intelligentes dum easdem constituciones publicari facimus quod nova jura ex capite proprio condiderimus vel condamus seu tabernas habere et in eis cervisiam vendere et emere sicut neccessarium esse bene novimus prohibeamus vel prohibere nitamur, sicut ante hec tempora minus veraciter plerique dixerunt, immo dumtaxat antiquas constituciones predictas ad animarum salutem publicamus exequamur ac in eis prohibemus prohibita ut tenemur. Qualiter autem hoc mandatum nostrum executi fueritis ac de nominibus hujusmodi transgressorum quibus penitenciam indixeritis que sit illa et qualis et eciam incorrigibilium si quos inveneritis nobis citra Ascensionem domini annis singulis rescribatis per litteras vestras patentes et clausas harum seriem continentes. Valete. Datum apud Poterne.

[*18 December 1319. Mandate to the official of the archdeacon of Dorset (similar mandates being sent to the officials of the other three archdeacons) to send to the Bishop, by 30 November 1320, the names of incumbents who without licence have farmed out their benefices or are non-resident; this mandate revokes an earlier commission to the archdeacon's official to punish offenders in this respect.*]

MANDATUM IIIJᵒʳ ARCHIDIACONORUM OFFICIALIBUS DIRECTUM AD CERTIFICANDUM DOMINUM DE NOMINIBUS RECTORUM ET VICARIORUM NON RESIDENCIUM ET ECCLESIAS SUAS AD FIRMAM TRADENCIUM ILLICENTER. Rogerus et cetera dilecto filio . . archidiaconi Dors' . . officiali salutem, graciam, et benediccionem. Meminimus vobis nuper nostris dedisse litteris in mandatis quod de nominibus rectorum et aliorum subditorum nostrorum qui absque nostra vel alia sufficienti licencia fructus vel proventus suos ecclesiasticos in laico collocarunt feodo eosve seu ecclesias suas illicenter dimiserunt ad firmam inquireretis modis quibus possetis legitimis diligenter quodque [si] in ea parte inveniretis aliquos forsitan transgressores eosdem vice nostra canonice puniretis. Nunc autem certis ex causis nos ad hoc racionabiliter inducentibus hujusmodi reorum punicionem si qui fuerint specialiter nobis reservantes vobis firmiter injungendo mandamus quatinus de eorum si qui fuerint ac quorumcumque tam rectorum et vicariorum quam aliorum subditorum nostrorum archidiaconatus predicti in suis beneficiis de jure communi tenentur minime residencium nominibus et cognominibus nos citra festum sancti Andree apostoli proximo jam futurum reddatis debite cerciores per litteras vestras patentes harum et mandati nostri de quo premittitur seriem quidque ejusdem mandati virtute feceritis dilucide continentes. Valete. Datum apud Poterne xv kalendas Januarii anno domini mº cccmo xix et consecracionis nostre quinto.

[*18 December 1319. Another copy, with variations, of the mandate entered above, p. 264.*]

Rogerus et cetera archidiaconi . . officiali . . salutem et cetera. Quia fratres [*etc.*]¹ . . nos de eorum nominibus et cognominibus quidque feceritis et inveneritis in premissis reddatis nos [*sic*] citra dominicam [qua] cantatur officium *Quasi modo geniti* cerciores per litteras vestras patentes harum seriem continentes. Datum apud Poterne xv kalendas Januarii anno mº cccmo decimo nono et consecracionis nostre quinto.

[*8 June 1320. Certificate to the effect that James de Berkham was ordained subdeacon to the title of the prior of the Hospital of St. John of Jerusalem in England by Bishop Simon on 22 September 1313, deacon by Archbishop Walter on 1 June 1314, and priest by Gilbert, bishop of London; and that he had been dispensed for his ordination as deacon without letters dimissory.*]

TESTIMONIALIS SUPER ORDINIBUS. Universis sancte matris ecclesie filiis ad quorum noticiam pervenerit hec scriptura Rogerus permissione divina Sar' episcopus salutem in filio virginis gloriose. Universitas vestra sciat quod Jacobus de Berkham de nostra diocese oriundus ad titulum . . prioris hospitalis sancti Johannis Jerlm' in Angl' de quo asseruit se contentum x kalendas Octobris anno domini mº cccmo xiij a recolende memorie Simone predecessore nostro immediato in subdiaconum, et kalendis Junii anno domini millesimo cccmo quartodecimo a venerabili domino Waltero dei gracia Cant' archiepiscopo absque dicti predecessoris nostri litteris dimissoriis in diaconum super quo subsequenter plene dis-

¹ *Except for the beginning and end this entry is identical with that on fo. 95 (see above, p. 264). It is marked* vacat, *and in the margin is* hoc vacat quia scriptum prius in alia parte folii.

pensavimus cum eodem, ac xv kalendas Marcii tunc sequentis a
bone memorie Gilberto tunc London' episcopo in presbiterum
canonice extitit ordinatus prout dictorum patrum super hiis confectis litteris nobis constat. In quorum testimonium sigillum
nostrum fecimus hiis apponi. Datum London' vj idus Junii
anno domini millesimo ccc^{mo} vicesimo et consecracionis nostre
quinto.

*25 June 1320. Instruction to the rural dean of the Bishop's jurisdiction of
Marlborough Without to relax the sequestration on the rectory of Mildenhall,
which had been put to farm by the rector without licence. The farmer, William
de Schirugg, is to be allowed to administer the estate, but this permission is not
to be taken as a licence for the farm.]*

[Fo. 96]

LITTERA PRO FIRMA DE MILDENHALE DE RELAXANDO SEQUESTRO.
Rogerus et cetera decano jurisdiccionis exterioris Marleberg' salutem, graciam, et benediccionem. Quia Hildebrandus de London'
in nostra presencia constitutus pro Willelmo de Schirugg' qui
ecclesiam de Mildenhale ad terminos nondum effluxos ab ejusdem
rectore ad firmam absque tamen nostra licencia se recepisse pretendit, et prout dicti rectoris littere super hoc ut dicitur sibi confecte
in medio nobis exhibite prima facie attestari videntur manucepit
et se insolidum obligavit quod totam pecunie quantitatem ad quam
bona ecclesiastica dicte ecclesie per nos sufficientibus ex causis
legitime sequestrata per te estimata existunt nobis numerabit sub
arto donec firme tradicio per nos discussa fuerit custodiendam
sequestro, idem Hildebrandus super hujusmodi pecunie numera-
cione nobis facienda a nobis fuerit premunitus, sequestrum relaxando predictum permittas quod dictus Willelmus bona ipsa ut
premittitur sequestrata ad cujus requisicionem hec fecimus vendere
valeat et de eisdem disponere, sequestro in eisdem bonis auctoritate
nostra prius interposito non obstante. Per hoc autem non intendimus predicte firme tradicionem in aliquo approbare immo ne
occasione hujusmodi nostri sequestri bona ipsa in alicujus prejudicium deteriorentur vel omnino depereant utiliter providere.
Quid autem feceris in premissis, que eciam bona ecclesiastica
predicte ecclesie auctoritate nostra sequestrata, ad quam quantitatem estimata fuerint, quidque dictus Willelmus fecerit in premissis, ac de circumstanciis premissorum nobis citra festum
translacionis sancti Thome proximo venturum distincte rescribas
per litteras tuas patentes harum seriem continentes. Valete. Datum
apud Remmesbir' vij kalendas Julii anno xx^o.

[*3 May 1315. Obligation by the Archbishop to the church of Salisbury and to the next bishop and his successors (the bishopric being vacant) in respect of a loan of £200 made from the proceeds of a provincial tax of 4d. in the mark (see Reg. Gandavo, p. 423). The money is to be repaid on 25 March 1317 at the Bishop's London residence.*]

OBLIGACIO ARCHIEPISCOPI DE CC LIBRIS ECCLESIE ET EPISCOPO SAR'. Pateat universis per presentes quod nos Walterus permissione divina Cant' archiepiscopus tocius Anglie primas tenemur et obligati sumus ecclesie Sar' nunc vacanti ac ipsius episcopo proximo futuro vel successoribus suis in ducenti libris sterlingorum quos a magistro Ricardo de Bello officiale nostro Sar' ac tenente locum episcopi loci ejusdem mutuo recepimus de quatuor denariis de qualibet marca bonorum ecclesiasticorum nostre Cant' provincie pro habendo aliquali deposito unde necessitatibus ecclesiarum provincie predicte valeat subveniri nuper per predecessorem nostrum et alios prelatos ipsius provincie et clerum ejusdem impositis et in ipsa diocese Sar' collectis solvendis dicte ecclesie Sar' seu ipsius ecclesie episcopo proximo futuro vel suo certo attornato has litteras deferenti aut successoribus suis in hospicio suo Lond' juxta ecclesiam sancte Brigide juxta muros in festo Annunciacionis dominice anno domini millesimo ccc^mo septimodecimo incipiente absque ulteriori dilacione nisi interim per nos vel alium locum nostrum tenentem et suffraganeos nostros de consensu cleri dicte provincie nostre ordinatum fuerit et consensum in utilitatem ecclesiarum ipsius provincie dictam pecuniam cicius esse convertendam in quem eventum obligamus nos, heredes, et executores nostros et omnia bona nostra dictam pecuniam ad usus et utilitatem hujusmodi pro dicta ecclesia Sar' ac ipsius episcopo ut premittitur proximo futuro persolvere, et ecclesiam predictam ac episcopum ut premittitur proximo futurum necnon executores et successores suos erga omnes aquietare et penitus liberare, et hec omnia promittimus bona fide pro nobis, heredibus, et executoribus nostris fideliter adimplere. In cujus rei testimonium sigillum nostrum presentibus duximus apponendum. Datum apud Lamehuth' v nonas Maii anno domini m° ccc^mo quintodecimo.

[*23 December 1315. Similar obligation, dated Otford (Otteford'), by the Archbishop to Bishop Roger and his successors in respect of a loan repayable at the same time and place. As the above,* mutatis mutandis.]

ITEM DE VIGINTI MARCIS. Universis pateat per presentes [*etc.*]

[*Note of delivery of the above obligation on 28 July 1321.*]

Liberata fuit ista obligacio domino Rogero episcopo Sar' Lond' v kalendas Augusti anno domini m° ccc^mo xxj° presentibus magistris

G. Lovel, R. de Worth, W. de Lobenham, H. de Knossyngton', et Vincencio de Tarent' notario publico per magistrum W. de Derby. Facta est collacio cum originali die et loco prescriptis presentibus magistris Waltero de Lobenham et Johanne de Lavynton' notario publico.[1]

[*Composition, made 14 July 1320, between John de Wilsford, rector of St. Peter's, Marlborough, and the Carmelite friars of Marlborough in settlement of the disputes between them (above, pp. 258–65). The pope's licence, dated 5 May 1317, for the friars' acquisition of six places in England is quoted in full. The friars are to retain their property at Marlborough and are allowed to hold services there, but not to the prejudice of the rector or anyone else, and they agree to make an annual payment, half-yearly on 25 December and 24 June, or to convey a rent, of 10s. to the rector. The friars are to publish the agreement every five years; they submit themselves, in this matter, to the Bishop's jurisdiction.*]

[Fo. 96ᵛ]

COMPOSICIO INTER . . RECTOREM SANCTI PETRI MARLEBERG' ET FRATRES CARMEL' PRO EORUM ORATORIO INFRA PAROCHIAM DICTI RECTORIS CONSTRUCTO. Quorum interest noverint universi quod cum nuper fratres ordinis beate Marie de Monte Carmeli virtute quarumdam litterarum apostolicarum quarum per omnia is est tenor:

'Johannes episcopus servus servorum dei dilectis filiis . . priori provinciali et fratribus ordinis beate Marie de Monte Carmeli in regno Anglie constitutis salutem et apostolicam benediccionem. Quia vestra potissime versatur intencio circa cultum divini nominis ampliandum in quo vestra sinceritas devota et sincera devocio jugiter delectantur, nos hujusmodi vestrum pium propositum favorabiliter prosequentes illa vobis libenter concedimus per que ad dei laudem et gloriam hujusmodi propositum ad efficacem effectum dextera domini vobis assistente propicia perducatur.[2] Oblata siquidem nobis vestra peticio continebat ut vobis recipiendi de novo in dicto regno certa loca ad opus vestri ordinis ubi vobis expediens videretur licenciam auctoritate apostolica concedere dignaremur. Nos itaque ordinem ipsum nunc gerentes in visceribus caritatis cupientes cultum divini nominis adaugeri ut in regno predicto in locis congruis et honestis sex loca dumtaxat de novo recipere et oratoria in eis construere ac divina celebrare libere valeatis sine juris prejudicio alieni, constitucione felicis recordacionis Bonifacii pape viij predecessoris nostri super locis a religiosis ordinis mendicancium absque licencia sedis apostolice de novo non

---

[1] *The entry is followed by a copy of the notarial mark of Vincent de Tarent.*
[2] *MS.* perducantur.

recipiendis edita nequaquam obstante, auctoritate vobis presencium indulgemus. Nulli igitur omnino hominum liceat hanc paginam nostre concessionis infringere vel ei ausu temerario contraire. Si quis autem hoc attemptare presumpserit indignacionem omnipotentis dei et beatorum Petri et Pauli apostolorum ejus se noverit incursurum. Datum Avinion' iij nonas Maii pontificatus nostri anno primo.'

—quoddam mesuagium cum pertinenciis suis ac quamdam placeam infrascriptas in burgo Marleberg' et in parochia sancti Petri ejusdem ville Sar' diocesis adquisivissent ad oratorium inibi erigendum, fuissetque per inquisicionem ad peticionem eorumdem fratrum auctoritate venerabilis patris domini Rogeri dei gracia Sar' episcopi loci diocesani in forma juris factam sufficienter inventum quod ecclesie sancti Petri predicte et rectoribus ejusdem qui pro tempore fuerint per dicti oratorii ereccionem prejudicium vertitur et vertetur, hujusmodi racione prejudicii inter me Johannem de Wyvelesford' rectorem ecclesie beati Petri predicte ex parte una et nos priorem et conventum ordinis fratrum beate Marie de Monte Carmeli Marleberg' predictos ex altera fuisset suborta materia questionis, tamdem dicto patre auctorizante quartadecima die mensis Julii anno domini millesimo ccc^mo vicesimo per viam pacis sic convenit accedente ad hoc consensu et auctoritate venerabilis patris et domini domini Rogeri dei gracia Sar' episcopi loci diocesani et veri predicte ecclesie sancti Petri patroni videlicet quod ego Johannes rector predictus pro me et successoribus meis concessi . . priori et fratribus supradictis quod ipsi quantum ad me attinet possint oratorium edificare et habitare in illo mesuagio quod Willelmus de Rameshulle eis dedit in burgo predicto quod infra meam parochiam situatur quod quidem mesuagium in longitudine se extendit per magnum vicum de Marleberg' ad mesuagium Johannis Goudhine ab oriente usque ad venellam que vocatur Dame Isabele Lane versus occidentem et in latitudine usque ad placeam dictorum fratrum quam Johannes Godhyne eis contulit versus austrum necnon in dicta placea cum gardino et curtilagio que fuit Johannis Goudhyne ut premittitur que jacet in parte australi mesuagii ejusdem Johannis in Marleberg' et se extendit in latitudine a cornera coquine dicti Johannis que ducit per semitam usque ad fontem excepta una placea extra dictam coquinam de latitudine unius perticate quam idem Johannes sibi retinuit et sic descendit usque ad pratum dicti Johannis versus austrum et continet in latitudine quatuordecim perticatas deducto cursu aque per perticam sexdecim pedum et dimidii, et se extendit in latitudine

versus occidentem ad quamdam venellam que ducit a via regia
versus pontem Nicholai Barbeslet' et continet in longitudine versus
dictam venellam sexdecim perticatas et dimidium, et curtilagium
se extendit in longitudine usque ad murum dicti Johannis inter
placeam suam et placeam que fuit quondam Willelmi de Rameshulle et continet in latitudine septemdecim perticatas et in eisdem
mesuagio et placea oratorium ut premittitur construere et divina
officia celebrare, ita tamen quod prior et dicti fratres vel sui successores aut eorum aliquis in prejudicium ecclesie predicte ullo
umquam tempore nichil attemptabunt vel attemptari procurabunt
in juribus parochialibus vel aliis dictam ecclesiam vel ipsius rectores
contingentibus quovis modo set quantum in eis est suo pleno tam
parochiali quam alio jure in omnibus gaudere permittent. Nos vero
dicti prior et fratres de consensu et auctoritate fratris Johannis de
Berkhamstede prioris nostri provincialis concessimus, promisimus,
et eciam bona fide promittimus pro nobis et nostris successoribus
inspectis sacrosanctis ewangeliis in verbo dei jurantes in presencia
dicti patris quod nichil penitus attemptabimus aut procurabimus
ullis umquam temptibus attemptari aut eciam usurpari
Fo. 97[1] quod in prejudicium quodcumque | dicte ecclesie sancti
Petri ejusdemve rectoris vel successorum suorum posset
cedere vel gravamen quodque [eidem rectori] et successoribus [suis]
pro concessione hujusmodi et in recompensionem interesse et dampnorum que idem Johannis racione more nostre ibidem pro temporibus retroactis incurrit et tam ipse quam successores sui incurrere
poterunt in futurum decem solidos annuos sterlingorum approbate
monete in festis nativitatum domini et beati Johannis baptiste
proximo sequente confeccionem presencium pro diviso perpetuis
temporibus fideliter persolvemus, et super solucione hujusmodi
facienda impetrabimus domini nostri regis Angl' licenciam et quam
cito poterimus procurabimus vel impetrabimus eidem rectori et
suis successoribus, si hoc preelegerint dictoque Sar' episcopo qui
pro tempore fuerit dicte ecclesie patrono placuerit, annuum redditum decem solidorum sumptibus nostris in omnibus per licenciam
domini regis Angl' pro dicto redditu optinendo, ita quod extunc
cesset solucio dictorum decem solidorum annuorum eidem rectori
prius per nos facta cum idem rector vel sui successores in ejusdem
redditus extiterint possessione pacifica et plenam seisinam habuerint
redditus antedicti, quod si contingat dictum rectorem vel suos successores in dicto redditu implicari quomodolibet vel eciam fatigari
nos et successores nostri solvemus eidem rectori et suis successoribus

---

[1] *At top of page,* Quintusdecimus quaternus.

dictos decem solidos et nichilominus plurium hujusmodi quando et
quociens illud moveri contigerit nostris sumptibus defendemus
donec pro eodem redditu plena fuerit securitas eisdem rectori et
successoribus suis facta, nec aliquid procurabimus nec permittemus
quantum in nobis est procurari vel fieri ad impediendum dictum
rectorem vel suos successores quominus dictos decem solidos a
nobis vel annuum redditum adquirendum libere percipere valeant
ut est dictum, et quod nos fratres predicti hec omnia intimabimus
parochianis dicte ecclesie singulis quinquenniis cum per partem
rectoris qui pro tempore fuerit congrue fuerimus requisiti atque
recitabimus composicionem predictam una die dominica intra missarum solempnia [et] in lingua exponemus materna. Volumus
eciam et promittimus dicto patri quod salvum sit jus omnium
vicinarum ecclesiarum et aliarum in sua diocese quarumcumque.
Si vero nos vel successores nostri imposterum aliqua nova loca in
dicta parochia adquiramus vel adquisita forsitan augmentemus
eidem rectori vel suis successoribus satisfaciemus integre pro eisdem per ordinacionem venerabilis patris episcopi Sar' qui pro tempore fuerit antequam de eis vel circa ea aliqualiter disponamus.
Et ad securitatem majorem in premissis habendam nos prior et
fratres predicti sufficienti deliberacione et tractatu habitis in hac
parte subicimus, auctoritate et consensu expresso . . prioris provincialis nostri predicti, atque loca nostra dicte Sar' diocesis habita
et habenda, mesuagium et placeam predictos [atque] nos et successores nostros, non obstantibus quibuscumque privilegiis, indulgenciis, et litteris aliis sedis apostolice vel aliis quibuscumque nobis
concessis vel imposterum concedendis, jurisdiccioni venerabilis
patris domini Rogeri dei gracia Sar' episcopi et suorum successorum qui pro tempore fuerint quod possit et possint in nos et
successores nostros summarie et de plano absque strepitu judiciali
et figura judicii excommunicacionis majoris necnon interdicti in
oratorium nostrum sive ecclesiam et loca nostra quelibet in dicta
parochia habita et habenda sentencias promulgare, et si in aliquo
defecerimus vel venerimus quod absit contra aliquod premissorum
et per quamcumque censuram ecclesiasticam ad observacionem
debite compellere omnium premissorum et eciam singulorum, in
aliis tamen premissa aliqualiter non tangentibus nostris privilegiis
semper salvis. Et nos Rogerus permissione divina Sar' episcopus
juribus et dignitate ecclesie nostre Sar' in omnibus semper salvis
submissionem hujusmodi admittentes, predictos priorem et fratres
ad observacionem omnium et singulorum premissorum prout
superius sunt conscripta et de eorum consensu expresso in hiis

scriptis per nostram sentenciam comdempnamus. In quorum
omnium testimonium atque fidem nos Johannes rector [ac] prior
et fratres predicti huic scripto tripartito hinc inde sigilla nostra
duximus apponenda et sigillum venerabilis patris predicti pro-
curavimus personaliter hiis apponi. Et nos Rogerus permissione
divina Sar' episcopus supradictus sigillum nostrum ad ipsorum
rogatum personale hiis duximus apponendum.

Acta sunt hec omnia et singula ut superius sunt conscripta in
ecclesia sancti Petri burgi Marleberg' die et anno predictis, rectore
[ac] priore et conventu predictis personaliter comparentibus coram
nobis Rogero permissione divina Sar' episcopo loci diocesano
dictam composicionem auctoritate ordinaria approbantibus et
eciam quatenus ad nos attinet confirmantibus per presentes, hiis
testibus magistris Roberto de Worth' subdecano et canonico
ecclesie nostre Sar', Willelmo de Selton' officiale nostro, domino
Hugone de Knossyngton' rectore ecclesie de Morton' Linc' diocesis,
Johanne de Barwe, Johanne de Lavynton' notariis publicis, et aliis
clericis nostris, necnon Hildebrando de Londoniis, Willelmo de
Rameshulle, Thoma de Polton', Ada atte mulle de Remmesbur',
Johanne Hervest majore dicti burgi, Johanne Tripp', et aliis dicti
burgi ecclesiarum parochianis in multitudine copiosa.

[*Undated. Mandate to the archdeacons' officials and others to publish the relaxa-
tion of the sentence of excommunication on the Carmelite friars of Marlborough.*]

[Fo. 97ᵛ]

MANDATUM EMANANS PER TOTAM DIOCESIM AD PUBLICANDUM
COMPOSICIONEM PRESCRIPTAM. Rogerus permissione divina et
cetera dilectis in Christo filiis . . decani ecclesie nostre Sar' ac
universis et singulis nostre diocesis archidiaconorum . . officialibus
nostreque jurisdiccionis Marleberg' interioris decano ac presbitero
parochiali de Devis' salutem, graciam, et benediccionem. Cum
nuper sanctissimus in Christo pater et dominus dominus Johannes
divina providencia papa xxij^{us} ad peticionem religiosorum virorum prioris provincialis et fratrum ordinis beate Marie de Monte
Carmeli regni Angl' indulsisset eisdem ut in eodem regno sex loca
de novo recipere et in eisdem oratoria construere possent absque
tamen juris prejudicio alieni prout in confectis super hoc apostolicis
litteris plenius continetur, ac Willelmus de Rammeshull' quoddam
mesuagium cum suis pertinenciis in burgo Marleberg' nostre
diocesis et Johannes Goudhyne quandam placeam in eodem burgo
in parochia sancti Petri post dictam graciam concessissent inper-

petuum priori et fratribus ejusdem ordinis pro oratorio eisdem juxta predicti indulti exigenciam inibi construendo fuissetque per inquisicionem ad peticionem eorumdem fratrum auctoritate nostra in forma juris factam sufficienter compertum quod ecclesie sancti Petri Marleberg' nostre diocesis nostrique patronatus ejusque rectori et successoribus per dicti oratorii construccionem inferebatur prejudicium et tam ei quam ceteris ecclesiis vicinis et aliis nostre diocesis inferretur in futurum, ipsi fratres in eodem oratorio pulsatis campanis post et contra provocaciones et appellaciones pro nobis et jure nostro et ecclesie nostre ac capituli nostri Sar' ac pro nobis adherentibus et adherere volentibus legitime prius factas et notificatas eisdem ac contra jus commune et intencionem sanctissimi patris predicti celebrarunt divina, nullo modo satisfacto pro prejudicio memorato, dictique burgi ecclesiarum parochiani et alii nostre diocesis ea occasione confluebant ibidem suis parochialibus ecclesiis derelictis quorum pretextu et aliis certis de causis et legitimis canonica monicione previa concurrentibus eciam omnibus que in ea parte requirebantur de jure noster ad hec commissarius specialis illud oratorium ecclesiastico supposuit interdicto inhibens in generale publice et expresse monicione simili precedente ne quis subditorum nostrorum in dicto oratorio presumeret audire divina interdicto durante predicto parochialibus ecclesiis suis spretis sub pena excommunicacionis majoris quam extunc in contravenientes protulit et in scriptis eo quod culpa in ea parte notorie precesserat et ex aliis justis causis, set fratres ipsi in dicto oratorio ut premittitur interdicto nichilominus celebrarunt ut prius lesis per hoc ecclesiis vel personis secundum predicti indulti exigenciam ut predicitur minime satisfacto [*sic*]. Nunc autem dicti . . prior et fratres ducti consilio saniori in spiritu humilitatis et animo contrito ad nos personaliter venientes cum rectore ecclesie sancti Petri predicte composuerunt super prejudicio memorato nostra auctoritate ordinaria suique prioris provincialis assensu concurrentibus in hac parte jurantes inter cetera coram nobis in verbo dei pro se et suis successoribus inspectis evangeliis sacrosanctis quod nichil penitus attemptabunt aut procurabunt ullis unquam temporibus attemptari quod in prejudicium quodcumque dicte ecclesie sancti Petri aliarumve ecclesiarum nostre diocesis quarumcumque earumve rectorum cedere valeat aliqualiter seu gravamen set quantum in eis est suo pleno tam parochiali quam alio jure in omnibus gaudere permittent quodque iidem fratres hec jurata et composicionem predictam una die dominica intra missarum solempnia singulis quinquenniis in dicta ecclesia recitabunt et ejusdem parochianis exponent in lingua materna cum per partem rectoris ejusdem ecclesie qui pro tempore fuerit congrue fuerint requisiti. Quamobrem excommunicacionis et interdicti sentencias supradictas in forma juris duximus relaxandas. Ad vestram igitur noticiam deducimus suprascripta et per vos rectoribus, vicariis, et presbiteris parochialibus ac per eos suis parochianis quatenus ad vos et eorum quemlibet attinet volumus intimari et in locis aliis in quibus dicte sentencie fulminate fuerant nichilominus publicari quod eciam quantum in nobis est iidem fratres ea dumtaxat facere valeant et exequi predictis non obstantibus sentenciis et inhibicionibus que ante publicacionem efficere poterant earumdem. Vestrum autem quilibet harum sumpta copia cum celeritate possibili retradat illas bajulo earumdem. Valete. Datum.

[*17 April 1320. Bull for the canonization of Thomas Cantilupe, bishop of Hereford, reciting miracles ascribed to him. His feast is to be celebrated on 2 October and a hundred days' indulgence is granted to those making pilgrimage to his tomb. Printed in Reg. Stapeldon, ed. F. C. Hingeston-Randolph, 175-7.*]

[Fo. 98]

BULLA CANONIZACIONIS THOME HERFORDEN' EPISCOPI. Johannes episcopus [*etc.*][1]

[*1 July 1320. Certificate to a bull, dated 9 December 1319, instructing the Bishop to enforce the observance of an earlier bull in which the Pope had instructed the abbot and convent of Milton to receive Richard Oysel into their community. The Bishop replies that poverty, as a result of a fire caused by lightning (in 1309: Victoria Hist. of Dorset, ii. 59) does not allow the community to support any additional member.*]

[Fo. 99]

CERTIFICATORIUM AD BULLAM CUM OLIM DE MIDDLETON'. Sanctissimo in Christo patri et domino suo reverentissimo domino Johanni divina providencia sacrosancte Romane ac universalis ecclesie summo pontifici suus filius humilis et devotus Rogerus dei permissione ecclesie Sar' minister cum omni subjeccione et reverencia pedum oscula beatorum. Sanctissime paternitatis vestre litteras recepi hanc verborum seriem continentes:

'Johannes episcopus servus servorum dei venerabili fratri . . episcopo Sar' salutem et apostolicam benediccionem. Cum olim

---

[1] *Apart from minor verbal variations, there are the following differences from the entry in Reg. Stapeldon: for* colens (*p. 175, line 7*), coloris; *for* puella annorum (*p. 176, line 44*), puella etatis annorum; *for* rigidus et frigidus (*line 56*), frigidus omnino et rigidus; *for* tuum (*p. 177, line 15*), suum. *The bull is also printed in Bullarium Romanum (Lyons, 1692), i. 292.*

dilectis filiis . . abbati et conventui monasterii de Milton' ordinis
sancti Benedicti tue diocesis nostris dederimus litteris in mandatis
ut dilectum filium Ricardum Oysel clericum cupientem una cum
eis in dicto monasterio sub regulari habitu domino famulari in
monachum reciperent et in fratrem et sincera in domino caritate
tractarent, iidem abbas et conventus mandatis hujusmodi obauditis
id efficere hactenus non curarunt sicut ejusdem clerici labor ad nos
indicat iteratus. Volentes igitur dictum clericum in hujusmodi suo
laudabili proposito confovere fraternitati tue per apostolica scripta
mandamus quatinus si est ita dictos abbatem et conventum ex
parte nostra moneas et inducas ut eumdem clericum in prelibato
monasterio in monachum recipiant et in fratrem et sincera in
domino caritate pertractent juxta priorum continenciam litterarum,
alioquin rescribas nobis causam racionabilem si qua subsit quare
id fieri non debeat vel non possit. Datum Avinion' v idus Decembris
pontificatus nostri anno quarto.'

Affectans igitur humiliter sicut teneor vestre sanctitatis parere
beneplacitis et preceptis, religiosos viros . . abbatem et conventum
predictos monui et induxi ut clericum supradictum in dicto monasterio in monachum reciperent et in fratrem et sincera in domino
caritate tractarent secundum vestrarum directarum sibi prius in
hac parte exigenciam litterarum. Qui coram meo ad hoc deputato
commissario per procuratorem suum legitimum comparentes proposuerunt eciam et probarunt planctu vulgatissimo in illis partibus
nichilominus publicante quod fulguris tempestate subito veniens
ignis ab alto media nocte dum dicti monasterii conventus debitas
ipso tempore laudes suo persolverent creatori ligneum campanile,
quod in ipsius monasterii medio [erat], a summo usque ad sup-
positam sibi fabricam lapideam totaliter inflammavit et tamdem
campanas in eodem pendentes totumque dicti monasterii tectum
ligneum et repositos ibi libros, calices, vestimenta, sigillumque
eorum commune et quod nimirum inter cetera vehemencius deplangitur ea que habebant iidem religiosi a diebus antiquis pariterque
modernis super collatis sibi largicione regum, devocione fidelium
ac provisione sanctorum patrum possessionibus temporalibus et
beneficiis spiritualibus munimenta dum non esset quisquam qui
tum propter altitudinem fabrice tum propter liquefacti plumbi quo
extitit cooperta decursum propter mortis periculum posset super
hiis manum adjutricem apponere in cinerem redegit penitus et
favillam, adeo quod ad dicti monasterii sic consumpti reedifica-
cionem monachorumque in certo numero deo ibidem serviencium
existente sustentacionem congruam ac pro supportandis aliis

diversis oneribus ordinariis et extraordinariis eisdem necessario multipliciter incumbentibus ejusdem monasterii facultates non suppetunt hiis diebus nec suppetent per longa tempora eventura. Quamobrem vestre supplicant sanctitati religiosi predicti suspiriis lacrimosis quatinus de vestre reverende paternitatis benignitate solita eisdem paterno compacientes affectu ipsos habere dignemini excusatos si Ricardum Oysel clericum supradictum recipere nequeant in dicti monasterii monachum premissis obsistentibus et in fratrem. Reverendam vestre sanctissime paternitatis excellenciam pro sua misericordia conservet altissimus in eternum. Scriptum apud Remmesbur' kalendis Julii anno domini millesimo ccc^{mo} vicesimo.

[*Note of delivery of the above certificate on 1 July 1320 to Richard Oysel, who wished to take it to the papal court without delay.*]

Kalendis Julii anno domini m° ccc^{mo} xx apud Remmesbur' in capella clericorum ibidem prescriptum certificatorium sigillo domini patenter signatum tradidit magister Robertus de Worth' cancellarius ejusdem domini Ricardo Oysel clerico hoc supplicanti instanter qui ut asseruit eumdem certificatorium prout mandatum exigit apostolicum in eodem contentum curie Romane deferre voluit sine mora nichil addens vel minuens in certificatorio memorato, presentibus magistris Johanne de Barwe, Johanne de Lavynton' notariis publicis, Roberto de Farendon' et W. de Ayston' clericis ad hujusmodi tradicioni perhibendum testimonium specialiter evocatis.[1]

[*15 July 1320. Appropriation to Sandleford priory of the church of West Ilsley, with ratification thereof by the prior and canons dated 16 July 1320. The Bishop reserves the right to ordain a vicarage in the church.*]

[Fo. 99^v]

APPROPRIACIO ECCLESIE DE WESTHILDESLE PRIORATUI DE SANDELFORD'. Rogerus permissione divina Saresbirien' episcopus dilectis in Christo filiis . . priori et canonicis regularibus prioratus de Sandelford' ordinis sancti Augustini nostre diocesis salutem cum benediccione et gracia redemptoris. Inter varias sollicitudines quibus nos astringit officium pastorale illud insidet jugiter menti nostre ut nostrorum necessitatibus pauperum subditorum, presertim vitam regularem arto professionis vinculo pro Christi nomine devovencium quos religionis sanctitas et bone vite puritas merito recommendant, paterno quatenus cum deo possumus subveniamus

---

[1] *At foot of page*, certificatorium.

affectu, ne cujusquam necessitatis occasio deficientes efficiat vel desides per viam transeuntes deserti, aut robur sancte conversacionis attenuet, votum observancie regularis infirmet, vel ipsis egentibus dum eorum non subvenitur medie vagandi materiam cum animarum quod absit discrimine subministret. Sane prioratum vestrum predictum nuper auctoritate ordinaria in capite et in membris, in temporalibus eciam et spiritualibus, personaliter visitantes invenimus possessiones et redditus quibus dicti prioratus fundatores sancta devocione dotarunt eundem a deo pro vestra sustentacione tenues et exiles vosque notoria paupertate absque culpa vestra in tantum depressos quod ad vestram sustentacionem congruam et ad onera perpetua vobis et eidem prioratui incumbencia supportanda caritatisque subsidia pauperibus ut tenemini eroganda et alias inibi excercenda sine uberiori presidio vestre non suppetunt facultates. Attendentes eciam vestram de qua in domino gaudemus opinionem celebrem ac regularis observanciam discipline eaque et multa alia nos in ea parte racionabiliter movencia de quibus omnibus legitime nobis constat, propensius ut convenit ponderantes inducimur et eciam excitamur ut vestre hujusmodi indigencie et notorie paupertati sollicitudinis paterne studio dei et sancte religionis ac premissorum intuitu prout nobis altissimus inspiraverit consulamus. Quamobrem et ut eo liberius divinis obsequiis intendere ac incumbencia de quibus premittitur et alia onera ut tenemini supportare possitis quo vestre hujusmodi facultates licet non ut vellemus aliquantum saltem capiant incrementum, nos patris et filii et spiritus sancti nomine primitus invocato licencia et assensu domini nostri domini Edwardi dei gracia regis Anglie illustris filii regis Edwardi et Walteri de Wyntereshulle patroni vestri petitis pariter et optentis, de consensu eciam expresso magistri Roberti de Ayleston' per dictos religiosos nobis ad infrascriptam ecclesiam presentati qui eandem auctoritate ordinaria commende titulo secundum formam ultimi Lugdunen' concilii certis causis et legitimis assecutus et personaliter coram nobis comparens eisdem presentacioni et commende ac juri quod sibi compeciit vel competere potuit ex eisdem pure et sponte renunciavit et eciam absolute quam quidem renunciacionem admisimus in forma juris, concurrentibus insuper omnibus que in hac parte requiruntur de jure, ecclesiam parochialem de Westhildeslee nostre diocesis vestrique patronatus, quam cum hujusmodi patronatus jure in ejusdem pacifica possessione vel quasi notorie existentes nostre ordinacioni pure, sponte, absolute et simpliciter submisistis, submissionem hujusmodi acceptantes, de facto et de jure vacantem cum omnibus suis

juribus et pertinenciis universis vobis et prioratui vestro predicto
ac per vos vestris successoribus ex causis predictis et aliis sufficientibus et legitimis id racionabiliter et legitime fieri deposcentibus
de quibus omnibus et singulis ut predicitur legitime nobis constat
auctoritate pontificali in usus proprios ordinamus, assignamus
tenoreque presencium appropriamus vobis et successoribus vestris
futuris et perpetuis temporibus canonice possidendam, juribus
archidiaconalibus ac jure, dignitate et consuetudinibus nostre Saresbirien' ecclesie in omnibus semper salvis. Reservamus eciam nobis
nostrisque successoribus de vestro consensu expresso specialem
tenore presencium potestatem perpetuam in dicta ecclesia vicariam
in quibusque porcionibus consistere et que eidem onera incumbere
debeant ac pro ea mansum competens prout expedire videbitur
ordinandi, ad quam vicariam quociens et quando vacaverit per vos
et successores vestros idoneam personam nobis et successoribus
nostris volumus presentari per nos et successores instituendam
canonice in eadem. In quorum omnium testimonium atque fidem
has litteras nostras quas nostri impressione sigilli fecimus communiri volumus dupplicari quarum una penes dilectos filios . .
decanum et capitulum ecclesie nostre predicte sigillo vestro communi et alia penes vos sigillo nostro sigillate remaneant ad majorem
securitatem et memoriam omnium premissorum. Ad sancte religionis augmentum et discipline regularis observanciam vos conservet altissimus et foveat pietas redemptoris. Datum apud
Fo. 100   parcum nostrum de Remmesbur' idibus Julii anno domini |
millesimo ccc^{mo} vicesimo et consecracionis nostre quinto.

Et nos . . prior et canonici supradicti omnibus et singulis suprascriptis sufficientibus deliberacione et tractatu prout jus exigit
habitis in hac parte quatenus ad nos pertinet consentimus eisdem
presentesque nostri communis sigilli inpressione communiri fecimus in testimonium eorumdem. Datum quoad nos . . priorem et
canonicos supradictos apud Sandelford' in capitulo nostro xvij
kalendas Augusti anno supradicto.[1]

[*13 January 1321. Ordination of a vicarage at West Ilsley, with ratification thereof dated 15 January 1320 by the appropriators (the prior and canons of Sandleford) and the vicar. The vicarage is endowed with the rectorial estate and with
ecclesiastical dues, and the vicar is to receive all the tithes except the rectorial
tithes from the priory's demesne lands. The vicars are to be responsible for all
ordinary outgoings, are to pay the priory an annual pension of £10 on 29 June
and 2 February and are to take an oath immediately after institution that they
will observe the provisions of the ordination. This entry in the register has
been divided into paragraphs and annotated in a later hand.*]

[1] *In margin, between this entry and the next,* hic induccio.

ORDINACIO VICARIE ECCLESIE DE WESTHILDESLE.[1] Universis
sancte matris ecclesie filiis ad quos pervenerit hec scriptura Rogerus permissione divina Sar' episcopus salutem in eo quem peperit
uterus virginalis. Nuper ecclesiam de Westhildeslee nostre diocesis
cum omnibus suis juribus et pertinenciis universis religiosis viris
. . priori et canonicis regularibus prioratus de Sandelford' dicte
diocesis certis et legitimis ex causis canonice appropriavimus et in
usus proprios concessimus futuris et perpetuis temporibus canonice
possidendam salva nobis et successoribus nostris potestate ordinandi vicariam sufficientem et perpetuam in eadem de proventibus
ejusdem ecclesie ad quam quidem vicariam personas ydoneas per
dictos religiosos ordinavimus presentari per nos et successores
nostros quociens vacaverit instituendas canonice in eadem, pro-
curatoremque ipsorum religiosorum pro eis et ipsos in persona
ejusdem procuratoris in possessionem dicte ecclesie per mortem
domini Alani de Pauntone ultimi rectoris ejusdem vacantis secundum effectum appropriacionis et concessionis hujusmodi induci
fecimus corporalem et subsequenter dominum Galfridum Halom
presbiterum per ipsos . . priorem et religiosos nobis ad ordinandam
per nos vicariam hujusmodi presentatum admisimus et perpetuum
vicarium secundum formam constitucionis domini Octoboni quondam legati in Anglia instituimus ac eundem vicarium in ejusdem
vicarie fecimus possessionem induci. Volentes igitur in ordinando
porciones ipsius vicarie et ipsius onera prout poterimus tute procedere et certitudinaliter secundum ipsius facultates ecclesie providere fructus, proventus et obvenciones ad dictam ecclesiam de
Westhildeslee qualitercumque spectantes una cum oneribus eidem
incumbentibus dictorum . . prioris et religiosorum in hac parte
vocatorum procuratore ad hoc specialiter constituto presente vocatis eciam evocandis per viros fidedignos et juratos inquirendorum
noticiam verisimiliter optinentes diligencius fecimus estimari.

Unde[2] dicti prioratus priore et vicario predictis personaliter
canonicisque predictis per procuratorem sufficientem comparentibus ponderatis undique ponderandis ac sufficienti deliberacione
previa de consilio sapientum, idibus Januarii anno domini millesimo ccc^mo vicesimo vicariam predictam ipsiusque porciones et onera
que ad eam et ipsius vicarios futuris temporibus pertinere debeant
auctoritate pontificali dictorum . . prioris et religiosorum vicarii
eciam et aliorum quorum interest concurrente consensu prout infrascribitur ordinamus, specificamus et tenore presencium declaramus. In primis cum secundum apostolum qui altari deservit vivere

---

[1] *In margin*, hic ordinacio vicarie.   [2] *In margin*, Ordinacio.

debeat de altari et qui ad onus eligitur repelli non debeat a mercede volumus quod vicarius supradictus et sui successores qui pro
tempore fuerint vicarii ecclesie memorate habeant totum mansum
ejusdem ecclesie rectorie una cum domibus, areis sive placeis,
gardinis, curtilagiis, terris, pascuis, pasturis, redditibus, mortuariis, releviis, decimis majoribus et minoribus, oblacionibus altaris,
provenientibus, obvencionibus et quibuscumque aliis proficuis ad
eandem ecclesiam quomodolibet pertinentibus quocumque nomine
censeantur eaque omnia et singula percipient imperpetuum integre
et in pace exceptis decimis majoribus quibuscumque de octo vir-
gatis terre quas . . prior et religiosi viri predicti in dominico suo
tenent et optinent in presenti in villa et campis de Hildeslee supradictis et eciam decimis quibuslibet de trecentis ovibus eorumdem
religiosorum propriis et eciam alienis in pastura vel faldis ipsorum
religiosorum pascentibus vel cubantibus ac pascendis seu cubandis
in futurum dumtamen oves hujusmodi non sint oves parochianorum
ecclesie supradicte quas decimas sic exceptas . . priorem et religiosos
predictos et eorum successores percipere ac eas retinere volumus et
ad eos imperpetuum pertinere, quod si iidem religiosi seu eorum
successores in suis pasturis vel faldis predictis oves aliquas habeant
        vel habere contigerit in futurum de ovibus parochaniorum
Fo. 100ᵛ ecclesie memorate vel eciam aliunde | de suisve propriis
        dumtamen ultra numerum trecentarium supradictum deci-
mas illarum ovium numerum hujusmodi excedencium et eciam
omnium hujusmodi parochianorum infra illum numerum percipient imperpetuum vicarii supradicti.

De hiis siquidem decimis et bonis aliis supradictis pro dictis
vicariis superius ordinatis volumus et auctoritate nostra ordinaria
concurrentibus omnibus que in hac parte requiruntur de jure de
consensu expresso et unanimi voluntate dictorum prioris et religiosorum prehabito inter eos super hiis in communi speciali tractatu
et eciam predicti vicarii et aliorum quorum interest ex certa sciencia
ordinamus quod vicarius ecclesie supradicte et sui successores
vicarii in eadem religiosis viris . . priori et canonicis prioratus
predicti et successoribus eorumdem quibus ut premittitur ecclesia
apropriatur predicta persolvant[1] imperpetuum annuatim nomine
fructuum et proventuum dicte ecclesie sic eis apropriate decem
libras bone et legalis monete in festis Purificacionis gloriose virginis
et beatorum apostolorum Petri et Pauli pro equalibus porcionibus
et in prioratu predicto absque ulteriori dilacione et cavillacione

[1] *In margin*, pensio.

quacumque, termino solucionis hujusmodi incipiente in festo predictorum sanctorum apostolorum proximo jam venturo.

Et ut dubietatis et discordie materia in hac parte tollatur volumus et ordinamus quod religiosi predicti de terris, possessionibus et rebus aliis seu pertinenciis earumdem quas in dictis villa, campis et parochia optinent in presenti non dent predicto vicario suisve successoribus decimas aliquales nisi prout superius est ordinatum set ipsas integre percipiant ad quorumcumque manus transferantur seu deveniant quovis modo. Si tamen iidem religiosi seu eorum successores ceteras possessiones in parochia ecclesie supradicte aliquomodo de novo fortassis adquirant volumus quod integras dent decimas de eisdem vicario et suis successoribus supradictis vel saltem illi vel illis quibus ante adquisicionem ipsam dabantur et dari solebant.

Et cum emolumentum percipiens onus[1] de jure agnoscere teneatur ordinamus quod dictus vicarius et sui successores omnia onera ordinaria predicte ecclesie de Hildeslee quatenus antiquitus ad ejusdem spectabant rectorem imperpetuum subeant et agnoscant. Extraordinaria vero onera dicte ecclesie que secundum taxacionem veri valoris ipsius secundum quam decima solvitur pro eadem in xv marcis taxatur incumbere volumus pro equali porcione religiosis ac vicario et eorum successoribus supradictis ac sic ab eisdem agnosci et solvi quociens et quando solvenda fuerint communibus eorum sumptibus et expensis.

Ad majorem eciam securitatem[2] solucionis dicte pecunie supradictis terminis imperpetuum faciende volumus et eciam ordinamus quod singuli vicarii ecclesie supradicte inmediate postquam instituti fuerint in eadem jurent ad sacra dei evangelia coram se posita ea inspiciendo prout juri convenit vel tangendo quod predictas decem libras singulis annis priori et religiosis persolvent predictis terminis prestitutis omniaque et singula superius ordinata quatenus eos et singulos eorum concernunt fideliter observabunt et si in aliquo solucionum hujusmodi termino quod absit defecerit quis eorum sequestrari volumus auctoritate nostra et successorum nostrorum bona ad vicariam spectancia supradictam ubicumque in diocese nostra inventa ac de bonis eisdem quatenus sufficiunt levari hujusmodi pecuniam non solutam et nichilominus vicarium in solucione deficientem predicta legitimo impedimento cessante absque strepitu judiciali et figura judicii summarie tamen cognicione et de plano previa hujusmodi vicarie beneficio nostra et successorum nostrorum auctoritate omnino privari. Vicarius eciam supe-

[1] *In margin,* Onera. [2] *In margin,* Vallacio.

rius nominatus juramentum hujusmodi sub eadem forma prestitit coram nobis.

Ut eciam premissa fidelius observentur et melius in futurum memorie commendentur presentes litteras volumus triplicari[1] et tam nostro quam predictorum religiosorum et vicarii sigillis muniri earumque unam penes religiosos et aliam penes vicarium supradictos et suos successores ac terciam in thesauraria ecclesie nostre Sar' imperpetuum remanere, salva nobis et successoribus nostris [potestate] dubia vel obscura si que in premissis et ea tangentibus fortassis appareant interpretandi et eciam declarandi. In quorum omnium et singulorum testimonium atque fidem sigillum nostrum ad perpetuam rei memoriam fecimus hiis apponi. Datum apud parcum nostrum de Remmesbir' idibus Januarii et anno domini supradictis consecracionis vero nostre anno sexto. Et nos . . prior et canonici prioratus predicti ponderatis in hac parte ponderandis diligenti tractatu et sufficienti deliberacione prehabitis in hac parte conspicientes omnia et singula per venerabilem patrem predictum superius ordinata ad nostram nostrique prioratus predicti utilitatem et comodum esse facta eisdem pure, sponte et absolute ex certa sciencia predicti prioratus nostri nomine consentimus et ea quantum in nobis est perpetuo volumus esse firma, nosque et prioratum nostrum predictum ad premissorum omnium et singulorum observacionem perpetuam tenore presencium obligamus, sigilla nostraque presentibus apposuimus in premissorum omnium et singulorum testimonium atque fidem. Datum quoad nos . . priorem et canonicos supradictos in capitulo nostro de Sandelford' xviij kalendas Februarii anno domini supradicto. Et ego Galfridus de Halom perpetuus vicarius ecclesie supradicte habito super premissis deliberacione et consilio peritorum obligo me et successores meos nomine vicarie mee predicte ad omnia quatenus mei [*sic*] et successores meos contingunt et singula suprascripta imperpetuum fideliter observanda sigillumque meum hiis apposui in fidem et testimonium eorumdem. Datum quoad me vicarium supradictum xviij kalendas Februarii et anno domini supradicto in capitulo prenotato.

[*19 August 1320. Record of ordination of a vicarage at Hullavington on 16 August 1320, to settle a dispute between the proctor of the abbey of St. Victor at Calais, to which the church is appropriated, and the vicar. The vicarage is endowed with lands at Hullavington, Bradfield, and Surrendell, in respect of which the vicar is to provide processional candles and maintain a chaplain at Surrendell and chantries at Hullavington and Bradfield, and is to pay 5s. a year to the abbey's proctor and is to owe suit of court. The abbey and its proctor are to maintain the chancel and the trees in the churchyard.*]

[1] *In margin.* Tripplicacio.

ORDINACIO VICARIE ECCLESIE DE HUNLAVYNTON'. Universis
sancte matris ecclesie filiis ad quorum noticiam pervenerit Rogerus
permissione divina Sar' episcopus salutem in eo quem peperit
uterus virginalis. Cum nuper actualiter decanatum Malmesbur'
visitantes inveniremus inter fratrem Thomam de Valle procuratorem religiosorum virorum . . abbatis et conventus sancti Victoris
in Caleto Rotomag' diocesis habencium ecclesiam de Hunlavinton'
nostre diocesis in proprios usus ex parte una ac Willelmum Heryng'
perpetuum vicarium de Hunlavinton' ex altera super porcionibus
vicarie sue predicte quescionis materiam suscitatam, nos dictis
partibus coram nobis constitutis injunximus ut si possent absque
judiciali strepitu de certis porcionibus et sufficientibus in quibus
vicaria predicta deberet consistere convenirent, qui sano postea
ducti consilio pacem discordie preferentes ex unanimi assensu et
consilio consenserunt quod nos pro bono pacis inter eos habende
perpetuo vicariam de Hunlavinton' predictam que prius canonice
non apparuit ordinata de novo curaremus ut subscribitur ordinare
asserentes hinc inde porciones subscriptas sufficere dicto vicario
et ejus successoribus in perpetuum pro cura dicte vicarie et subscriptis oneribus supportandis. Nos igitur auditis et intellectis parcium juribus et racionibus hinc inde propositis ponderatis eciam
undique ponderandis communicato jurisperitorum consilio de voluntate et expresso consensu fratris Thome procuratoris religiosorum
virorum . . abbatis et conventus sancti Victoris predictorum cum
mandato sufficienti sicut legitime nobis constat ac Willelmo Hering'
vicario de Hunlavinton' predicto personaliter comparentibus coram
nobis in capella nostra apud parcum nostrum de Remmesbur' die
Sabbati proxima post festum Assumpcionis beate Marie virginis
anno domini millesimo cccmo vicesimo ad peticionem parcium predictarum se nostre ordinacioni pro se et suis successoribus in
perpetuum specialiter et expresse submittencium et juramento
corporali ad observacionem ejusdem ordinacionis se obligancium
Christi nomine primitus invocato vicariam predictam ordinare
duximus in hunc modum, videlicet quod prefati abbas et conventus
et eorum procuratores inperpetuum percipient omnes decimas garbarum et feni tocius parochie de Hunlavinton' predicte et omnia
herieta viva ad dictam ecclesiam spectancia ac eciam omnes decimas majores et minores que de terris suis dominicis provenire
poterunt quoquo modo sive sint in dominico sive non et sustinebunt
cancellos de Hunlavinton' preterquam arbores in dicto cimiterio
crescentes. Percipient eciam omnia mortua mortuaria sive herieta

tocius parochie de Hunlavint' et capellarum suarum et omnes
decimas lane et agnorum, lini, canabi, casei, lactis, porcellorum,
vitulorum, aucarum, et alias minutas decimas per totam parochiam
de Hunlavinton' supradictam cum suis capellis. Habet eciam dictus
vicarius et ejus successores habebunt perpetuo unum mansum et
dimidiam hidam terre in Hunlavinton' et porcionem prati in pratis
communibus ad eandem terram pertinentem et quatuor acras terre
arabilis quas parochiani de Hunlavinton dederunt abolim vicarie
predicte in perpetuum pro sustentacione duorum cereorum pro-
cessionalium in ecclesia supradicta et dimidiam virgatam terre in
Bradefeld et dimidiam virgatam terre in Syrenden' quas parochiani
dictarum villarum abolim dederunt inperpetuum pro cantariis
ibidem per dicte ecclesie vicarios sustinendis et decimam tocius
terre supradicte quamdiu iidem vicarii dictas duas dimidias virgatas
et quatuor acras terre in manibus suis tenent. Si vero terra hujusmodi aliquo casu dicte ecclesie parochianis fuerit restituta tunc
reddatur decima procuratori dictorum . . abbatis et conventus sicut
fit de aliis terris in parochia nisi ad dictos vicarios redeat iterato.
Predictus autem vicarius de Hunlavinton' et ejus successores sustinebunt sumptibus suis cereos processionales ut predicitur et unum
capellanum apud Syrendene et cantarias apud Hunlavinton' et
Bradefeld' et libros ligabunt et salvos conservabunt quatenus onus
eorum ad dictos abbatem et conventum pertinuit supradictos.
Synodalia eciam ac procuracionem . . archidiacono racione visitacionis debitam et cetera omnia episcopalia et archidiaconalia onera
debita et consueta subibunt dicti vicarii de cetero et persolvent.
Dictus eciam vicarius et ejus successores solvent et solvere consueverunt procuratori dictorum . . abbatis et conventus singulis
annis quinque solidos annui redditus pro dimidia hida terre quam
tenet de eis et faciet sectam ad curiam eorum sicut ceteri libri
tenentes eorumdem in villa de Hunlavinton supradicta. Et nos
  Rogerus episcopus Sar' predictus . . abbatem et con-
Fo. 101ᵛ ventum | et vicarios supradictos et successores suos ad
  observacionem ordinacionis nostre hujusmodi condempna-
mus sentencialiter per presentes, salvis nobis et successoribus nostris juribus et consuetudinibus ac nostre Sar' ecclesie dignitate.
In quorum omnium testimonium atque fidem has nostras litteras
tam nostri quam dictorum religiosorum procuratoris et vicarii
sigillorum inpressione fecimus communiri et eciam dupplicari
quarum unam penes dictos religiosos et aliam penes vicarium
supradictum et suos successores volumus remanere ad majorem
securitatem et memoriam omnium premissorum. Datum apud

parcum nostrum de Remmesbur' xiiij kalendas Septembris anno domini supradicto consecracionis vero nostre anno quinto.

[*28 July 1320. Mandate to the archdeacon of Dorset or his official to cite all those who had failed to appear at the Bishop's visitation of the archdeaconry to appear before the Bishop or his commissaries according to the terms of a schedule which is not given in the register. The archdeacon is to certify the Bishop by 24 August.*]

CITACIO NON COMPARENCIUM ET NON EXHIBENCIUM IN VISITA-CIONEM.[1] Rogerus permissione divina Sar' episcopus dilecto filio suo . . archidiacono Dors' vel ejus . . officiali salutem, graciam et benediccionem. Clerum et populum nostre diocesis nuper auctoritate ordinaria visitantes religiosos viros quoscumque ecclesias apropriatas habentes rectores, vicarios, presbiteros parochiales et alios presbiteros omnes et singulos in archidiaconatu Dors' predicto divina celebrantes coram nobis vel vices nostras gerentibus pro termino peremptorie fecimus evocari, religiosos videlicet super apropriacione ecclesiarum hujusmodi per procuratores, rectores eciam unum vel plura beneficia cum cura vel sine cura post ultimum Lugd' concilium optinentes et vicarios ad comparendum personaliter ac ad ostendendum juris sui titulos quibus ecclesias et beneficia sua tenent necnon rectores, vicarios et presbiteros seculares ordinum suorum habentes vicarias ordinacionum litteras earumdem alioquin ordinacionem nostram canonice suscepturos. Set persone quarum nomina et prout continet cedula hiis annexa personaliter comparere aut quicquam canonicum effectuale secundum hujusmodi citacionis exigenciam et effectum pro se proponere, exhibere vel ostendere nullatenus curaverunt, propter quod vices nostras in ea parte gerentes ipsas pronunciarunt in ea parte exigente justicia contumaces. Vestre igitur devocioni tenore presencium committimus et mandamus quatinus dictas personas omnes et singulas citetis faciatisve citari quod compareant coram nobis nostrisve commissariis secundum distinccionem dierum in predicta cedula contentorum in ecclesia nostra Sar' videlicet non comparentes pro sua contumacia punicionem debitam recepturi, non exhibentes vero salvo nobis jure peremptorii nostri termini jam effluxi a quo non intendimus recedere quovis modo proposituri et eciam ostensuri canonicum si quod habeant, rectores et alii beneficia ecclesiastica optinentes et in hac parte ut premittitur contumaces quominus

---

[1] *The following words at the beginning of this item have been marked* vacat: Venerabili in Christo patri ac domino reverendo domino Rogero dei gracia Sar' episcopo suus humilis et devotus archidiaconus Dors' salutem cum debebitis [*sic*] obediencia, reverencia, et honore. Pridie Kalendas Augusti mandatum vestrum suscepi continens hunc tenorem.

eisdem privari vel eisdem privati esse secundum juris exigenciam minime pronunciari debeant dicteque vicarie per nos debite ordinari presbiteri simplices a celebracione divinorum suspendi, facturi et recepturi ulterius quod justicia suadebit et cedula exigit memorata. De die vero recepcionis presencium ac citacionis vestre modo et forma ejusdem et quid in premissis feceritis nos vel commissarios nostros citra festum sancti Bartholomei proximo jam venturum reddatis distincte et dilucide cerciores per litteras vestras patentes harum seriem, nomina et cognomina plenius continentes. Valete. Datum apud Remmesbur' v^{to} kalendas Augusti anno domini millesimo ccc^{mo} vicesimo et consecracionis nostre quinto.

[*Undated. Mandate to the rural dean of Marlborough to cite parish priests and six or four parishioners from each parish to appear before the Bishop or his commissaries, for the Bishop's visitation of the deanery, on the Monday after the feast of the Ascension. The mandate was evidently entered in the register to serve as a model.*]

MANDATUM COMPENDIOSUM AD VISITANDUM UNUM DECANATUM. Rogerus et cetera dilecto filio . . decano de . . salutem et cetera. Proponentes clerum et populum decanatus Marleberg' supradicti prout nostro incumbit officio personaliter visitare devocioni tue mandamus quatinus ejusdem decanatus subscriptarum ecclesiarum rectores, vicarios, et presbiteros ad exhibendum juris titulos quibus beneficia sua tenent ac litteras ordinum, et alios ecclesias sibi apropriatas porciones vel pensiones habentes ad similiter exhibendum et quid juris habeant in apropriacionibus et percepcionibus porcionum et pensionum hujusmodi speciale, necnon de qualibet parochia viros sex vel quatuor fidedignos cites peremptorie faciasve citari quod die Lune proxima post festum Ascensionis domini nunc venturum coram nobis nostrisve commissariis in ecclesia parochiali de Mildenh' nostre diocesis compareant summo mane, ac ad ulterius faciendum et recipiendum in dicto visitacionis negocio quod justicia suadebit. Et quid feceris in premissis dicto die per litteras tuas patentes harum seriem et cedulam et citatorum nomina et cognomina continentes nobis ut convenit distincte rescribas. Vale. Datum.

[*29 August 1320. Mandate to the archdeacon of Dorset or his official to induce the performance of penances enjoined by the Bishop's commissaries (see above, p. 288); the archdeacon is to certify the Bishop of his own actions and those of the priests supervising the penances by 30 November. The schedule listing the penitents is not entered in the register.*]

[Fo. 102]

B 9186 U

MANDATUM AD COMPESCENDUM CONVICTOS IN VISITACIONE INDICTAS SIBI PENITENCIAS PERAGENDI. Rogerus permissione divina Sar' episcopus dilecto filio . . archidiacono Dors' vel ejus . . officiali salutem, graciam, et benediccionem. Nostri commissarii speciales in negocio correccionum visitacionis nostre archidiaconatus Dors' nuper facte legitime procedentes omnibus quorum nomina in presentibus annexa cedula continentur penitencias in eadem conscriptas pro diversis criminibus de quibus legitime coram eis convincuntur canonice indixerunt. Quamobrem devocioni vestre firmiter injungendo committimus et mandamus quatinus omnes et singulos supradictos quatenus quemlibet eorum contingit modis quibus poteritis moneatis et efficaciter inducatis ut penitencias hujusmodi diebus dominicis, festivis, et mercati recepcionem presencium inmediate sequentibus publice more penitencium peragant humiliter et devote, presbiteris parochialibus locorum in quibus faciende sunt penitencie supradicte in virtute obediencie districcius injungendo ut penitentes predictos sequendo fustigent ut convenit et disciplinam inpendant eisdem ac vos certificent fideliter quid ipsi et hujusmodi fustigati fecerint in hac parte, contradictores et rebelles per quamcumque censuram ecclesiasticam et publicacionem earum solempne vice nostra canonice compescendo denunciantes eisdem quod si per inquisicionem quam super hiis in eventu faciemus fieri per juratos convicti fuerint quod falso certificaverint vel dissimulaverint aliquibus hujusmodi convictorum parcendo quominus plene veraciter et non ficte penitenciam fecerint injunctam eisdem contra eos taliter procedemus quod pena unius alios simili subtrahet a delicto. Hoc eciam vobis denunciamus quod si de consimilibus quod absit convicti fueritis faciemus similiter immo gravius et merito vos puniri. Qualiter autem hoc mandatum nostrum fueritis et dicti presbiteri fuerint executi una cum nominibus et cognominibus non parencium in premissis nobis citra festum sancti Andree proximo jam venturum rescribatis distincte litteris vestris patentibus atque clausis habentibus hunc tenorem. Valete. Datum apud parcum nostrum de Remmesbur' iiij kalendas Septembris anno domini millesimo cccᵐᵒ vicesimo et consecracionis nostre quinto.

[*Undated* (*? August–September 1320*). *Mandate to the archdeacon of Dorset or his official to compel the performance by John de Brudeport, formerly rector of Bridport and now beneficed in another diocese, of a penance which should have been completed by the Ascensiontide before. The archdeacon is to certify the Bishop by 6 October.*]

MANDATUM AD COMPESCENDUM J. DE B. INDICTAM SIBI IN VISITACIONE PENITENCIAM PERAGENDI. Rogerus et cetera dilecto filio . . archidiacono Dors' vel ejus . . officiali salutem et cetera. Archidiaconatum Dors' nuperrime visitantes comperimus fama publica attestante quod magister Johannes de Brudeport' quondam ecclesie loci rector Aviciam Colefox concubinam suam tenuit et eidem in amplexibus adhesit carnalibus illicite et publice quamplurimum ultra mensem, quod idem Johannes legitime coram nobis vocatus et personaliter comparens in manerio nostro de Cherdestok' pro tribunali sedentibus judicialiter fatebatur cui crimen hujusmodi inspectis per eum sacrosanctis ewangeliis coram eo positis voluntarie sub pena sibi imponenda canonica abjuranti penitenciam injunximus infrascriptam videlicet quod ad fontem ecclesie parochialis de Brudeport' superpellicio indutus per xij dies dominicos intra missarum solempnia psalterium unum dicat et offerat quolibet dictorum dierum unum cereum ponderis unius libre ad majus altare ecclesie supradicte, et subsequenter ad requisicionem ejusdem penitenciam hujusmodi sic duximus commutandam videlicet quod pauperibus . . priorisse et monialibus de Kyngton' nostre diocesis unam marcam pro earum indigencia relevanda et vicario de Poterne dimidiam marcam pro refeccione vie regie versus Sar' persolveret et nobis de solucione hujusmodi . . priorisse et vicarii predictorum quitancie proferret litteras, duodecimque denarios in pane quadrantatim per duos dies dominicos a diu effluxos suis manibus pauperibus dicte ecclesie parochianis videlicet sex denariatus ante missam coram processione et sex denariatus immediate post missam in ejusdem ecclesie rectoris vel sui presbiteri parochialis et parochianorum presencia publice erogaret citra festum Ascensionis domini proximo jam effluxum, set hujusmodi litteras nobis nondum detulit sicut nec deferre juste potuit quoniam injuncta predicta non incepit quod sciamus eciam nec peregit in anime sue salutis dispendium, perniciosum exemplum, et scandalum plurimorum. Volentes igitur ut tenemur dicti Johannis anime saluti prospicere devocioni vestre firmiter injungendo committimus et mandamus quatinus hec intra missarum solempnia in ecclesia predicta solempniter publicantes eundem Johannem modis quibus poteritis canonice compellatis ut commutatam ad requisicionem suam penitenciam supradictam et ut premittitur nondum peractam incipiat absque more dispendio et peragat ut tenetur. Ad que omnia et singula facienda vobis cum cohercionis canonice potestate committimus vices nostras, certificantes [*sic*] nos citra festum sancte Fidis virginis proximo nunc venturum plene et dilucide per litteras vestras patentes harum recepcionis diem continentes et seriem qualiter hoc mandatum fueritis executi adeo quod diocesanum dicti Johannis in cujus diocese beneficiatus existit cerciorare possimus juxta sacrorum exigenciam canonum quid factum fuerit in premissis. Valete. Datum et cetera.

[*Undated. Monition to the dean of Salisbury's official to take steps for the correction of certain adulterers within the dean's jurisdiction by 29 September (? 1320) and to certify the Bishop within three days thereafter.*]

[Fo. 102ᵛ]

MONICIO AD CORRIGENDUM ADULTERIUM IN JURISDICCIONE DECANALI COMMISSA. Rogerus et cetera . . decani ecclesie nostre Sar' . . officiali salutem, graciam, et benediccionem. In visitacione nostra nuper comperimus fama publica attestante quod Willelmus de Elesfeld ballivus Johannis de Arle uxorem ejusdem Johannis in jurisdiccione decanali infra parochiam de Sonnyngg' et Johannes Trenchefoil Isabellam uxorem Johannis Torney infra jurisdiccionem prebende de Calne in parochia de Fighilden' in adulterinis tenent amplexibus et a diu notorie tenuerunt. Et licet vos sicut accepimus pluries visitaveritis ipsa loca et inveneritis hec predicta nullam tamen correccionem fecistis nec facitis hujusmodi inventorum nedum in vestre et predictorum diffamatorum animarum periculum set in perniciosum exemplum et scandalum vehemens plurimorum. Vestram igitur devocionem monemus et hortamur in domino Jhesu Christo quatinus excessus hujusmodi citra festum sancti Michaelis proximo nunc venturum quem terminum attento predicto periculo sufficere moderamur debite corrigatis seu corrigi faciatis, predictamque Isabellam que a viro suo illicenter divertit predicto ut ad eundem redeat et eidem secundum legem conjugii adhereat modis quibus de jure poteritis compellatis alioquin nos ex tunc ad correccionem hujusmodi faciendam prout jus exigit efficaciter procedemus. Quid autem feceritis et dicti diffamati fecerint in premissis quamque penitenciam eisdem si convicti fuerint injunxeritis nobis infra tres dies post festum predictum rescribatis distincte per litteras vestras patentes et clausas harum seriem continentes adeo quod nos ulterius super hiis si oporteat exequi possimus et facere quod canonicis convenit institutis. Valete. Datum et cetera.

[*Undated. Mandate to the rural dean of the Bishop's jurisdiction of Marlborough Without to cite a husband and wife married within the forbidden degrees, together with their cousin at whose instance the action is being brought.*]

CITACIO CONTRAHENCIUM MATRIMONIUM IN CONSANGUINITATE ATTINGENCIUM. R. et cetera decano Marleberg' exterioris salutem, graciam, et benediccionem. Accedens ad nos Robertus de Bore-

bach' nostre diocesis qui se dicit consanguineum domini Willelmi
de Lyllebon' militis et domine Anastasie uxoris ejusdem dicte
diocesis nobis insinuavit vicibus repetitis quod Willelmus et Ana-
stasia supradicti se in quarti gradus consanguinitatis linea attin-
gentes matrimonium in facie ecclesie adinvicem illicite contraxerunt
coherentes cum animarum suarum periculo taliter copulati petens
utpote cujus interest ut pretendit in hac parte se in forma juris
admitti ad probandum premissa et cetera facienda que in hac parte
canonica exigunt instituta; que omnia cum effectu urgente sicut
asseruit consciencia optulit se facturum et postulans a nobis pro
animarum salute sibi fieri super hiis celeris justicie complementum.
Cupientes igitur paterna solicitudine ut tenemur presertim in hiis
in quibus animarum versatur periculum singulis justiciam pro
viribus impertiri devocioni tue committimus et mandamus quatinus cites faciasve citari Robertum, Willelmum, et Anastasiam
supradictos quod compareant legitime coram nobis nostrove . .
officiali in ecclesia nostra cathedrali Sar' proximo die consistorii
nostri de archidiaconatu Wiltes' celebrandi facturi super premissis et ea tangentibus juxta qualitatem negocii et eciam recepturi
quod sacris convenit institutis ulteriusque juri per omnia parituri.
Quid autem feceritis in premissis nobis vel nostro officiali predicto
die et loco prescriptis distincte rescribas per tuas litteras patentes
harum seriem continentes. Vale. Datum.

[*9 July 1320. Mandate to the subdean of Salisbury for the publication of the
statute changing the date of the feast of the relics from September to the
Sunday after 7 July.*]

MANDATUM AD PUBLICANDUM STATUTUM PRO FESTO RELI-
QUIARUM. R. et cetera dilecto filio . . subdecano ecclesie nostre Sar'
salutem et cetera. Numquam usus, consuetudo cujusvis ecclesie,
vel statuta sano capite intellecta obstiterunt quominus licet et licuit
Christi fidelibus auctoritate ecclesie presertim suffultis divinum
obsequium modo devociori quo semper et ubique fieri poterint
devocius ampliare. Hoc sane intelligentes usum ecclesie nostre inter
aliarum ecclesiarum usus multipliciter approbatum quem in domino
commendamus non mutare set in bono augere pocius intendentes
ad laudem et honorem illius qui nullis inclusis limitibus veritas et
non consuetudo existens in sanctis suis permanet gloriosis, dilectorum filiorum . . tenentis locum . . decani ecclesie nostre predicte
et ejusdem capituli assensu gratissimo concurrente statuimus non
est diu quod cum festum reliquiarum in mense Septembris tam[1]

---
[1] *MS.* tum.

propter concurrencia festa quam occupacionem rerum rusticarum que homines subtrahunt frequencius a divinis et alias certas causas nequeat in dicta ecclesia nostra comode celebrari, illud proxima die dominica post[1] festum translacionis sancti Thome martyris mense Julii cum concessis hujusmodi rei gracia indulgenciis solempniter in ipsa singulis annis devote futuris temporibus et perpetuis celebretur. Vobis igitur mandamus quatinus statutum hujusmodi modis et celeritate quibus poteritis in singulis ecclesiis subdecanatus predicti faciatis solempniter publicari [et] earum parochianos salubribus exhortacionibus devocius excitetis ut ad ecclesiam nostram predictam pro animarum suarum salute et pro reliquiarum veneracione sanctorum curent accedere dicto die adeo quod

Fo. 103 participes esse valeant indul|genciarum in ea parte a sanctis patribus in magna dierum multitudine concessarum. Et ut subditorum nostrorum animi ad premissa facilius et libencius inclinentur de dei omnipotentis gracia, et cetera, qui in festo reliquiarum predicto ad ecclesiam nostram predictam causa devocionis et oracionis accesserint et ipsius diei processioni intererint xl dies de injuncta sibi penitencia misericorditer in domino relaxamus. Ratificantes et cetera. Hec eciam omnia in ecclesia nostra predicta et coram processione in festo facienda predicto volumus consimiliter publicari. Valete. Datum apud parcum nostrum de Remmesbir' vij idus Julii anno domini millesimo cccmo xxmo et consecracionis nostre anno quinto.

[*23 November 1319. Letter of John, abbot of the monastery of St. Geneviève in Paris to the effect that Richard Roquet of Bayeux, rector of Sulhampstead Bannister, became a canon of St. Geneviève's on 23 November 1318 and made his vow of religion on 23 November 1319.*]

TESTIMONIALIS DE . . TRANSEUNTE AD RELIGIONEM. Universis presentes litteras inspecturis frater Johannes permissione divina monasterii sancte Genovefe Par' ad Romanam ecclesiam nullo medio pertinentis ordinis sancti Augustini abbas humilis salutem in domino sempiternam. Noveritis quod anno domini millesimo cccmo octavodecimo die Jovis in festo sancti Clementis dominum Ricardum dictum Roquet' de Bajoc' rectorem ecclesie de Silhampstede Banastr' Sar' diocesis ob devocionem quam in monasterio nostro predicto domino famulaturus idem habere asserebat recepimus in nostrum canonicum et in fratrem eundemque anno et die predictis induimus habitum regularem, quodque die Veneris in festo sancti Clementis ultimo preterito ipsius vita et conversacione

---

[1] *MS.* proxima.

expertis, laudabilis et honestus in nostro capitulo ut moris est religionis solempniter fecit votum. In cujus rei testimonium sigillum nostrum una cum sigillo discreti viri . . officialis curie Paris' ad majorem certitudinem presentibus litteris est appensum. Datum die Veneris predicta anno domini millesimo ccc^{mo} decimo nono.

[*Undated. Mandate to the official of the archdeacon of Berkshire to inquire into the circumstances of the exchange of benefices requested by Roger, rector of Stanford Dingley, and Thomas de Ockham, vicar of Streatley.*]

INQUISICIO ANTE PERMUTACIONEM. R. et cetera dilecto filio . . archidiaconi Berkes' . . officiali salutem, graciam, et benediccionem. Dilectis filiis Rogero rectore ecclesie de Stanford' nostre diocesis et magistro Thoma de Ocham perpetuo vicario ecclesie de Stretle nostri patronatus et dicte nostre diocesis volentibus sua beneficia hujusmodi certis ex causis et legitimis ut asserunt permutare, Robertus de Ponchardon' dominus de Stanford' ecclesie predicte de Stanford' se pretendens patronum magistrum Thomam predictum hujusmodi permutacionis optentu et eidem consenciens nobis suis litteris presentavit. Volentes igitur in hujusmodi permutacionis negocio rite et recte procedere et facere quod exigunt canonica instituta devocioni vestre committimus et mandamus quatinus vocatis vocandis de jure nunc presentantis ad ecclesiam de Stanford' predictam et quis ultimo presentavit ad eam necnon de causis permutacionis hujusmodi faciende ac de predictarum meritis personarum et de aliis que dictum circumstant permutacionis negocium universis in pleno loci capitulo secundum communem cursum et cetera, set de certitudine tam juris patronatus et causarum predictarum quam omnium premissorum robis rescribentes et cetera.

[*1 November 1320. Grant of 40 days' indulgence to persons who hear the preaching of the canons of Salisbury.*]

INDULGENCIA CONCESSA PER DOMINUM AUDIENTIBUS PREDICACIONEM CANONICORUM SAR'. Universis sancte matris ecclesie filiis ad quorum noticiam pervenerit hec scriptura Rogerus permissione divina Sar' episcopus salutem in eo quem peperit uterus virginalis. Verbum dei altissimi a sanctis viris et honestis rite propositum sancte matris ecclesie filios in mandatorum dei semitis ambulantes ad perseverenciam boni propositi corroborat et inflammat et per idem nonnulli a via plerumque rectitudinis oberrantes a devio salubriter revocantur, nonnumquam vero lapsis in profundum [*sic*] peccatorum foveam cooperante ipsius clemencia cujus verbum proponitur infunditur misericorditer gracia resurgendi. Ad mores igitur et donum sciencie quibus dilectos filios canonicos ecclesie nostre Sar' altissimus fecundavit aciem dirigentes credentesque sine dubio fidelem dei populum ad ipsorum predicacionem libencius atque frequencius velle confluere quoad id per allectiva indulgenciarum munera fuerit efficacius excitatus, de dei omnipotentis gracia ejusque immensa misericordia necnon piissime matris sue patrone nostre et omnium sanctorum meritis et precibus confidentes, omnibus parochianis nostris ac aliis quorum diocesani hanc nostram indulgenciam ratam habuerint et acceptam de peccatis suis vere contritis et confessis qui in predicacionibus dictorum canonicorum ubicumque ipsos contigerit publice in nostra diocese proponere quadraginta dies de injuncta sibi penitencia misericorditer in domino relaxamus, ratificantes insuper omnes indulgencias in hac parte rite concessas et imposterum concedendas. In cujus rei testimonium et cetera. Datum apud Remm' primo die Novembris anno domini m° ccc^mo xx^mo et consecracionis nostre sexto.

[*24 September 1320. Mandate to the official of the archdeacon of Wiltshire to exact from stipendiary priests, on their admission to serve a cure in the absence of the rector or vicar, an oath not to appropriate the profits belonging to the incumbent, to conduct the church services properly, to maintain among the parishioners the respect due to the incumbent, and to live as befits a priest. The mandate follows the exposure during the Bishop's visitation of irregularities in these matters.*]

[Fo. 103^v]

MANDATUM AD INJUNGENDUM PRESBITERIS STIPENDIARIIS ET ALIIS INFRASCRIPTIS DIEBUS DOMINICIS ET FESTIVIS ECCLESIARUM PAROCHIALIUM OFFICIIS INTERESSE ET AD RECIPIENDUM EORUM JURAMENTUM PROUT INFERIUS CONTINETUR. Rogerus permissione divina Sar' episcopus dilecto filio . . archidiaconi Wiltes' . . officiali salutem, graciam, et benediccionem. Cura pastoralis, cui prout placuit altissimo licet immeriti proficimur, nos excitat et inpellit ut ea que in subjectis nobis ecclesiis non absque earum et ministrorum suorum dispendio cultusque detrimento divini et animarum periculo fieri intuemur tanto per congrui apposicionem remedii solicite vigilancie studio efficaciter reformare curemus quanto ille summus pastor bonus qui suo sanguine precioso genus redemit humanum exacturus est in die novissimo non absque pene debite infliccione a desidiosis pastoribus responsionem. Sane diocesim nostram jam pridem pro nostro in eadem exercendo visitacionis officio auctoritate ordinaria peragrantes notorietate comperimus attestante quod nonnulli presbiteri stipendiarii et alii sacerdotes propriis sumptibus amicorumve suorum suffragiis forsitan sustentati in ecclesiis et capellis parochialibus archidiaconatus predicti celebrantes divina dum earumdem ecclesiarum et capellarum rectoribus vel vicariis seu eorum vices gerentibus nullo de indempnitate in subscriptis vinculo astringuntur nonnullas oblaciones, porciones, subvenciones, denarios pro requisitis, trentalia, et eciam pro missis celebrandis pecunie certas quotas et presertim oblaciones pro corporibus mortuorum presentibus in ipsis ecclesiis et capellis presbiteris ipsis factas ad dictos rectores et vicarios tam de jure communi quam de antiqua et pacifice observata consuetudine ipsarum ecclesiarum et capellarum nomine pertinentes injuste recipiunt infra limites et parochias earumdem ac ab eisdem ecclesiis et capellis asportant et detinere presumunt nedum ipsis rectoribus, vicariis et eorum vices gerentibus aliquociens insciis immo multociens contradicentibus et invitis latas in ea parte a sanctis patribus et canonibus majoris excommunicacionis sentencias ac eciam irregularitatis notam dum excommunicati se divinis publice et officiando ut prius scienter immiscent sacrilegiique crimen dampnabiliter incurrendo. Peccatum adicientes peccato confessiones parochianorum hujusmodi ecclesiarum et capellarum audiunt in casu a jure non permisso et que ea occasione offeruntur eisdem sibi apropriant minus juste rectorum vel vicariorum ad quos hec pertinent vel alia sufficienti licencia non optenta. Matutinas eciam et vesperas et alias horas canonicas in ecclesiarum cancellis diebus eciam dominicis et festivis dicere vel cantare, ipsisve in superpelliciis, prout presbiterorum statui congruit, cum ecclesiarum et capellarum rectoribus et ministris aliis parochialibus pro divini cultus augmento interesse, nedum necligunt, set contempnunt ab ipsis rectoribus et vicariis congrue requisiti ipsasque in navi ecclesie ipsiusve cimiterio et ut frequenter in campo, laicorum more vagantes, in viave publica sepedicunt nec mirum distracti deum solis labiis honorantes quorum corda non ad dei obsequium set ad tabernam aliave illicita pocius diriguntur prout gestus et exteriora sua signa hec indicant manifeste. Et si per locorum rectores seu vicarios ad morum correccionem eciam in spiritu levitatis correpti fuerint super hiis vel aliquibus premissorum statim in eos verbis contumeliosis erecta cervice prosiliunt et eisdem detrahendo inter eosdem rectores et vicarios ac locorum parochianos a quibus precipue sua recipiunt stipendia licium, contencionum, et discordiarum materiam deabolica vecti furia suscitant ut parochianos ipsos in suis hujusmodi maliciis protectores habeant et fautores, in[1] suarum et parochianorum quos sic callide decipiunt animarum periculum,

[1] *MS.* et.

ecclesiarum rectorum et vicariorum hujusmodi jurium lesionem multiplicem, perniciosum exemplum, sui ordinis obprobrium, et scandalum vehemens plurimorum. Volentes igitur ut tenemur et corditer affectantes tante insolencie dampnabilisque presumpcionis audacie et presumpte malicie per oportunum remedium pro viribus occurrere ac subjectarum nobis ecclesiarum et ministrorum suorum indempnitatibus et quieti animarumque saluti paterna sollicitudine in hac parte salubriter providere ut sic subductis de medio erroribus supradictis morum imineat in dictis presbiteris correccio viteque floreat mundicia et divina mediante clemencia pulcritudo vigeat honestatis, devocioni vestre in virtute sancte obediencie firmiter injungendo committimus et mandamus quatinus immediate post-quam hujusmodi presbiteri cujuscumque condicionis existant ad celebrandum in dicto archidiaconatu divina vobis, in celebrandis singulorum decanatuum ejusdem archidiaconatus capitulis, pre-sentati fuerint et admissi injungatis eisdem quod die dominica vel festiva admissionem eorum inmediate sequente coram ecclesiarum rectoribus vel ipsis absentibus eorum vices gerentibus si nulli vicarii sint ibidem alioquin coram ipsis vicariis et locorum parochianis intra missarum solempnia jurent apertis coram eis sacrosanctis ewangeliis et inspectis quod ecclesiis vel capellis parochialibus in quibus divina celebrare debebunt earumve rectoribus seu vicariis ipsorumve locorum tenentibus vel aliis quorum interest nullum omnino inferrent prejudicium circa oblaciones, porciones, obven-ciones, denarios, requestus, trentalia, et jura sua predicta
Fo. 104 vel alia quocumque censeantur nomine, immo | quatenus in eis est eosdem servabunt indempnes in premissis et singulis premissorum, monentes ipsos presbiteros et eciam canonice inducentes eisdem ne divina in dicto archidiaconatu celebrare pre-sumant donec dictum prestiterint juramentum vel forsitan per eos non stet quominus ut premittitur illud prestent, denunciantes quod si in loco hujusmodi celebrent interdicto irregularitatem incurrunt preter alias penas quas contrarium facientibus indicunt canonice sancciones. Si vero juramento hujusmodi presto presbiteri ipsi coram vobis aliqua via juris quam absque strepitu judiciali et figura judicii prehabito dumtaxat processu summarie et de plano prout natura et qualitas negocii id exposcat convicti fuerint quod temere suum hujusmodi infirmaverint juramentum vel forsitan super hoc diffamati se legitime purgare nequiverint ammoveantur omnino et interdicatur convictis veluti perjuris ne in archidiacona-tu predicto divina celebrent donec super hujusmodi perjurio cum eisdem fuerit canonice dispensatum. Volumus eciam et precipimus

ac per vos injungi volumus presbiteris memoratis in virtute obediencie quod matutinis, vesperis, et aliis horis canonicis et eciam
magnis missis in ecclesiis in quibus ad celebrandum divina ut
premittitur admittuntur superpelliciis que sibi iidem provideri procurent sicut honestati convenit clericorum induci diebus presertim
dominicis et festivis impedimento cessante legitimo intersint devote
psalmodizantes, canentes, et legentes ad divini cultus augmentum
prout diei festivitas major vel minor requirit quodque presbiteri
supradicti diebus dominicis et festivis vel quibus defuncti corpus
affuerit missas suas post lectum ewangelium majoris misse incipi-
ant et compleant et non prius nisi loci rectoris seu vicarii prout ad
quemlibet eorum attinet si causa specialis suberit licencia preop-
tenta, necnon quod ipsi presbiteri non detrahant quovis modo
rectoribus vel vicariis supradictis in quorum celebrant ecclesiis vel
capellis set eis debitam exhibeant in spiritu humilitatis reverenciam
ut tenentur, quod eciam parochianorum confessiones non audiant
vel eosdem absolvant preterquam in casu permisso, ad tabernas
eciam contra sanctorum patrum prohibicionem vel ad meretricum
cellulas publicave spectacula non accedant ludosve noxios vel
prohibitos exercere presumant immo in omnibus prout honestati
clericali congruit exhibeant adeo se maturos, quod eorum vita et
laudabilis conversacio ceteris ad animarum salutem tendere valeat
sicut appetimus per exemplum, sub penis quas contravenientes
incurrere volumus superius annotatis et aliis gravioribus si delicti
quod absit id exposcat qualitas in eos severius exercendis. Injun-
gatur insuper rectoribus et vicariis supradictis quod juramentum
benigne recipiant de quo et forma qua premittitur a presbiteris
antedictis quodque harum copiam in suis ecclesiis scribi faciant
ad memoriam premissorum. Valete. Datum apud parcum nostrum
de Remmesbir' viij kalendas Octobris anno domini millesimo ccc^{mo}
vicesimo et consecracionis nostre quinto.

[*Undated. Grant of 40 days' indulgence to those visiting the tomb of St. Thomas
Cantilupe, bishop of Hereford.*]

INDULGENCIA PRO VISITACIONE SEPULCRI BEATI THOME EPISCOPI
HEREFORD'. Universis, et cetera. Cum testante sacro eloquio deus
in sanctis suis laudetur, eorum precibus eciam ecclesia militans
protegatur, ac venia peccatoribus impetretur, obsequium deo
gratum impendere opinamur dum ad sanctorum veneracionem
mentes fidelium per allectiva indulgenciarum munera excitamus.
Convenit enim ut quos deus in celis glorificat in terris ad suum
fructum et gaudium mundus colat. Nos igitur de dei omnipoten-

tis gracia, et cetera, omnibus sepultum beati Thome confessoris quondam episcopi Hereforden' devote visitantibus ipsius suffragia petituri xl dies, et cetera.

[*28 May 1320. Letter from the Archbishop requesting the Bishop to collect evidence from within his diocese of the life and miracles of Robert Winchelsey, late archbishop of Canterbury, in connexion with the efforts towards his canonization instigated by Thomas earl of Lancaster.*]

[Fo. 104^v]

COMMISSIO AD INQUIRENDUM DE VITA ET MIRACULIS ROBERTI ARCHIEPISCOPI CANT'. Walterus permissione divina Cant' archiepiscopus tocius Anglie primas venerabili fratri nostro domino R. dei gracia Sar' episcopo salutem et fraternam in domino caritatem. Fraternitatem vestram latere non credimus qualiter vir nobilis et generosus dominus Thomas comes Lanc' intencionis sue devote dirigens apicem ad superna miraculorum insignia que sancte memorie Roberti nuper Cant' archiepiscopi meritorum optentu fama ultra nature potenciam hiis diebus evenisse predicat et divulgat domino nostro summo pontifici fecit nunciari humiliter supplicando quatinus ne tante lucerne claritas sub modio lateat set pocius tanta sanctitas divinis operacionibus celitus comprobata humanis laudibus in terra devocius excolatur apostolica dignaretur auctoritas tam sanctum virum in ecclesia triumphante sanctorum agmini ut firmiter creditur conjunctum in militante ecclesia inter sanctos statuere venerandum. Ipsius vero domini comitis litteris accepimus apostolica inter cetera super hoc continere responsa quod hujusmodi negocium per prelatorum et regni procerum insinuacionem sedi apostolice faciendam vite et fame viri de quo agitur ac miracula que evenisse dicuntur exposicionem continentem cum peticione congrua convenit expedire. Quamobrem idem dominus comes nos multipliciter excitavit ut que nobis super hiis secundum deum expediencia viderentur quatenus possemus viis commodis favorabiliter curaremus explere. Quamquam igitur ipsius viri morum honestas, vite sanctitas, et fama laudabilis Anglie regnicolis sic quodamodo satis nota, ut tamen super hoc instruccio plenior et planior quatenus opus fuerit haberi valeat temporibus pro futuris fraternitatem vestram affectuose requirimus et hortamur in domino deprecantes quatinus in vestra diocese super ipsius viri vita, fama, moribus, et miraculis que ipsius meritorum optentu evenisse dicuntur per viros fidedignos et famosos per quos premissorum veritas melius investigari valeat diligencius inquiratis seu inquiri faciatis. Et que inveneritis ad rem pertinencia scripturis autenticis plene et plane faciatis per omnia commendari. Nos enim variis et arduis causis et negociis legitime prepediti quominus premissis ad presens intendere valeamus vobis quatenus ad nos attinet vices nostras committimus per presentes cum canonice cohercionis potestate. In cujus rei testimonium sigillum nostrum presentibus est appensum. Datum apud Lamhuth' v kalendas Junii anno domini millesimo cccmo vicesimo.

[*29 October 1320. Return to the above mandate, to the effect that no evidence of miracles performed by the late archbishop has been found in the diocese of Salisbury, although his reputation there is outstanding.*]

ET REMANDATUM EXTITIT ARCHIEPISCOPO SUB HAC FORMA. Reverendo in Christo patri et domino reverendo domino Waltero dei gracia Cant' archiepiscopo tocius Angl' primati Rogerus ejusdem permissione Sar' episcopus obedienciam, reverenciam et honorem debitam tanto patri. Litteras vestras recepimus hanc verborum seriem continentes, Walterus et cetera. Harum igitur auctoritate litterarum super recolende memorie Roberti quondam archiepiscopi supradicti vita, fama, moribus, et miraculis de quibus premittitur per viros fidedignos et famosos in nostra diocese diligenter inquiri fecimus ut mandatur set nulla miracula que ejus optentu evenisse dicuntur coram nobis seu in hac parte deputatis a nobis aliter probata fuerunt hucusque nisi quod in dicta diocese laborat publica vox et fama quod multa fuerunt superna miraculorum insignia ipsius archipresulis meritorum optentu, invenimus tamen quod fama est publica et quasi notorium per totam nostram diocesim reputatur quod idem archiepiscopus dum vixit vir extitit sancte vite, conversacionis honeste, fame laudabilis, morum honestate preclarus, justus, castus et castos diligens, in ministerio sacerdotali devotus, constantissimus, in sermone veracissimus et veritatis zelator precipuus, verbi dei seminator infatigabilis, longe lateque doctrinis refulgens catholicis, doctores ac bacularios sacre scripture bene meritos ad dignitates et beneficia ecclesiastica promovens mero intuitu caritatis, elemosinarius largifluus, pauperibus et miserabilibus personis compaciens eisdem et precipue fratribus cujuslibet ordinis mendicancium et pauperibus scolaribus Oxon' condigna caritatis subsidia erogans habundanter, ac alia exercens pietatis opera incessanter, plures et varias persecuciones pro juribus et libertatibus ecclesiasticis conservandis et precipue pro defensione ecclesie Cant' et grege sibi commisso pacienter sustinens, et ut fortis Christi athleta contra sancte ecclesie expugnatores et persecutores se constanter opponens, et dimicans indeffesse variis eciam virtutum insigniis multisque veris miraculis claruit et in dies clarere non desinit ut refertur. Ad ecclesie sue sancte regimen et honorem paternitatem vestram diu conservet incolumem pro sua misericordia Jhesus Christus. Datum London' iiij^{to} kalendas Novembris anno domini m^o ccc^{mo} vicesimo.

[*28 October 1320. Appointment of William de Stepingg and Henry de Sewarde-ston, clerks of the Bishop, as the Bishop's proctors at the papal court.*]

[Fo. 105]^1

PROCURATORIUM AD IMPETRANDUM ET CONTRADICENDUM IN CURIA ROMANA. Pateat universis ad quorum noticiam pervenerit hec scriptura quod nos Rogerus permissione divina Sar' episcopus ordinamus, facimus, et constituimus dilectos nobis in Christo magistros^2 Willelmum de Stepingg' et Henricum de Sewardeston' clericos nostros legitimos procuratores conjunctim et divisim ad impetrandum pro nobis et ecclesia nostra predicta in Romana curia litteras apostolicas tam simplices quam legendas graciam seu ju-sticiam continentes et ad contradicendum litteris contra nos vel ecclesiam nostram predictam a quibuscumque in eadem curia im-petratis ac eciam inpetrandis, et in judices et loca consenciendum et recusandum eosdem, et ad omnia et singula facienda que negocia antedicta contingunt eciam si mandatum exigant speciale, dantes^3 eisdem conjunctim et divisim utrique eorum per se et insolidum ita quod occupantis vel occupancium condicio melior non existat potestatem specialem alium seu alios procuratorem seu procura-tores loco sui substituendi in premissis et substitutum vel substi-tutos reassumpto procuratoris officio revocandi quociens et quando eisdem vel eorum alteri videbitur expedire, ratum habituri et firmum quicquid iidem procuratores vel eorum alter, substitutus vel substituti ab eis vel eorum altero, in premissis nomine nostro et ecclesie nostre predicte^4 duxerint seu alter eorum duxerit facien-dum. ^{5}Potestatem siquidem quibuscumque procuratoribus ad pre-missa per nos prius datam tenore presencium revocamus.^{5} In quorum omnium testimonium presens instrumentum publicum per

---

^{1} *At top of page*, universis pateat per presentes, *and in a different hand after a short gap*, quod ego Robertus de Aileston' canonicus in ecclesia Lincoln' et prebendarius prebende de Lenghton' e . . ., *the corner of the page being torn. This is evidently an alternative for the opening of the first entry on the page, and in conjunction with the variations given below in the next four notes transforms the proxy into one by Robert de Aileston.*

^{2} *At foot of page*, constituo discretos viros et magistros in Christos dilectos.

^{3} *In margin*, dans.

^{4} *In margin*, prebende mee predicte.

$^{5-5}$ *Marked* vacat *in margin*.

magistrum Vincencium de Tarenta clericum nostrum notarium infrascriptum publicari et in publicam formam redigi fecimus ipsiusque signo et subscripcione vallari ac nostri sigilli appensione muniri. Datum et actum in hospicio nostro juxta ecclesiam sancte Brigide London' vicesimo octavo die mensis Octobris anno domini m° ccc^mo vicesimo.

[*28 October 1320 Appointment of the same proctors to act in suits between the Bishop and Roger Cosyn, who claims that he has been presented to the vicarage of Lambourn; the proctors are to act in this matter only at the papal court and not elsewhere. The subscription of the notary public and the names of witnesses are appended.*]

PROCURATORIUM IN OMNIBUS CAUSIS ET NEGOCIIS IN ROMANA CURIA MOTIS VEL MOVENDIS INTER DOMINUM ET R. SUBSCRIPTUM. Universis pateat per presentes quod nos Rogerus permissione divina Sar' episcopus in omnibus causis et negociis de sui natura vel ex necessitate juris in Romana curia ¹inter Rogerum Cosyn qui se dicit ad perpetuam vicariam de Lamborn' Sar' diocesis presentatum ex parte una et nos ex altera¹ motis et movendis personam nostram seu vicariam de Lamborn' predictam qualitercumque contingentibus coram sanctissimo patre et domino nostro domino summo pontifice et quibuscumque judicibus seu auditoribus deputatis vel deputandis ab eo quociens ex citacione vel prefixione canonica juris vel hominis nos habere diem vel terminum comparendi constiterit dilectos nobis in Christo magistros Willelmum de Stepingg' et Henricum de Sewardeston' clericos conjunctim et divisim et utrumque eorum per se insolidum ita quod occupantis vel occupancium condicio melior non existat procuratores nostros constituimus per presentes, dantes eisdem procuratoribus nostris et utrique eorum insolidum potestatem specialem et mandatum generale nostro et nobis adherencium nomine agendi, defendendi, [*etc.*]. In causis vero que de sui natura vel de neccessitate juris in curia Romana non sunt tractanda eisdem procuratoribus nostris et eorum substitutis adimimus potestatem. Pro eisdem vero procuratoribus nostris, substituto vel substitutis ab eis vel eorum uno rem ratam haberi et judicatum solvi cum omnibus suis clausulis sub ypotheca rerum nostrarum omnibus quorum interest promittimus et exponimus cauciones. In quorum testimonium presens instrumentum publicum et cetera, ut in immediate precedenti procuratorio.

Et ego Wincencius de Tarenta clericus Sar' diocesis publicus auctoritate apostolica notarius dictorum procuratorum constituci-

---

¹⁻¹ *Marked* vacat *in margin.*

oni ac omnibus aliis per dictum dominum episcopum ut premittitur factis una cum testibus infrascriptis personaliter interfui ac de mandato dicti domini episcopi presens instrumentum [Fo.105ᵛ] publicavi eidemque subscripsi signoque meo consueto | illud signavi in testimonium premissorum. Datum et actum die, loco, et anno domini supradictis, indiccione quarta, presentibus magistris Roberto de Worth' subdecano ecclesie Sar', Willelmo de Selton' dicti domini episcopi officiale, domino Hugone de Knossyngton', Willelmo de Ayston', et Henrico de Makeseye clericis ad premissa vocatis specialiter et rogatis.

[*27 October 1320. Record of proceedings in connexion with Roger Cosyn's claim to be admitted to the vicarage of Lambourn. Roger has produced letters of presentation, dated 19 September 1320, from Raymond Aprilis, proctor of Vitalis de Testa, dean of St. Paul's, to whom the advowson belongs; but it was then shown, as the result of an inquisition, that the vicarage was not vacant at the time of the presentation, the Bishop having collated the vicarage, by lapse, to Thomas de Stowe, following the resignation of the preceding vicar on 21 July 1319.[1] Roger has refused the Bishop's offer to cite Thomas to defend his title.*]

ACTA IN NEGOCIO PRESENTACIONIS AD VICARIAM DE LAMBORNE ROMANE CURIE DESTINATA. In dei nomine amen. Anno ab incarnacione ejusdem secundum cursum ecclesie Anglicane millesimo cccᵐᵒ vicesimo, indiccione quarta, xxvij die mensis Octobris in mei notarii infrascripti et testium subscriptorum presencia constitutus personaliter Rogerus Cosyn de London' clericus coram venerabili patre domino Rogero dei gracia Sar' episcopo in camera ejusdem patris in hospicio suo juxta ecclesiam sancte Brigide London' asserens se ad vicariam de Lamborn' Sar' diocesis per Reymundum April' venerabilis viri domini Vitalis de Testa decani ecclesie sancti Pauli London' vicarium et procuratorem in hac parte in Anglia ut dicitur generalem fuisse presentatum, de cujus quidem presentacione per quoddam publicum instrumentum manum magistri Henrici Ade dicti de Lindeseye notarii publici confectum et sigillo dicti Reymundi prout testatur dictus notarius consignatum evidenter apparebat, peciit intuitu presentacionis hujusmodi ipsum ad dictam vicariam admitti et per dictum patrem perpetuum vicarium institui in eadem. Verum quia per inquisicionem factam ad mandatum dicti patris super vacacione dicte vicarie jureque presentantis et meritis presentati aliisque articulis in hac parte debitis et consuetis dicto patri sub sigillo . . officialis Berk' mihi bene noto transmissam et coram eodem patre publice tunc lectam luculenter apparuit quod dicta vicaria tunc non vacavit set plena

---

[1] *Reg. Martival, i. 141.*

fuit pariter et consulta de domino Thoma de Stowe cui dictus pater ipsam vicariam contulit jure sibi per lapsum temporis ut asseruit legitime devoluto cum inter ultimam vacacionem dicte vicarie que ultimo vacare incepit per resignacionem domini Willelmi dicti le Chepman de Stupellavynton' ultimi vicarii ejusdem factam in manibus dicti patris xij kalendas Augusti anno domini m° ccc^mo xix° quam quidem resignacionem idem pater acceptavit et in ecclesia de Lamborne predicta publicari fecit prout in registro dicti patris quod super hoc diligenter inspexi vidi expressius contineri et datam presentacionis memorate que est xiij kalendas Octobris anno domini m° ccc^mo xx° fuisset annus integer et amplius notorie effluxus adeo quod si tempore date litterarum presentacionis hujusmodi vicaria predicta vacasset ad venerabilem patrem dominum . . archiepiscopum Cant' collacio ejusdem vicarie devoluta fuisset sicut in dictis presentacionis litteris quarum tenor inferius continetur poterit apparere, optulit eidem presentato venerabilis pater predictus quod dictum dominum Thomam de Stowe vicarium predictum et incumbentem possessioni ejusdem vicarie ad instanciam ipsius si vellet faceret legitime evocari ad proponendum canonicum si quod haberet pro se quare dictus presentatus ad dictam vicariam admitti non deberet et perpetuus vicarius institui in eadem ac in omnibus aliis officium suum contingentibus se facturum eidem justicie complementum, set dictus presentatus de hoc tunc non curans copiam inquisicionis predicte peciit sibi dari cum effectu, qua quidem copia sibi per dictum patrem statim decreta idem presentatus protinus recessit ab eodem. Presentacionis vero littere de quibus premittitur de verbo ad verbum continent hunc tenorem:[1]

'Venerabili in Christo patri et domino domino Rogero dei gracia Sar' episcopo suus humilis et devotus clericus Reymundus Aprilis venerabilis viri domini Vitalis de Testa decani ecclesie cathedralis sancti Pauli London' vicarius generalis ac in Anglia ad infrascripta procurator salutem, obedienciam, reverenciam cum honore debito tanto patri.[2] Ad vicariam de Lamborn' vestre diocesis vacantem et ad presentacionem domini decani London' domini mei predicti spectantem dominum Rogerum Cosyn diaconum London' diocesis in proximis ordinibus in presbiterum ordinandum paternitati vestre intuitu caritatis presento per presentes petens humiliter cum devocione qua decet quatinus ipsum dominum Rogerum ad dictam vicariam dignemini admittere et ipsum vicarium instituere in eadem. In cujus rei testimonium sigillum meum presentibus apposui. Et quia sigillum meum pluribus est incognitum infrascriptam

---

[1] *In margin*, Present'.   [2] *In margin*, nota.

presentacionem per me nomine domini . . decani predicti et pro
ipso dicto domino Rogero ut premittitur factam per magistrum
Henricum de Lyndeseye notarium publicum infrascriptum scribi
et publicari mandavi. Datum London' xiij kalendas Octobris anno
domini millesimo ccc^mo vicesimo. Et ego Henricus Ade dictus de
Lyndeseye clericus London' publicus apostolica auctoritate notarius premisse presentacioni et sigilli apposicioni per Reymundum
      vicarium et procuratorem domini decani predicti predicto
Fo. 106   Rogero presenti et eandem presentacionem recipienti factis |
      et habitis in Redecroxstret London' xiij kalendas Octo-
bris anno domini millesimo ccc^mo vicesimo indiccione tercia una
cum domino Henrico de Lollyngston' rectore ecclesie beate Marie
de Bothhawe London' et Waltero Pecok' testibus ad hec vocatis
specialiter et rogatis presens interfui, easque sicut premittitur fieri
vidi et audivi hecque de mandato predicti Reymundi scripsi et
publicavi signumque meum in testimonium premissorum apposui
consuetum.'

Acta sunt hec anno, indiccione, die, et loco primitus suprascriptis presentibus magistro Gilberto de Midleton, curie Cant' . .
officiali, magistro Roberto de Worth' subdecano ecclesie Sar',
magistro Willelmo de Salton' officiali Sar', domino Willelmo
Pachet testibus ad premissa vocatis specialiter et rogatis.

[*22 October 1320. Appointment by the chapter of Hereford cathedral of Nicholas
de Aka and Adam de Alleveton, rector of Mordiford, as their proctors for the
appropriation to the chapter of the church of Shinfield and its dependent
chapel of Swallowfield, according to the terms of a papal grant.*]

PROCURATORIUM . . CAPITULI HERFORD' PRO APROPRIACIONE
ECCLESIE DE SCHENYGFELD'.[1] Tenore presencium pateat universis
quod nos . . capitulum ecclesie cathedralis Herforden' facimus et
constituimus dilectos nobis in Christo dominum Nicholaum de
Aka et dominum Adam de Alleveton' rectorem ecclesie de Morde-
ford' Herforden' diocesis capellanos venerabilis in Christo patris
Ade dei gracia Herforden' episcopi procuratores nostros veros et
legitimos conjunctim et divisim et quemlibet eorum insolidum ita
quod non sit melior condicio occupantis ad prosequendum coram
venerabili in Christo patre dei gracia Sar' . . episcopo seu aliis
quibuscumque judicibus competentibus in hac parte negocium
apropriacionis ecclesie parochialis de Schenyngfeld cum capella
de Swalefeld eidem annexa sive ab eadem dependente Sar' diocesis
in qua jus optinemus patronatus ipsamque ecclesiam cum capella

---

[1] *In margin*, nota.

in proprios usus nostros nomine nostro¹ admittendam et corporalem possessionem earumdem cum suis juribus et pertinenciis
nanciscendam et retinendam juxta vim, formam, et effectum gracie
et provisionis per sedem apostolicam nobis et ecclesie nostre
Herforden' in hac parte factarum necnon omnia alia et singula
facienda et exercenda que in premissis et circa premissa de jure
fuerint oportuna eciam si mandatum exigant speciale, ratum habituri et gratum quicquid iidem procuratores nostri seu alter eorumdem in premissis et premissa contingentibus duxerint facienda. In
cujus rei testimonium sigillum nostrum commune presentibus
duximus apponendum. Datum in capitulo nostro Herforden' xj
kalendas Novembris anno domini millesimo ccc^{mo} vicesimo.

[*3 November 1320. The Bishop's assent to the appropriation of Shinfield church
with its dependent chapel of Swallowfield to the dean and chapter of Hereford.
The papal grant of the appropriation, dated 26 January 1320, made on the
grounds of the expense involved by the chapter in the rebuilding of Hereford
cathedral and the canonization of Thomas Cantilupe, is recited. The vicarage of
Shinfield is charged with an annual pension to the Bishop and the dean and
chapter of Salisbury of half a mark, in recompense for their rights during the
vacancy of Shinfield church, to be paid to the choristers of Salisbury cathedral
on 25 March. The whole entry is printed in Reg. Orleton (Cant. & York Soc.),
158–60, where the date is given as 4 November.*]

ASSENSUS DOMINI APROPRIACIONIS DE SCHENYNGFELD FACTE
PER PAPAM.² Universis [*etc.*].³

[*1 November 1320. The Archbishop's inspeximus of the bull of 18 January 1320
enjoining the Archbishop and the bishops of his province to publish sentences of
excommunication and interdict on those persons and communities who with-
hold from the Hospitallers the property once belonging to the Templars.
Printed*, mutatis mutandis *and with several insignificant variations, in Reg.
Hethe (Cant. & York Soc. xlviii), 85–89.*]

[Fo. 107]

MANDATUM ARCHIEPISCOPI BULLAM CONTINENS ORDINACIONIS
DE BONIS TEMPLARIORUM RECEPTUM APUD REMMESBUR' XIJ
KALENDAS DECEMBRIS ANNO DOMINI M° CCC^{mo} VICESIMO. Wal-
terus [*etc.*].

---

¹ *MS.* nomine nomine.
² *In margin*, Appropriacio ejusdem.
³ *As in Reg. Stapeldon, 158–60, with (apart from minor variations) the following
differences: for* ij nonas (*p. 160, line 32*), iij nonas; *for* Goher *and* Seltones (*line 40*),
Gogher *and* Salton'; *rectore ecclesie de Laxefeld Norwic. dioc. (line 41) omitted. In
margin at fo. 106ᵛ,* pensio dimidie marce; *and* Nota pensionem dimidie marce persolvendam chorustis Sar' per vicarium de Shenyngfeld'.

[*1 December 1320. The Bishop's mandate in pursuance of the above to the official of the archdeacon of Berks. (similar mandates being sent to the officials of the other three archdeacons and the dean of Salisbury).*]

[Fo. 108]

ET MANDABATUR HOC MANDATUM EXECUCIONI . . DECANI SAR'
ET QUATUOR ARCHIDIACONORUM OFFICIALIBUS SUB HAC FORMA.
R. et cetera archidiacono Bark' vel ejus . . officiali salutem, graciam,
et benediccionem. Mandatum recepimus infrascriptum, Walterus,
et cetera. *Et in fine sic*: Cum igitur sancta obediencia qua sedi
apostolice sub arto nostre professionis vinculo astringimur mandatum apostolicum supradictum cum exacta diligencia exequi nos
compellat vobis in virtute obediencie supradicte et sub pena suspensionis in negligentes superius fulminata auctoritate apostolica
qua fungimur in hac parte firmiter injungendo mandamus quatinus
omnes et singulos infra predicti archidiaconatus ambitum constitutos exemptos et non exemptos cujuscumque status vel condicionis
existant et quos inveneritis supradicta bona dicti quondam ordinis
Templi occupasse vel occupata tenere per se vel alios publice vel
occulte peremptorie monere curetis quos et nos auctoritate apostolica nobis in hac parte commissa per vos peremptorie presencium
tenore monemus ut infra unius mensis spacium post monicionem
vestram hujusmodi ea omnia et singula in quibuscumque et ubicumque consistant et quocumque nomine censeantur cum fructibus
inde perceptis et qui de medio tempore percipi potuerunt magistro
et fratribus ac hospitali restituant supradictis alioquin si infra predictum terminum eidem monicioni vestre humiliter et effectualiter
non paruerint occupata per eos vel eorum nomine cum fructibus ex
eis perceptis ut predicitur non dimittendo libere magistro et fratribus supradictis ipsos omnes et singulos cujuscumque status, ordinis,
aut condicionis extiterint et quantacumque fulgeant dignitate extunc auctoritate apostolica supradicta excommunicacionis, capitula vero, collegia, seu conventus ecclesiarum et monasteriorum
necnon universitates civitatum, castrorum, villarum, et aliorum
locorum et ipsas civitates, castra, villas, et loca que in hiis culpabilia
fuerint vel in quibus occupatores hujusmodi dominium optinent
temporale si infra predictum terminum post monicionem vestram
hujusmodi bona non restituerint ut premittitur supradicta ipso facto
interdicti subjacere sentenciis decernatis. Et ad majorem ipsorum
ignominiam supradictas sentencias et alias penas per predecessorem
eundem ut supraponitur promulgatas tales denuncietis incurrisse
et ab aliis faciatis nunciari ac ab omnibus arcius evitari donec premissa cum integritate restituant et debite absolucionis beneficium

meruerint optinere, in execucione omnium et singulorum que in prescriptis litteris apostolicis continentur taliter vos habentes quod de negligencia, contemptu, vel inobediencia merito argui non possitis. Qualiter autem hoc mandatum executi fueritis quidque feceritis in premissis ac de nominibus et cognominibus omnium et singulorum quos bona predicta occupasse inveneritis vel occupata tenere ac que et qualia hujusmodi bona existant nobis infra sex ebdomadas vestram monicionem hujusmodi inmediate sequentes dictincte rescribatis et clare per litteras vestras patentes harum seriem ac recepcionis et facte per vos monicionis in hac parte diem plenius continentes. Valete. Datum apud parcum nostrum de Remmesbir' kalendis Decembris anno domini supradicto et consecracionis nostre sexto.

[*3 March 1321. Further mandate to the same effect to the official of the archdeacon of Dorset, the earlier mandate having become void through the death of Peter de Periton, the then archdeavon.*]

ITEM. Rogerus et cetera dilecto filio .. archidiacono Dors' vel ejus .. officiali salutem et mandatis apostolicis filialiter obedire. Mandatum subscriptum quod kalendis Decembris proximo preteritis .. archidiacono Dors' vel ejus .. officiali mandavimus debite exequendum cujus execucio propter mortem magistri Petri de Periton' tunc archidiaconi Dors' periit sine fructu prout missis nobis vestris litteris certificatoriis plene constat. Quamobrem illud vobis denuo exequendum mittimus continens hunc tenorem, Walterus permissione divina Cantuar' archiepiscopus, et cetera, cum execucione domini sicut prius. Datum apud Cheselborn' v idus Marcii anno domini millesimo cccmo vicesimo et consecracionis nostre sexto.

[Fo. 108ᵛ *blank*]

[*3 May 1312. Bull of Clement V granting the goods and possessions of the Templars to the Hospital of St. John of Jerusalem. As entered in the register the bull is missing the last few lines, but it is printed with minor variations in Reg. Ghent (Cant. & York Soc. xl), 534–8.*]

[Fo. 109]¹

BULLA DE DONACIONE BONORUM TEMPLARIORUM HOSPITULARIIS.
Clemens episcopus servus servorum dei [*etc.*].
[Fo. 110] Nulli ergo omnino hominum, et cetera.

[*15 October 1326. Papal confirmation of a privilege granted to the Archbishop, by which he is allowed to visit the dioceses of his province. The confirmation asserts that the argument (see below, p. 311) that the Archbishop may not visit*

---

¹ *At top of page,* Sextusdecimus quaternus, *and* Eman[ancium].

a small diocese until each of the large dioceses has been visited is contrary to the intention of the privilege, and that the Archbishop may visit each diocese once in any order he choose. Printed, with only minor variations, in Wilkins, *Concilia*, ii. 533.]

PRIVILEGIUM WALTERI ARCHIEPISCOPI CANT' SUPER VISITACIONE CANT' PROVINCIE. Johannes servus servorum dei [*etc.*].

[*17 December 1320. Discharge of John de la More, appointed coadjutor to the rector of Blunsdon St. Andrew by Bishop Ghent, in respect of £11. 15s. ¼d. owed by John to the rector for the period 28 June 1318 to 29 September 1320, that amount being allocated to John as his stipend; and because the amount is insufficient for his stipend it is to be greater in future.*]

[Fo. 110ᵛ]

AQUIETANCIA COADJUTORIS RECTORIS ECCLESIE DE BLUNTESDON' SUPER REDDITUUM COMPOTO. Universis quorum interest pateat per presentes quod nos Rogerus permissione divina Sar' episcopus audito compoto per dilectos filios magistrum Johannem et dominum Willelmum perpetuos ecclesiarum de Henton et Elyngdon' nostre diocesis vicarios nostros in ea parte commissarios Johannis de la More presbiteri coadjutoris et custodis dilecto filio Johanni de Berton' rectori ecclesie de Blontesdon' sancti Andree nostre diocesis antedicte per recolende memorie dominum Simonem predecessorem nostrum immediatum certis ex causis et legitimis deputati, inventum est eundem coadjutorem pro toto tempore commisse sibi custodie supradicte videlicet a quarto kalendas Julii anno domini millesimo cccᵐᵒ octavo usque ad festum sancti Michaelis anno domini millesimo cccᵐᵒ vicesimo bona ejusdem rectoris fideliter administrasse et ponderatis de jure ponderandis sibique allocatis allocandis eidem rectori in undecim libris quindecim solidis et quadrante pro toto tempore supradicto dumtaxat teneri. Et quia coadjutori predicto de toto tempore supradicto sua sibi omnino supersunt stipendia persolvenda dictas undecim libras quindecim solidos et quadrantem in quibus ut premittitur dicto rectori tenetur eidem coadjutori pro stipendiis suis pro toto administracionis sue hujusmodi tempore retroacto tenore presencium allocamus ipsumque ab ulteriore reddicione compoti pro tempore supradicto quatenus ad nostrum officium pertinet salvo jure cujuslibet absolvimus per presentes. Sua quidem stipendia pro tempore futuro sibi solvi volumus eo ampliora quod dicta pecunia non suffecit nec sufficit quoad ea pro tempore memorato. In cujus rei testimonium sigillum nostrum fecimus hiis apponi. Datum apud parcum nostrum de Rammesbir' xvj kalendas Januarii anno domini millesimo cccᵐᵒ vicesimo et consecracionis nostre anno sexto.

[*12 December 1320. General proxy in all suits to Henry de Makeseye, clerk of Lincoln diocese.*]

PRIDIE IDUS DECEMBRIS ANNO DOMINI INFRASCRIPTO APUD PAR-CUM DE REMMESBUR' DOMINUS PROCURATORIUM SUBSCRIPTUM FECIT, ORDINAVIT, ET CONSTITUIT SUB HIIS VERBIS.[1] Pateat universis per presentes quod nos Rogerus permissione divina Sar' episcopus in omnibus causis et negociis motis et movendis nos vel ecclesiam nostram Sar' et ipsius . . capitulum nostramque diocesim, clerum, et populum ejusdem et quamcumque nostram jurisdiccionem et subditorum nostrorum quorumcumque in judicio vel extra judicium qualitercumque contingentibus coram quibuscumque judicibus ordinariis, delegatis, vel eorum commissariis seu executoribus et aliis jurisdiccionem, execucionem, seu nocionem habentibus quovis modo quibuscumque diebus et locis quociens nos abesse contigerit vel adesse, dilectum nobis in Christo Henricum de Makeseye Lincoln' diocesis clericum nostrum verum et legitimum facimus, ordinamus, et constituimus procuratorem, dantes eidem generalem potestatem [*etc.*]. Datum apud parcum nostrum de Remmesbir' ij idus Decembris anno domini millesimo cccᵐᵒ vicesimo.

[*18 December 1320. The above proctor's appeal to the court of Rome against the Archbishop's proposed visitation of Salisbury diocese out of turn; the Archbishop relies on a papal indulgence allowing him to visit the dioceses of his province out of order, but it is here argued that it is not intended that a small diocese like Salisbury with a conscientious bishop should be visited before larger ones in more disorderly condition.*]

ET IDEM PROCURATOR XVIIJ DIE DECEMBRIS IN AURORA ANNO PRE-SCRIPTO NOTIFICAVIT SUBSCRIPTAM PROVOCACIONEM
Fo. 111   DE VERBO AD VERBUM DOMINO WALTERO DEI | GRACIA ARCHIEPISCOPO CANTUAR' IN CAPELLA MANERII SUI DE WROTHAM PRESENTIBUS INFRASCRIPTIS. In dei nomine amen. Licet felicis recordacionis Innocencii pape quarti constitucio metropolitano suam provinciam et suffrageneorum suorum dioceses jure metropolitico visitandi certum ordinem tribuat et ab eodem in hujusmodi diocesium visitacione precipiat observari, ac bone memorie frater Johannes quondam Cant' archiepiscopus tocius Angli primas Cantuar provinciam nuper visitans jure supradicto ecclesiam Sar' ipsumque episcopum, . . decanum et capitulum ejusdem, civitatem et diocesim Sar', ac clerum et populum ipsius diocesis in ultima ipsius provincie visitacione plenaria et completa postremo juxta consuetudinem laudabilem in hac parte inconcusse hactenus

---

[1] *In margin*, contra visitacionem archiepiscopi.

observatam inter ceteras suorum suffraganeorum dioceses numero et ordine plene visitaverit procuraciones racione visitacionis hujusmodi a locis et personis sic visitatis sibi debitas recipiendo, sintque quamplures dicte Cantuar' provincie suffraganeorum varie dioceses in dicte visitacionis plenarie jure metropolitico ut premittitur facte ordine et numero visitande Saresbir' diocesim precedentes a reverendis patribus dominis Cantuar' ecclesie archiepiscopis post ipsius ecclesie, civitatis, et diocesis Sar' visitacionem a dicto Cantuar' archiepiscopo factam minime prout ordo juris requirit in hac parte jure metropolitico hactenus visitate; audito tamen et intellecto quod vos reverende pater domine W. dei gracia Cant' archiepiscope tocius Anglie primas, suggesto ex parte vestra[1] sedi apostolice quod decem et septem suffraganeos vobis et ecclesie vestre habetis jure metropolitico subjectos quorum dioceses propter valitudinem bone memorie Roberti Cantuar' archiepiscopi predecessoris vestri et alia impedimenta predecessoris ejusdem non fuerunt a multis retroactis temporibus jure metropolitico visitate quodque dicte dioceses animarum curas non habent equales nec visitacionis officio noscuntur equaliter indigere, vobis auctoritate apostolica ut premittitur optinuistis indulgeri quod illas ex predictis diocesibus possitis omissis interim aliis suo tempore hac vice dumtaxat visitare et procuraciones vobis ab eisdem debitas recipere que vestre discrecioni plus indigere hujusmodi officio videbuntur, venerabilem patrem dominum Rogerum dei gracia Sar' episcopum, . . decanum et capitulum ejusdem, civitatem et diocesim Sar', licet ipsa Sar' diocesis de se sit mediocris respectuque aliarum dicte Cant' provincie diocesium juxta ordinem in hac parte interrogatum jure metropolitico prius visitandarum in se parva vel saltem mediocris ut premittitur existat, que quidem alie dioceses majores curas habent animarum, debite discrecionis consideracione tam propter multitudinem populi et plebis inhabitancium quam propter insolenciam conversacionis et indomitos gestus habitatorum ac varias et extrinsecas occupaciones quorumdam prelatorum visitacionis officio et informacionis beneficio notorie multo amplius egere noscuntur ad quos taliter visitandos vobis domino . . Cant' archiepiscopo securus patet et patuit accessus, plusque dicta Saresbir' diocesis montibus et vallibus aliisque planis paucos inhabitatores habentibus quam villulis vel hominibus repleatur, fueruntque bone memorie dominus Simon doctor in sacra pagina famosus nuper Sar' episcopus dicti venerabilis patris Sar' episcopi proximus predecessor inmediatus singulis temporibus suis ac dictus venerabilis pater nunc loci diocesanus

---

[1] *In margin*, vide privilegium in precedente folio.

existens predecessoris sui vestigiis inherens consimili fungens do-
ctoratus honore, nullis aliis extrinsecis occupacionibus intenti ut fortassis quidam alii, pastoralis officii debitum in ipsa diocese in omnibus et singulis debite exercentes et eidem vigilanti studio insistentes
ipsam Sar' diocesim personas et loca sibi subjectas in eadem quociens oportuit et de jure tenebantur visitaverunt ac circa subditorum
correcciones verbo, opere, et exemplo personaliter et intente
morumque reformacionis eorumdem sollicite vacaverunt, majoribus
tocius provincie prelatis ac clero et populo tocius diocesis Sar' et
aliarum vicinarum dioces[i]um hec veluti notoria publice attestantibus, idemque venerabilis pater nunc Sar' episcopus supradictus
modo simili notorie vacet in presenti qui et circa inventa in visitacione sua pridem facta actualiter insistit reformanda diligenter in
omnibus prout pastoralis officii cura et solicitudo exigunt et requirunt, virtute hujusmodi induli apostolici si quod fuerit supradicti, quamquam dictas Sar' civitatem et diocesim vobis videri non
debeat jure racionis seu proinde discrecionis plus aliis immo multo
minus ponderatis premissis officio visitacionis indigere presertim
cum alias virtute hujusmodi induli apostolici predicti quod in
preeleccione mutato more solito visitandarum diocesium in duabus
diocesibus tantummodo suum sortiri videtur effectum dioceses
Lincoln' jam in toto et Cycestren' in nullo visitatam tanquam magis
visitacione indigentes decreveritis pre aliis visitandas super ipsius
Cicestren' diocesis visitacione facienda domino . . Cicestren' . .
episcopo et ejusdem decano et capitulo a vobis receptas litteras
dirigendo contra memoratum ordinem et hujusmodi induli apostolici si quod fuerit mentem et intencionem in hac parte
Fol. 111ᵛ   de facto cum de jure visitare | ¹non potuit intendentes,
dictum venerabilem patrem . . Sar' episcopum, . . decanum et capitulum ejusdem, civitatem et diocesim supradictas
sic velle visitare contra premissa pluries comminamini; unde me-
tuens ego procurator ejusdem venerabilis patris domini Rogeri dei
gracia Sar' episcopi supradicti ex hiis et aliis causis probabilibus
et verisimilibus conjecturis posse eidem venerabili patri, ecclesie
sue Sar' ipsiusque ordinarie jurisdiccioni necnon venerabilibus
patribus dominis Reymundo et Arnaldo dei gracia sacrosancte
Romane ecclesie cardinalibus ecclesie Sar' predicte . . . decano
et thesaurario ejusdemque ecclesie capitulo et singulis canonicis
in eadem ac archidiaconis in predicta Sar' diocese constitutis ac
aliis in eadem jurisdiccionem habentibus cleroque et populo dicte
diocesis quorum jura jurisdicciones dicti venerabilis patris in hac

---

¹ *On recto, as catchwords,* non potuit.

parte multipliciter et eorum interest illesa conservari in futurum grande prejudicium generari ne vos pater reverende domine archiepiscope supradicte seu quivis alius seu alii auctoriate vestra seu mandato seu quicumque alii quovis modo quicquam in hac parte dicto venerabili patri domino meo[1] seu dicto domino . . cardinali dicte Sar' ecclesie . . decano inmediatam in dicte ecclesie canonicos jurisdiccionem omnimodam habenti seu aliis ejusdem canonicis seu archidiaconis aut aliis dicti patris subditis prejudiciale attemptetis, attemptet vel attemptent, faciatis, faciat vel faciant aliqualiter attemptari in futurum juris ordine pretermisso seu contra mentem indulti hujusmodi apostolici in hac parte pretensi visitando, monendo, citando, mandando, sequestrando, suspendendo, decernendo, interloquendo, pronunciando, excommunicando, interdicendo seu quovis alio modo gravando sacrosanctam sedem apostolicam nomine domini mei venerabilis patris antedicti et ecclesie Sar' ac venerabilium patrum dominorum cardinalium decani et thesaurarii predictorum et capituli ecclesie Sar' predicte singulorumque canonicorum ejusdem ac archidiaconorum dicte diocesis, cleri et populi ejusdem quorum et nostra interest in hac parte dicto venerabili patri et aliorum domino meo adherencium et adherere volencium in hiis scriptis provoco et appello et apostolos instanter, instancius, et instantissime peto cum effectu[2] si qui sint qui eos dare velint aut valeant in hoc casu, supponens dictum dominum meum, ecclesiam Sar', et jurisdiccionem ipsius ordinariam ac venerabiles patres dominos . . cardinales . . decanum et thesaurarium, archidiaconos, clerum, et populum aliosque subditos predictos quorum et nostra interest ac alios eidem patri adherentes in hac parte seu adherere volentes ac omnia bona sua proteccioni et defensioni sacrosancte sedis apostolice supradicte, protestans me velle istam provocacionem reverendo patri domino . . archiepiscopo supradicto et ceteris omnibus quibus de jure notificanda fuerint oportunis loco et tempore notificare et in eventu futuri quod absit gravaminis legitime appellare ipsasque provocacionem et appellacionem innovare si oporteat sub hac forma et alia competenti et apostolos prout jus exigit petere et ipsas provocacionem et appellacionem prosequi cum effectu, salva semper dicto domino patri et mihi ipsius nomine potestate predictas provocacionem et appellacionem tam in forma quam in materia corrigendi, mutandi, et minuendi quociens videbitur expedire et omnibus aliis de jure salvandis.

[1] *In margin*, nota.
[2] cum effectu *written twice*.

NOTA FUIT UT PREMITTITUR PRESENTIBUS magistris Willelmo de Lobenham et Radulpho de Querendon', de Haregrave Linc' diocesis et Haversegge Conventr' et Lich' diocesis ecclesiarum rectoribus, Johanne de Dene marescallo dicti archiepiscopi et magistro Vincencio de Tarent' notario publico; et dictus archiepiscopus dictam provocacionem pro lecto habens copiam ejusdem peciit, quam statim sibi tradidit procurator predictus.

[*Undated. The Bishop's formal appeal to the Holy See on the same issue.*]

GENERALIS PROVOCACIO. In dei nomine amen. Cum nos Rogerus permissione divina Sar' episcopus predicte ecclesie episcopatum et dignitatem supradictam pleno jure nuper fuerimus et simus assecuti ac racione hujusmodi assecucionis et a tempore ejusdem monasteriorum, prioratuum, domorum religiosarum, ecclesiarum, capellarum, et aliorum locorum ecclesiasticorum, personarumque ecclesiasticarum tam religiosarum quam secularium ac eciam laicarum dicte Sar' diocesis visitacio, correccio, et reformacio ecclesiasque personas et loca supradicta visitandi, corrigendi, reformandi jurisdiccio ad nos et subditos nostros in ecclesia eadem jurisdiccionem nobis inmediatam subjectam optinentes competat et pertineat ac competere et pertinere notorie dinoscatur in tota diocese supradicta, fuissemusque et simus ipsique sint subditi nostri in eadem diocese jurisdiccionem habentes notorie in possessione pacifica actualis exercicii jurium premissorum pacifice et inconcusse, vigilem curam et solicitam diligenciam in juribus supra dictis circa monasteria, prioratus, ecclesias, capellas, ac loca predicta pariter et personas supradictas ipsarumque visitacionem, reformacionem, et correccionem attenta neccessitate et utilitate earumdem pastoralis officii debitum prout juri convenit vigilanter et actualiter exercendo, audito et intellecto quod quidam contra juris exigenciam dictas ecclesiam, civitatem, et diocesim visitare innitentes comminantur se velle circa jurisdiccionem nostram et hujusmodi subditorum nostrorum, quorum jura nostra multipliciter interest conservare illesa, in predictis juribus et possessione ipsius nos et subditos nostros predictos gravare metuentes nobis ex hiis et aliis verisimilibus et aliis probabilibus conjecturis circa hujusmodi jurisdiccionem nostram ac subditorum nostrorum in premissis locis ac personis supradictis nobis ac dictis subditis nostris competentem vel ipsius exercicium seu

Fo. 111   jura | eandem jurisdiccionem vel eorum in premissis personis et locis nobis subditis concernencia prejudicium posse generari in futurum, ne quis circa ipsam jurisdiccionem nostram vel ipsius exercicium seu eciam jura in hujusmodi monasteriis,

ecclesiis, locis dicte diocesis nostre seu personis ejusdem supradictis
jurisdiccionem nostram concernencia in nostri seu jurisdiccionis
nostre vel subditorum nostrorum prejudicium attemptet vel circa
premissa vel eorum aliqua quovis modo seu jure vel auctoritate quacumque in futurum faciat attemptari contra juris exigenciam visitando, monendo, citando, statuendo, decernendo, interloquendo,
diffiniendo, suspendendo, excommunicando, interdicendo, sequestrando, molestando, inquietando, perturbando, seu quovis alio modo
gravando, sacrosanctam sedem apostolicam in hiis scriptis nomine
nostro et nobis adherere volencium in hac parte provocamus et
apostolos si qui fuerint a quibus peti debeat quatenus jura nos
artant in hoc casu instanter petimus, salva nobis potestate predictam provocacionem tam in forma quam in materia corrigendi,
mutandi, minuendi quociens videbitur expedire et omnibus aliis
nobis de jure salvandis. Protestamur eciam nos velle provocacionem
hujusmodi omnibus quorum interest notificare et in eventu futuri
quod absit gravaminis legitime appellare et apostolos petere cum
effectu, juris beneficio in omnibus semper salvo.

[*10 June 1320. Declaration, in settlement of a dispute between Milton abbey,*
appropriators of Osmington church, and the vicar of Osmington, to the effect
that the vicar is to receive the proceeds from the sources named in a decision
(here quoted) by the Bishop's official, even though the proceeds may not be of the
value set out in the official's decision.]

DECLARACIO DOMINI SUPER ORDINACIONE VICARIE DE OSMYN-
TON'.[1] Universis sancte matris ecclesie filiis ad quorum noticiam
pervenerit hec scriptura Rogerus permissione divina Sar' episcopus
salutem in eo quem peperit uterus virginalis. Litteras inspeximus in
infrascriptis:
  'Universis sancte matris ecclesie filiis presentes inspecturis W.
dictus Scammel officialis venerabilis patris domini Sar' episcopi
salutem in domino sempiternam. Ad universitatis vestre noticiam
volumus devenire quod cum inter religiosos viros Willelmum abbatem et conventum Middelton' et Walterum vicarium de Osmyngton' coram nobis exorta fuisset materia questionis super eo quod
dictus vicarius asserebat vicariam suam nimis tenuem et exilem
petens eandem ex officio nostro augmentari, dictis religiosis in contrarium asserentibus, videlicet eandem vicariam sufficientem ad
sustentacionem vicarii memorati habito respectu ad facultates
ecclesie de Osmyngton' supradicte, demum post varias concerta-
ciones inter partes super hoc habitas supradicti religiosi et vicarius,
jurgiorum amfractus et dispendia volentes evitare, pure et absolute

---

[1] *In margin*, nota.

super dicta controversia nostre ordinacioni se submiserunt liti
super dicta vicaria prius mote penitus renunciantes. Nos vero, facta
inquisicione in pleno capitulo de Dorcestr' per rectores et vicarios
ejusdem capituli et per tredecim laicos fidedignos juratos de parochia de Osmyngton', invenimus quod porciones dicte vicarie decem
marcas sterlingorum annis communibus excedunt et quod porcio
dictorum monachorum in dicta ecclesia decem marcas vix excedit.
Et quoniam dicte partes inquisicioni memorate se sponte super-
posuerunt nec aliquod efficax et canonicum contra eandem in presencia nostra proposuerunt nos deum habentes pre oculis habito
consilio et tractatu cum viris discretis nobis assidentibus, habito
eciam respectu et consideracione ad porciones quas dicti religiosi
percipiunt in ecclesia supradicta, pronunciavimus, statuimus, et
decrevimus dictam vicariam augmentari de jure nec posse nec
debere immo sufficientem ad onus sustinendum quod dictus vicarius supportat in ecclesia memorata. Et ne inposterum super porcionibus dicte vicarie posset hesitari easdem inseri fecimus in instrumento presenti.

'Iste sunt porciones que pertinent ad vicariam ecclesie de Osmyngton': domus cum curtillagio estimacio iij s' vj d', quatuor
acre terre arabilis in uno campo et quatuor in alio estimacio vj s',
pastura animalium estimacio iiij s' ij d', pastura ovium estimacio
ij s', oblacio trium festorum principalium estimacio xx s', oblacio
diei Parasceves estimacio ij s', confessio estimacio ij s', oblacio
quatuor festorum beate Marie iij s', oblacio sponsalium et mortuorum xiij s' iiij d', mortuaria de Wydecombe estimacio ij s', Ele-
torn estimacio xx s', decima feni estimacio xx s', decima lane estimacio xj s', decima casei, vaccarum, vitulorum, pullorum vj s'
viij d', decima curtillagiorum vj s' viij d', decima agno-
Fo. 112ᵛ   rum vj s', | oblacio panis iiij s' iiij d', decima operariorum
et textricum xij d', decima batellorum xij d', decima
ovorum vj d', decima columbarum iiij d', decima mellis ij d', decima
aucarum iiij d', summa vj li' xvj s'. In hujus rei testimonium presentibus sigillum officialitatis Sar' apposuimus. Hec acta fuerunt
in pleno capitulo Dorcestr' in ecclesia beati Petri ejusdem loci presentibus Roberto rectore ecclesie de Waye, Nicholao tunc decano,
magistro Willelmo Gaucyn rectore ecclesie de Corf, Galfrico rectore
ecclesie de Wormewolle, Davidio rectore ecclesie de Maneston',
Roberto de sancto Quintino rectore de Waie Bajonse et multis
aliis.'

Et cum inter religiosos viros predictos et Willelmum vicarium
ecclesie de Osmyngton' predictum super porcionibus suprascriptis

suborta fuisset coram nobis materia questionis nos auditis partibus et negocii meritis plenius intellectis de consensu expresso religiosorum predictorum concurrentibus omnibus que in hac parte requiruntur de jure ordinamus et ordinando declaramus vicarium predictum et sue vicarie successores debere percipere sue vicarie nomine integre omnes et singulas porciones predictas in supradictis litteris designatas et non estimacionem earum eo non obstante quod ipsarum porcionum estimacio superius designatur. In quorum omnium testimonium sigillum nostrum fecimus hiis apponi. Datum apud Sonnyngg' iiij idus Junii anno domini m° ccc^{mo} vicesimo et consecracionis nostre anno quinto.

[*4 February 1321. Licence to any bishop of Canterbury province to reconsecrate 'Merton' churchyard, desecrated by bloodshed.*]

LICENCIA RECONCILIANDI CIMITERIUM DE MERTON' SANGUINIS EFFUSIONE POLLUTUM. Pateat universis quod nos Rogerus permissione divina Sar' episcopus cuicumque episcopo Cant' provincie sedis apostolice graciam et execucionem sui officii optinenti tenore presencium concedimus facultatem cimiterium ecclesie parochialis de Merton' nostre diocesis alias consecratum et nunc sanguinis effusione pollutum reconciliandi canonice ac aliis quorum interest reconciliacionem hujusmodi procurandi eo non obstante quod in nostra diocese cimiterium supradictum consistat, dumtamen aliud canonicum non obsistat. In cujus rei testimonium et cetera. Datum apud Poterne ij nonas Februarii anno domini millesimo ccc^{mo} vicesimo et consecracionis nostre sexto.

[*9 November 1320. Letter to the pope from the Archbishop and bishops of Canterbury province to further the canonization of Archbishop Winchelsey.*]

LITTERA MISSA PAPE PRO CANONIZACIONE R. ARCHIEPISCOPI CANT' PER PRELATOS. Sanctissimo patri suo et domino domino Johanni digna dei providencia sacrosancte Romane ac universalis ecclesie summo pontifici sui humilimi et devoti Walterus permissione divina Cant' archiepiscopus tocius Anglie primas, Stephanus London', Johannes Norwicen', Walterus Exonien', Johannes Cycestrn', Henricus Lyncoln', Rogerus Saresbirien', Walterus Coventr' et Lich', Johannes Bathon' et Wellen', Thomas Wygorn', Johannes Elien', Adam Hereforden', David Meneven', Johannes Landaven', Hamo Roffen', Anianus Bangorens', et David Assaven' episcopi, et Rigaldus Wynton' electus confirmatus cum omni obediencia et reverencia subjectiva pedum oscula beatorum. De solita sedis apostolice benignitate confisi non sine cordis jubilo sanctitati vestre nunciare celebria delectamur intrepidi et ad id eo devocius

afficimur quo materia in terris sublimorum illucescit estimantes
quod materians sit inter ceteros aureus ille clipeus in quem sol reful-
sit, sol quidem justicie Christus deus noster. Id nempe in persona
recolende memorie Roberti olim Cant' archiepiscopi nunciamus
qui inter electa plantaria que summus et ineffabilis ortolanus in
orto ecclesie Cantuar' ad crescendum, florendum, et fructificandum
disposuit plantare ut admirandus novus furculus succrescens et
inter fructus ad horam latens tandemque in altitudine se extollens
nec cessit tempestatibus aquilonis nec emarcuit per fervorem set in
seipso virorem continens et virtutem proflatus austro post frondes
et folia flores produxit et fructus diversorum morborum generibus
congrua medicamina prestituros. Ad horum utique fructuum aro-
mata per omnes fines Angl' fluencia incole regni ejusdem alia-
rumque parcium eciam a remotis catervatim accedunt pro variis
languoribus fructu remedii fruituri. Ea propter pater sanctissime ne
tanta lucerna diucius lateat sub modio set exaltata magis splendescat
in lucem et cedat Christicolas in devocionis augmentum, apostolice
sublimitatis clemencie genibus provoluti et ad terram prostrati
humilimis affectibus supplicamus quatinus ad predicti |
Fo. 113   archiepiscopi, qui dum viveret soli justicie inherens fidei
constancia, virtutumque clipeo fortiter communitus in
tantum quod temptatus modis variis et pulsatus turbinum fluctibus flectendo non cessit sibi ipsi sanctitate vite multipliciter
prospicere aliosque exemplis pariter et doctrinis satagebat salubriter erudire, precelsa grandiaque merita, que largitor omnium
graciarum suos fideles ineffabiliter beatificans in exaltacionem
memorie ejusdem archiepiscopi contra nature potenciam operatus
est et indesinenter non desinit operari, pie paterne consideracionis
oculos dirigentes super inventis per inquisiciones, quas jam antea
de vita, meritis, et strenuis actibus predicti archiepiscopi necnon et
miraculis que ipsius optentu evenisse dicuntur quidam nostrum
fecerunt, inventa sub suis sigillis scripturarum memorie fideliter
commendantes vestri dignissimi apostolatus culmini presentanda et
informacione si placet recepta, ad ejusdem canonizacionem procedendum fore dignetur decernere vestre beatitudinis oraculum de-
cisivum. Eternitas illa a qua fluunt eva et tempora multiplicet vobis
prosperos pacis annos. Datum London' v^{to} idus Novembris anno
domini millesimo ccc^{mo} vicesimo.

*[Extract from a bull addressed to the earl of Lancaster advising him of the steps
which have to be taken for the above canonization.]*

TRANSCRIPTUM BULLE COMITI LANCASTR' DESTINATE SUPER
MODO PROCEDENDI IN CANONIZACIONE PREDICTA. Porro circa id

quod de canonizacione sancte memorie Roberti nuper Cant' archiepiscopi supplicasti, scire te volumus quod Romana mater ecclesia
non consuevit super tanta causa presertim precipitanter aliquid
agere quinpocius tale negocium solempnis examinacionis indagine
ponderare, propter quod si negocium ipsum credideris promoven-
dum oportet quod illud coram fratribus nostris in consistorio per
solempnes personas ex parte prelatorum, cleri, et populi Anglicani
vitam, merita, atque miracula ipsius archiepiscopi attestancium
specialiter destinatas solempniter proponatur, supplicacione sub-
juncta ut hujusmodi de vita mirabili, miraculis eciam, et meritis
gloriosis personis ydoneis committatur ut juxta exitum inquisicionis
ipsius canonizacio fieri debeat vel omitti.

[9 *February 1321. Mandate to the Bishop's official to ensure observance of Bishop
Bridport's statute prohibiting apparitors of the diocese from exacting main-
tenance for their horses. The official is to enjoin the archdeacons' officials also
to ensure the observance of the same.*]

MANDATUM DOMINI PRO APPARITORIBUS EQUITIBUS CONTRA CON-
STITUCIONEM EGIDII EPISCOPI.[1] Rogerus et cetera . . officiali nostro
salutem, graciam, et benediccionem. Gregis nobis subditi pastoralis
officii cura suscepti merito perurgemur ut illas sanctorum patrum
predecessorum nostrorum constituciones eo studiosius exequendas
esse censeamus et effectui pleno commendandas quo manifestius
ipsas variis subditorum nostrorum utilitatibus liqueat introductas
fuisse periculaque graviora conspicimus eorumdem neglectu per-
venire. Sane sancte memorie predecessor noster Egidius olim inter
alia quandam pro subditorum suorum oppressionibus evitandis de
apparitoribus edidit constitucionem statuens in eadem et decernens
ut omnes et singuli apparitores sue diocesis pedites ad instar cur-
sorum papalium progredientes absque cujuslibet eveccionis onere
suum exequerentur officium, equos suos vel alienos secum in alienis
domibus [n]ullatenus adducerent hospitandos, in contravenientes
penam adiciens et imponens infrascriptam, ipsos videlicet apparitores ab hujusmodi ministerio removendos, alios quoque subditos
ipsos contra prohibicionem hujusmodi equites suscipientes cum
equis suis vel alienis hospitandos seu fraudem alias constitucioni
premisse facientes ab officio fore suspensos ipso facto. Qua quidem
constitucione minime prout decet a subditis nostre diocesis hactenus
ut decuit observata quin verius expresse contempta, veremur ipsius
transgressores grandia pericula et dampna quasi irreparabilia sus-
tinuisse et incurrisse, presertim cum nonnulli eorum hujusmodi

[1] *In margin*, nota.

constitucionis contemptores beneficiis suis ecclesiasticis sibi propter hujusmodi officia quibus suspensi fuerant debitis hujusmodi suspensione durante se ingerere presumpserunt variique sic suspensi divinorum se celebracioni scienter inmiscentes vel aliqua probabili ignorancia se excusare non valentes irregularitatis maculam dici valeant ex hoc contraxisse. Volentes igitur, ne nota negligencia circa debitam cohercionem subditorum ad habenda premissorum delictorum et dampnorum contingencium effici quovis modo mereamur, auctores hujusmodi subditorum nostrorum prout possibile est incomodis occurrere et periculis eorumdem precavere futuris, vobis committimus et firmiter injungendo mandamus quatinus predictam constitucionem de apparitoribus in singulis decanatibus nostre diocesis prefectis et preficiendis observandam fore precipiatis et sollempniter publicetis et a subditis nostris quibuscumque observari cum effectu faciatis. Apparitoribus quibuscumque secus ab hiis que suprascripta fuerint suum officium exercentibus nullam
Fo. 113ᵛ omnino fidem | in consistoriis seu actibus quibuscumque suum officium concernentibus adhibituri nec ipsos pro apparitoribus aliqualiter admissuri subditos nostre diocesis singulos ne hujusmodi apparitores sic equites ut superius inhibetur suscipiant vel fraudem constitucioni faciant aliqualiter antedicte, execucionem pene in dicta constitucione contra eosdem comprehense compelli et coherceri faciatis modisque omnibus quibus videritis expedire. Injungatis eciam singulorum nostre diocesis archidiaconorum . . officialibus quod in virtute obediencie premissam constitucionem faciant in omnibus observari. Datum apud Poterne vto idus Februarii anno domini millesimo cccmo vicesimo et consecracionis nostre anno sexto.

[*4 February 1318. Declaration that the church of South Newton, to which Walter Hervy was admitted and instituted by Bishop Ghent, is a prebendal church with a stall in Wilton abbey, the question of its prebendal status having been left open at the time of Hervy's institution. See Reg. Ghent (Cant. & York Soc. xli), 756.*]

Pronunciacio domini quod ecclesia de Suthnyweton' est prebenda. Rogerus permissione divina Sar' episcopus dilecto filio magistro Waltero Hervy presbitero salutem, graciam, et benediccionem. Cum tu bone memorie Simoni nuper Sar' episcopo predecessori nostro inmediato ad tunc vacantem ecclesiam de Suthnyweton' in monasterio Wylton' nostre diocesis prebendalem fuisses per . . abbatissam et conventum ejusdem virosque dicte ecclesie patronos presentatus, idemque predecessor noster te ad dictam ecclesiam utpote prebendalem admisit et instituit in eadem et in ipsius possessionem induci fecit corporalem salva sibi et successoribus suis potestate discuciendi an ipsa existeret prebendalis prout legitime nobis constat, quampropter nos ordinem quem in dicto negocio jus exigit observari plenius observantes super hiis et ea tangentibus discucionem pleniorem fecimus et solempnem per quam simul et alia concurrencia in hac parte que nos movent et eciam de jure movere debent super statu, qualitate, et condicionibus aliis dictam ecclesiam contingentibus sufficienter informati, dictam ecclesiam de Suthnyweton' et nunc esse et tam in presentacione et admissione hujusmodi quam eciam a tempore et per tempus cujus principii memoria non existit fuisse in dicto monasterio prebendalem, ac illis quas in eodem optines canonie et prebende annexam, consuetamque seculari clerico canonice assignari, declaramus et pronunciamus sentencialiter in hiis scriptis. In quorum omnium testimonium atque fidem presentes litteras sigilli nostri impressione fecimus consignari. Actum et datum apud Sonnyngg' die Veneris quarta videlicet die Februarii anno domini mº cccº septimodecimo.

[*10 January 1320. Confirmation of the appointment by the Bishop's commissary of Joan Duredent as prioress of Kington St. Michael, her election by the nuns having been found invalid. Cf. Reg. Martival, i (Cant. & York Soc. lv), 415.*]

CONFIRMACIO PREFECCIONIS . . PRIORISSE DE KYNGTON'. Universis Christi fidelibus ad quos pervenerit hec scriptura Rogerus permissione divina Sar' episcopus salutem in eo quem peperit uterus virginalis. Universitati vestre presentibus intimamus quod prioratu de Kyngton' nostre diocesis et nostri patronatus[1] ac nobis inmediate subjecta per cessionem sororis Cecilie ultime priorisse ejusdem canonice auctoritate nostra admissam vacante, eleccioneque . . suppriorisse et monialium prioratus predicti de Johanna Duredent' ipsius prioratus commoniali in loci priorissam per scrutinii viam electa nobis presentata ac secundum juris exigenciam examinata plenius et discussa et ea tam contra concilii generalis quam super eleccione monialium noviter edite constitucionis formam processisse inventa et alias defectiva fuisse multipliciter eademque eleccione deliberacione sufficienti previa auctoritate nostra sentencialiter et diffinitive non propter vicium persone electe predicte set propter eleccionis ut premittitur peccatum legitime justicia suadente cassata jureque providendi dicto prioratui de priorissa hac vice ad nos veluti loci diocesano legitime devoluto et pro devolucione hujusmodi legitime pronunciato noster in hac parte commissarius specialis sororem Johannam Duredent' predicti prioratus monialem

[1] *MS.* prioratus.

predictam in eo expresse professam etatem quadraginta annorum
ac in temporalibus et spiritualibus sufficientem circumspeccionem
habentem necnon ad statum hujusmodi quatenus humana fragilitas
nosse sinit legitimaque documenta probarunt habilem auctoritate
nostra ordinaria et jure hujusmodi devoluto in dicti prioratus priorissam canonice prefecit et eidem prioratui de ea providit nostraque
auctoritate predicta installavit et in ejusdem prioratus corporalem
possessionem cum omnibus suis juribus et pertinenciis induxit eandem. Unde nos Rogerus episcopus supradictus quia examinatis
cum plena cause cognicione processibus, prefeccione,
Fo. 114   provisione, | installacione, et induccione commissarii
nostri predicti eundem commissarium in omnibus et
singulis suprascriptis rite et recte invenimus processisse et canonice
omnia hec fecisse pro eisdem processibus prefeccione, provisione,
installacione, et induccione pronunciamus eosdemque ratificamus,
approbamus, et tenore presencium ex certa sciencia confirmamus.
In quorum omnium testimonium sigillum nostrum fecimus hiis
apponi. Datum apud Poterne iiij idus Januarii anno domini millesimo cccmo decimonono et consecracionis nostre quinto.

[*Undated (1321: see Reg. Martival, i (Cant. & York Soc. lv), 174). Commission
to Robert de Bluntesdon, canon of Salisbury, and to the Bishop's official to hear
and decide a dispute about West Hemsworth rectory. John de Codeford had
been presented for institution to the Bishop by the king, and an inquiry held on
the right of presentation had not revealed who was the true patron. The Bishop
has cited William de Warham, whom the inquiry had shown to be the incumbent
of the church, to show cause why John de Codeford should not be admitted,
instituted, and inducted to the rectory.*]

COMMISSIO AD DIFFINIENDUM NEGOCIUM PRESENTACIONIS DE
HEMELESWORTH'. Rogerus et cetera R. de Blunt' nostre Sar' ecclesie canonico ac . . officiali nostro salutem et cetera. Johanne de
Codeford' clerico per excellentissimum principem et dominum
dominum Edwardum dei gracia regem Anglie illustrem ad ecclesiam de Hemelesworth' nostre diocesis vacantem et ad suam presentacionem spectantem ut dicit nobis nuperrime presentato factaque inquisicione ad mandatum nostrum super vacacione ipsius
ecclesie et aliis articulis consuetis, non constitit per eandem quis
ipsius ecclesie esset verus patronus. Postea vero breve regium recepimus in hec verba, Edwardus et cetera. Quamobrem volentes
presentato predicto et aliis quorum interest justiciam inpartiri
magistrum Willelmum de Warham de quo dicta inquisicio dicit
eandem ecclesiam esse plenam pariter et consultam mandavimus
peremptorie evocari quod compareat coram nobis vel nostro commissario in ecclesia nostra cathedrali Sar' die tali propositurus et

prout juris fuerit efficaciter probaturus canonicum si quod habeat quare presentatus predictus ad dictam ecclesiam admitti non debeat et rector institui in eadem in ipsiusque corporalem possessionem induci. De vestra igitur circumspeccione in domino fiduciam optinentes ad audiendum et diffiniendum totum hujusmodi presentacionis negocium et ad omnia alia et singula facienda juxta naturam et qualitatem\ejusdem que in hac parte necessaria vel oportuna fuerint eciam si mandatum exigant speciale, admissione et institucione dicti presentati quoad dictam ecclesiam nobis specialiter reservatis, vobis conjunctim et divisim et utrique per se et insolidum ita quod occupantis vel occupancium condicio melior non existat cum cohercionis canonice potestate committimus vices nostras. Inquisicionem autem et breve de quibus premittitur originalia vobis mittimus nostro sigillata sigillo mandantes quatinus eadem originalia remittentes rescribatis nobis per litteras vestras patentes et clausas quid feceritis totumque vestrum processum habitum in hac parte vel saltem alter vestrum rescribat qui mandatum nostrum hujusmodi est amplexus. Valete. Datum et cetera.

[30 March 1321. Inspeximus of a French charter from Robert de Hungerford, dated 9 November 1320, confirming seisin to the earl of Lancaster of all the former property of the Templars at Lacock, which the earl had in turn leased to the abbess of Lacock.]

LITTERA INSPEXIMUS TANGENS BONA TEMPLARIORUM APUD LACOK'. Universis pateat per presentes quod nos Rogerus permissione divina Sar' episcopus die confeccionis presencium litteras recepimus et inspeximus in hec verba:

'A touz iceux qi ceste lettre verront ou orrunt Robert de Hungerford' saluz en nostre seignour. Sachez qe jeo le dimeigne procheyn avant la feste seynt Martyn lan du regne nostre seignour le roy Edward' quatorzime ai seysi en la mayn mon seignour le counte de Lancastr' totes les terres, rentes, molines, prees, bois, et pastures oue les apurtenaunces qe furent as Templiers en la ville de Lacok', queux terres et tenementz mon seignour le counte avoit lesse al . . abbesse de Lacok' a tenir a volunte mon dit seignour rendaunt de ceo par an la verreye value de quele value mon seignour avantdit est pleynement paye. En tesmonyance de quele chose cestes lettres overtes ai enseale de mon seal. Escript a Lacok' le jour et an avantditz.'

In cujus recepcionis et inspeccionis testimonium sigillum nostrum hiis duximus apponendum. Datum apud Poterne iij kalendas Aprilis anno domini millesimo ccc^mo vicesimo primo et consecracionis nostre sexto.

[*5 December 1319. Papal mandate to the Bishop (received 1 May 1320) to take depositions, within three months of the receipt of the mandate, from witnesses in the matrimonial suit between Robert de Cantokesheved and his wife Joan on the one hand and Alice la Kervers on the other. The Bishop is also to cite the parties to appear at the papal court. Alice had claimed that Robert had married her before marrying Joan; Robert and Joan had appealed to the papal court from a judgment by the precentor of Wells. The record of a first hearing there was lost, Robert's proctor appealed from a rehearing by the same judge, the appeal was allowed, but the appeal judge found that he could not determine the case on the evidence before him. In the meanwhile Joan has died.*]

[Fo. 114ᵛ]

RECEPTUM APUD HUNLAVYNTON' KALENDIS MAII ANNO DOMINI Mᵒ CCCᵐᵒ VICESIMO. CANTOKESHEVEDE. Johannes episcopus servus servorum dei venerabili fratri episcopo Sar' salutem et apostolicam benediccionem. Dudum inter Robertum de Cantokesheved et quondam Johannem [*sic*] uxorem suam Bathon' et Wellen' diocesis tunc viventem ex parte una et Aliciam la Keorvers mulierem London' ex altera, super eo quod dicta Alicia asserebat eundem Robertum prius cum ea quam cum dicta Johanna matrimonium contraxisse petendo matrimonium inter eosdem Robertum et Johannam contractum nullum ac suum legitimum nunciari dictumque Robertum sibi adjudicari in virum, coram . . officiali Bathon' et Wellen' non ex delegacione apostolica orta materia questionis, demum iidem Robertus et Johanna, sencientes a Thoma Gorges precentore ecclesie Well' cui dictus . . officialis causam hujusmodi audiendam commiserat et fine debito terminandam indebite se gravari, ad sedem apostolicam appellarunt, idemque precentor appellacioni hujusmodi deferens reverenter partibus ipsis ad prosequendum appellacionem hujusmodi apud sedem eandem certum competentem terminum peremptorium assignavit ac hujusmodi delacionem et terminum partes predicte voluntarie acceptarunt. Postmodum autem magistro Johanne de Herigge procuratore dictorum Roberti et Johanne in dicto termino apud sedem comparente predictam, parte altera minime comparente, nos ad instanciam ipsius procuratoris causam appellacionis hujusmodi et negocii principalis dilecto filio magistro Bertrando de Mediolano archipresbitero canonico decumanorum Mediolanen' capellano nostro et auditori causarum nostri palacii audiendam commisimus et fine debito terminandam, qui in hujusmodi causa usque ad litis contestacionem in contumaciam partis adverse processit. Et cum magister Gerardus Gallinerii notarius publicus qui in causa ipsa de mandato ipsius auditoris scripserat coram eo se ad partes Anglie medio tempore transtulisset nec in brevi de ipsius redditu speraretur idemque notarius acta habita et actitata in dicta causa coram

eodem auditore sibi retinuisset et neutra parcium ipsarum neque
dictus auditor scirent ubi possent acta et actitata hujusmodi re-
perire, nos ad instanciam ipsius Alicie, cum de actis et actitatis predictis in nullo constare valeret, auditori predicto commisimus ut de
novo causam reinciperet supradictam ipsamque fine debito ter-
minaret, coram quo, comparentibus in judicio magistris Gerardo
de Sudburia Alicie et Johanne de Herigge Roberti predictorum
procuratoribus procuratorum nomine ipsorum et per eos in hujusmodi causa oblatis libellis ac lite in causa ipsa inter procuratores
ipsos in ipsius auditoris presencia legitime contestata et de calumpnia et veritate dicenda prefato juramento factis quibusdam posi-
cionibus ac formatis et traditis quibusdam articulis hinc et inde,
dictus procurator ipsius Roberti ex certis causis legitimis ut dicebat
a dicto magistro Bertrando ad nostram audienciam appellavit,
nosque causam appellacionis hujusmodi ab eodem magistro Bertrando interjecte dilecto filio magistro Guidoni de Velletro canonico
Belvacen' capellano nostro et auditori causarum appellacionum
secundi gradus palacii supradicti audiendam commisimus et fine
debito terminandam. Comparentibus siquidem coram eodem
magistro Guidone procuratoribus antedictis idem magister Guido
Johanni ad justificandum appellacionem ab eodem magistro Bertrando interpositam ac Gerardo predictis ad inpungnandum appellacionem eandem certum competentem peremptorie terminum assignavit. In quo utraque pars coram eodem magistro Guidone
comparens acta habita coram magistro Bertrando predicto in
quantum pro se faciebant coram eodem magistro Guidone produxit, idemque magister Guido procuratoribus ipsis ad dicendum
si vellent contra hujusmodi exhibita certum prefixit peremptorie
terminum competentem. In quo iidem procuratores coram eo in
judicio comparentes nichil contra hujusmodi exhibita voluerunt
dicere sive dare, dictusque magister Guido procuratoribus ipsis ad
suam super hoc interlocutoriam audiendam assignavit peremptorie
certam diem. In qua, eisdem procuratoribus coram eo in judicio
constitutis ac interlocutoriam ferri cum instancia postulantibus,
idem magister Guido visis et inspectis ac diligenter examinatis actis
omnibus factis et habitis tam coram dicto magistro Bertrando quam
coram eo et super hiis omnibus coauditoribus suis dicti palacii facta
relacione fideli de ipsorum consilio et assensu interloquendo pro-
nunciavit pro parte dicte Johanne bene appellatum et per dictum
magistrum Bertrandum male processum fuisse. Idemque magister
Guido in causa ipsa inter procuratores eosdem ulterius ad aliquos
actus processit. Verum quia per ea que coram eisdem auditoribus in

causa predicta sunt habita non potest apud dictam sedem de ipsius
cause meritis plene liquere, fraternitati tue de utriusque partis procuratorum assensu per apostolica scripta mandamus quatinus apud
civitatem Sar' testes, litteras, et instrumenta que utraque
Fo. 115　　pars super eisdem articulis quos idem magister Guido |
una cum interrogatoriis earumdem parcium tibi sub
sigillo suo transmittit inclusos producere voluerit coram te infra tres
menses post recepcionem presencium prudenter recipere ac testes
ipsos secundum eadem interrogatoria diligenter examinare procures,
litteras et instrumenta predicta conscribi fideliter faciendo. Si vero
alterutra parcium predictarum testes alterius voluerit reprobare,
testes qui super reprobacione hujusmodi producti fuerint infra unius
mensis spacium predictos tres inmediate sequentis sapienter recipias
et secundum interrogatoria a partibus exhibenda si ea exhibere
voluerint alioquin juxta datam a deo tibi prudenciam cum diligencia examines eosdem, deposiciones omnium testium predictorum
fideliter in scriptis redactas una cum articulis et interrogatoriis
supradictis ac transsumptis litterarum et instrumentorum predictorum sub tuo sigillo inclusas ad nostram presenciam transmissurus
ac significaturus nobis que et quanta fides sit eisdem instrumentis
et litteris adhibenda, prefixo eisdem partibus termino peremptorie
competenti quo per se vel procuratores ydoneos cum omnibus actis,
juribus, et munimentis suis hujusmodi causam contingentibus
apostolico se conspectui representent justam dante domino sentenciam recepturi. Testes autem qui fuerint nominati si se gracia, odio,
vel timore subtraxerint per censuram ecclesiasticam appellacione
cessante preterquam super criminibus compellas veritati testimonium perhibere. Diem autem hujusmodi prefixionis et formam et
quicquid super hiis duxeris faciendum nobis tuis litteris harum
seriem continentibus fideliter intimare procures. Datum Avinion'
nonis Decembris pontificatus nostri anno quarto.

[*15 November 1320. Commission to the Bishop's official in pursuance of the above
mandate. The matter had been committed to the official and the precentor of
Wells, but because of a prohibition on behalf of Robert de Cantokesheved from
the court of Canterbury they cannot act. The official is here instructed to fulfil
the papal mandate in so far as the prohibition does not prevent him.*]

COMMISSIO IN NEGOCIO DE CANTOKESHEVEDE POST INHIBI-
CIONEM.[1] Rogerus permissione divina Sar' episcopus dilecto in

---

[1] *In margin*, prima commissio remanet cum alio processu; *and the whole entry includ-
ing the certificate to the commission is marked* vacat; *the remission of the case to Salisbury reinstated the first commission mentioned here but not entered in the register, making the second commission merely superfluous.*

Christo filio . . officiali nostro Sar' salutem et mandatis apostolicis firmiter obedire. Litteris apostolicis primo die mensis Maii anno
domini millesimo ccc^mo vicesimo que sic incipiunt, 'Johannes episcopus' [*etc.*], et sic terminantur, 'diem autem prefixionis' [*etc.*], a
nobis receptis, ad expediendum omnia et singula in eisdem litteris
comprehensa et nobis commissa secundum exigenciam et effectum
earumdem litterarum per litteras nostras sub certa tamen temporis
limitacione in eisdem litteris nostris nobis facta auctoritate apostolica expedienda tibi et precentori ecclesie Wellen' conjunctim
commisimus et divisim. Verum quia, obstante inhibicione a curia
Cant' exhibita tibi qui expedicionem dicti negocii incoasti per partem dicti Roberti appellantis a te ad curiam Cant' interjecta ob
quedam ficta gravamina, premissa omnia et singula in dictis litteris
apostolicis contenta dicti temporis limitacione tibi facta durante
per te minime poterant expediri prout liquet per processum tuum
inde nobis transmissum, ad expediendum igitur singula que in
dictis litteris apostolicis nobis directis secundum temporis artacionem in eisdem litteris apostolicis contentam ac juxta exigenciam
et effectum earumdem supersunt expedienda, tibi auctoritate apostolica supradicta qua fungimur in hac parte vices nostras committimus per presentes cum cohercionis canonice potestate, mandantes
quatinus de singulis per te ex nunc vice nostra faciendis et expediendis in negocio supradicto quamcicius commode poteris nobis rescribas ita quod dictam sedem apostolicam plene cerciorare poterimus in hac parte. Valete [*sic*]. Datum apud parcum nostrum de
Remmesbir' xvij kalendas Decembris anno domini millesimo ccc^mo
vicesimo et consecracionis nostre sexto.

[*11 February 1321. The official's certificate to the above. Robert was cited but
failed to appear. Alice has been assigned the first juridical day after Easter,
and the rural dean of Taunton has been instructed to certify the official that he
has informed Robert of the day assigned.*]

CERTIFICATORIUM. Cujus auctoritate mandati dictum Robertum
auctoritate vestra citatum nullatenus comparentem coram me juxta
formam citatorii memorati pronunciavi exigente justicia contumacem et in penam sue contumacie, parti dicte Alicie legitime comparenti prefixi proximum diem juridicum post festum Pasche
secundum formam apostolici mandati predicti, et eundem diem
predicto Roberto assignandum fore decrevi, et super . . decano
Tanton' litteras meas direxi qui me certificavit quod eidem Roberto
assignacionem diei hujusmodi intimavit, et sic mandatum sancte
paternitatis vestre sum plenarie executus. Datum Sar' iij idus
Februarii anno domini millesimo ccc^mo vicesimo.

[*15 March 1321. The Bishop's certificate to the papal mandate enclosing the depositions of three witnesses produced by Alice together with the articles and interrogatories sent to the Bishop. Robert failed to appear before the Bishop and then obtained a prohibition from the court of Canterbury, which was later, however, set aside. The Bishop again cited Robert without result. The first juridical day after Easter has been assigned to Alice, duly appearing, and to Robert through the rural dean of Taunton.*]

[Fo. 115ᵛ]

CANTOKESHEVEDE. CERTIFICATORIUM PRESCRIPTE BULLE CURIE ROMANE TRANSMISSUM. Sanctissimo patri in Christo ac reverentissimo domino suo domino Johanni divina providencia universalis ecclesie summo pontifici suus humilis et devotus Rogerus Sar' ecclesie permissione divina minister cum oracionum suffragiis pedum oscula beatorum. Mandatum paternitatis vestre sanctissime kalendis Maii anno domini millesimo cccᵐᵒ vicesimo in hec verba suscepi, Johannes, et cetera ut supra. Hujus auctoritate sanctitatis vestre mandati parti dicte Alicie ad hoc instanti assignavi certum diem infra terminum in dicto mandato mihi statutum et dictum Robertum ad eundem diem feci citari ad comparendum coram me vel meo commissario in hac parte in civitate Sar' predicta et ad producendum testes et instrumenta que hinc inde producere voluerint super articulis et interrogatoriis mihi per procuratorem utriusque partis a sacrosancta curia Romana transmissis; pars siquidem dicte Alicie in sibi assignatis die et loco comparens nulla instrumenta set tres tantummodo in judicio testes produxit; quibus in penam contumacie dicti Roberti tunc non comparentis receptis et juratis in forma juris pars dicti Roberti postea comparuit set testes vel instrumenta producere non curavit, immo dilaciones frustratorias ad inpediendum examinacionem testium ex parte dicte Alicie ut premittitur productorum et subterfugia multa querens; examinatis nichilominus interim testibus memoratis, a curia Cant' loci metropolitica juxta morem ipsius curie ad appellaciones suggestas ad sacrosanctam curiam Romanam interjectas tuitorie rescribente optinuit tuitorie inhiberi ne procederetur ulterius in ea parte ob quedam ficta gravamina eidem curie Cant' pro tuicione habenda suggesta pendente et dicto negocio in illa curia Cant' usque ad lapsum termini dicto Roberto in vestre sanctitatis mandato ad reprobandum testes dicte Alicie limitati. Aliquamdiu post terminum sic effluxum idem Robertus tanquam non probans suggesta eidem curie Cant' fuit ab eadem dimissus, post quam dimissionem feci eum citari iterum ad civitatem eandem ad faciendum et recipiendum quod in dicto examinacionis negocio foret justum, ipsoque citato publice preconizato et diucius expectato nullo modo set parte dicte

Alicie legitime comparente, in penam contumacie dicti Roberti prefixus fuit dies proximus juridicus post festum Pasche tunc proxime sequiturum parti dicte Alicie et idem dies assignatus fuit publice in judicio prefato Roberto et decretus in pena[m] sue contumacie memorate, et postmodum directis super hoc litteris . . decano Tanton' fuit ejusdem diei assignacio eidem Roberto personaliter tunc invento plenarie intimatus [*sic*] ut secundum formam sanctitatis vestre mandati predicti Alicia et Robertus prefati per se vel procuratores ydoneos cum omnibus actis, juribus, et munimentis suis ipsam causam tangentibus se vestro sancto conspectui representent justam dante domino sentenciam audituri. Deposiciones eciam trium testium pretactorum fideliter in scriptis redactas una cum articulis et interrogatoriis sub sigillo magistri Guidonis prescripti inde mihi transmissis sub sigillo meo inclusa presentibus consignata sanctissime paternitati vestre transmitto, ipsum mandatum vestrum sanctum cum omni diligencia et reverencia exequendo. In cujus rei testimonium sigillum meum presentibus est appositum et appensum. Ad honorem suum et universalis ecclesie sue sancte regimen vestram paternitatem sanctissimam diu conservet incolumem creator omnium pater deus. Datum apud Dunheved sancti Andree idibus Marcii anno domini millesimo ccc^mo vicesimo.

[*The case presented by Alice's proctor.*]

ARTICULI INFRASCRIPTI CERTIFICATORIO PREDICTO ANNEXI DE QUIBUS PREMITTITUR HANC VERBORUM SERIEM CONTINEBANT. Infrascriptos articulos dat et exhibet Gerardus de Subiria procurator et procuratoris nomine Alicie de Kerveres mulieris London' contra Robertum dictum de Cantockeshed' Bathon' et Wellen' diocesis coram vobis domino auditore:

In primis ponit et probare intendit dictus procurator quod Robertus et Alicia predicti matrimonium adinvicem contraxerunt per hec verba, scilicet dictus Robertus dixit Alicie predicte presenti et consencienti, 'Alicia, accipio te in uxorem meam', et dicta Alicia eidem Roberto presenti et consencienti respondit, 'Roberte, accipio te in virum meum'.

Item quod dictus Robertus eandem Aliciam post hujusmodi contractum matrimonium carnaliter cognovit.

[Fo. 116]

Item quod idem Robertus jam decem annis elapsis et ultra contraxit matrimonium cum dicta Alicia.

Item quod dictus Robertus jam sunt decem anni elapsi et ultra cognovit carnaliter ipsam Aliciam et prolem ex eadem suscitavit.

Item quod de predictis omnibus et singulis est publica vox et fama in civitate London' et alibi ubi ipsarum parcium noticia habetur.

[*The case presented by Robert's proctor.*]

Infrascriptas posiciones dat et exhibet Johannes de Brugge procurator venerabilis viri Roberti de Cantockesheved contra Aliciam de la Kervers de London' et contra quamlibet legitimam personam in judicio pro ipsa legitime intervenientem :

In primis ponit Johannes de Brugge procurator predictus nomine procuratoris predicti Roberti quod idem Robertus et Johanna relicta Gregorii de Velingtone dudum defuncta matrimonium adinvicem mutuo eorum consensu interveniente contraxerunt.

Item ponit dictus procurator quod dictus Robertus dictam Johannam post dictum matrimonium contractum tenuit publice per plures annos pro sua uxore legitima.

Item ponit quod dicta Johanna publice reputabatur et nominabatur uxor legitima dicti Roberti in civitate et diocese Wellen' usque ad mortem ipsius Johanne et ponit de quolibet et divisim.

Item ponit quod super predictis omnibus et singulis est publica vox et fama in civitate et diocese Wellen'.

Item ponit quod post dictum matrimonium contractum pars dicte Alicie la Kerveres ipsum Robertum coram officiale episcopi Wellen' traxit in causam petens de facto contra deum et justiciam divorcium fieri inter ipsum Robertum et Johannam et ipsum Robertum sibi adjudicari in virum.

Item ponit quod dictus . . officialis Wellen' ipsam causam venerabili viro domino precentori Wellen' specialiter commisit audiendam et fine debito terminandam.

Item ponit quod dictus commissarius inter partes memoratas in dicta causa ad quamplures actus processit.

Item ponit quod per ipsum Robertum et pro parte dicte Johanne dictus commissarius sedens pro tribunali extitit pluries cum instancia requisitus quod in dicto negocio procederet prout de jure esset procedendum.

Item ponit quod dictus commissarius ut predicitur requisitus procedere in dicto negocio ulterius expresse recusavit.

Item ponit quod dictus Robertus reputans se gravatum per dictum commissarium a dicta recusacione et ex aliis gravaminibus que colligi poterant ex actis infra x dies a tempore dicte recusacionis in scriptis ad sedem apostolicam appellavit et apostolos infra dictos decem dies pluries ab ipso commissario cum instancia peciit et ponit divisim et de quolibet.

Item ponit quod dictus commissarius hujusmodi appellacioni detulit ob reverenciam sedis apostolice et terminum certum ad eandem appellacionem prosequendam dictis partibus prefixit.

Item ponit quod parte dicti Roberti ipsam appellacionem est et fuit in Romana curia debito tempore prosecuta.

Protestatur quod possit dictas posiciones declarare, corrigere et emendare, interpretari, negativas in affirmativas resolvere, contrariandi [*sic*] si que sint ad concordiam reducere et alias de novo dare. Et si quid in eis est quod in aliquo contra se et partem suam faciat vel facere videatur illud non exhibet et non dat et habere vult pro non exhibito et non dato et extunc ab ejus usu et inhibicione desistit et quod non astringitur ad omnia probanda set ad ea solum, et cetera.[1]

[Interrogatories for the cross-examination of witnesses produced by Alice.]

Hec sunt interrogatoria super quibus Johannes de Herigge procurator venerabilis viri Roberti de Cantockeshed Bathon' et Wellen' diocesis peciit interrogari testes producendos pro parte Alicie la Kerveres de London':

In primis lecto et exposito primo articulo dato pro parte dicte Alicie primo testi qui sit incipit, 'In primis ponit et probare intendit dictus procurator quod Robertus et Alicia', et cetera. Queratur ab isto teste si ipse articulus contineat veritatem et si testis deponat de credulitate. Queratur ab ipso quare sic credit esse. Si vero dicat quod contineat veritatem queratur de causa sciencie. Item per que verba contraxerunt. Item an lingua Latina, Anglia, Galica, vel alia, et scribantur verba testis. Item an per verba pluralis vel singularis numeri. Item an per verba de presenti vel de futuro. Item

Fo. 116ᵛ   quibus presentibus. Item de | diviciis testis. Item de anno, die, mense, loco, tempore, et hora contractus. Item de etate dicte Alicie. Item de etate dicti Roberti. Item de longitudine ipsorum Roberti et Alicie. Item de causa presencie ipsius testis. Item an testis sit clericus vel laicus. Item an litteratus vel illitteratus. Item an sit inimicus testis, criminosus, vel excommunicatus. Item an sit conjunctus affinitate vel consanguinitate producenti. Item an rogatus venit ad testimonium perhibendum. Item an expensis propriis vel producentis venit ad testimonium perhibendum, et si dicat aliquid accepisse pro expensis queratur de quantitate. Item de ceteris circumstanciis. Item an doctus, informatus, subornatus, corruptus prece, precio, amore, vel favore sic deposuit. Cetera supleat discrecio examinantis et sic interrogentur omnes super primo arti-

---

[1] *In margin*, deest.

culo. Item interrogentur singulariter singuli testes super singulis articulis et singulariter scribantur dicta testium singulorum et separatim et scribatur quanta fides, et cetera, et queratur de causa sciencie de quolibet dicto testis, et hoc tam super primo quam sequentibus articulis.

[*Interrogatories for the cross-examination of witnesses produced by Robert.*]

Infrascripta interrogatoria dat Gerardus de Subiria procurator et procuratoris nomine Alicie de la Kerveres super quibus petit examinari testes pro parte Roberti de Cantockesheved producentis in causa matrimoniali que coram vobis vertitur inter eosdem.

In primis quia magister Johannes de Herugge procurator dicti Roberti dat pro articulis posiciones suas in ipsa causa coram vobis exhibita petit dictus Gerardus testes pro parte dicti Roberti productos interrogari super prima posicione que sic incipit, 'In primis ponit Johannes de Herugge', et cetera. Et si dicant dictum Robertum et Johannam relictam Gregorii de Velington' contraxisse matrimonium interrogentur per que verba contraxerunt et quibus presentibus. Item de anno, mense, die, et hora diei quibus contraxerunt. Item interrogentur de loco quo contraxerunt et si in domo vel extra vel in ecclesia, orto, nemore, vel campo, et utrum stando vel sedendo, et interrogentur diligenter testes si sint servilis condicionis et si sint servi dicti Roberti vel alius sub ejus dominio aut sibi astricti et a quo tempore cognoverunt dictos Robertum et Johannam. Item si sint instructi vel informati ad deponendum. Item si sint consanguinei vel affines dicti Roberti et quam partem in ista causa vellent optinere. Item interrogentur quis de Roberto et Johanna predictis ante conjunccionem inter eos de facto habitam prevaluit diviciis, potencia, et honore. Item si bona et feuda que idem Robertus modo habet pro magna parte vel pro toto occasione dicte conjunxionis ad eundem Robertum pervenerunt et super singulis interrogatoriis diligenter examinentur de circumstanciis et causa sciencie. Item super omnibus articulis decendentibus ex isto articulo petit ipsos examinari per ista interrogatoria quatenus aperiri possunt ad eos. Item petit ipsos examinari eciam per interrogatoria partis adverse quatenus possunt aperiri ad articulos ejusdem Gerardi. Cetera supleat diligencia, industria, discrecio, et legalitas examinantis.

[*Note by the Bishop's official to accompany the depositions of Alice's witnesses, whom he heard and examined on the foregoing articles on 4 July 1320 at Salisbury.*]

ITEM DEPOSICIONES SUBSCRIPTE ANNECTABANTUR CERTIFICA-
TORIO SUPRADICTO HOC MODO. Quarto nonis Julii anno domini millesimo ccc^mo vicesimo recepti fuerunt testes Alicie la Kerveres Lond'
infrascripti et jurati in forma juris in majore ecclesia Sar' coram
nobis . . officiali Sar' commissario in hac parte venerabilis patris et
domini domini Rogeri dei gracia Sar' episcopi judicis unici a sede
apostolica super recepcione testium tam dicte Alicie quam Roberti
de Cantockesheved Bathon' et Wellen' diocesis delegati in causa
matrimoniali que pendet in sacrosancta Romana curia indecisa
inter dictam Aliciam la Kervers actricem per Robertum Logor procuratorem suum ad dictos testes producendum litteratorie constitutum comparentem ex parte una et eosdem testes ex parte dicte
Alicie producentem et prefatum Robertum de Cantockeshevede
reum per Ivonem de Marchia procuratorem suum sub certa forma
similiter litteratorie constitutum comparentem ex altera et examinati iij nonis Julii anno et loco predictis super articulis et interrogatoriis infrascriptis.

[*Deposition by Nicholas de Glaston, to the effect that the parties were married in
London on 27 May 1310.*]

Nicholaus de Glaston' primus testis ex parte dicte Alicie la Kerveres productus, de veritate dicenda in forma juris juratus, requisitus sub debito sui juramenti cujus sit etatis dicit quod est etatis
triginta annorum et amplius, laicus, et libere condicionis, mercator
cujus bona valent sexdecim libras sterlingorum ut dicit; requisitus
si habet noticiam dicte Alicie et Roberti de Cantockeshevede dicit
quod sic, et quod habuit noticiam dicte Alicie quatuordecim annis elapsis in civitate London' et dicti Roberti a quindecim annis
elapsis et amplius tam in dicta civitate London' quam in comitatu Somerset. Item requisitus super primo articulo ex parte
dicte Alicie qui talis est, 'In primis ponit' [*etc. as above,
p. 330*], | dicit quod vera sunt que in eodem articulo con-
tinentur, et hoc se dicit scire per hoc quod presens fuit
iste Nicholaus ut dicit in quodam solario in domicilio Laurencii
Albyn in civitate London' ex parte australi vici que [*sic*] lingua
Anglicana dicitur Fletestrete quod quidem solarium se extendit
versus vicum predictum die Mercurii in vigilia Ascensionis domini
proxime preterita fuerunt decem anni elapsi inter horam meridianam et decantacionem vesperarum ejusdem diei ubi vidit et audivit
quod Alicia la Kervers et Robertus de Cantockeshed' predicti quos
bene novit ut dicit tractarunt de matrimonio adinvicem contrahendo,
et statim post tractatum hujusmodi dictus Robertus accepit prefa-

Fo. 117

tam Aliciam per manum ejus dextram et dixit Alicie predicte tunc presenti et expresse consencienti in lingua Anglicana que verborum sequencium in Latino eloquio faciunt intellectum, 'Ego Robertus accipio te Aliciam la Kervers in uxorem meam et ad hoc do tibi fidem meam', et dicta Alicia eidem Roberto presenti et expresse consencienti respondit, 'Et ego Alicia accipio te Robertum in virum meum et ad hoc do tibi fidem meam', et statim post dicta verba sic prolata manus suas dextras quas in prolacione dictorum verborum simul junctas tenebant abinvicem retraxerunt et sic contraxerunt semel tantum et sponte in presencia istius jurati ut dicit. Requisitus qui fuerunt presentes in dicto contractu dicit quod quedam Matilda uxor Willelmi atte Chambre, Caterina uxor quondam Johannis de Kyngestone, Galfridus de Warnemuwe, iste deponens, partes de quibus agitur nunc superstites, et quidam alii jam defuncti ut dicit. Requisitus quare venit ad locum ubi partes predicte sic contraxerunt ut dicit, dicit quod venit rogatus per partes ipsas ut dicto contractui interesset. Requisitus qualiter recolit lapsum temporis a dicto contractu dicit quod per hoc quod annos computavit et tempus predictum memorie commendavit et per hoc quod quidam Robertus Alewey consanguineus istius testis assecutus fuit unam ecclesiam eodem anno in diocese Bathon' et Wellen' et de hoc gaudens plus habet tempus predictum memorie ut dicit. Item requisitus super secundo articulo qui talis est, 'Item quod dictus Robertus' [*etc. as above*], dicit quod vera sunt que in eodem articulo continentur et hoc se dicit scire per hoc quod infra mensem dictum contractum inmediate sequentem vidit iste testis ut dicit dictos Robertum et Aliciam cohabitare in quadam domo in vico qui vocatur lingua Anglicana Candelwrizstrete in civitate Lond', domum tamen nescit nominare in qua dicit eos cohabitasse. Dicit eciam requisitus quod fama publica est et fuit in civitate London' quod dictus Robertus post dictum contractum suscitavit duas proles ex eadem Alicia et quod eas ut suas agnovit et quod alio modo de carnali copula inter eos habita post dictum contractum deponere nescit ut dicit. Item requisitus super tercio articulo qui talis est, 'Item quod idem Robertus' [*etc. as above*], dicit quod vera sunt que in eodem articulo continentur et hoc se dicit scire per ea que superius deposuit et non alio modo. Item requisitus super quarto articulo qui talis est 'Item quod dictus Robertus' [*etc. as above*], dicit quod vera sunt que in eodem articulo continentur. Requisitus qualiter premissa sciat dicit quod per ea que supra deposuit et non alio modo. Item requisitus super quinto articulo qui talis est, 'Item quod de predictis [*etc. as above*]', dicit quod vera sunt que in eodem articulo continentur et hoc se dicit scire quia preter hec que superius deposuit audivit multociens in civitate London' et alibi hec publice referri de quibus supra deposuit et quod super hiis est communis fama in vicis predictis. Requisitus et interrogatus an sit inimicus dicti Roberti an criminosus vel excommunicatus aut conjunctus affinitate vel consanguinitate dicte Alicie dicit quod non. Item requisitus et interrogatus an rogatus venit ad testimonium perhibendum dicit quod sic et ut perhiberet testimonium veritati. Item requisitus an sumptibus propriis vel dicte Alicie ipsum producentis venit ad testimonium perhibendum dicit quod sumptibus dicte Alicie in esculentis et poculentis, nichil aliud capiendo. Item interrogatus de etate et longitudine dictorum Roberti et Alicie dicit quod dicta Alicia est circiter etatem triginta annorum, brevis stature, et dictus Robertus etatis quadraginta annorum et amplius, mediocris stature ut dicit apropinquans aliquantulum ad longitudinem. Item interrogatus an doctus, informatus, subornatus, vel corruptus prece, precio, amore, vel favore sic deponit, dicit quod non. Item interrogatus quam partem mallet optinere in causa, dicit quod non curat ita quod justicia fiat, et constanter deponit de premissis omnibus requisitus.

[Similar deposition by Katherine, wife of John de Kyngestone.]

[Fo. 117ᵛ]

Katerina uxor Johannis de Kyngestone mercatoris London' jurata et requisita cujus sit etatis et condicionis dicit quod triginta annorum et libere condicionis. Requisita si habeat noticiam dictorum Alicie et Roberti de Cantockeshed dicit quod sic et quod habuit noticiam dicte Alicie a puericia sua et dicti Roberti a viginti annis. Requisita super primo articulo suprascripto, 'In primis ponit' [*etc. as above*], dicit quod vera sunt [*etc. as above*, mutatis mutandis, *and with almost no verbal variation*]. Dicit eciam requisita quod lapsum temporis recolit per hoc quod illud memorie commendavit et eo amplius quod mater istius deponentis eodem anno decessit ut dicit. Item requisita super secundo articulo qui talis est, 'Item quod dictus Robertus' [*etc. as above*], dicit quod vera sunt que in eodem articulo continentur et hoc se dicit scire per hoc quod infra ebdomodam dictum contractum inmediate sequentem vidit ista jurata ut dicit dictos Robertum et Aliciam cohabitare in quadam domo que vocabatur domus Maykyn la Chaudelers que domus situata est in vico qui dicitur Candelwrizstrete in civitate London' et quod die Mercurii [*10 June*] in ebdomoda Pentecoste proxime dictum contractum sequente vidit ista jurata ut dicit dictos Robertum et Aliciam in uno lecto in eadem domo nudos et solos invicem conjacentes et postea eodem anno frequenter ut dicit ea intencione ut credit quod ipsi carnaliter ut vir et uxor adinvicem commiscerent. Requisita super tercio articulo qui talis est, 'Item quod idem Robertus' [*etc. as above*], dicit quod vera sunt que in eodem articulo continentur et hoc se dicit scire per ea que superius deposuit et non alio modo. Item requisita super quarto articulo qui talis est, 'Item quod dictus Robertus' [*etc. as above*], dicit quod vera sunt que in eodem articulo continentur. Requisita qualiter premissa sciat dicit quod per ea que superius deposuit et non alio modo. Item requisita super quinto articulo qui talis est, 'Item quod de predictis' [*etc. as above*], dicit quod vera sunt que in eodem articulo continentur et hoc se dicit scire quia preter ea que superius deposuit audivit multociens in civitate London' et alibi hec publice referri de quibus supra deposuit et quod super hiis est communis fama in vicis predictis. Requisita et interrogata an sit inimica dicti Roberti an criminosa vel excommunicata an conjuncta affinitate vel consanguinitate dicte Alicie dicit quod non. Requisita et interrogata an rogata venit ad testimonium perhibendum dicit quod sic et ut perhiberet testimonium veritati. Requisita an sumptibus propriis vel dicte Alicie ipsam producentis venit ad testimonium perhibendum dicit quod sumptibus dicte Alicie in esculentis et poculentis, nichil aliud capiendo. Item interrogata de etate et longitudine dictorum Roberti et Alicie dicit quod dicta Alicia est circiter etatem triginta annorum, brevis stature, et dictus Robertus etatis quadraginta annorum et amplius, mediocris stature ut dicit apropinquans aliquantulum ad longitudinem. Item requisita de diviciis suis dicit quod bona mariti sui et sua communia valent annis communibus viginti libris sterlingorum. Item interrogata an docta, informata, subornata, vel corrupta prece, precio, amore, vel favore sic deponit dicit

Fo. 118   quod non. Item interrogata | quam partem mallet optinere in causa dicit quod non curat ita quod justicia fiat, et constanter deponit de premissis omnibus requisita, preterquam de cohabitacione dictorum Roberti et Alicie quia in deposicione sua ibidem de tempore cohabitacionis predicte aliquantulum vacillavit.

[*Similar deposition by Matilda, wife of William atte Chambre.*]

Matilda London' uxor Willelmi atte Chambre triginta annorum et amplius libere condicionis ut dicit jurata et super premissis omnibus requisita. Requisita eciam super primo articulo suprascripto in deposicione Nicholai contento dicit quod vera sunt [*etc. as above*], et statim post tractatum hujusmodi dictus Robertus accepit prefatam Aliciam per manum ejus dextram et dixit Alicie predicte tunc presenti et expresse consencienti in lingua Anglicana que verborum sequencium in Latino eloquio faciunt intellectum, 'Ego Robertus accipio te Aliciam la Kervers in uxorem meam ad terminum vite nostre et ad hoc do tibi fidem meam', et dicta Alicia eidem Roberto presenti et expresse consencienti respondit, 'Et ego Alicia accipio te Robertum in dominum meum et ad hoc do tibi fidem meam', et statim post dicta verba [*etc. as above*, mutatis mutandis]. Dicit eciam requisita quod lapsum temporis recolit per hoc quod ista jurata desponsata fuit eodem anno ut dicit et propter hoc tempus predictum memorie melius commendavit. Item requisita super secundo articulo et omnibus et singulis articulis eum sequentibus ac eciam interrogatoriis in examinacione et deposicione Nicholai de Glaston' contestis sui primo loco examinati contentis idem dicit et respondit ad omnia et singula in deposicione sua sicut Katerina contestis sua preexaminata deposuit et dixit in sua deposicione, hiis mutatis seu adjectis super secundo articulo quod ista jurata non vidit dictos Robertum et Aliciam statim infra ebdomadam post dictum contractum cohabitare set infra annum dictum contractum sequentem et quod ista jurata non recolit ut dicit de certo die quando vidit dictos Robertum et Aliciam solos et nudos in uno lecto conjacentes et quod multociens vidit ista jurata ut dicit dictum Robertum deosculari proles ipsius Alicie ut dicit ipsas ut suas agnoscens [*sic*] et de hiis congaudens ut videbatur isti deponenti ut dicit, et quod bona sua et mariti sui communia valent per annum C solidis sterlingorum et constanter deponit de premissis omnibus requisita.

[*Note of delivery of the above documents on 9 March 1321 to William Burgh for delivery to the papal court.*]

Liberatum fuit hoc certificatorium cum articulis et deposicionibus prenotatis per manus domini in aula rectoris ecclesie de Tarente Monckceton' nono die Marcii anno domini millesimo ccc^{mo} vicesimo in presencia magistrorum R. de Worth' canonici Sar', Hugonis de Knossyngton', Vincencii de Tarenta notarii publici, Willelmi de Ayhston', et aliis pluribus, Willelmo dicto Burgh' de Magna Grymmesby clerico magistri Johannis de Whitemor clerici Linc' diocesis, qui quidem W. tactis tunc coram dicto domino sacrasanctis [*sic*] ewangeliis personaliter prestitit juramentum quod hujusmodi certificatorium curie Romane secundum ejusdem exigenciam liberaret.

[*Undated. Record of proof by Richard de Hertrigg, rector of South Moreton, of his orders and his title to the benefice. See Reg. Martival,* i (*Cant. & York Soc. lv*), *1, 2 n.*]

[Fo. 118^v]

TESTIMONIALIS SUPER PROBACIONE RECTORIS TITULI SUFFICIEN-
TIS IN SUA ECCLESIA. Universis et cetera Rogerus et cetera. Archidiaconatum Berkes' nostre diocesis nuper jure ordinario visitantes,
R. de B. ecclesie G. [*sic*] curate rectorem et ejusdem possessioni incumbentem ad exhibendum et ostendendum et legitime probandum
assecucionis sue titulum ecclesie supradicte necnon de ordinibus
quos hujusmodi requiret beneficium prout justum fuerit dicendum
coram nobis ad certos diem et locum fecimus evocari. Qui quidem
Ricardus rector supradictus occasione hujusmodi vocacionis legitime comparens tam per instrumenta ipsius exhibita quam per testium deposiciones juratorum quos ex parte ejusdem R. productos
super premissis recipi fecimus in forma juris et auctoritate nostra
examinari legitime docuit se ante generale concilium Lugdunen'
in accolitum rite fuisse ordinatum ac in ecclesia de Southmorton'
predicta per bone memorie Robertum predecessorem nostrum
quondam Sar' episcopum ante tempus concilii supradicti canonice
esse institutum, propter que prefatum R. rectorem supradictum
sufficienti titulo super premissis conjunctim ab officii nostri examine divisimus ipsumque prefate ecclesie verum rectorem pronunciavimus esse et legitimum ac canonicum possessorem. In cujus rei
testimonium sigillum nostrum fecimus hiis apponi.

[*29 March 1321. Mandate to the Bishop from John de Elham, commissary of the
bishop of London as principal collector of the clerical tenth, to inquire into the
liability for the tax of certain temporalities belonging to Stanley abbey, which
has paid twice over on them because they are entered in two separate archdeaconries. The Bishop is to certify the commissary by 3 May. The mandate
was received 3 April.*]

MANDATUM . . COLLECTORUM DECIME PRO ABBATE ET CONVENTU
DE STANLEGH' RECEPTUM APUD POTERN' IIJ NONAS APRILIS.[1]
Reverendo patri in Christo ac domino domino R. dei gracia Sar'
episcopo Johannes de Elham, canonicus ecclesie sancti Pauli London' venerabilis patris domini S. dei gracia London' episcopi collectoris principalis decime annalis omnium ecclesiasticorum proventuum et reddituum per regnum Anglie et partes Wallie consistencium per sanctissimum in Christo patrem et dominum dominum
Johannem divina providencia papam xxij domino nostro E. dei
gracia regi Anglie in subsidium expensarum pro defensione regni
sui iminencium concesse deputatus commissarius specialis, salutem
et mandatis apostolicis firmiter obedire. Sua nos [*sic*] religiosi viri . .
abbas et conventus de Stanlegh' Sar' diocesis peticione monstrarunt

---

[1] *In margin,* receptum ii jnonas Aprilis apud Poterne.

quod cum ipsi religiosi habeant temporalia quedam in villis de Rusteshale decanatus Poternie, de Vennysutton' decanatus de Wyly, de Sutton' Mandeville decanatus de Chalke, qui quidem decanatus et ville omnes in archidiaconatu Sar' in veritate notorie ut dicitur consistunt, et pro hujusmodi temporalibus . . abbati et conventui de Middelton' dicti diocesis subcollectoribus decime jam currentis in archidiaconatibus Dors' et Sar' deputatis eandem decimam integre solverint pro temporalibus supradictis, prout eorumdem collectorum facte super hoc acquietancie littere nobis per eosdem religiosos exhibite liquide attestantur, ac abbas et conventus Abendon' predicte decime in archidiaconatibus Wyltes' et Berkes' collectores, in quorum registro eadem temporalia numero in decanatu Malmesbir' et infra archidiaconatu Wyltes' per errorem notorium ut ipsi religiosi de Stanlegh' asserunt conscribuntur, hujusmodi errorem sequentes integram decimam supradictam pro dictis temporalibus a religiosis petierint et receperint supradictis, prout eorumdem acquietancie littere quas inspeximus indicant manifeste, nos igitur super hujusmodi errore tam prejudiciali predictis religiosis, justicie et caritatis intuitu, de congruo remedio providere cupientes, vobis cum reverencia qua decet auctoritate apostolica qua fungimur firmiter injungentes mandamus quatinus super premissis diligentem faciatis inquisicionem seu inquiri diligenter demandetis. Et quid inveneritis in premissis nos in hospicio nostro London' citra festum Invencionis sancte crucis proximo futurum debite reddatis cerciores. Datum London' iiij^{to} kalendas Aprilis anno domini millesimo ccc^{mo} vicesimo primo.

[*30 April 1321. The Bishop's certificate to the above, to the effect that the places mentioned are not in the archdeaconry of Wilts.*]

CERTIFICATORIUM DICTI MANDATI. Venerande discrecionis viro domino Johanni de Elham, canonico ecclesie sancti Pauli Lond' [*etc.*], Rogerus permissione divina Sar' episcopus salutem in eo quem peperit uterus virginalis. Litteras vestras recepimus sub hac forma, 'Reverendo patri', et cetera ut supra. Quorum auctoritate litterarum per viros fidedignos et juratos inquirendorum noticiam verisimiliter optinentes super premissis inquiri fecimus diligenter et invenimus per eosdem quod ville de Rusteshale, Vennisutton', et Sutton' Maundeville predicte vel aliqua earumdem seu alie eadem nomina optinentes, in quibus religiosi predicti temporalia vel alia quecumque bona optinent, in archidiaconatu Wyltes' non existunt. Pium siquidem estimamus religiosis in hac parte subvenire predictis ne idem ab eisdem sepius exigatur. In cujus rei testimonium

sigillum nostrum fecimus hiis apponi. Datum apud Poterne ij
kalendas Maii anno domini mᵒ cccᵐᵒ xxj et consecracionis nostre
sexto.

[*10 May 1321. Mandate to the archdeacon of Berks. (similar mandates being sent
to the other archdeacons) for the collection of a levy of one farthing in the
pound on ecclesiastical goods, for the support of a teacher of Hebrew at Oxford
University. The money to be collected is to be delivered to the prior of Holy
Trinity, London, by 7 July.*]

[Fo. 119]

MANDATUM IIIJᵒʳ ARCHIDIACONIS AD LEVANDUM QUADRANTES
PRO DOCENTE LINGUAM EBRAICAM OXON'.[1] R. et cetera archidiacono Berk' salutem. Cum felicis recordacionis Clemens papa quintus inter alias suas constituciones unam ediderit qua cavetur quod
idem papa sacro approbante concilio providit scolas in subscriptarum linguarum generibus ubicumque Romanam curiam residere
continget necnon in Parisien', Oxon', Bonon', et Salamantino studiis erigendas statuens quod in quolibet locorum ipsorum teneantur
viri catholici sufficienter habentes Hebraice, Grece, Arabice, et
Caldee linguarum noticiam duo videlicet uniuscujusque periti, qui
scolas regant inibi et libros de linguis ipsis in Latinam fideliter
transferrentes alios, linguas ipsas solicite doceant, eorumque per-
iciam studiosa in illos instruccione transfundant, ut instructi et
edocti sufficienter in linguis hujusmodi fructum speratum possunt
deo actore producere, fidem propagaturi salubriter in populos in-
fideles. Quibus equidem in Romana curia regentibus per sedem
apostolicam in studiis, vero Parisiensi per regni Francie, in Oxo-
niensi per Anglie, Scocie, Hibern', ac Wall', in Bononiensi per
Ytall', in Salamantina per Hispanie prelatos, monasteria, capitula,
conventus, collegia exempta et non exempta, et ecclesiarum rectores in stipendiis competentibus et sumptibus voluit provideri con-
tribucionis onere singulis juxta facultatem exigenciam inponendo
privilegiis et exempcionibus quibuscumque contrariis nequaquam
obstantibus, quibus tamen noluit quoad alia prejudicium generari,
venerabilisque pater et dominus reverendus dominus W. dei gracia
Cant' archiepiscopus tocius Angl' primas considerans et advertens
parum esse jura condere vel statuta nisi debite execucioni manden-
tur nobis suis litteris intimavit quod per eundem patrem et per con-
fratres suos omnes in novissimo parliamento London' celebrato
prout tunc presentes deliberacione concordi condictum extitit et
consensum quod pro stipendiis conversi docentis Oxon' linguam
Hebreicam et pro negociis communibus ecclesie unus quadrans de

[1] *In margin,* nota bene.

libra bonorum ecclesiasticorum Cant' provincie in singulis diocesibus colligatur et collecta inde pecunia citra festum translacionis
sancti Thome martiris proximo jam venturum per deputatos collectores singulos London' transmittatur . . . priori sancte Trinitatis
ibidem inde electo communiter receptori solvenda, volens idem
reverendus pater quod predictam quotam de bonis hujusmodi sic
colligi, levari, et transmitti pro nostra diocese mandaremus. Volentes igitur tam constitucioni quam reverendi patris mandato ut
tenemur parere predictis, devocioni vestre committimus et mandamus quatinus dictam quotam de bonis ecclesiasticis tam exemptorum quam non exemptorum archidiaconatus predicti cum dicta
constitucio tam exemptos artet ut premittitur quam eciam non
exemptos levare et colligere ac per biduum ante festum translacionis predictum nobis solvere sic curetis quod de ea fieri valeat
prout superius ordinatur. De nominibus autem solvencium et non
solvencium quantamque pecuniam levaveritis, quid eciam feceritis
in premissis nos in statuto faciende nobis solucionis hujusmodi termino supradicto reddatis debite cerciores per literas vestras patentes
et clausas harum seriem continentes. Valete. Datum apud Sonnyngg' vj idus Maii anno domini millesimo ccc^{mo} vicesimo primo
et consecracionis nostre sexto.

[*Memoranda of receipts from the archdeacons' officials of the sums collected,
together with the prior's receipt, dated 6 August.*]

Per hoc mandatum solutum fuit domino per . . officiales
archidiaconorum videlicet Dors' xxix s' xj d', Berk' xxvij s'
iiij d' ob' q^a, Sar' xxviij s' iiij d' ob' q^a, Wyltes' xxxv s' vj d' ob'.[1]
Et tota ista pecunia est soluta prout in ista aquietancia
continetur. Pateat universis per presentes quod nos . . prior
monasterii sancte Trinitatis London' principalis collector unius
quadrantis de qualibet libra bonorum ecclesiasticorum in provincia
Cantuar' existencium pro stipendiis conversi docentis Oxon' linguam Hebraicam atque Grecam ceterisque negociis communibus
ecclesie Anglicane per prelatos et clerum ejusdem provincie concessi deputatus recepimus die confeccionis presencium de venerabili in Christo patre domino Rogero dei gracia Sar' episcopo per
manus Willelmi de Ayhston' clerici ejusdem patris sex libras quindecim denarios de pecunia per dictum patrem collecta in diocese
predicta de contribucione supradicta. In cujus rei testimonium sigillum nostrum quo utimur ad hujusmodi colleccionem presentibus
est appensum. Datum London' viij° idus Augusti anno domini

---

[1] *In margin,* vj li' xv d

millesimo ccc^{mo} vicesimo primo.¹ ET ULTRA PRO AQUITANCIA DUO
DENARII SOLVUNTUR. Item receptum postmodum de archidiaconi
Dors' . . officiali v s' vj d'. Item de . . archidiaconi Berk' officiali
viij s' x d'. Item de archidiaconi Wylt' . . officiali ix s'.

[Fo. 119^v *blank*]

[*15 May 1321. Receipt by William de Landuno, the pope's nuncio, for seven marks
from the Bishop, whom he empowers to collect that sum from the clergy of the
diocese. The money is for the nuncio's expenses on his mission, and the pope's
letter authorizing the payment, dated 23 January, is here recited.*]

[Fo. 120]

AQUIETANCIA VIJ MARCARUM PRO FRATRE W. DE LAND' NUNCIO
APOSTOLICO LEVANDARUM IN DIOCESE, recepta Lond' xvij kalen-
Maii. Venerabili in Christo patri domino R. dei gracia Sar' episcopo frater W. de Landuno sacri palacii lector ordinis predicatorum
ac nuncius sedis apostolice salutem in domino sempiternam. Litteras sanctissimi patris domini Johannis divina providencia pape
xxij continencie recepimus infrascripte:

'Johannes episcopus servus servorum dei venerabilibus fratribus
universis archiepiscopis, episcopis, ac dilectis filiis . . electis, . .
abbatibus, prioribus, decanis, prepositis, archidiaconis, archipres-
biteris, plebanis, et aliis ecclesiarum prelatis et rectoribus et eorum
vices gerentibus, aliisque personis ecclesiasticis secularibus et regularibus, ecclesiarum et monasteriorum capitulis et conventibus exemptis et non exemptis Cistercien', Cluniacien', Cartucien', Grandi-
monten', Premostraten', sanctorum Benedicti et Augustini, et
aliorum quorumcumque ordinum, magistris quoque ac prioribus et
preceptoribus hospitalium sancti Johannis Jerlm' et beate Marie
Theotonicorum et Calatraven' ad quos presentes littere pervenerint, salutem et apostolicam benediccionem. Cum nos dilectum filium
Guillelmum de Landuno ordinis predicatorum in sacra theologia
magistrum in curia Romana lectorem apostolice sedis nuncium ex-
hibitorem presencium ad regnum Anglie et Hibern' ac Wall' partes
sibi et venerabili fratri nostro Rigaldo episcopo Wynton' quibusdam arduis commissis negociis destinemus, universitatem vestram
rogamus, monemus, et hortamur attencius, et per apostolica vobis
scripta precipiendo mandamus quatinus eundem Guillelmum cum
per partes et loca vestra transitum fecerit ob reverenciam apostolice
sedis et nostram benigne recipientes et honeste tractantes ei pro

¹ *In margin,* Memorandum de iij denariis de plumbo rejectis quos solvit Ayst' de
proprio.

suis et familie sue neccessariis singulis diebus de tribus florenis auri
cum super hoc per eundem Guillelmum aut ejus nuncium requisiti
fueritis in eundo, morando, et redeundo liberaliter providere curetis; quod si prefatum Guillelmum in aliquo loco vel locis pro hujusmodi negociis morari contigerit volumus quod venerabiles fratres
nostri archiepiscopi, episcopi, necnon et dilecti filii et electi [*etc. as
above*] per regnum et terras predictas constituti pro hujusmodi neccessariorum oneribus dividendis et facilius supportandis contribuere, sicut idem Guillelmus expedire viderit, teneantur. Sic igitur
hujusmodi mandatum nostrum adimplere curetis quod idem Guillelmus cum ad nos redierit de vobis grata referre valeat nosque
devocionem vestram proinde commendare possimus, alioquin sentenciam quam idem Guillelmus propter hoc per se vel per alium seu
alios rite tulerit in rebelles, super quo plenam sibi concedimus
tenore presencium potestatem, ratam habebimus et faciemus auctore domino usque ad satisfaccionem condignam appellacione remota inviolabiliter observari, non obstantibus si vobis vel quibusvis
aliis communiter vel divisim a sede apostolica sit indultum quod
quibuscumque legatis seu nunciis sedis ejusdem procuraciones sol-
vere vel in ipsos contribuere nisi ad eos declinaverint minime teneantur seu quod excommunicari, suspendi, vel interdici non possint
per litteras apostolicas non facientes plenam et expressam ac de
verbo ad verbum de indulto hujusmodi mencionem et quibuslibet
privilegiis, indulgenciis, et litteris dicte sedis generalibus vel
specialibus quorumcumque tenorum existant de quibus in nostris
litteris de verbo ad verbum habenda sit mencio specialis et per que
presencium effectus impediri posset quomodolibet vel differri.
Datum Avinion' x kalendas Januarii pontificatus nostri anno
quinto.'

Quia igitur pro expensis nostris de quibus supra fit mencio recepimus septem marcas a vobis pro vobis et aliis religiosis et clericis
vestre diocesis exemptis et non exemptis vobis committimus quatinus ab omnibus et singulis vestre diocesis exemptis et non exemptis
prout superius continetur porciones suas arbitrio vestro equitate
pensata in hac parte moderanda usque ad summam supradictam
sumptuum et expensarum que ea occasione debite fieri continget
exigere et recipere valeatis cum effectu, contradictores et rebelles
per quascumque censuras ecclesiasticas compellendo, ad que omnia
et singula vobis committimus vices nostras cum cohercionis canonice potestate. In cujus rei testimonium sigillum nostrum presentibus est appensum. Datum London' idibus Maii anno domini
millesimo ccc^{mo} vicesimo primo.

[*20 May 1321. The Bishop's mandate to the archdeacon of Dorset (similar man-dates being sent for the other archdeaconries) for the collection of a farthing on each two marks from ecclesiastical goods and benefices, to reimburse the Bishop for the above payment. The money is to be delivered by 7 July.*]

EXECUCIO FACTA IN HAC PARTE IIIJ ARCHIDIACONIS VEL EORUM OFFICIALIBUS ISTA FUIT. Rogerus et cetera dilecto filio . . archidia-cono Dors' vel ejus . . officiali salutem et mandatis apostolicis filiali-ter obedire. Litteras recepimus infrascriptas, 'Venerabili', et cetera ut supra. Vobis igitur auctoritate apostolica qua fungimur in hac parte firmiter injungendo committimus et mandamus

Fo. 120ᵛ quatinus de bonis et beneficiis ecclesiasticis | exemp-torum et non exemptorum archidiaconatus predicti vide-licet pro taxacione singularum duarum marcarum quadrantem levetis et colligatis ac nobis citra festum translacionis sancti Thome martiris persolvatis, contradictores et rebelles per quascumque cen-suras ecclesiasticas et publicacionem earum solempnem auctoritate hujusmodi compescendo. Quid autem feceritis in premissis quan-tamque pecuniam levaveritis et quas censuras exercueritis in hac parte nobis cum ipsum quadrantem ut premittitur solveritis rescri-batis aperte per litteras vestras patentes et clausas, solvencium et non solvencium nomina et cognomina continentes. Valete. Datum apud Sonnyngg' xiij kalendas Junii anno domini millesimo cccᵐᵒ vicesimo primo et consecracionis nostre sexto.¹

[*Memoranda of the sums received and paid out in settlement of the above trans-actions.*]

HUJUS AUCTORITATE MANDATI LEVATA FUIT ET SOLUTA PECUNIA INFRASCRIPTA, VIDELICET per . . officiales archidiaconi Dors' xxiiij s' ix d', archidiaconi Berk' xix s' viij d' qª, archidiaconi Sar' xix s' ij d' ob' qª, archidiaconi Wyltes' xxvj s' viij d'. Item de offi-ciali Dors' iiij s' ix d' qª.

De qua pecunia liberavit domino Hugo de Knossyngton' rece-ptori pecunie domini Willelmo de Aysshton' iiijᵒʳ li' xiij s' qª, de quibus vj d' pro commissione prescripta quos idem H. solvit. Et sic computatis ix d' ob' qª pro spiritualibus bonis domini dicto Hugoni de vij marcis et vj d' est integre satisfactum. Et remanent ij s' j d'. Item xx s' iiij d' qª recepti de archidiaconi Berk' officiali. Item de archidiaconi Wylt' officiali viij s'.

[*30 May 1321. Letter from the bishop of London containing the Archbishop's mandate, dated 25 May and received by the bishop of London 29 May, for a parliament at Westminster on 24 June and for the three weeks following. The*

¹ *In margin*, coll'.

letter was received by the Bishop 16 June: A similar letter, with the necessary and other very slight variations, is quoted in full in the letter printed in Wilkins, *Concilia,* ii. 506–7.]

[Fo. 121][1]

MANDATUM ARCHIEPISCOPI AD PARLIAMENTUM RECPETUM APUD SONNYNGG' XVJ KALENDAS JULII. Venerabili [*etc.*].

[*17 June 1321. The Bishop's mandate to the official of the archdeacon of Berks. (similar mandates being sent for the other archdeaconries) in pursuance of the above. The proctors of the clergy of each of the four archdeaconries are to appear at the cathedral on 5 July to appoint two proctors for the clergy of the diocese, and the archdeacons' officials are to certify the Bishop by 11 July.*]

ET MANDABATUR EXECUCIONI QUATUOR ARCHIDIACONIS VEL EORUM . . OFFICIALIBUS SUB HAC FORMA. Rogerus et cetera dilecto filio archidiacono Berkes' vel ejus . . officiali salutem, graciam, et benediccionem. Mandatum xvj kalendas Julii recepimus infrascriptum, 'Venerabili', et cetera. Cujus auctoritate mandati vobis injungimus et mandamus quatinus clerum archidiaconatus Berkes' secundum formam predicti mandati citantes faciatis ad aliquos certos diem et locum ad hec congruos evocari ac unum procuratorem ab eodem ad contenta in dictis litteris constitui qui substituendi habeat potestatem, de sic constituto procuratore taliter disponentes quod in nostra cathedrali ecclesia iij nonas Julii compareat sic cum procuratoribus cleri aliorum archidiaconatuum nostre diocesis tractaturus et dispositurus quod idem clerus sufficienter compareat et faciat quod jus et dictum mandatum exigit in hac parte; . . . archidiaconum eciam Berkes' per vos citari volumus quod compareat personaliter apud Westm' et faciat illud idem. Quid autem in premissis actum fuerit nos citra festum transla-
Fo. 121[v]   cionis | sancti Benedicti abbatis reddatis debite cerciores per litteras vestras patentes harum seriem et procuratorum cleri nomina et cognomina continentes. Valete. Datum apud Sonnyngg' xv kalendas Julii anno domini supradicto et consecracionis nostre sexto.

[*16 June 1321. Mandate in pursuance of the Archbishop's mandate, to the* locum tenens *of the dean of Salisbury, who is to certify the Bishop by 11 July.*]

ET MANDABATUR . . TENENTI LOCUM . . DECANI IN HIIS VERBIS. Rogerus et cetera dilecto filio tenenti locum decani ecclesie nostre Sar' salutem, graciam et benediccionem. Mandatum xvj kalendas Julii recepimus infrascriptum, 'Venerabili', et cetera. ET IN FINE SIC: Cujus auctoritate mandati vobis injungimus et mandamus

---

[1] *At top of page,* Septimus decimus quaternus.

quatinus capitulum nostrum Sar' citetis peremptorie quod compareat et faciat secundum juris et dicti mandati exigenciam et effectum, certificantes nos citra festum translacionis sancti Benedicti abbatis quid feceritis in premissis per litteras vestras patentes harum seriem continentes. Valete. Datum apud Sonnyngg' xvj kalendas Julii anno domini supradicto et consecracionis nostre sexto.

[*14 July 1321. The Bishop's certificate to the Archbishop, which was not, however, delivered to the Archbishop because his mandate was considered prejudicial to the Bishop's rights.*]

ET SIC ERAT CERTIFICATUM. Venerabili in Christo patri et domino reverendo domino Waltero dei gracia Cantuar' archiepiscopo tocius Anglie primati Rogerus ejusdem permissione Sar' episcopus obedienciam tam debitam quam devotam cum omni reverencia et honore debitis tanto patri. Litteras vestras venerabili patri S. dei gracia London' episcopo per vos et per eundem nobis directas recepimus hanc verborum seriem continentes, 'Venerabili in Christo patri', et cetera. ET SIC IN FINE: Hoc siquidem mandatum plerique periti nobis et clero nostro fore prejudiciale verentur, nos tamen nequaquam putantes per execucionem ipsius de vestra voluntate vel juris neccessitate cuiquam subsidium legitime defensionis ademptum ne nobis suspicatum periculum forsitan imputetur illud reverenter sic executi sumus ad presens ut cujuscumque illeso jure ecclesiastica libertas sit undique semper salva. Nomina citatorum sunt ista: . . capitulum ecclesie nostre Sar', magistr Thomas de Hotoft' Dors' et Walterus Hervy Sar' archidiaconi, ac clerus nostre diocesis. Reverendum vero patrem dominum Reymundum de Farges sacrosancte Romane ecclesie cardinalem decanum ecclesie nostre predicte, dominum Tydonem de Varesio Berkes', et magistrum Geraldum de Tilheto Wyltes' archidiaconos a tempore recepcionis dicti mandati infra nostram diocesim non potuimus invenire utpote agentes notorie in partibus transmarinis. Ad ecclesie sue sancte regimen et munimen paternitatem vestram diu conservet incolumem Jhesus Chrisus. Datum London' ij idus Julii anno predicto. HOC CERTIFICATORIUM NON FUIT . . ARCHIEPISCOPO LIBERATUM EO QUOD MANDATUM PREDICTUM PREJUDICIALE UT PREMITTITUR VIDEBATUR ET ALII EPISCOPI AD MANDATUM PREDICTUM CERTIFICARE NOLUERUNT.

[*9 July 1321. Letter to the sheriff of Berkshire requesting the release from gaol of Robert atte Ok of Shinfield, who had been excommunicated, and imprisoned at the Bishop's request, but has now been absolved.*]

INTIMACIO DOMINI VICECOMITI PRO LIBERACIONE EXCOMMUNICATI INCARCERATI. Rogerus permissione divina Sar' episcopus dilecto nobis in Christo vicecomiti Berk' salutem cum benediccione et gracia redemptoris. Robertus atte Ok' de parochia de Shenyngfeld nostre diocesis a sentencia excommunicacionis, in qua per xl dies et amplius perseveravit animo indurato adeo quod dominus noster rex ad requisicionem nostram vobis eumdem Robertum capere et incarcerare precepit, est in forma juris auctoritate nostra ordinaria absolutus, quod vobis tenore presencium intimamus ut secundum regni consuetudinem ipsum sentencia hujusmodi non obstante sic liberare curetis quod coram suo ecclesiastico judice libere comparere valeat personaliter et facere ulterius in hac parte quod canonicis convenit institutis. In cujus rei testimonium sigillum nostrum fecimus hiis apponi. Datum apud Sonnyngg' vij idus Julii anno domini millesimo cccᵐᵒ xxjᵒ et consecracionis nostre sexto.

[*Memorandum of commission, on 9 July 1321, of all spiritual causes to Robert de Worth, canon of Salisbury, William de Selton, the Bishop's official, and William de Lubbenham, rector of Hargrave.*]

Vij idus Julii anno predicto apud Sonnyngg' dominus vices suas commisit in omnibus causis et negociis animarum salutem tangentibus coram eo motis vel movendis quovis modo magistris Roberto de Worth' canonico Sar', Willelmo de Selton' officiali suo, et Willelmo de Lubbenham rectori ecclesie de Haregrave conjunctim et cuilibet eorum per se ita quod non sit melior condicio occupacionis, et cetera, ratificando omnes commissiones in hac parte primitus eis factas, presentibus magistris G. Lovel canonico Sar', Hugone de Knossyngton' rectore de Gildenemorton', Vincencio de Tarenta notario, et W. de Ayhston'.

[*19 June 1321. Letter from the Archbishop, received on the same day, enjoining the Bishop to act in the dispute between the abbot of Abingdon and the monks, and to certify the Archbishop by 7 July.*]

[Fo. 122]

MANDATUM ARCHIEPISCOPI DOMINO DIRECTUM AD IMPENDENDUM CONVENTUI ABENDON' REFORMACIONEM DEBITAM SUPER GRAVAMINIBUS INFRASCRIPTIS, receptum apud Sonnyngg' xiij kalendas Julii. Walterus permissione divina Cant' archiepiscopus tocius Anglie primas venerabili fratri domino R. dei gracia Sar' episcopo salutem et fraternam in domino caritatem. Negocia quedam ardua Anglicanam ecclesiam non mediocriter contingencia in locis quibusdam remotis prosequentes in nostri itineris progressu apud

Abyndon' pro nocturna quiete obtinenda in ejusdem loci abbathia
nos contigit declinare, ubi inter loci abbatem et ipsius conventum
gravissimam de quo doluimus dissensionem audivimus ac eciam
subortam esse vidimus, que nisi eidem celeri occurratur remedio ad
ipsius monasterii subversionis incommodum et irreparabilis dis-
solucionis obprobrium monasterium in proximo deducet antedictum. Unde monachi in magno numero coram nobis se offerentes ex
parte tocius conventus ut dixerant quedam gravamina licet non
omnia que senserant cautela quadam adhibita in scriptis nobis por-
rexerunt, petentes instancius debitam impendi reformacionem et
justicie que requiritur super hiis prout convenit fieri complementum. Nos igitur in scriptura hujusmodi contenta, que gravia et
ardua esse noscuntur, super quibus eciam scandalum gravissimum
tam in clero quam in populo in partibus Abyndon' et locis vicinis
suscitatur, sub dissimulacionis silencio absque status nostri et gravi
animarum periculo transire non valentes premissa gravamina,
errores, et excessus continencia vobis mittimus presentibus involuta, vestre fraternitatis officium excitantes vobisque nichilominus
firmiter injungentes quatinus hiis inspectis et diligencius examinatis debite correccionis reformacionem quatenus ad vos attinet impendere curetis in eisdem prout justicie equitas et sacrorum canonum precipiunt instituta, ita quod ob vestri defectum nostras ad
hec manus extendere facti neccessitas minime nos compellat. De
die vero recepcionis presencium et quid de hiis duxeritis faciendum
nos citra festum translacionis sancti Thome martiris proximo
futurum litteris vestris harum tenorem habentibus curetis reddere
cerciores. Datum apud Radyngg' xiij kalendas Julii anno domini
millesimo ccc^{mo} vicesimo primo sub parvo sigillo nostro ad causas
pro eo quod magnum sigillum nostrum ad manus non habuimus
tunc in promptu.

[*5 July 1321. The Bishop's certificate to the above, to the effect that he went to
Abingdon on 22 July and is taking action.*]

ET SIC ERAT CERTIFICATUM.[1] Venerabili in Christo patri et domino
reverendo domino Waltero dei gracia Cant' archiepiscopo tocius
Anglie primati Rogerus ejusdem permissione Sar' episcopus obedienciam, reverenciam, et honorem debitum tanto patri. Paternitatis vestre litteras xiij kalendas Julii anno subscripto recepimus

---

[1] *In margin*, vacat quia infra. *The certificate is repeated on the next folio, with a few
minor differences, viz. the second version omits the words* Et in fine sic *after the second
sentence, the two dots before* abbate, *and the words* sancte sue *in the penultimate sentence. The second version has the word* coll' *in the margin at the end.*

hanc verborum seriem continentes, 'Walterus', et cetera. ET IN FINE
SIC: Ad monasterium igitur supradictum x kalendas Julii anno
predicto personaliter declinantes et inibi tam in capite quam in
membris visitacionis officium auctoritate ordinaria personaliter
exercentes porrectorumque vobis de quibus premittitur gravaminum debitam reformacionem prout jus exigit facere cupientes, ea
coram . . abbate et conventu predictis publice legi in eorum capitulo fecimus et eciam recitari, ipsisque nullo super eisdem denun-
ciatore instante seu officii nostri promotore aliqualiter apparente
predicto abbati ex officio nostro objectis ipsiusque abbatis ad ea
responsis auditis sumus in faciendo super illis et eciam faciemus
quatenus poterimus et debemus secundum qualitatem et naturam
negocii debite corrupcionis reformacionem prout exigunt canonice
sancciones, adeo quod in hac parte in nobis nulla invenietur negligencia vel defectus. Ipsa tamen adhuc omnino decidere nequivimus
propter eorum arduitatem et tempori brevitatem. Ad ecclesie sancte
sue regimen vitam vestram conservet incolumem Jhesus Christus.
Datum apud Sutton' v^{to} die Julii anno domini supradicto.

[The complaints of the monks of Abingdon against the abbot.]

GRAVAMINA UT PREMITTITUR INVOLUTA HANC VERBORUM SERIEM
CONTINEBANT: GRAVAMINA CONVENTUI ABENDON' PER ABBATEM
ILLATA. In primis videlicet cum idem conventus per bonos rectores
pacificos ac ministros ydoneos interiores et exteriores in summa
quiete et religione laudabili ab antiquo solitus fuerit gubernari,
nunquam xv dies continuos pax inter eundem et sibi subditos per-
mansit, set per indebitas exacciones subtraccionesque debitorum
conventui ab antiquo ac insolitas onerum inportabilium inponens
mencium perturbaciones et dissenciones gravissimas idem frequenter suscitavit in salutis dispendium corporum et animarum ac
rerum ecclesie minoracionem non modicam immo tocius monasterii
et honoris ecclesie lesionem perpetuam ac manifestum ordinis detri-
mentum; subditos enim suos non sicut prius mansuetus nec juxta
regule moderamen aliquando tractavit set quasi tirannica utens
potestate violenter oppressit eosdem unde murmuracio dampnabilis
sepissime orta fuit.

　　Idem preterea ecclesiam suam per vendicionem corrodio-
rum citra verum valorem et absque consensu capi-
tuli, | necnon et c saccos lane citra medietatem justi
precii, una cum distraccione boscorum, enormiter lesit
et nimis graviter oneravit quorum pecuniam in usus ecclesie vel
commodum nequaquam convertit.

Fo. 122^v

Item cum in prima sui creacione statum suum exoneratum ere alieno totaliter invenisset, ac xxxij saccos lane precii ccc et iiij^{xx} marcas ac eciam maneria sufficienter instaurata et a conventu in pecunia munerata vj^c marcis recepisset, tum ecclesiam suam onerare non desivit nec conventum suum gravare ut patet: de subtraccione vini et prebendatu equorum ac aliorum ad conventum spectancium percepit cxj marcas vj s' viij d'; item de corrodiis venditis v c marcas et licet sine consensu capituli; item de bosco vendito c marcas; item de quodam tallagio homagii injusto iiij^{xx} x marcas; item de subtraccione alimentorum et aliorum ad conventum pertinencium in anno presenti per estimacionem cccc marcas vel amplius; item de corrodiis venditis sine assensu capituli c marcas; quorum summa totalis preter consueta recepta abbacie ij^{ml} dcccc lxxxj¹ marce vj s' viij d', et adhuc domus est onerata in ij marcas vel amplius ut creditur.

Item cum abbas secundum formam Octoboni singulis annis de sua administracione coram conventu vel aliquibus ad hoc per capitulum deputatis plenarie compotum reddere teneatur, requisitus ut hoc faceret omnino recusavit et sic penam suspensionis ab administracione incurrit ipso facto.

Idem eciam . . abbas officia monasterii extra capitulum preficit et destituit contra statuta generalis capituli et decretum diocesani et tales qui nunquam se bene gesserunt in aliquo sibi commisso, unde crimen inobediencie non evadit.

Idem cum de restitucione quorumdam munimentorum furtive ablatorum ac status conventus ageretur defensione, quamvis idem conventus licenciam ab . . abbate procuratorem constituendi et ecclesie negocia prosequendi petisset et optinuisset, abbas tamen omnes et singulos qui hujusmodi negocia prosecuti sunt miserabiliter afflixit ac eosdem ut ad nichilum redigantur inpugnare non desivit.

Item licet a jure communi omnibus injuriam pacientibus et violenter oppressis multiplex remedium provideatur, solis tamen monachis Abendon' miserabili adversariorum fatigacione laborantibus et inaudita incrudelitate tirannidis injustissime pregravatis beneficium defensionis cujuslibet et auxilii prorsus excluditur, ita quod nullus eorum quantumcumque gravatus vel afflictus alicui suorum nuto² vel signo, scriptura vel verbo, qualitatem sui graminis audeat revelare, nec aliquis amicus eisdem adjutorium impendere seu quovis modo eorum utilitatibus prospicere vel favorem adhibere.

---

¹ *MS.* cxxxj.   ² *sic.*

Item cum super quibusdam dissensionibus inter . . abbatem et conventum concordia coram viris prudentibus et peritis firmaretur, idem tamen a pace predicta in maximum dampnum ecclesie subito resilivit, quod et frequenter contigit.

Item de sanctuario ecclesie per armatos quosdam sacrilegos Johannem de Canyngg' priorem legitimum cum diffamatus non esset de aliquo crimine nec confessus vel convictus contra sancciones sanctorum patrum et regulam sancti Benedicti violenter et injuriose extrahi precepit, non sine maximo scandalo religionis et ecclesiastice libertatis subversione manifesta.

Idem secreta capituli secularibus divulgavit et per hoc sentenciam excommunicacionis incurrit.

Idem contra privilegia ecclesie non sine vicio conspiracionis conventu reclamante licet prius legitime provocatum fuisset ex parte Johannis de Canyngg', novum priorem de facto creavit virum illegitimum et alias minus ydoneum ac apud Coln' super perturbacione pacis confessum in jure et convictum, Walterum videlicet de Ledecoumbe, qui alias per abbatem Nicholaum ob hujusmodi causam ad aliud monasterium non sine merito transmissus fuerat, pro cujus quidem injusta prefeccione licet legitime fuisset appellatum abbas tamen hujusmodi appellacioni deferre non curavit, immo eamdem prosequi volentes non sine consumpcione bonorum eccle sie maliciose prepedivit et fratrem Johannem predictum cum incorrigibilis repertus non fuisset set per omnia paratus ad correccionem regularem miserabiliter et injuriose hucusque detinuit et adhuc detinet in carcere.

Idem preterea consuetudines approbatas ab antiquo et a curia Romana ac eciam a diversis patribus legitime confirmatas invocato seculari brachio ubi invocandum non esset per falsas suggestiones sui et suorum absque racionabili causa subvertit et novas quasdam auctoritate propria adinvenit.

Idem sigillum commune a consueta custodia violenter abstractum fratribus invitis per viij dies penes ipsum retinuit contra privilegia ecclesie et consuetudinem approbatam, et quod inde medio tempore factum fuerit magnum malum medio tempore [*repeated*] verisimiliter timetur, quod quidem adhuc manet extra

Fo. 123　　　debitam custodiam | non sine periculo tocius ecclesie.

Idem eciam actum est de omnibus privilegiis ac munimentis monasterii quorum plura patere debent aspectibus monachorum et ab omnibus conservari.

Idem predia monasterii per recognicionem in scaccario domini regis laicis obligando supposuit reclamante conventu, et sic suspensionem ab officio incurrit juxta formam illius capituli 'In sexto hoc consultissimo' cujus execucio dicit, 'Conventus esse faciendus'.

Abbas preterea quosdam de fratribus non convictos, non confessos, incarceravit cum maximo strepitu secularium contra regulares observancias et sancciones canonum cum obstinati vel incorrigibiles aliquo modo non essent, propter quod sentenciam excommunicacionis majoris non evadit secundum Hostien' *De sentencia excommunicacionis*, c. Universitatis.

Idem eciam frequenter maximam multitudinem secularium ad capitulum introduxit et sic quietem claustralem perturbavit contra illud capitulum 'De officio ordinis', ut juxta.

Abbas preterea Johanni Moigne, item filio Walteri Burgeis, item Maynardo de Culham, item . . rectori ecclesie sancti Nicholai, item Ricardo le Viler ad terminum vite corrodia vendidit absque consensu capituli contra statutum Octoboni.

Abbas eciam ultra cursum communem robas onerose multitudini distribuit et talibus qui commodum ecclesie nequaquam afferunt set eam importune gravant et ultra modum.

Idem abbas cum suis complicibus fratri Johanni de Canyngg' falso ac maliciose crimina imposuit ac eundem et conventum publice diffamavit, de inobediencia videlicet et proprietate et incontinencia, seminacione discordie, conspiracione, ac dilapidacione bonorum ecclesie, et sic sentenciam excommunicacionis latam in constitucione Oxon' periculose incurrit, cujus execucio dicit, 'Conventus esse faciendus'.

Officialis eciam Wyltes' per consilium . . abbatis ad hoc inductus cuidam mulieri de Canyngg' coram se vocate oblata pecunia instantissime persuasit ut fratrem Johannem predictum pro marito suo judicialiter expeteret, ad quod faciendum pecuniam sufficienter et consilium se administraturum promisit.

Abbas eciam cuidam fratri notorie diffamato super fraudulenta alienacione quorumdam instrumentorum ad conventum pertinencium cum ad hoc mandatum presidencium generali capitulo recepisset penam debitam imponere distulit et sic crimen inobediencie obstinatus incurrit.

Abbas preterea quosdam in obsequio detinet regulares et seculares qui curam monasterii optinentes minus sufficiunt ad regimen officiorum sibi commissorum qui utique plus sunt oneri ecclesie quam honori, quos petit conventus amoveri et digniores locorum illorum subrogari.

Item cum appellatum fuisset ad sedem apostolicam et pro tuicione curie Cant', abbas predictus ipsos . . priorem et conventum quominus appellacionem ut premittitur interpositam prosequi et probare poterant per procuracionem suam impedivit in lesionem jurisdiccionis domini archiepiscopi et sedis predicte contemptum manifestum.

[*Second entry of the Bishop's certificate (see above, p. 349).*]

CERTIFICATORIUM AD MANDATUM PROXIMO PRENOTATUM HABUIT HUNC TENOREM. Venerabili [*etc.*].